高等职业教育物流管理专业系列教材

商品学及商品养护技术

SHANGPINXUE JI SHANGPIN YANGHU JISHU

（第二版）

主　编　程晓栋　王伟娜
副主编　李明慧　刘丽琴

微信扫描
获取课件等资源

南京大学出版社

图书在版编目(CIP)数据

商品学及商品养护技术 / 程晓栋,王伟娜主编. —2版. —南京:南京大学出版社,2020.6
ISBN 978-7-305-23214-5

Ⅰ.①商… Ⅱ.①程… ②王… Ⅲ.①商品学—高等职业教育—教材 ②商品养护—高等职业教育—教材 Ⅳ.①F76

中国版本图书馆 CIP 数据核字(2020)第 071340 号

出版发行	南京大学出版社
社　址	南京市汉口路 22 号　　邮　编　210093
出版人	金鑫荣
书　名	**商品学及商品养护技术**
主　编	程晓栋　王伟娜
责任编辑	武　坦　　　　编辑热线　025-83592315
助理编辑	张亚男
照　排	南京开卷文化传媒有限公司
印　刷	宜兴市盛世文化印刷有限公司
开　本	787×1092　1/16　印张 17.5　字数 426 千
版　次	2020 年 6 月第 2 版　2020 年 6 月第 1 次印刷
ISBN	978-7-305-23214-5
定　价	45.00 元
网　址	http://www.njupco.com
官方微博	http://weibo.com/njupco
微信服务号	njuyuexue
销售咨询热线	(025)83594756

* 版权所有,侵权必究
* 凡购买南大版图书,如有印装质量问题,请与所购图书销售部门联系调换

前　言

近年来，经济全球化带来的内外贸易活动日益频繁，我国物流业迅猛发展，物流业成为社会普遍关注的行业。在贸易中涉及的各种商品的储存与养护，也成为重要的研究课题。

传统的商品学教材，普遍存在商品养护技术相关知识的缺失。本教材在传统商品学教材的基础上，选取了物流专业学生必学必会的知识点，并结合常见商品的养护技术知识，增强了学科的完整性和系统性；并结合大量物流企业的运作情况，广泛收集企业一线的图片、表格、规章制度、相关案例等，对内容进行整合梳理。

在结构方面，每个项目中都设计了"案例导入""背景链接""技能训练"和"课后习题"，体现了"学、做、练"一体的学习环节，突破了传统单一知识传授模式，符合高职高专物流管理学生的学习规律。

整本书的设计是围绕高职高考物流管理专业人才培养目标，集中考虑了职业岗位群能力要求，突出职业化、技能化特点，在基本理论"必需、够用"的基础上，重点增强实操技能，提高职业素质，切实起到对专业能力培养的支撑作用，使学生掌握的商品学知识和技能能够满足职业岗位的实际需要，并适当兼顾学生的后续发展需要。

本书由河南交通职业技术学院程晓栋、王伟娜任主编，李明慧、刘丽琴任副主编，李彦辉、李迎春、周林林参编。程晓栋同志负责大纲拟定与全书统稿。

本书编写过程中,受到有关院校领导、专家以及南京大学出版社的大力支持和帮助,在此一并表示衷心的感谢,并对本书参考文献的所有作者表示由衷的感谢!

由于编者水平有限,不当之处在所难免,恳请广大读者和专家批评指正。

编　者
2020 年 5 月

目 录

绪　论　物流管理专业为什么开设商品学课程……………………………………（1）

项目一　商品分类与编码………………………………………………………………（3）
 【案例导入】……………………………………………………………………（3）
 任务一　商品分类………………………………………………………………（4）
 任务二　商品编码………………………………………………………………（11）
 任务三　商品条码………………………………………………………………（13）
 任务四　商品目录………………………………………………………………（21）
 【技能训练】……………………………………………………………………（23）
 【课后习题】……………………………………………………………………（26）

项目二　商品标准与质量认证…………………………………………………………（28）
 【案例导入】……………………………………………………………………（28）
 任务一　商品标准概述…………………………………………………………（29）
 任务二　商品标准的级别………………………………………………………（32）
 任务三　商品质量认证…………………………………………………………（38）
 【技能训练】……………………………………………………………………（45）
 【课后习题】……………………………………………………………………（48）

项目三　商品检验与质量监督…………………………………………………………（51）
 【案例导入】……………………………………………………………………（51）
 任务一　商品检验概述…………………………………………………………（52）
 任务二　抽样与抽样检验………………………………………………………（57）
 任务三　商品检验的方法………………………………………………………（62）
 任务四　商品质量监督…………………………………………………………（67）
 【技能训练】……………………………………………………………………（71）

【课后习题】……………………………………………………………………（77）

项目四　商品包装……………………………………………………………………（79）
　　【案例导入】……………………………………………………………………（79）
　　任务一　商品包装概述…………………………………………………………（80）
　　任务二　商品包装材料…………………………………………………………（84）
　　任务三　商品包装技法…………………………………………………………（92）
　　任务四　绿色包装………………………………………………………………（97）
　　【技能训练】……………………………………………………………………（101）
　　【课后习题】……………………………………………………………………（103）

项目五　商品质量与仓库温湿度管理………………………………………………（105）
　　【案例导入】……………………………………………………………………（105）
　　任务一　商品质量与质量变化…………………………………………………（106）
　　任务二　影响商品质量变化的因素……………………………………………（112）
　　任务三　温湿度基本知识………………………………………………………（116）
　　任务四　仓库温湿度的控制与调节……………………………………………（120）
　　任务五　养护技术实例——卷烟仓库的温湿度管理…………………………（127）
　　【技能训练】……………………………………………………………………（129）
　　【课后习题】……………………………………………………………………（135）

项目六　商品霉腐及其防治…………………………………………………………（137）
　　【案例导入】……………………………………………………………………（137）
　　任务一　商品霉腐基本知识……………………………………………………（138）
　　任务二　商品霉腐的影响因素…………………………………………………（140）
　　任务三　常见的易霉腐商品……………………………………………………（145）
　　任务四　商品霉腐的防治………………………………………………………（147）
　　任务五　养护技术实例——饲料防霉的技术措施……………………………（151）
　　【技能训练】……………………………………………………………………（154）
　　【课后习题】……………………………………………………………………（159）

项目七　食品储存与保鲜技术 ……………………………………………………… (161)

【案例导入】 ……………………………………………………………………… (161)
任务一　食品储存中的质量变化 ……………………………………………… (162)
任务二　食品的储存方法 ……………………………………………………… (168)
任务三　果蔬产品保鲜技术 …………………………………………………… (177)
任务四　养护技术实例——粮食和油脂的储藏保鲜 ………………………… (184)
【技能训练】 ……………………………………………………………………… (187)
【课后习题】 ……………………………………………………………………… (188)

项目八　金属商品的锈蚀及防锈 ……………………………………………… (190)

【案例导入】 ……………………………………………………………………… (190)
任务一　金属商品的锈蚀 ……………………………………………………… (191)
任务二　影响金属锈蚀的因素 ………………………………………………… (194)
任务三　金属锈蚀的防治 ……………………………………………………… (197)
任务四　养护技术实例——机床的防锈工艺及防锈包装方法 ……………… (205)
【技能训练】 ……………………………………………………………………… (208)
【课后习题】 ……………………………………………………………………… (210)

项目九　轻纺类商品的养护 …………………………………………………… (212)

【案例导入】 ……………………………………………………………………… (212)
任务一　常见的轻纺类商品 …………………………………………………… (213)
任务二　轻纺类商品在储存期间的质量变化 ………………………………… (217)
任务三　养护技术实例——各类轻纺类商品的养护 ………………………… (218)
【技能训练】 ……………………………………………………………………… (225)
【课后习题】 ……………………………………………………………………… (225)

项目十　危险化学品的储运及仓库安全管理 ………………………………… (227)

【案例导入】 ……………………………………………………………………… (227)
任务一　危险化学品的分类及特性 …………………………………………… (228)
任务二　危险化学品的安全储存 ……………………………………………… (240)

任务三　危险化学品的安全运输……………………………………………(250)
　　任务四　养护技术实例——毒害性商品储藏养护技术条件………………(255)
　　【技能训练】………………………………………………………………………(259)
　　【课后习题】………………………………………………………………………(261)

项目十一　仓库鼠害、虫害、蚁害防治……………………………………………(263)

　　【案例导入】………………………………………………………………………(263)
　　任务一　仓库鼠害及其防治………………………………………………………(263)
　　任务二　仓库虫害及其防治………………………………………………………(266)
　　任务三　仓库蚁害及其防治………………………………………………………(268)
　　【技能训练】………………………………………………………………………(270)
　　【课后习题】………………………………………………………………………(271)

参考文献……………………………………………………………………………(272)

绪　论　物流管理专业为什么开设商品学课程

一、什么是商品

（一）商品的含义

商品是用来交换的、能满足人们和社会某种需要的劳动产品。商品的含义包括以下三点：① 商品是具有使用价值的劳动产品。② 商品是供他人和社会消费的劳动产品。③ 商品是通过交换，使其使用价值和价值得以实现的劳动产品。

（二）商品具有价值和使用价值二因素

1. 商品的价值

商品价值是凝结在商品中的一般人类劳动。

2. 商品的使用价值

商品的有用性，即商品能满足人们某种需要的属性，就是商品的使用价值。它是商品本身能满足人们的某种需要的属性所形成的，如粮食可充饥、衣服可御寒、钢铁可制造器械等。它取决于商品本身的外形、结构、成分、性质、包装等。它构成了使用价值的物质基础，同时又是交换价值的物质承担者。丧失使用价值的商品，其交换价值也随之消失，商品也失去进入流通领域的资格。

二、什么是商品学

商品学是研究商品使用价值及变化规律的科学。商品学研究商品的使用价值，而商品使用价值的具体体现为商品质量，商品质量是衡量商品使用价值高低的尺度，因此，商品质量就成为商品学研究的中心内容。

可以说，商品学是商品经济发展到一定阶段的必然产物。商品学的创始人是德国人约翰·贝克曼。在国外，首次开设商品学课程是在 18 世纪。我国商品学的发展经历了萌芽阶段、创立和发展阶段、全面质量观阶段。19 世纪，商品学由德国传入我国，我国商品学得到迅速发展。1902 年，我国商业教育中把商品学作为一门必修课。

三、物流管理专业开设商品学的意义

物流管理是新兴的热门专业，而商品学是传统的基础课程。事实上，商品学课程是物流管理专业课程体系的必要组成部分，两者有着天然的不可分割性。这体现在以下几个方面。

（一）两者分析的要素——"物"与"商品"，其内涵基本一致

从字面意思来看，"物流"是由"物"和"流"两个基本要素组成的，"物"是"流"的实体基础和作用对象。从专业角度来看，我国国标《物流术语》将"物流"定义为物品从供应地向接收地的实体流动过程。根据这一解释，可以把"物"简单地理解为"物品"，这一"物品"不是指一切物质实体，而是指一切可以进行物理性位置移动的物质实体。商品学研究狭义的"商品"，主要侧重

于生产劳动新创造的有形物质产品。"物"和"商品"都被界定为有形物质实体,不考虑服务、知识等无形商品。"物"是"商品"范畴的一部分,它将房地产等无法进行位置移动的商品排除在外。但是"物"也有比"商品"更广的范畴,如不参与市场交换、仅供生产所需的零部件,是生产物流中的主要作业对象,其并不属于"商品"的范畴,但其自然属性仍可类比同类的"商品",因此,商品学对其仍具有指导意义。

(二)两者的学科性质和研究内容具有一定相似性

物流管理是一门交叉学科,具有经济学、管理学、工学和理学等多重属性,研究内容包括运输、储存、装卸、搬运、包装、配送、流通加工和信息处理。现代商品学则被公认为是社会科学与自然科学复杂融合的综合性应用学科,是以商品体为基础、以商品质量为中心来研究商品使用价值及其质量变化规律的。相比之下,商品学和物流管理存在着一定相似之处:两门学科都兼有经济属性和技术属性,研究目标都是最大限度地满足客户的要求,实现商品的使用价值;研究内容都将商品包装、储运、检验等包括在内,这些是基本一致的。

(三)商品学的知识和技术为物流管理提供指导

物流服务的最终目标是最大限度地实现客户的物流需求,各种物流基本功能的实现都是围绕具体商品展开的,因此,认识和掌握典型大类商品的自然属性,熟练运用商品检验、包装和养护中的技术方法,在工作中触类旁通、举一反三,才能针对具体商品保质保量地完成物流任务。由此可见,商品学对物流管理专业能够发挥较强的理论基础作用,并且对本专业学生的未来就业具有实践指导意义。

四、物流管理专业商品学的教学要点

物流管理专业开设商品学课程,在教学内容上有一定的特殊性。它区别于专业商品学(如中药商品学、汽车商品学、纺织商品学、食品商品学),即只围绕本专业的核心商品展开,基本不会涉及其他种类的商品;也区别于市场营销、连锁经营管理等专业的商品学,它的培养目标在于完成商品销售或围绕连锁企业的商品进行具体管理,商品学教学内容的重点在于基础理论知识与商品品牌、质量鉴定、包装装潢及消费者审美需求等专业操作技能的结合。

商品学在物流管理专业属于专业基础课,教学内容应突出重点,详略得当。物流管理专业的培养目标在于成功实现物流的基本功能,所以,商品学教学内容应侧重运用编码、包装、储运、检验、养护等技能充实和丰富物流职能,使两者有机融合起来,而商品分类、商品标准等理论知识则简要讲述,"够用"即可。

在教学过程中,可以根据假设的场景和环境,将商品学的静态知识点分解为物流管理专业需要的动态技能点,融汇于业务操作中。例如,考虑某商品的性质,如何选择运输工具;运输包装在某商品的运输过程中发挥什么作用;运输过程中,可以采用哪些包装技法;某商品在进入仓储中心之前,需要对哪些内容进行检验;使用什么检验方法;某商品如何进行抽样;检验前需要进行哪些方面的处理;检验时遵循什么样的程序;如何识别本类商品中的假冒伪劣产品;某商品在储存过程中容易发生哪些质量劣变,应采取什么措施进行养护;分析不同商品的条形码区别在哪里;商品条形码和物流条形码有何异同;等等。

项目一　商品分类与编码

**内容简介**

本项目系统阐述了商品分类的标志和主要方法；介绍了商品编码的方法、常见的商品条码和物流条码、常见的商品目录和商品分类体系。

**教学目标**

1. 知识目标：

（1）了解商品分类的含义、原则、方法和标志；

（2）理解商品编码的含义、作用、原则、方法和商品条形码的含义、使用流程和意义；

（3）理解熟悉商品分类体系结构，掌握各项分类工作原则，熟悉选择分类标志；

（4）熟练掌握商品分类代码及标示代码的结构及应用，熟悉物流条码；

（5）了解常见商品目录和商品分类体系。

2. 技能目标：

（1）能进行商品分类代码及标示代码的结构分析，尤其是物流条码的结构分析；

（2）具有熟练选择分类标志进行商品分类的能力。

**案例导入**

统一编码　消弭数据沟通障碍

"目前商品编码在快消行业的应用已经达到95%，超市等传统渠道对供应商的相应要求是其普及的基础，而快速崛起的电商渠道，将是下一个商品编码应用铺开的重要领域。"中国ECR委员会联合主席、中国物品编码中心主任张成海这番话的底气，不仅来自新兴行业对标准更需要和更容易接受，更来自"大智移云"时代中，高质量的数据在消费者购物体验、O2O物流分销、大数据分析等方面正在发挥着越来越重要的作用。

而这一点，在日前举办的2014年第十二届中国ECR大会上，不论是代表传统的零售业还是代表新兴的电商业，都一致认同。

随着中国市场国际化程度的不断提高，标准化数据已经成为国内外贸易的基础，因为唯有商品信息格式、贸易信息交互规范等数据标准，才能实现信息深入挖掘、企业之间信息互联互通。

对此，张成海表示，统一编码作为商品的身份证，不仅能进行信息汇聚，提升数据之间的关联性，降低数据分析的复杂度，还将大幅提高数据分析准确性。"产品一旦在制造阶段被赋予统一的编码，这个'身份证'将贯穿供应链始终，这也是由此得来的数据真实有效的最根本原因。"

事实上，在我国现阶段由于商品信息不标准、信息交互模式不统一，导致"信息孤岛"，制约贸易伙伴间的信息汇总，增加流通成本，妨碍贸易协同的案例不在少数。据悉，亚马逊网站的图书类商品,因为每年1.5%的编码错误,竟会增加百万元的物流成本。

对于国内的企业来说,数据一致性存在的问题更加显著。今年,中国 ECR 委员会信息与解决方案工作委员会联合亚马逊(中国)、山西美特好、广东嘉荣、北京华冠、沃尔玛(中国)、麦德龙(中国)等6家零售商和宝洁(中国)、联合利华(中国)、雀巢(中国)等3家供应商开展了"数据一致性"调研。

调研结果显示,目前我国产品流通信息的准确度仍比较低:物流单元毛重匹配度不足40%、物流单元尺寸匹配度不足10%、托盘相关信息匹配度不足10%。致使供应链各环节企业之间商品流通信息得不到准确的传递,物流运输、配送、管理效率低下。"不准确、不一致的数据成为我国物流成本居高不下、消费品行业利润率较低的主要原因。而数据资源的获取需要物品编码和自动识别技术的支持,以便在大数据分析和智能商务中发挥重要作用。"张成海说。

(资料来源:中国物品编码中心网站)

(1) 商品编码在降低物流成本、增加供应链数据的一致性方面起到什么作用?
(2) 如何对商品进行分类和编码?

任务一　商品分类

(1) 了解商品分类的含义;
(2) 理解商品分类的原则;
(3) 掌握商品分类的方法;
(4) 掌握常见的分类标志。

一、商品分类概述

(一) 商品分类及其含义

商品分类是指为了满足生产、流通和消费的需要、选择适当的分类标志,并按照一定的分类方法,科学地、系统地将商品分成若干不同类别的过程。它一般将商品集合总体划分为大类、中类、小类、品类、品种、细目等类目层次。

商品的分类首先要根据一定的目的进行,应满足商品的科研、教学、生产、贸易、管理等的需要;再选择适当的分类标志和特征,将商品集合总体科学地、系统地分为大类、中类、小类、细目直至最小单元,如表1-1所示。

表1-1 商品分类的类目层次及其应用实例

商品类目名称	应用实例	
商品门类	消费品	消费品
商品大类	工业品	食品
商品中类	日用化学品	动物性食品
商品小类	洗涤用品	乳和乳制品
商品品类	肥皂	牛奶
商品品种	洗衣皂	脱脂牛奶
商品细目	雕牌透明皂	伊利脱脂牛奶

(二)商品分类的作用

1. 有利于信息工作的开展

商品分类有助于及时收集、整理和分析各类商品信息,掌握商品生产量、库存量、销售量和消费量的变化情况,并对其发展趋势进行预测分析。只有将商品进行科学的分类,统一商品用语,商品在生产、储运、销售等环节中涉及的各项商品信息和统计数据才具有可比性和实际意义。

2. 有利于商品的经营管理,方便顾客购买

商品分类有利于经营者实施有效、科学的商品采购管理、陈列管理,并能较好地掌握销售业绩;同时,经营者根据商品分类,合理地设计商品布局和陈列,从而方便消费者选购商品。

3. 有利于实现商品现代化管理

应用计算机对商品进行管理主要是通过商品编码和商品目录来实现的,而商品目录和商品编码是在商品分类的基础上进行的,因此,商品的科学分类是实现现代化管理的一项重要的基础性工作。

4. 有利于开展商品教学和研究工作

商品学教学中,按照教学需要对商品进行分类,便于学生在有限的学时内,掌握各类中的代表性商品。

商品学的科学研究中,通过对商品分类,由个别商品特征归纳出各类商品特征,从而深入分析商品性能,研究商品质量、品种及其变化规律。

(三)商品分类原则

为了实现商品的科学分类,使商品分类能够满足特定的需要,分类时必须遵循以下原则。

1. 科学性原则

科学性原则是指商品在分类中所选择的标识必须能反映商品的本质特征,并具有明显的区别功能和稳定性,以满足分类的客观要求,发挥分类的作用。科学性是分类的基本前提。

2. 系统性原则

商品分类的系统性是指以选定的商品属性或特征为依据,将商品总体按一定的排列顺序

予以系统化,并形成一个合理的科学分类系统。商品总体分成若干门类后,门类分为若干大类,大类分为若干中类,中类分为若干小类,直至分为品种、规格、花色等。系统性是商品分类的关键。

3. 实用性原则

商品分类首先应满足国家总政策、总规划的要求,同时应充分满足生产、流通及消费的需要。因此,商品分类应最大限度地符合各部门、各系统、各行业、各企业及消费者的实际,满足各方面的需要。实用性是检验商品分类的实践标准。

4. 可扩展性原则

可扩展性原则,又称后备性原则,即进行商品分类要事先设置足够的收容类目,以保证新产品出现时不至于打乱已建立的原有的分类体系和结构,同时为下级部门便于在本分类体系的基础上进行开拓细分创造条件。

5. 兼容性原则

商品分类要与国家政策和相关标准协调一致,又要与原有的商品分类保持连续性和可转换性,以便进行历史资料对比。

6. 唯一性原则

商品分类体系中的每一个分类层次只能对应一个分类标识,以免产生子项互不相容的逻辑混乱问题。

二、商品分类方法和分类标志

(一)商品分类方法

由于各国商品所包括的范围并不完全相同,商品分类的对象也不完全一致,分类的目的也各有所需,由此决定了商品分类的方法也是多种多样的。归纳起来,常采用的方法主要有线分类法和面分类法两种。

1. 线分类法

线分类法,也称为层级分类法,是指将确定的商品集合总体按照一定的分类标志,逐次分成相应的若干个层级,并排列成一个有层次的、逐级展开的分类体系。它的一般表现形式是大类、中类、小类、细类等。它的特点是将分类对象一层一层地具体进行划分,而且各层级所选的分类标志可以不同,各个层级之间构成逐次的隶属关系。例如,GB 7635—2002《全国主要产品分类与代码》就是主要采用线分类法,该标准将商品分为大部类、部类、大类、中类、小类和细类六个层级。

线分类法应遵循以下原则:

(1) 在线分类法中,由某一上层类目划分出的下层类目的总范围应与上层类目范围相同。

(2) 当一个上层类目划分成若干个下层类目时,应选择一个划分标志。

(3) 同层级类目之间不交叉、不重复,并只对应一个上层类目。

(4) 分类要依次进行,不应有空层或加层。

线分类法属于传统的分类方法,使用范围最广泛。在国际贸易和我国商品流通领域中,许多商品分类均采用线分类法。例如,日用化工商品可以按线分类法进行分类,如图1-1所示。

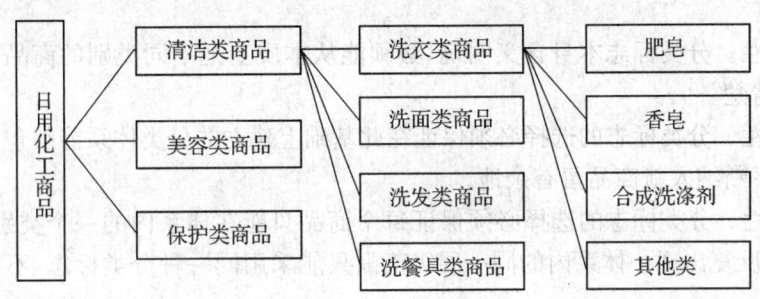

图 1-1　线分类法实例

线分类法的主要优点是信息容量大、层次性好、逻辑性强、符合传统的应用习惯,即对手工处理有较好的适应性,又便于计算机的处理。其最大的缺点是结构柔性差。所以,采用线分类法编制商品分类目录时,必须预先留有足够的后备容量。

2. 面分类法

面分类法,又称平行分类法,是指将分类的商品集合总体按不同的属性划分成相互之间没有隶属关系的各个分类集合(面),将每个分类集合(面)中的一个类目组配在一起,即形成一个新的复合类目。例如,服装的分类,就是按照面分类法组配的。把服装用的面料、式样和款式分为三个相互之间没有隶属关系的"面",每个"面"又分成若干个类目,标出了不同范畴的独立类目。使用时,将各类目组配起来,便成为一个复合类目,如纯毛男式休闲装、纯棉女士套装等,如表 1-2 所示。

表 1-2　面分类法实例

第一面	第二面	第三面	第一面	第二面	第三面
面料	式样	款式	化纤		套装
纯棉	男式	西服	混纺		休闲服
纯毛	女式	衬衫			

面分类法应遵循以下原则:

(1) 根据需要,选择分类对象的本质属性作为分类对象的标志。

(2) 不同类面的类目之间不能相互交叉,也不能重复出现。

(3) 每个面有严格的固定位置。

(4) 面的选择以及位置的确定,应根据实际需要而定。

面分类法具有结构柔性好,对机器处理有良好的适应性等优点。其缺点是不能充分利用容量,组配的结构太复杂,不便于手工处理。目前,一般都把面分类法作为线分类法的辅助。

(二) 商品分类标志

1. 选择商品分类标志的原则

分类标志是编制商品分类体系和商品目录的重要依据和基准。对商品进行分类,可供选择的标志很多,在选择分类标志时,应遵循如下基本原则:

(1) 目的性。分类标志的选择必须保证在此基础上建立的分类体系能够满足分类的目的和要求。

(2) 区分性。分类标志本身含义明确，必须能从本质上把不同类别的商品明显地区分开来，保证分类清楚。

(3) 包含性。分类标志的选择必须保证在此基础上建立的分类体系能够包容拟分类的全部商品，并为不断纳入新商品留有余地。

(4) 唯一性。分类标志的选择必须保证每个商品只能在体系内的一个类别中出现，不得在不同类别中反复出现。体系内的同一层级范围只能采用同一种分类标志，不得同时采用几种分类标志。

(5) 层次性和关联性。通过选择分类标志，必须使商品分类建立在并列从属关系的基础上，高一级的类别与其从属的类别间存在着有机的联系，下一级分类标志是上一级分类标志的合乎逻辑的继续和具体化。

(6) 简便性。分类标志的选择，必须保证建立起的商品分类体系在实际运用中便于操作，易于使用，有利于采用数字编码和运用电子计算机进行处理。

(7) 协调性。选择的分类标志应能与各行业和国际统一分类标志协调，参照以往我国各行业已经形成的分类状况，把工业、仓储、运输等各行业的分类情况协调起来，达到信息的沟通、交流方便的目的。

2. 常用的分类标志

商品分类工作中，可供商品分类的标志较多，按其适用性可分为普遍适用分类标志和局部适用分类标志。普遍适用分类标志常用来划分商品大类、中类、小类等高层次类目的划分，如商品种类共存特征、性质、原材料、生产方法、用途等。局部适用分类标志，又称特殊分类标志，是指某部分商品共有的特征。它常用于某些商品的细类的划分，如某些商品的化学成分、颜色、外观、产地、收获季节、功率等。

在一个分类体系中常采用几种分类标志，很难找出一种贯穿于商品分类体系始终的标志，经常是一个层次用一个分类标志。例如，在《商品分类和编码协调制度》中，把国际贸易的商品按生产部门划成21类。在各类内，基本上按同一原料或同一类型产品划为97章。在每章内，按照原料到成品的加工程度排列成各种商品，并按顺序编号。常用的分类标志有以下几种：

(1) 以商品的用途作为分类标志。商品的用途与广大消费者的需要密切相关，是体现商品使用价值的重要标志，也是研究商品质量和商品品种的重要依据。以商品用途作为分类标志，不仅适合于对商品大类的划分，也适合于对商品类别、品种的进一步详细划分。按商品的用途分类，在实际工作中应用最广泛。

按商品用途分类，可将商品分为生活资料商品和生产资料商品；在生活资料商品中，按吃、穿、用等用途的不同，分为食品、衣着用品、日用品、文化用品等类别；日用品商品按不同用途，可分为器皿类、玩具类、洗涤用品类、化妆品类等；化妆品商品中按用途，还可分为护肤用化妆品、美容化妆品、发用化妆品等；发用化妆品按用途，可再细划分为洗发剂、护发剂、染发剂、美发剂、生发剂、卷发剂等品目；洗发剂可进一步划分成干性头发洗发香波、油性头发洗发香波、洗发护发二合一香波等具体品种。商品按用途分类，如图1-2所示。

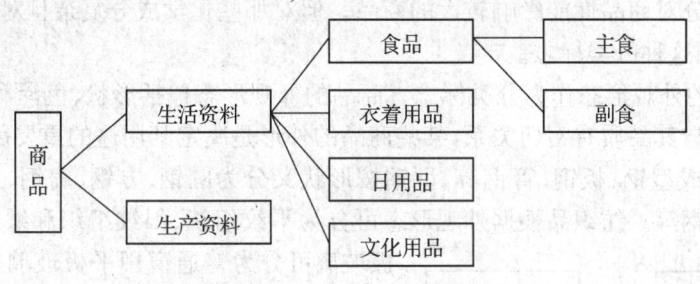

图 1-2 商品按用途分类

以商品用途作为商品分类标志,既便于对同一用途商品的质量进行分析和比较,有利于生产企业改进和提高质量,开发新的商品品种,又便于商品经营者对商品的经营管理和消费者对商品的选购。现在,许多商品的类目名称,如食品、医药、服装、饲料、交通工具等之所以成为专有名词,就是商品按用途分类的结果。但是,这种分类标志,不适用于多种用途商品类别的划分。

(2) 以商品的原材料作为分类标志。商品的原材料是决定商品质量和商品品种的重要因素。由于生产所用的原材料不同,商品往往具有截然不同的性能特征。例如,纺织品按原材料来源不同,划分为棉织品、毛织品、麻织品、丝织品、化纤织品、矿物性纤维织品、金属性原料织品等;其中丝织品又按原料的不同,进一步分为真丝织物、人造丝织物、合纤丝织物和交织物。

以原材料作为商品的分类标志,不仅分类清楚,而且能从本质上反映出每类商品的性能、特点、使用及保管要求,特别是对那些原材料来源较多、对质量和性能有较大影响的商品比较适用。但对那些由多种原材料制成的商品,由于其加工程度不同,其商品特征与原材料关系不大,就不适合采用此种分类标志进行分类。例如,电视机、照相机、洗衣机、汽车等工业品就不适合以原材料作为分类标志。

(3) 以商品的化学成分作为分类标志。许多商品的性能、质量多取决于它们的化学成分。在很多情况下,商品的主要化学成分是决定其性能、用途、质量或储运条件,乃至商品品种、等级的重要因素。对这类商品进行分类时,应以主要化学成分作为分类标志。例如,化学肥料按照主要化学成分,可划分为氮肥、磷肥、钾肥。

有些商品的主要化学成分虽然相同,但是所含有的少量特殊成分不同,就形成了质量、性能和用途完全不同的商品。对这些商品进行分类时,就可以以特殊成分作为分类标志。例如,玻璃的主要成分是二氧化硅,但根据其中一些特殊成分的不同可进一步分为钢化玻璃(含有氧化钠)、钾玻璃(含有氧化钾)、铅玻璃(含有氧化铅)等。

某些商品由于其中所含的某种杂质或某几种杂质可以对商品品质产生极为不利的影响,使得采用杂质作为标志也成为一种商品分类方法,用以明显区分各类商品之间在品质方面的差异。

【背景链接 1-1】

原油的分类

硫对原油品质具有极为不利的影响,是原油中的有害物质。它能降低抗爆剂的抗爆效率;也能增加裂化汽油的生胶倾向,使汽缸积炭增加,加剧发动机的腐蚀。燃料油燃烧时,生成的硫化物气体还能污染大气。因此,硫含量的高低是原油品质优劣的重要标志,可分为低含硫、含硫和高含硫三种。除此之外,原油也可按含蜡量、胶质含量等分类。

按商品的化学成分分类,便于研究某类商品的特征及其储存和使用方法等。这种分类方法适用于化学成分对商品性能影响较大的商品。但对那些化学成分复杂且对商品影响不大的商品,不适宜采用这种分类标志。

（4）以商品的外观形态作为分类标志。商品的外观形态包括形状、色泽和表面组织结构,许多商品的外形与其品质有密切关系,某些商品的外形是决定其用途的重要因素。例如,钢材根据形状可以分成型钢、板钢、管钢等,型钢按形状又分为圆钢、方钢、扁钢、工字钢、槽钢、角钢、半圆钢、六角钢等。纺织品根据外观形态可分为平纹组织、斜纹组织和缎纹组织。窗用平板玻璃可分为普通窗用平板玻璃、磨砂玻璃、压花玻璃、夹丝玻璃、钢化玻璃;除普通窗用平板玻璃外,其他平板玻璃具有特殊的性能。

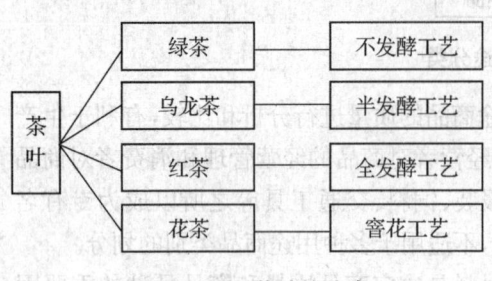

图1-3 茶叶的分类

（5）以商品的加工工艺作为分类标志。某些商品采用的原材料相同,由于生产方法和加工工艺不同,所形成的商品质量、特性和品种就会有明显的差别。茶叶按制造方法,分为红茶、绿茶、花茶、乌龙茶、紧压茶、白茶、黄茶、速溶茶等,如图1-3所示。

采用制造方法为标志进行分类,能直接说明商品质量和商品品种的特征,特别适用于那些可以选用多种生产方法制造的商品。但对于那些虽然生产方法不同,而其质量特征并未产生实质性区别的商品,在分类时不宜采用这种分类标志。例如,同是热塑性塑料制品,无论采用吹塑、注射、挤出等方法成型,其制品的性能并未有实质性差别。

（6）以商品的产地作为分类标志。某些商品由于生产地区的自然气候条件、培育方式、原料质量的不同,而使同类产品往往具有不同的品质特征。因此,产地也就成为一些商品的分类标志。例如,工夫红茶习惯上以产地命名,如祁红、滇红、闽红、宜红、川红、宁红、湖红等。

（7）以商品的生产季节作为分类标志。农产品和畜产品由于生产季节不同,品质也有所区别,可以按照生产季节的不同进行分类。例如,羊毛按生产季节的不同,分为春毛、秋毛和伏毛。

（8）以商品在管理中的重要性作为分类标志。ABC分类法,又称帕累托分析法,也叫主次因素分析法,是项目管理中常用的一种方法。它是根据事物在技术或经济方面的主要特征,进行分类排队,分清重点和一般,从而有区别地确定管理方式的一种分析方法。因为它把被分析的对象分成A、B、C三类,所以又称为ABC分析法。

例如,某企业在库存管理中,将全部库存物资分为A、B、C三类,A类物资项数约为10%左右,所占资金约为70%左右;C类物资项数约为70%左右,所占资金约为10%左右;其余为B类物资,其项数与所占资金均为20%左右。

A、B、C三类物资区分以后,再权衡管理力量与经济效果,对三类对象进行有区别的管理。对重点的A类物资,要严格控制,尽可能降低定购量,减少库存量,一般采用定期库存控制法进行管理。对于B类物资的管理可适当放宽一些,可用选择补充库存制度进行控制;对C类物资的管理,可适当加大定购批量、提高保险储备量、采用定量库存控制进行控制,如库存量等于或低于再定购点时,就补充定购,以减少日常的管理工作。

在物流管理中对商品的分类储存,也可选用其他分类标志,如按商品的危险性质分类储存、按商品的归属单位分类储存、按商品的运输方式储存、按商品存储作业特点分类储存,等等。

任务二　商品编码

教学要点
(1) 了解商品编码及其意义；
(2) 掌握商品编码的原则、方法；
(3) 了解商品编码的种类。

教学内容
商品分类不仅能形成科学系统的商品分类体系，还可以形成商品目录和商品代码，因此编制商品目录和商品代码也属于商品分类范围。与此同时，商品目录和商品代码的编制也促进了商品分类的研究和发展。

一、商品编码及其意义

商品编码就是赋予某种或某类商品的一个或一组有序的符号排列，是便于人和计算机识别与处理的代表符号。代表符号可以由数字、字母和特殊标记组成。

商品编码是在商品分类的基础上，对各类、各种商品都赋予一定规律性商品代码的过程。商品编码往往是商品目录的组成部分，商品分类与代码共同构成了商品目录的完整内容，故商品目录又叫"商品分类与代码集"。

商品编码与商品分类密切相关，分类在前，编码在后，在实践中也称为商品分类编码。

商品编码可以区别不同产地、不同原料、不同色泽、不同型号的商品品种；便于企业经营管理，计划、统计、物价和核算等工作的开展，有助于避免差错，提高工作效率；为电子计算机进行数据处理创造了前提条件，是现代化管理的基础。

二、商品编码的原则

（一）唯一性
唯一性，即在同一个商品编码集中，每一个（组）商品代码只能代表一类（种）商品。

（二）合理性
合理性，即商品代码结构应与商品科学分类体系和商业经营实际需要相对应。

（三）可扩充性
编码时要求留足备用代码，以备新产品出现扩充代码的需要。

（四）简明性
简明性，要求商品代码结构在留足后备容量的前提下尽量简单。

（五）适用性
代码要尽可能反映各类型商品的特点。

（六）规范性
代码的类型、结构、编写格式，在同一套商品分类编码中要集中统一规范。

三、商品编码的方法

商品编码的方法主要有顺序编码法、层次编码法、平行编码法和混合编码法四种。

（一）顺序编码法

按商品类目在分类体系中出现的先后次序，依次给予顺序代码的一种编码方法。这种编码法简单，常用于容量不大的编码集合体。

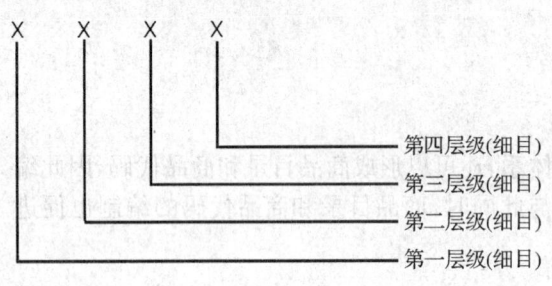

图 1-4 层次编码结构

（二）层次编码法

以分类对象的从属、层次关系为排列顺序而编制代码的一种方法。这种方法常用于线分类体系，编码时将代码分成若干层级，并与分类对象的分类层级相对应。代码自左至右表示层级由高至低，代码左端为最高位层级代码，右端为最低位层级代码，各层级的代码常采用顺序编码或系列顺序码，如图 1-4 所示。

（三）平行编码法

将分类对象按其特征分成若干个面，再把每个面内的类目排列的顺序代码加以组合而形成代码的一种方法。这种方法常用于面分类体系，编码时按照面的排列顺序将各个面内类目的代码分别加以组合。

（四）混合编码法

由层次编码法和平行编码法组合而成的一种编码方法。编码时先选择分类对象的各种特征，然后将某些特征用层次编码法表示，其余特征用平行编码法表示。例如，身份证的编码就是采用混合编码法进行编码的。

四、商品编码的种类

目前，商品编码的种类主要有数字型代码、字母型代码、混合型代码和条形码四种。

（一）数字型代码

用阿拉伯数字对商品进行编码形成的代码符号。数字型代码是将每个商品的类别、品目、品种等排列成一个数字或一组数字。GB 7635—87 和 SB/T 10135—92 标准，采用的就是数字型代码。按数字型编码方法，棉布婴儿服装的代码是"21011007"、香脂的代码是"38221003"。数字型代码是世界各国普遍采用的方法之一，这种类型的代码便于国际之间的经济往来，其特点是结构简单，使用方便，易于推广，便于利用计算机处理。

（二）字母型代码

用一个或若干个字母表示分类对象的代码。按字母顺序对商品进行分类编码时，一般用大写字母表示商品大类，小写字母表示其他类目。字母型代码便于记忆，可提供便于人们识别的信息，但当分类对象数目较多时，往往会出现重复现象，因此，在商品分类编码中很少使用。

（三）混合型代码

数字、字母混合型代码，是由数字和字母混合组成的代码。字母常用于表示商品的产地、性质等特征,可放在数字前边或后边,用于辅助数字代码。

（四）条形码

条形码是指将表示一定信息的字符代码转换成用一组黑白(或彩色)相间的平行线条,按一定的规则排列组合而成的特殊图形符号。商品条形码是计算机输入数据的一种特殊代码,包含有商品的生产国别、制造厂商、产地、名称、特性、价格、数量、生产日期等一系列商品信息。只要借助光电扫描阅读设备,即可迅速地将条形码所代表的信息准确无误地输入电子计算机,并且利用计算机自动进行存储、分类排序、统计、打印或显示。这不仅实现了售货、仓储、订货的自动化管理,而且通过产、供、销信息系统把销售信息及时提供给生产厂家,实现了产、供、销之间的现代化管理。

任务三　商品条码

教学要点

(1) 了解商品条码的优点；
(2) 掌握常见的商品条码；
(3) 掌握物流条码。

教学内容

商品条码,又称商品条形码,国际上以 BC 作为简称,是应用最广泛的商品代码。

一、商品条码概述

商品条码是由一组规则排列的粗细不同、黑白(或彩色)相间的条、空及对应字符组成的,用以表示一定商品信息的图形。

商品条码由条码符号和字符代码(供人识别)两部分组成。其中,条码符号是指条、空组合部分,用于机器的快速扫描和准确识别;字符代码是指条码符号下方的数字字符,用于人的肉眼识别,如图 1-5 所示。

(1) EAN-13 码　　(2) EAN-8 码　　(3) UPC-A 码　　(4) UPC-E 码

图 1-5　商品条形码

条码的优点主要有以下几点。

（一）输入速度快

一名优秀打字员用键盘输入 12 个字符需要 1.6 秒,而使用条码,同样的工作量只需 0.3 秒,速度提高了 5 倍。

（二）可靠性高

键盘输入数据出错率为三百分之一,而采用条码技术误码率低于百万分之一。由此可见,采用条码输入的准确率是相当高的。

(三）灵活实用

条码既可以作为一种识别手段单独使用，也可以和有关识别设备组成一个系统实现自动化识别，还可以和其他控制设备连接起来实现整个系统的自动化管理。

（四）简便易行

条码标签易于制作，对印刷技术、设备和材料没有特殊要求。条码识别设备操作容易，不需要特殊培训，且条码识别设备费用较低。

二、常用商品条码

目前国际上通用的商品条码主要有 EAN 码、店内码、UPC 码等，其特点如下。

（一）EAN 码

EAN 码是国际物品编码协会制定的一种条码，通用于世界各地。目前我国推行使用的商品条码也是 EAN 码。这种条码常用的有 EAN-13 码和 EAN-8 码两种。

【背景链接 1-2】

条码技术的产生与发展

条码技术的研究开始于 20 世纪 40 年代初。40 年代后期，美国乔·伍德兰德（Joe Wood Land）和贝尼·西尔佛（Beny Silver）两位工程师就开始研究用代码表示食品项目以及相应的自动识别设备，并于 1949 年获得了美国专利。

20 世纪 60 年代后期，北美铁路系统采用了条码系统，最早使用了条码技术。

20 世纪 80 年代初，美国国防部要求向其交货的所有产品都要有条码。

国际物品编码协会（EAN International）成立于 1977 年，负责开发和维护一套全球跨行业的标识和通信系统，即"EAN·UCC 系统"。

我国条码技术的研究始于 20 世纪 70 年代末，我国已制定了《条码系统通用术语、条码符号术语》《通用商品条码》《中国书号 ISBN 部分条码》等十几项国家标准。

1. EAN-13 码

EAN-13 码，又称标准版 EAN 码，如图 1-5(1)所示，该条码既可用于销售包装，又可用于储运包装。

EAN-13 码的条码符号由左侧空白区、起始符、左侧数据符、中间分隔符、右侧数据符、校验符、终止符、右侧空白区等 8 个部分组成。

EAN-13 码的字符代码由前缀码、企业代码、商品项目代码和校验码等 13 位数字组成。通常有三种代码结构，如表 1-3 所示，其中 X_1、X_2、X_3、X_4……分别表示从右至左的 13 位数字。

表 1-3 EAN-13 码的代码结构

结构类型	厂商识别代码（前缀码＋企业代码）	商品项目代码	校验码
结构一	$X_{13} X_{12} X_{11} X_{10} X_9 X_8 X_7$	$X_6 X_5 X_4 X_3 X_2$	X_1
结构二	$X_{13} X_{12} X_{11} X_{10} X_9 X_8 X_7 X_6$	$X_5 X_4 X_3 X_2$	X_1
结构三	$X_{13} X_{12} X_{11} X_{10} X_9 X_8 X_7 X_6 X_5$	$X_4 X_3 X_2$	X_1

(1) 前缀码。前缀码是国际物品编码协会分配给各国(或地区)的物品编码组织的代码,一般用2位或3位数字表示($X_{13}X_{12}$或$X_{13}X_{12}X_{11}$)。一个国家只能有一个编码组织能够加入国际物品编码协会,因此前缀码实际成为国家(或地区)代码。

(2) 厂商识别代码。厂商识别代码由该国(或地区)物品编码机构分配。我国的厂商识别代码是中国物品编码中心按照国家标准的规定,在EAN分配的前缀码的基础上增加3~5位数编制的,用于对厂商的唯一标识。我国以690、691为前缀码的EAN-13码采用表1-3中的代码结构一;以692、693为前缀码的EAN-13码采用表1-3中的代码结构二;以694、695为前缀码的EAN-13码采用表1-3中的代码结构三。

(3) 商品项目代码。商品项目代码由3~5位数字组成,由厂商根据有关规定自行分配。在编制商品项目代码时,厂商必须遵守商品编码的基本原则,同一商品项目的商品只能编制一个商品项目代码;对不同的商品项目,必须编制不同的商品项目代码。

(4) 校验码。校验码由1位数字组成,是根据X_{13}~X_2的12位数字按《商品条码国家标准》(GB 12904—2003)规定的方法计算得出,用于电脑自动校验整个代码的录入是否正确。例如,听装健力宝饮料条码的字符代码为6901010101098,其中690代表我国,1010代表广东健力宝公司,10109是听装饮料的商品项目代码,8是校验码。

2. EAN-8码

EAN-8码,又称缩减版EAN码,如图1-5(2)所示。该条码只用于商品的销售包装,主要应用于商品包装上没有足够的面积印刷标准版条码,可将商品编成8位数字代码。EAN-8条码没有企业代码,只有商品代码,由国家物品编码管理机构分配,在使用上有严格控制。该条码的字符代码只有一种结构,如表1-4所示。

表1-4 EAN-8码的代码结构

前缀码	商品项目代码	校验码
$X_8X_7X_6$	$X_5X_4X_3X_2$	X_1

【背景链接1-3】

可以采用EAN-8码的情形

EAN-13商品条码的印刷面积超过印刷标签最大面面积的四分之一或全部可印刷面积的八分之一时;印刷标签的最大面面积小于40 cm² 或全部可印刷面积小于80 cm² 时;产品本身是直径小于3 cm的圆柱体,可以采用ENA-8码。

(二) 店内码

店内码,又称商店条码,是指批发或零售企业对没有商品条码或商品条码不能识读的商品,自行编码和印制,并只限在自己店内使用的条码。

店内码一般用于以下两类商品。

1. 用于变量消费单元

由于鲜肉、水果、蔬菜、熟食等商品是按基本计量单位计价,以随机数量销售的,其编码的任务不宜由厂家承担,只能由零售商完成,因此,零售商进货后,要根据顾客需要包装商品,用专用设备对商品称重并编制店内码,然后将其粘贴或悬挂到商品外包装上。

2. 用于定量消费单元

按商品件数计价销售的商品，应由生产厂家编印条码，但因厂家生产的商品未申请使用条码或其印刷的条码不能被识读，为便于扫描结算，零售商必须制作使用店内码。

店内码要遵循相应的国家标准。在我国，店内码一般也采用 EAN 码。采用 EAN-13 码时，前缀码为 20 或 21(22~29 预留)，中间 10 位为商品代码和价格代码，最后 1 位为校验码，代码结构如表 1-5 所示；采用 EAN-8 码时，不表示商品的价格，代码结构如表 1-6 所示。

表 1-5 店内码(采用 EAN-13 码)结构

校验码种类	价格码种类	前缀码		商品代码和价格代码	校验码
		X_{13}	X_{12}	$X_{11} X_{10} X_9 X_8 X_7 X_6 X_5 X_4 X_3 X_2$	X_1
没有价格校验码	4 位数字	2	0 或 1	X_{11}-X_6 商品代码；X_5-X_2 价格代码	0~9
	5 位数字	2		X_{11}-X_7 商品代码；X_6-X_2 价格代码	
有价格校验码	4 位数字	2		X_{11}-X_7 商品代码；X_6 价格校验码；X_5-X_2 价格代码	
	5 位数字	2		X_{11}-X_8 商品代码；X_7 价格校验码；X_6-X_2 价格代码	

表 1-6 店内码(采用 EAN-8 码)结构

前缀码	商品代码	校验码
X_8(用 2 或 0 表示)	$X_7 X_6 X_5 X_4 X_3 X_2$	X_1

(三) UPC 码

UPC 码是美国统一代码委员会制定的一种代码，主要用于美国和加拿大(各国出口到美国、加拿大等北美国家的商品在包装上也必须使用 UPC 码)。这种条码常用的有 UPC-A 码和 UPC-E 码两种。

1. UPC-A 码

UPC-A 码，又称标准版 UPC 码，如图 1-5(3)所示。该条码用于商品销售和商品储运两种包装。

UPC-A 条码符号由左侧空白区、起始符、左侧数据符、中间分隔符、右侧数据符、校验符、终止符、右侧空白区等 8 个部分组成，但各部分的分布与 EAN-13 商品条码不同。

UPC-A 条码的字符代码由 12 位数字组成，其结构如表 1-7 所示。

表 1-7 UPC-A 条码的代码结构

系统码	厂商识别代码	商品项目代码	校验码
X_{12}	$X_{11} X_{10} X_9 X_8 X_7$	$X_6 X_5 X_4 X_3 X_2$	X_1

其中，X_{12} 称为系统码，在左侧的安全空间，用数字 0~9 标识；数字不同，含义也不同，如表 1-8 所示。

表1-8 UPC-A商品条码的系统码的应用规定

系统码	应用范围	系统码	应用范围
0、6、7	规则包装的商品	4	零售商自用的店内码
2	不规则重量的商品	5	商家的优惠券
3	药品及医疗用品	1、8、9	备用码

2. UPC-E码

UPC-E码,又称缩减版的UPC码,如图1-5(4)所示,该条码用于商品销售包装。UPC-E码的字符代码由8位数字组成,其结构如表1-9所示。

表1-9 UPC-E码的代码结构

系统码	压缩后的企业代码和商品项目代码	校验码
X_8	$X_7 X_6 X_5 X_4 X_3 X_2$	X_1

只有当商品很小,无法印刷UPC-A条码时,才允许使用UPC-E码,如香烟、胶卷、化妆品等商品。

(四)其他条码

1. Code39码

Code39码,又称三九码,可由数字、字母和特殊字符等构成的条码,主要用于工业产品、商业资料、图书及票证等方面的自动化管理。

2. 库德巴码

库德巴码,也可由数字、字母和特殊字符等组成,主要用于工厂库存管理、血库管理、图书借阅管理、照片冲洗管理等。

总之,条码种类很多,常见的就有二十多种。此外,除以上列举的一维条码外,二维条码也在迅速发展,并在许多领域得到了应用。

【背景链接1-4】

一维条码与二维条码

一维条码:一维条码只是在一个方向(一般是水平方向)表达信息,而在垂直方向则不表达任何信息(其高度通常是为了便于阅读器的对准)。一维条码的应用可以提高信息录入的速度,减少差错率,可直接显示内容为英文、数字、简单符号等;储存数据不多,主要依靠计算机中的关联数据库;保密性能不高;损污后可读性差。

二维条码:在水平和垂直方向的二维空间存储信息的条码,可直接显示英文、中文、数字、符号和图形等;储存数据量大,可存放1K字符,可用扫描仪直接读取内容,无须关联数据库;保密性高(可加密);当安全级别为最高时,损污50%仍可读取完整信息。二维条码示例如图1-6所示。

图1-6 二维条码

三、物流条码

(一) 物流条码的概念及种类

1. 物流条码的概念

物流条码是指由 EAN 和 UCC 制定的，用于商品单元的全球统一标识的条码。商品单元由消费单元、储运单元和货运单元组成，如图 1-7 所示。

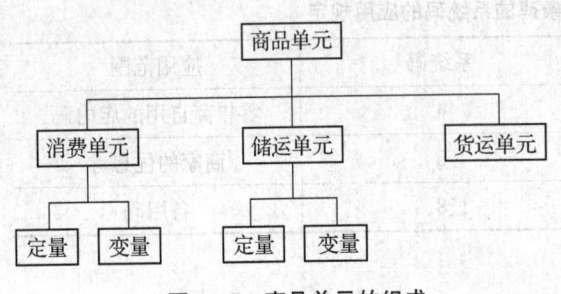

图 1-7 商品单元的组成

物流条码是供应链中用以标识物流领域中具体实物的一种特殊代码，是整个供应链包括制造业、配送业、运输业、最终用户等环节的共享数据。它贯穿于整个贸易过程，并通过物流条码数据的采集、反馈，提高整个物流系统的经济效益。

2. 国际通用的物流条码的种类

目前，国际上通用和公认的物流条码只有三种：消费单元条码、储运单元条码和货运单元条码。

(1) 消费单元条码，也称为商品条码，它采用标准版 EAN-13 条码，主要用于零售业，在我国的超市里已被广泛采用。与之对应的是国家标准《商品条码》(GB 12904—2003)。

(2) 储运单元条码。储运单元条码一般采用 ITF-14 条码(见图 1-8)。目前在我国部分超市的配送中心已开始使用，主要用于商品的纸质包装箱上。与其相对应的是国家标准《储运单元条码》(GB/T 16830—2008)。

图 1-8 储运单元条码(ITF-14)示例

(3) 货运单元条码。货运单元条码是物流条码最常用的形式，也是国际物流业中普遍推广使用的全球通用物流条码。货运单元条码采用 UCC/EAN 系统 128 条码(见图 1-9)，也可简写为 UCC/EAN-128 条码，主要用于运输、仓储等物流标签上，与其对应的是国家标准《UCC/EAN 系统 128 条码》(GB/T 15425—2014)。

图 1-9 UCC/EAN 系统 128 条码示例

选用上述条码时,要根据货物的不同和商品包装的不同,采用不同的物流条码。单个大件商品(如电视机、电冰箱、洗衣机等)的包装箱往往采用 EAN-13 条码。储运包装箱常常采用 ITF-14 条码或 UCC/EAN-128 条码,包装箱内可以是单个商品,也可以是不同的商品或多件商品的小包装。

由于消费单元条码(商品条码)的标准版 EAN-13 商品条码已在前面做了介绍。下面主要介绍储运单元条码和货运单元条码。

(二)储运单元条码

储运单元是指为便于搬运、仓储、订货、运输等,由消费单元组成的商品包装单元。通常,消费单元可分为定量消费单元和变量消费单元,前者是指按商品件数计价销售的消费单元,后者是指按基本计量单位计价,以随机数量销售的消费单元。据此,储运单元也可相应分为定量储运单元和变量储运单元。

1. 定量储运单元编码

定量储运单元编码,一般采用 13 位或 14 位数字代码,按以下不同情况分别处理。

(1) 与定量消费单元同为一体的定量储运单元的编码。当定量储运单元同时又是定量消费单元(如电冰箱、彩电、洗衣机等)时,应按定量消费单元进行编码,即采用 EAN/UCC-13 代码。

(2) 含不同种类定量消费单元的定量储运单元的编码。当定量储运单元内含不同种类定量消费单元时,该定量储运单元采用 13 位数字代码。将定量消费单元编码规则应用于定量储运单元的编码,给每一定量储运单元分配一个区别于它所包含的消费单元代码的 13 位数字代码。

(3) 含相同种类定量消费单元的定量储运单元的编码。当含相同种类的定量消费单元组成定量储运单元时,可给每一定量储运单元分配一个区别于它所包含的消费单元代码的 13 位数字代码,也可用 14 位数字进行编码,其编码的代码结构如表 1-10 所示。

表 1-10 含相同种类定量消费单元的定量储运单元代码结构

定量储运单元包装指示符	定量消费单元代码(不含校验字符)	校验字符
V	$X_1 X_2 X_3 X_4 X_5 X_6 X_7 X_8 X_9 X_{10} X_{11} X_{12}$	C

注:① 定量储运单元包括指示符(V),用于指示定量储运单元的不同包装,取值范围为 V=1,2,…,8。
② 定量消费单元代码,是指包含在定量储运单元内的定量消费单元的代码去掉校验字符后的 12 位数字代码。
③ 校验字符(C)的计算方法,见 GB/T 16830—2008。

2. 变量储运单元编码

变量储运单元编码由 14 位数字的主代码和 6 位数字的附加代码组成,代码结构如表 1-11 所示。

表 1-11 变量储运单元代码结构

	主代码		附加代码	
变量储运单元包装指示字符	厂商识别代码与商品项目代码	校验字符	商品数量代码	校验字符
LI	$X_1 X_2 X_3 X_4 X_5 X_6$ $X_7 X_8 X_9 X_{10} X_{11} X_{12}$	C_1	$Q_1 Q_2 Q_3 Q_4 Q_5$	C_2

(1) 主代码。

① 变量储运单元包装指示字符(LI),指示在主代码后面有附加代码,取值为 9。

② 厂商识别代码,是标识厂商的代码,取第 X_1 - X_8 位,当 $X_1X_2X_3$ 为 690 或 691 时,厂商识别代码取第 X_4 - X_7 位。

③ 商品项目代码,用于标识组成储运单元的商品种类。商品项目代码取第 X_9 - X_{12} 位,当 $X_1X_2X_3$ 为 690 或 691 时,商品项目代码取第 X_8 - X_{12} 位。

④ 主代码的校验字符(C_1),其计算方法见 GB/T 16830—2008。

(2) 附加代码。

① 商品数量代码(Q_1 - Q_5),是指包含在变量储运单元内,按确定的基本计量单位(如千克、米等)计量取得的商品数量。

② 附加代码的校验字符(C_2),其计算方法见 GB/T 16830—2008。通常,变量储运单元的主代码用 ITF - 14 条码标识,附加代码用 ITF - 6 条码标识。变量储运单元的主代码和附加代码也可以用 EAN - 128 条码标识。

3. ITF - 14 条码与 ITF - 6 条码

(1) ITF - 14 条码。ITF - 14 条码主要用于定量储运单元的标识。

ITF - 14 条码由矩形保护框、左侧空白区、起始符、条码字符、终止符、右侧空白区组成。其中,起始符由 4 个窄单元组成,顺序是条、空、条、空;终止符依次由 1 个宽条、1 个窄空、1 个窄条组成。

(2) ITF - 6 条码是由矩形保护框、左侧空白区、条码字符、右侧空白区组成(见图 1-10)。当 ITF - 6 条码符号的放大系数与主代码条码 ITF - 14 相同时,可以与主代码条码共用同一个保护框。

图 1 - 10 ITF - 6 条码符号示例

(三) 货运单元条码

UCC/EAN - 128 条码是一种连续型、非定长条码,能更多地标识货运单元中需要表示的信息,如产品批号、数量、规格、生产日期、有效期、交货地等。UCC/EAN - 128 条码可以对供应链上流动的货物进行准确的标识和具体的描述,把物流与信息流联系起来成为信息交换的工具。

UCC/EAN - 128 条码中的供人识别字符由应用标识符和数据两部分组成,每个应用标识符通常由 2 位数字组成。数据长度取决于所用的应用标识符。UCC/EAN - 128 条码示例,如图 1-11 所示。

图 1 - 11 UCC/EAN - 128 条码示例

图 1-11 中,双起始字符之后的 2 位数字就是应用标识符(Application Identifier,AI),指示条码数据段(代码)所表示的含义。例如,AI 为 00,指示其数据段的含义为系列货运包装箱代码 SSCC,格式为 n2+n18,即应用标识符为 2 位数字,数据段长度为 18 值数字。AI 之后的 1 位数字表示包装形式(托盘、集装箱等),此后的 7 位数字为 EAN 的前缀码和厂商识别代码,再后的 9 位数字为运输包装内销售包装的系列代码,最后 1 位数字是校验码。

任务四 商品目录

教学要点

(1) 了解商品目录的概念;
(2) 掌握商品目录的种类。

教学内容

商品目录,又称商品分类目录,是商品分类的具体体现,是实现商品科学化、现代化管理的前提。

一、商品目录的概念

商品目录是指以特定方式、系统记载相关商品集合总体类目、品种等方面信息的文件资料。它一般是商品名称、商品编码、商品分类体系三方面信息的有机结合,是在商品分类和编码的基础上,用表格、文字、数码等全面记录和反映相关商品集合总体综合信息的文件。

二、商品目录的种类

商品目录的种类很多,按适用范围不同,商品目录可分为国际商品目录、国家商品目录、行业(或部门)商品目录和企业(或单位)商品目录。

(一) 国际商品目录

国际商品目录是由国际组织或区域性集团编制的商品目录,是各国进行国际贸易时应共同遵守的准则,如海关合作理事会编制的《海关合作理事会分类目录》和《商品名称和编码协调制度》、联合国制定的《国际贸易标准分类》等。

(二) 国家商品目录

国家商品目录是指由国家指定专门机构制定的商品目录,是国家各部门、地区必须一致遵守的全国统一性商品目录,如日本的《商品分类编码》和我国的《全国主要产品分类与代码》(GB/T 7635—2002)等。

【背景链接 1-5】
《全国主要产品分类与代码》(GB/T 7635—2002)
由中国标准研究中心负责,会同国内 50 多个部门上百名专家历时多年制定的《全国主要产品分类与代码》国家标准经中华人民共和国国家质量监督检验检疫总局发布,于2003年4月1日开始实施。该标准是在采用联合国统计委员会制定的《主要产品分类》(简称CPC)的基础上,对GB 7635—1987《全国工农业产品(商品物资)分类与代码》进行修订的。

新的《全国主要产品分类与代码》结构共6层8位码,前5层采用了CPC的结构,其内容与CPC可运输产品部分相对应,并根据我国国情在相应位置增加了产品类目,第六层是新增加的产品类目。可运输产品分5大部类,见表1-12,共列入5万余条类目,40多万个产品品种或品类。

表1-12 《全国主要产品分类与代码》代码结构示例

代 码							名 称
0							农林(牧)渔业产品;中药
0	1						种植业产品
0	1	1					谷物、杂粮等及其种子
0	1	1	1				小麦及混合麦
0	1	1	1	1			小麦
0	1	1	1	1	1	010	冬小麦
0	1	1	1	1	1	011	白色硬质冬小麦
0	1	1	1	1	1	012	白色软质冬小麦
...	...	...	...	...	...	...	...

（三）行业（或部门）商品目录

行业（或部门）商品目录是指由本行业主管部门编制的商品目录,如我国原商业部编制的SB/T 10135—92标准、对外经济贸易部编制的《对外贸易进出口业务统一商品目录》、进出口商品检验局编制的《商检机构实施检验的进出口商品种类表》等。

【背景链接1-6】

《统计用产品分类目录》

国家统计局发布的《统计用产品分类目录》,是对社会经济活动中的实物类产品和服务类产品进行的统一分类和编码,它适用于以实物类产品和服务类产品为对象的所有统计调查活动。

其主要特点如下:一是以《国民经济行业分类》为基础,其产品大类与行业分类的大类基本一致;二是建立了与联合国《产品总分类》的转换关系;三是在产品库中对主要产品建立了与《海关统计商品目录》的转换关系;四是为用户提供了灵活的使用方法,用户可根据需要在第六层拓延三位代码;五是采用灵活的计量单位,在使用产品分类目录时,可根据需要从《计量单位代码表》中选取计量单位和代码。

（四）企业（或单位）商品目录

企业（或单位）商品目录是指由本企业（或单位）自己编制的，通常仅适用于本企业生产经营管理需要的商品目录。某零售店的商品目录（部分），如表1-13所示。

表1-13 某零售店的商品目录（部分）

大类	中类	小类	品类	品种	规格（cm）	花色式样
针织类	袜子	童袜	尼龙童袜	尼龙薄童袜	8、10、12、14、17	每种规格至少5种花色
				尼龙厚童袜	12、14、17	
			棉质童袜	厚棉质童袜	8、10、12	
				薄棉质童袜	8、10、12	

以上四种商品目录之间，存在着极其密切的关系。国家商品目录要与国际商品目录相协调；行业（或部门）及企业（或单位）编制的商品目录既要符合国家商品目录提出的分类原则，又要满足本行业部门或本企业单位的需要。因此，一般来说，行业（或部门）及企业（或单位）商品目录常比国家商品目录包括的商品类型少，但品种的划分更细。

 技能训练

技能训练一 超市商品分类与编码

1. 技能训练的目标

（1）检查学生对商品分类与编码知识的掌握情况；
（2）培养学生收集信息与整理材料的能力；
（3）激发学生的学习兴趣；
（4）培养学生了解、适应社会，以及理论联系实际的能力。

2. 技能训练的要求

（1）学生6人一组，进行调查整理。
（2）每人汇总成800字以上的报告，并上交，报告模板见二维码，所整理资料需真实、全面，避免空泛。
（3）每组完成一份PPT汇报材料，由一位同学代表全组汇报调查情况和调查结果。

3. 技能训练的内容

通过对某一超市的现场调查，对该超市的商品分类情况进行研究。
（1）分析该超市采用的分类方法、分类依据；
（2）列举某一大类商品的分类情况（按层次划分商品类别，直至具体商品名称，如可口可乐）；
（3）观察超市中商品使用的商品条形码，结合该超市所使用的条形码的实际情况说明条形码的种类，以及相应商品使用此类商品条码的原因；
（4）谈一谈对该超市商品分类情况调查的体会。

4. 技能训练的报告要求

（1）技能训练的名称、学生姓名、班级和日期；
（2）技能训练的目的和要求；

(3) 技能训练的原理；
(4) 技能训练的步骤；
(5) 技能训练的原始记录；
(6) 技能训练的结果分析，并写出技能训练报告。

技能训练二　条码技术在现代物流业中的应用

【背景链接 1-7】

条码技术在现代物流业中的应用

20 世纪 90 年代中期，条码技术才开始在我国的物流行业中起步，最初主要是在生产线物流管理、现代物流配送中心中应用。

当前，整体上讲，我国在物流领域的条码技术推进工作才刚刚起步，受到条码应用理念尚未普及以及物流企业规模限制等因素的影响，国内物流行业还没有形成条码应用的氛围，推动工作还面临着很大的困难。条码技术也只是在局部物流管理领域及部分先进企业获得了较好的应用。

作为物流管理的工具，条码的应用主要集中在以下环节。

1. 物料管理

利用条码技术的解决思路。

第一步：通过将物料编码，并且打印条码标签，不仅便于物料跟踪管理，而且也有助于做到合理的物料库存准备，提高生产效率，便于企业资金的合理运用。对采购的生产物料按照行业及企业规则建立统一的物料编码，从而杜绝因物料无序导致的损失和混乱。

第二步：对需要进行标识的物料打印其条码标，以便于在生产管理中对物料的单件跟踪，从而建立完整的产品档案。

第三步：利用条码技术对仓库进行基本的进、销、存管理，有效地降低库存成本。

第四步：通过产品编码，建立物料质量检验档案，产生质量检验报告，与采购订单挂钩建立对供应商的评价。

2. 生产线物流管理

条码生产线物流管理是产品条码应用的基础，它建立产品识别码。在生产中应用产品识别码监控生产，采集生产测试数据，采集生产质量检查数据，进行产品完工检查，建立产品识别码和产品档案，有序地安排生产计划，监控生产及流向，提高产品下线合格率。

(1) 制订产品识别码格式。根据企业规则和行业规则确定产品识别码的编码规则，保证产品规则化、标识唯一。

(2) 建立产品档案。通过产品标识条码在生产线上对产品生产进行跟踪，并采集生产产品的部件、检验等数据作为产品信息，当生产批次计划审核后建立产品档案。

(3) 通过生产线上的信息采集点来控制生产的信息。

(4) 通过产品标识码条码在生产线上采集质量检测数据，以产品质量标准为准绳判定产品是否合格，从而控制产品在生产线上的流向，以及是否建立产品档案，打印合格证。

3. 分拣运输

铁路运输、航空运输、邮政通信等许多行业都存在货物的分拣搬运问题，大批量的货物需要在很短的时间内准确无误地装到指定的车厢或航班；一个生产厂家如果生产上百个品种的产品,并需要将其分门别类,以送到不同的目的地,就必须扩大场地、增加人员,但还常常会出现人工错误。解决这些问题的办法就是应用物流标识技术,使包裹或产品自动分拣到不同的运输机上。需要做的只是将预先打印好的条码标签贴在发送的物品上,并在每个分拣点装一台条码扫描器。

4. 仓储保管

在仓储系统,采用条码可以通过应用标识符分辨不同的信息,经过计算机对信息进行处理后,更有利于对商品的采购、保管和销售。

5. 机场通道

当机场的规模达到一个终端要在2 h内处理物品10个以上的航班时,就必须实现自动化,否则会因为来不及处理行李导致误机。在自动化系统中,物流标识技术的优势充分体现出来,人们将条码标签按需要打印出来,系在每件行李上。条码标签是一张纸牌,系在行李的手把上。根据国际航空运输协会(IAIA)标准的要求,条码应包含航班号和目的地等信息。当运输系统把行李从登记处运到分拣系统时,一组通道式扫描器(通常由8个扫描器组成)包围了运输机的各个侧面:上、下、前、后、左、右。扫描器对准每一个可能放标签的位置,甚至是行李的底部。当扫描器读到条码时,会将数据传输到分拣控制器中,然后根据对照表,行李被自动分拣到目的航班的传送带上。

6. 货物通道

和机场的通道一样,货物通道也是由一组扫描器组成。全方位扫描器能够从各个方向识读条码,上、下、前、后、左、右。这些扫描器可以识读任意方向、任意面上的条码,无论包裹有多大,无论运输机的速度有多快,无论包裹间的距离有多小,所有制式的扫描器一起作业,决定当前哪些条码需要识读,然后把一个个信息传送给主计算机或控制系统。

货物扫描通道为进一步采集包裹数据提供了极好的机会。新一代的货物通道可以很高的速度同时采集包裹上的条码标识符、实际的包裹尺寸和包裹的重量信息,且这个过程不需要人工干预。因为包裹投递服务是按尺寸和重量收费的,这些信息对计算货运金额十分重要。现在可以准确高效地获取这些信息,以满足用户的需要。

7. 运动中称量

运动中称量与条码自动识别相结合,把电子秤放在输送机上可以得到包裹的重量而不需中断运输作业或人工处理,使系统能保持很高的通过能力,同时实时提供重量信息,计算净重,检验重量误差,验证重量范围。在高效的物料搬运系统中,运动中称量可以与其他自动化过程,如条码扫描、标签打印及粘贴、包裹分拣、码托盘、库存管理、发运和其他功能集成在一起。

在现代制造业物流系统方面,我国制造业的快速发展,受跨国制造企业的影响,许多国有大型制造企业及跨国制造企业在其生产线中都采用了现代条码技术。通过条码技术对制造流程中生产信息、物料信息、仓储信息与销售信息进行跟踪与处理。代表性的跨国企业包括通用、三星、摩托罗拉、爱立信等,国内有代表性的企业包括海尔、海信、华为、联想、科龙等。

近几年,随着一些企业现代物流中心、自动化立体仓库、商业企业物流配送中心的建设,条码技术的使用情况较为普遍。如果没有条码技术的支撑,这些现代物流技术设施的运作效率就会大打折扣。

1. 技能训练的目的

通过对提供背景链接资料的学习,掌握条形码在物流环节中的应用。

2. 技能训练的内容

根据提供的案例,并查阅资料,给出物流企业使用条形码的建议。

3. 技能训练的步骤

(1) 分析案例资料;

(2) 收集其他有关条形码在物流环节中应用的相关资料;

(3) 分析条形码在物流环节中应用带来的好处,及其如何实现;

(4) 综合分析上述情况,以一个物流单位为例,给出该物流企业条形码的应用方案。

4. 技能训练的报告要求

(1) 技能训练的名称、学生姓名、班级和日期;

(2) 技能训练的目的和要求;

(3) 技能训练的原理;

(4) 技能训练的步骤;

(5) 技能训练的原始记录;

(6) 技能训练的结果分析,并写出技能训练报告。

课后习题

一、判断题

1. 为了使商品分类体系完整,一个商品可以有两个代码。　　　　　　　　　　　　(　　)
2. 在任一次商品分类中,可将分类对象逐次划分为包括大类、中类、小类、品类在内的完整的、具有内在联系的类目系统。　　　　　　　　　　　　　　　　　　　　　　(　　)
3. 科学的商品编码不应该留有空码。　　　　　　　　　　　　　　　　　　　　(　　)
4. EAN 条码都是 13 位数字的条码。　　　　　　　　　　　　　　　　　　　　(　　)
5. EAN-13 码可用于销售包装,不可用于储运包装。　　　　　　　　　　　　　(　　)
6. 店内码采用 EAN-13 码编制时,左数第一位数字为 2。　　　　　　　　　　　(　　)
7. 行业(或部门)及企业编制的商品目录既要符合国家商品目录提出的分类原则,又要满足本行业(或部门),或本企业(或单位)的需要。　　　　　　　　　　　　　　(　　)
8. GB/T 7635—2002 采用的是 6 层 8 位数字的编码。　　　　　　　　　　　　　(　　)

二、填空题

1. 商品分类时,通常采用的基本方法有_____和_____两种。
2. 商品代码的编码方式主要有_____、_____、_____、混合编码法四种。
3. EAN 条码主要有_____、_____两种。
4. 条形码"6923644251123"是_____,其中企业代码是_____,最末位的"3"是_____。
5. 目前国际上通用和公认的物流条码只有三种:_____、_____、_____。

三、选择题(可多选)

1. 对商品进行分类时,_____是至关重要的。
   A. 确定分类目的　　　　　　　　　　B. 选择适当的分类标志
   C. 科学定义　　　　　　　　　　　　D. 明确分类的商品集合体所包括的范围

2. 茶以＿＿＿＿为分类标志,可分成红茶、绿茶、乌龙茶等。
   A. 原材料　　　　B. 生产加工方法　　　C. 用途　　　　D. 主要成分
3. "C8112"表示涤粘中长纤色布,用的是＿＿＿＿编码方法。
   A. 数字型代码　　B. 字母型代码　　　C. 混合型代码　　D. 条码
4. 下列有关 EAN-13 码的说法中,正确的是＿＿＿＿。
   A. 前缀码由国际组织分配　　　　　　B. 厂商代码由国际组织分配
   C. 我国的厂商代码用 5 位数字表示　　D. 校验码由其他 12 位数字计算得来
5. 商品条码由＿＿＿＿构成。
   A. 前缀码和校验码　　　　　　　　　B. 条码符号和校验码
   C. 前缀码和字符代码　　　　　　　　D. 条码符号和字符代码
6. 目前国际上通用的商品条码主要是＿＿＿＿。
   A. EAN 码　　　　B. UPC 码　　　　C. ABC 码　　　　D. 三九码

四、简答题
1. 常见的商品分类标志有哪些?各有什么特点?
2. 简述商品编码的原则。
3. 什么是商品条码?常用商品条码有哪些类型?
4. 简述商品条码的优点。

扫一扫,看答案

项目二 商品标准与质量认证

内容简介

本项目系统阐述了商品标准的作用；详细介绍了商品的分类和分级；介绍了商品认证的概念以及意义，并详细介绍了商品质量认证的方式、认证的条件及程序。

教学目标

1. 知识目标：

(1) 理解标准和商品标准的概念；
(2) 掌握商品标准的分类和分级；
(3) 掌握标准化的概念和商品标准化的意义；
(4) 能够运用商品标准和标准相关知识解决实际问题；
(5) 掌握商品认证。

2. 技能目标：

(1) 能够充分认识到标准化在工作中的重要性；
(2) 在生活和工作中能够运用标准维护自己或企业的正当权益。

案例导入

托盘标准化——提高物流效率的利器

我国物流成本占GDP的比重长期维持在18%左右。成本之所以难降，与物流体系标准化水平低有很大关联，尤其是托盘标准化的欠缺，大大降低了物流效率。因此，推动托盘标准化以及标准化托盘的循环共用成为当下降低物流成本、提高物流效率的最佳途径。

商务部流通业发展司副巡视员王选庆介绍，我国有8.6亿个各类托盘，一半以上是企业内部使用。实现标准化托盘循环应用，至少可以降低物流成本占GDP比例2个百分点。标准化托盘的循环共用对企业运营成本的节约更直观。商务部正研究推广全国性托盘循环共用系统，仅这一项每年至少可降低物流费用5 000亿元左右。

除了积极的社会意义，托盘标准化应用还会大大提升企业物流效率，电商企业1号店可谓是率先尝到了托盘共用的"甜头"。据1号店仓储运营高级物流总监郭金留介绍，以一辆12.5米厢式卡车为例，散货运输时装卸时间约为3至4小时，托盘共用后装卸时间约为20至30分钟，装卸效率提高了90%，货品破损率也降低了50%。

王选庆也十分认可托盘标准化对企业的实际作用。"目前不少企业已开始实践循环共用托盘，取得了很好的效果。使用托盘租赁服务的企业也比使用自采托盘的企业数量增加了很多，平均节约使用成本18%，使用效率平均也会提升4倍以上。"

(资料来源：中国物流与采购联合会)

 **案例分析**
(1) 什么是标准和标准化?
(2) 为什么要实行托盘的标准化?

任务一 商品标准概述

教学要点
(1) 了解商品标准的作用;
(2) 掌握商品标准的分类。

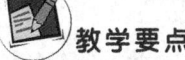 **教学内容**
商品标准是对商品质量以及与质量有关的各个方面(如商品的品名、规格、性能、用途、使用方法、检验方法、包装、运输和储存等)所制定的标准,是评定、监督和维护商品质量的准则和依据。

一、商品标准的作用

商品标准对商品必须达到的要求都做了具体的规定,要求政府、企业和其他社会团体及公民都应遵照执行。商品标准在各方面都有积极的推动作用,主要表现在以下几个方面。

(一) 商品标准在社会生产中的作用

1. 商品标准是科技与生产力发展水平的标志

每个商品标准都是根据当时社会和科技发展水平制定的,因此,商品标准是科学技术发展水平的标志;另外,商品标准体现了一个国家的技术经济政策,是一个国家生产力发展水平的标志。

2. 商品标准是组织专业化生产的前提

商品统一的技术标准,提高了零部件的能用互换程度,有利于生产部门采用高效率的专用设备,有利于实现专业化、规模化生产,从而大幅度地提高劳动生产率,促进生产力的发展。

3. 商品标准是提高商品质量的技术保证

商品标准的核心内容是商品的质量要求,是生产过程中控制质量、评定质量的依据。因此,《中华人民共和国标准化管理条例》规定,凡正式生产的商品都必须制定标准并贯彻实施。只有符合标准的商品,才能进入市场流通,从而保证和促进商品质量的不断提高。

(二) 商品标准在流通中的作用

1. 商品标准是评定商品质量的准绳

商品标准是对商品质量及与质量有关的各个方面所做的统一规定,是生产与流通中的一种共同技术依据,是评定商品质量的准绳,是产销或购销双方对商品质量发生争谈时执行仲裁的依据。

2. 商品标准是按质论价的必要条件

商品标准中的质量要求,反映了商品使用价值的高低。企业可依据商品标准,进行商品鉴定,确定商品品级,并按品级确定商品价格。

3. 商品标准是商品质量监督的技术依据

商品标准为监督商品质量,维护国家和消费者利益,打击并消除伪劣商品,促进市场的繁荣与发展提供了有利的技术依据。

(三）商品标准在市场资源配置中的作用

在生产和流通中,根据商品标准可以把资源或商品按照其性能、特征、品级等,进行科学的分析,正确地标定使用范围,明确其最佳使用价值,从而有利于资源的合理配置。商品标准不仅为生产适宜的商品提供技术上的保证,也为增产节约创造了条件。

（四）商品标准在对外贸易中的作用

商品标准可为对外贸易业务签订合同提供参考,从而提高交易效率;商品标准可促进出口商品质量的提高,从而有利于提高我国商品的国际市场声誉,促进对外贸易的发展;商品标准是一种主要的贸易技术壁垒,可作为限制进口、进行贸易保护的工具。

【背景链接 2-1】

商品标准贸易壁垒实例

对于毛料服装的含毛率,德国规定为 99%,比利时为 97%,法国规定为 85%,因此法国的羊毛制品在德国和比利时就难以销售。

法国规定,禁止进口含有红霉染色剂的糖果。这就阻止了英国的糖果出口到法国,因为英国的糖果普遍使用红霉染色剂。

德国规定,禁止在国内使用车门从前往后开的汽车,而这种汽车正是意大利菲亚特 500 型汽车的样式,因此,意大利的菲亚特 500 型汽车进不了德国市场。

美国与加拿大交界的五大湖中产的鱼,美国以湖水中有污染物为由,拒绝进口加拿大捕捞的鱼类,而对本国在同一个湖里打捞的鱼却不闻不问。同样,美国以南美各国常流行"口蹄疫"为由,拒绝进口南美生产的肉类。

二、商品标准的分类

一般来说,商品标准可按表达形式、对象特征、约束力和成熟程度等进行分类。

（一）按表达形式分类

按表达形式不同,商品标准可分为文件标准和实物标准。

1. 文件标准

文件标准是指用特定格式的文件,通过文字、表格和图形等形式,对商品质量及与质量有关方面所做的统一规定。目前,大多数商品标准都是文件标准。

2. 实物标准

实物标准是指以完全符合规定的实物或模拟商品某一特征的实物作为文件标准的补充部分,是一种经过权威机构确认可以作为标准的制品。实物标准需要经常更新,用于某些难以用文字准确表达质量要求(如色泽、气味、手感等)的商品。例如,棉花、茶叶等实物标准,检验番茄或番茄酱色泽所用的番茄色板等。

（二）按对象特征分类

按对象特征不同,商品标准分为技术标准、管理标准和工作标准。

1. 技术标准

技术标准是指对标准领域中需要协调统一的技术事项所制定的标准。凡正式生产的工业产品、主要的农产品、各类工程建设、环境保护、安全和卫生条件以及其他应当统一的技术要求,都必须制定技术标准。

在商品标准中,技术标准的应用最为广泛,主要包括基础标准、质量标准、方法标准、安全卫生标准和环境保护标准等。

2. 管理标准

管理标准是指对商品领域中需要协调统一的管理事项所制定的标准,主要包括基础管理标准、质量管理标准、安全管理标准和卫生管理标准等。

3. 工作标准

工作标准是指对商品领域中需要协调的工作事项所制定的标准,主要包括基础工作标准、工作质量标准、工作程序标准和工作方法标准等,如表 2-1 显示的是某公司切割工序的工作标准。

表 2-1 作业标准书

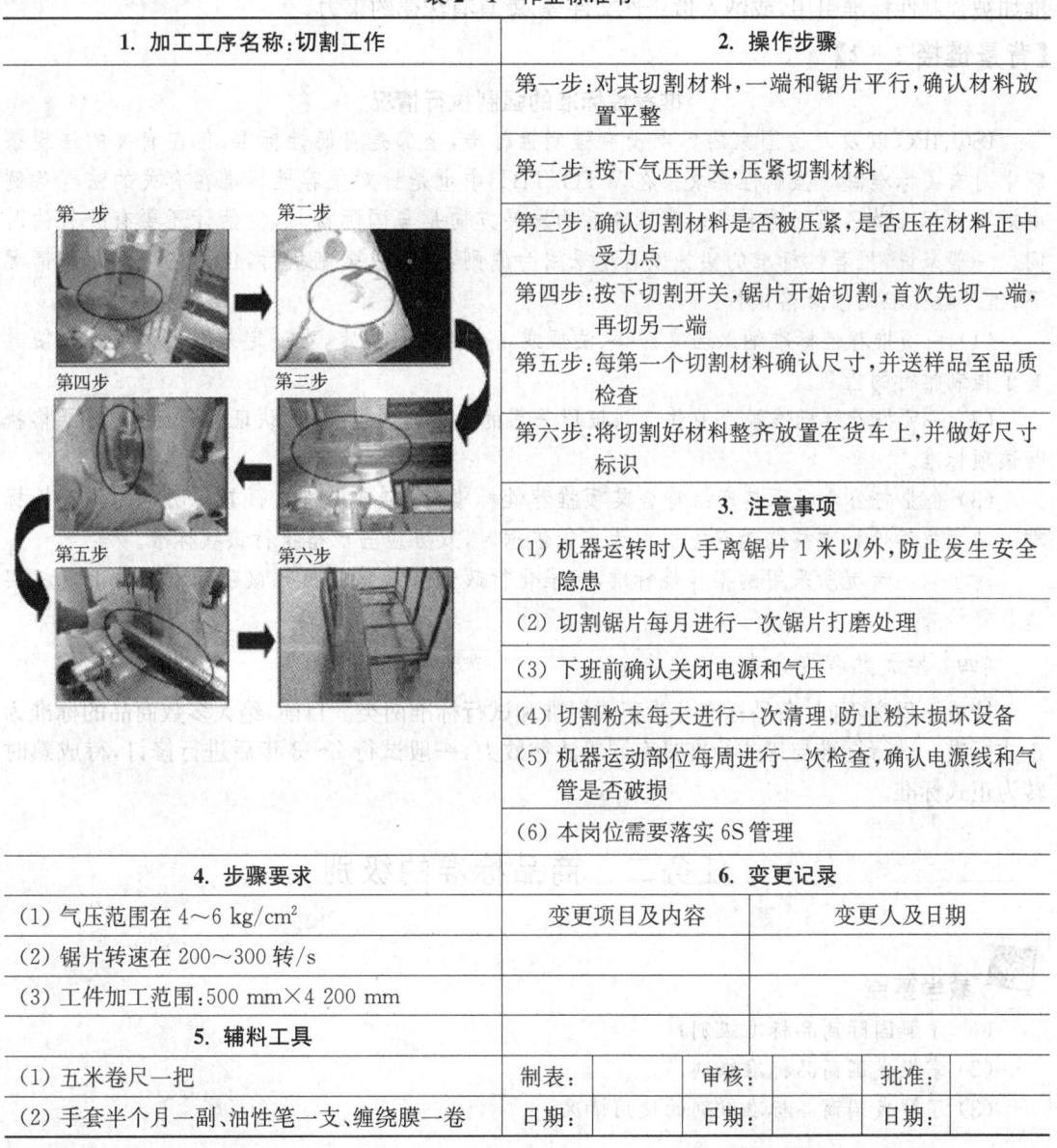

1. 加工工序名称:切割工作	2. 操作步骤		
	第一步:对其切割材料,一端和锯片平行,确认材料放置平整		
	第二步:按下气压开关,压紧切割材料		
	第三步:确认切割材料是否被压紧,是否压在材料正中受力点		
	第四步:按下切割开关,锯片开始切割,首次先切一端,再切另一端		
	第五步:每第一个切割材料确认尺寸,并送样品至品质检查		
	第六步:将切割好材料整齐放置在货车上,并做好尺寸标识		
	3. 注意事项		
	(1) 机器运转时人手离锯片 1 米以外,防止发生安全隐患		
	(2) 切割锯片每月进行一次锯片打磨处理		
	(3) 下班前确认关闭电源和气压		
	(4) 切割粉末每天进行一次清理,防止粉末损坏设备		
	(5) 机器运动部位每周进行一次检查,确认电源线和气管是否破损		
	(6) 本岗位需要落实 6S 管理		
4. 步骤要求	6. 变更记录		
(1) 气压范围在 4~6 kg/cm²	变更项目及内容	变更人及日期	
(2) 锯片转速在 200~300 转/s			
(3) 工件加工范围:500 mm×4 200 mm			
5. 辅料工具			
(1) 五米卷尺一把	制表:	审核:	批准:
(2) 手套半个月一副、油性笔一支、缠绕膜一卷	日期:	日期:	日期:

(三) 按约束力分类

按约束力不同,商品标准分为强制性标准和推荐性标准。

1. 强制性标准

强制性标准,又称法规性标准,是指保障人体健康和人身、财产安全的标准,以及法律、行政法规规定必须强制执行的标准。强制性标准的范围较广,且内容全面。强制性标准的规定必须执行,不允许以任何理由或方式违反、变更。对违反强制性标准的行为,国家将依法追究当事人的法律责任。

2. 推荐性标准

推荐性标准,又称自愿性标准,是指国家鼓励自愿采用的、具有普遍指导作用而又不宜强制执行的标准。推荐性标准是除强制性标准以外的其他标准,不具有法律约束力,但推荐性标准如被强制性标准引用,或纳入指令性文件等,就具有法律约束力。

【背景链接 2-2】

推荐性标准的强制执行情况

ISO、IEC 以及发达国家的标准没有强制性标准,全部是自愿性标准,但在有关的法规条例中对有关标准做了强制性要求。在 WTO/TBT 中也是针对推荐性标准在有关的法规条例中对有关标准做了强制性要求。我国今后的发展方向是与国际接轨,但估计还要有较长的时间。一般来说,推荐性标准的实施以自愿采用为原则,不要求强制执行,但是在下列几种情况下,推荐性标准必须严格执行:

(1) 一项推荐性标准纳入国家法律、法规或指令性文件规定,在一定范围内该项标准便具有了强制推行的性质。

(2) 一项推荐性标准被企业作为认证所采用的标准时,按此标准认证的产品,必须严格执行该项标准。

(3) 企业向公众明示其产品符合某项推荐性标准时,应当严格执行其所明示的推荐性标准。某项推荐性标准被购销双方引用为交货依据时,双方应当严格执行该项标准。

对于以上情况所采用的推荐性标准,标准化行政部门对贯彻执行该项标准的情况有权实施监督检查。

(四) 按成熟程度分类

按成熟程度不同,商品标准分为正式标准和试行标准两类。目前,绝大多数商品的标准为正式标准。试行标准与正式标准具有同等法律效力,一般试行 2～3 年后进行修订,待成熟时转为正式标准。

任务二 商品标准的级别

教学要点

(1) 了解国际商品标准级别;
(2) 掌握我国商品标准级别;
(3) 了解我国商品标准级别的使用情况。

教学内容

为了使商品标准适应不同技术水平、不同管理水平并满足不同的经济要求,从而更有效地促进商品质量的提高和管理的改善,规定了商品标准的级别。

一、国际商品标准级别

国际上的商品标准级别通常分为国际标准、区域标准、国家标准、团体标准等。这里主要介绍国际标准、区域标准、发达国家的国家标准和国际通行的团体标准。

（一）国际标准

国际标准是指由国际上有权威的标准化组织制定,并为国际所承认和通用的标准。

1. 国际标准的发布与实施

一般来说,国际标准是由国际标准化组织(简称 ISO)、国际电工委员会(简称 IEC)和国际电信联盟(简称 ITU)制定的标准,以及国际标准化组织确认并公布的其他国际组织制定的标准,如 ISO 14001:2004 环境管理体系标准等。

国际标准对于国际的贸易往来和科技交流,国际范围的专业化合作、合理利用资源和保护生态环境都有着十分重要的意义。

【背景链接 2-3】

世界三大国际标准化机构

1. 国际标准化组织

国际标准化组织(International Organization for Standardization,ISO)是目前世界上最大、最有权威的国际标准化专门机构。

该组织成立于1947年2月23日,总部设在瑞士日内瓦,工作语言是英语、法语和俄语,现有成员国 143 个,技术委员会 186 个和分技术委员会 552 个。

ISO 的主要活动是制定国际标准,协调世界范围的标准化工作,组织各成员国和技术委员会进行情报交流,以及与其他国际组织进行合作,共同研究有关标准化问题。我国是 ISO 的创始成员国之一。

ISO 所做的就是制定和公布自愿执行的"国际标准",这些标准几乎涵盖了除电气和电工技术以外的所有技术方面,如 ISO 质量体系标准包括 ISO 9000、ISO 10000、ISO 14000 三种系列。

(1) ISO 9000 标准明确了质量管理和质量保证体系,适用于生产型及服务型企业。

(2) ISO 10000 标准为从事和审核质量管理和质量保证体系提供了指导方针。

(3) ISO 14000 标准明确了环境质量管理体系。

2. 国际电工委员会

国际电工委员会(International Electro Technical Commission,IEC)是世界上成立最早的国际性电工标准化机构,负责有关电气工程和电子工程领域中的国际标准化工作。

该组织成立于1906年,总部设在瑞士日内瓦,工作语言是英语、法语和俄语,现有成员国 61 个,TC89 个,SC88 个。

IEC 现有成员团体,包括了世界上绝大多数工业发达国家及一部分发展中国家。这些国家拥有世界人口的 80%,生产和消费全世界电能的 95%,制造和使用的电气、电子产品占全世界产量的 90%。

根据 IEC 的章程,IEC 的任务覆盖了包括电子、电磁、电工、电气、能源生产和分配等所有电工技术的标准化。

3. 国际电信联盟

国际电信联盟(International Telecommunication Union,ITU),简称"国际电联"或"电

联"，是联合国的一个专门机构，也是联合国机构中历史最长的一个国际组织。

该国际组织成立于1865年5月17日，总部由瑞士伯尔尼迁至日内瓦，另外，还成立了国际频率登记委员会。国际电信联盟的实质性工作由三大部门承担，分别是标准化部门（简称ITU-T）、无线电通信部门（简称ITU-R）和电信发展部门（简称ITU-D）。

2. 国际标准的表示方法

国际标准通常采用国际标准代号、顺序号、发布年号和标准名称来表示。

（1）国际标准代号。国际标准代号用发布该标准的组织的简称来表示，如 ISO、IEC 等。

（2）国际标准顺序号与发布年号。国际标准顺序号是指国际标准的顺序排号，一般为5位数。如果该标准由多个部分组成，那么还可用1位数字来代表其构成部分，中间由"."来连接。国际标准发布年号是指发布该国际标准的年份，一般用4位数表示。国际标准顺序号和发布年号之间用":"分开。

（3）国际标准名称。国际标准名称就是该国际标准的全称。例如，标准编号 ISO 9000：2005 质量管理体系、基础和术语，表示 ISO 于 2005 年发布的第 9000 号国际标准。

（二）区域标准

区域标准是指由区域性集团的标准化组织制定和发布的标准。制定区域标准的主要目的是促进区域性集团成员国之间的贸易，便于该地区的技术交流与合作，协调该地区与国际标准化组织的关系。区域标准要在本区域通行，如欧洲标准化委员会（简称 CEN）制定发布的欧洲标准（简称 EN）主要在西欧国家通行等。

【背景链接 2-4】

欧盟的区域标准化组织

欧盟是所有区域化组织中制度最健全、联合最强的区域性组织。CENELEC 和 CEN 以及它们的联合机构 CEN/CENELEC 是欧洲最主要的标准制定机构。

CEN 于 1961 年成立于法国巴黎。1971 年 CEN 迁至布鲁塞尔，后来与 CENELEC 一起办公。在业务范围上，CENELEC 主管电工技术的全部领域，而 CEN 则管理其他领域。其成员国与 CENELEC 的相同。

CENELEC 于 1976 年成立于比利时的布鲁塞尔，它的宗旨是协调欧洲有关国家的标准机构所颁布的电工标准和消除贸易上的技术障碍。

（三）发达国家的国家标准

发达国家的国家标准是指世界主要经济发达国家所制定的国家标准，如美国标准（简称 ANSI）、英国标准（简称 BSI）、法国标准（简称 NF）、德国标准（简称 DIN）、俄罗斯国家标准（简称 GOST）、日本标准（简称 JIS）等。

此外，还有其他国家的某些世界先进标准，如瑞士的手表材料国家标准、瑞典的轴承钢国家标准、比利时的钻石标准等。

（四）国际通行的团体标准

国际通行的团体标准是指某些国家的标准化组织团体所制定的有一定影响力的标准。如美国石油学会标准（简称 API）、美国材料和实验协会标准（简称 ASTM）、美国电子工业协会标准（简称 EIA）、英国劳氏船级社《船舶入级规范和条例》（简称 LR）等。

二、我国商品标准级别

我国的商品标准是以国家标准、行业标准为主体,以地方标准、企业标准为补充的,覆盖全国又层次分明的标准体系。大多数市场经济的国家的标准分为国家标准、专业标准(或协会标准)和公司标准三级。依据1989年《中华人民共和国标准化法》,我国将商品标准级别分为国家标准、行业标准、地方标准和企业标准等四个级别。

(一)国家标准

国家标准是指由国家标准化主管机构批准发布,对全国经济、技术发展有重大意义,必须在全国范围内统一的标准。

1. 国家标准的发布与实施

国家标准是由国务院标准化行政主管部门编制计划、组织草拟、统一审批、编号和发布。国家标准主要包括通用技术术语方面的标准,有关保障人体健康和人身、财产安全的标准,基本原料、燃料、材料标准,通用基础件标准,通用的试验、检验方法标准,国家需要控制的其他重要产品的通用标准或质量分等标准等。

2. 国家标准的编号组成

国家标准的编号由国家标准代号、顺序号和发布年号组成。

(1)国家标准代号。国家标准代号由大写汉语拼音字母构成,强制性国家标准代号为"GB",推荐性国家标准代号为"GB/T",国家标准化指导性技术文件代号为"GB/Z"。

(2)国家标准顺序号和发布年号。国家标准顺序号是指国家标准的顺序排号,号码位数并不统一;国家标准发布年号用2位或4位数字表示。例如,GB 16844—1997《普通照明用自镇流荧光灯的安全要求》表示1997年发布的第16844号强制性国家标准,GB/T 17263—1998《普通照明用自镇流荧光灯性能要求》表示于1998年颁布的第17263号推荐性国家标准。

另外,国家实物标准的代号为"GSB",其顺序号是由《标准文献分类法》规定的一级类、二级类目和二级类目范围的顺序号组成。

(二)行业标准

行业标准是指对没有国家标准而又需要在全国某个行业范围内统一制定和实施的标准。

1. 行业标准的发布与实施

行业标准由国务院有关行政主管部门(即行业各主管部、委、局)编制计划、组织草拟、统一审批、编号和发布,并报国务院标准化行政主管部门备案。

行业标准颁发条件是某行业没有国家标准,但需要规范;或已有国家标准,但国家标准要求过于宽松。

行业标准是对国家标准的补充,使用时不得与国际、国家标准冲突。如果国家标准增添相关这一领域说明时,行业标准作废。

2. 行业标准的编号组成

行业标准的编号由行业标准代号、顺序号和发布年号组成。

(1)行业标准代号。行业标准代号由国务院标准化行政主管部门规定。

(2)行业标准顺序号和发布年号。行业标准顺序号和发布年号结构与国家标准顺序号和发布年号结构大致相同。例如,FZ 20013—1996防虫蛀毛纺织

产品,FZ/T 73006—1995 腈纶针织内衣。

(三) 地方标准

地方标准是指在没有国家标准和行业标准的情况下,需要在省、自治区、直辖市范围内统一的标准。

1. 地方标准的发布与实施

地方标准由省、自治区、直辖市及特别行政区标准行政主管部门编制计划、组织草拟、统一审批、编号和发布,并报国务院标准化及有关行政主管部门备案。

一般来说,地方标准所涉及的内容较少,主要包括以下几方面:

(1) 工业产品的安全与卫生要求。

(2) 药品、兽药、食品卫生、环境保护、节约能源和种子等法律、法规规定的要求。

(3) 其他法律、法规规定的要求。

2. 地方标准的编号组成

地方标准编号由地方标准代号、地方标准顺序号和地方标准发布年号组成。

(1) 地方标准代号。强制性地方标准代号是由"DB",加上省、自治区、直辖市及行政区域代码前两位数字和斜线组成,如河南省强制性地方标准代号为"DB41/";推荐性地方标准代号是由强制性地方标准代号再加"T"组成,如河南省推荐性地方标准代号为"DB41/T"。

(2) 地方标准的顺序号和发布。地方标准的顺序号和发布年号的结构与国家标准、行业标准的顺序号和发布年号结构相同,如 DB41/T 508—2007 豫菜基本规范。

(四) 企业标准

企业标准是指由企业制定发布,在该企业范围内统一使用的标准。

1. 企业标准的发布与实施

企业标准由企业制定,由企业法人代表或法人代表授权的主管领导批准并发布。企业标准应在发布后 30 日内,按规定向省、自治区或直辖市人民政府备案。

企业标准仅限于企业内部使用。对于没有国家标准、行业标准和地方标准的,企业可以制定企业标准;对于已有国家标准、行业标准和地方标准的,国家鼓励企业制定严于国家标准、行业标准和地方标准的企业标准。

2. 企业标准的编号组成

企业标准编号由企业标准代号、企业标准顺序号和企业标准发布年号组成。

(1) 企业标准的代号。企业标准的代号用"Q/"加上企业代号表示。其中,企业代号可以由数字、字母或两者兼用表示。由省、自治区、直辖市发布的企业标准还需要在企业标准代号前加上本省、自治区或直辖市的简称汉字,如"豫 Q/…""皖 Q/…"等。

(2) 企业标准顺序号和发布年号。企业标准的顺序号和发布年号的结构与国家标准、行业标准和地方标准的顺序号和发布年号的结构相同。例如,Q/WBN 21—2002 为安徽芜湖百年将相和食品有限公司的企业标准。

三、我国采用国际标准的情况

国际标准和国外先进标准是世界各国均可采用的共同技术标准。

(一) 采用国际标准的意义

采用国际标准,可以获得世界生产技术、商品质量水平的重要情报;可以消除贸易技术壁垒,促进外贸事业的发展;可以促进本国的技术进步,提高商品质量,开发新商品和发展出口贸易。因此,我国把积极采用国际标准和国外先进标准作为重要的技术经济政策。

(二) 采用国际标准和国外先进标准的原则

(1) 采用国际标准和国外先进标准应符合我国有关的法律、法规,保障国家安全。

(2) 凡已有国际标准的,应当以其为基础制定我国标准。凡尚无国际标准的,应当积极采用国外先进标准(电子行业采标率达70%)。

(3) 对国际标准中的安全标准、卫生标准、环境保护标准和贸易需要的标准应当先行采用,并与相关标准相协调。

(4) 采用国际标准和国外先进标准,应当同我国的技术引进、技术改造、新产品开发相结合。

(5) 积极参加国际标准化活动和国际标准的制定工作,跟踪国际标准化发展,积极争取把我国标准或提案转为国际标准。

(三) 我国标准与国际标准的对应关系

我国国家质量监督检验检疫总局发布了《采用国际标准管理办法》,规定了采用原则、采用程度、表示方法和有关措施等。我国标准与国际标准的对应关系有等同、修改和非等效三种,其含义如表2-2所示。

表2-2 我国采用国际标准对应关系

对应关系	英文名称	简 称	含 义
等同采用	identical	IDT 或 idt	我国标准与国际标准在技术内容和文本结构上相同;或者在技术内容上相同,只存在少数编辑性修改
修改采用	modified	MOD 或 mod	我国标准与国际标准之间存在技术性差异,并清楚地标明这些差异、解释差异产生的原因,允许包含编辑性修改
非等效采用	not equivalent	NEQ 或 neq	与相应国际标准在技术内容和文本结构上不同,它们之间的差异没有被清楚地标明

1. 等同采用

等同采用是采用国际标准的基本方法之一,表示方法如下。

GB(或 GB/T) ×××××—××××/ISO ×××××:××××

GB(或 GB/T) ×××××—××××/IDT(或 idt)ISO ××××:××××

例如,GB/T 19000—2000/ISO 9000:2000;GB/T 19000—2000/IDT(或 idt)ISO 9000:2000。

2. 修改采用

修改采用不包括只保留国际标准中少量或者不重要的条款的情况。修改采用时,我国标准与国际标准在文本结构上应当对应,只有在不影响与国际标准的内容和文本结构进行比较的情况下才允许改变文本结构。

3. 非等效采用

严格来说,非等效采用不属于采用国际标准,只表明我国标准与相应国际标准有对应关系。非等效采用还包括在我国标准中只保留了少量或者不重要的国际标准条款的情况。

任务三 商品质量认证

教学要点

(1) 掌握商品质量认证的概念;
(2) 掌握商品认证的方式;
(3) 掌握商品认证的条件和程序;
(4) 了解常见的商品质量认证标志。

教学内容

一、商品质量认证概述

(一) 商品质量认证的概念

商品质量认证,又称产品认证或合格认证,是根据产品标准和相关技术要求,经认证机构确认并通过颁发认证证书和认证标志来证明某一产品符合相应标准和相关技术要求的活动。商品质量认证是一种科学的商品质量监督制度,被世界各国普遍采用,并收到了明显的效果。

商品质量认证的概念,包括以下几个方面的内容。

1. 商品质量认证的对象

商品质量认证的对象是有形商品和无形商品两类,其中,有形商品是目前世界各国实行质量认证的主要对象。

2. 商品质量认证机构

商品质量认证机构是可以充分信任的第三方。按照国际标准化组织的要求,认证机构必须具备第三方公正地位,不受第一方(生产方)和第二方(使用方)经济利益支配。

【背景链接 2-5】

常见的认证机构

(1) 中国质量认证中心,英文简称 CQC,是经中央机构编制委员会批准,由国家质量监督检验检疫总局设立,委托国家认证认可监督管理委员会管理的国家级认证机构。2007 年重组改革后,现隶属于中国检验认证集团,是中国开展质量认证工作最早、最大和最权威的认证机构。

(2) 方圆标志认证集团(方圆标志认证中心),是经国家工商部门批准的,从事认证业务的企业集团。其核心企业方圆标志认证集团有限公司是经国家认证认可监督行政主管部门批准,在中国注册的具有独立法人资格的第三方认证机构。可向具有认证需求的组织提供质量

管理体系认证、环境管理体系认证、职业健康安全管理体系认证、食品安全管理体系认证(HACCP)、强制性产品认证、自愿性产品合格认证、产品安全认证、有机产品认证、饲料产品认证、防爆电气产品认证和其他合格评定活动。

(3) 中国船级社质量认证公司(CCSC)是承担中国船级社(CCS)陆上检验与认证业务的专业机构,成立于1993年,是国内最早的认证机构之一,开展管理体系认证、自愿性产品认证、集装箱检验、工业产品检验、节能减排审定核查、对外培训,以及风险评估、企业绩效评估等业务。

3. 商品质量认证的依据

国家正式发布的标准和技术规范是发展商品生产、提高商品质量、促进商品贸易的准则,因此,商品质量认证的依据是国家正式发布的标准和技术规范。

4. 商品质量认证的证明方式

产品质量认证的证明方式是颁发认证证书(或合格证书,见图2-1)或允许产品使用认证标志(或合格标志)。商品质量标志是依一定法定程序颁发给生产企业,以证明其商品达到一定水平的符号或标记。比较常见的质量标志有合格标志、认证标志、商检标志、免检标志、环境标志、绿色食品标志、有机食品标志、纯羊毛标志、真皮标志等。商品质量标志只有法定机构经过一定程序对达到一定条件的企业授权后,企业才能使用质量标志。

图2-1 商品质量认证证书

(二) 商品质量认证的意义

1. 促进商品质量的提高

商品质量认证要定期抽查商品并对企业的质量管理提出一定要求,促使认证企业改进质量管理,重视商品质量,讲求信誉,从而带动整个社会商品质量的提高。

2. 提高供方质量信誉和商品竞争力

商品通过质量认证就可以在产品包装上使用质量认证标志,商品质量认证标志本身就是对质量合格的有力证明,能够提高企业质量信誉和商品竞争力。

3. 提供了商品质量信息并指导选购

质量认证标志是表示商品质量状况的一项重要信息。当普通消费者不了解某产品的质量状况时,商品认证标志帮助消费者了解商品,从而指导选购质量可靠的商品。

4. 减少重复检验费用

商品质量认证前的质量抽查检验的结果为社会所承认,一般不需进行重复检验,有利于节省时间、精力和检验费用。

(三) 商品质量认证的类型

1. 按认证的性质不同分类

按认证的性质不同,商品质量认证分为强制性认证和自愿性认证两类。

(1) 强制性认证。强制性认证主要是指有关人身安全、人体健康与检疫以及环保等方面的商品的认证,具有较强的法制性。要求强制性认证的商品未获得认证不得销售,否则依法惩处。

① 中国强制认证,英文名称是"China Compulsory Certification",缩写为"CCC"。

中国国家监督检验检疫总局和国家认证认可监督管理委员会于2001年12月3日一起对外发布了《强制性产品认证管理规定》,对列入目录的19类132种产品实行"统一目录、统一标准与评定程序、统一标志和统一收费"的强制性认证管理。

强制性产品认证就是通过制定强制性产品认证的产品目录和实施强制性产品认证程序,对列入目录中的产品实施强制性的检测和审核。

凡列入强制性产品认证目录内的产品,没有获得指定认证机构的认证证书,没有按规定加施认证标志,一律不得出口、不得出厂销售、不得在经营服务场所使用。需要注意的是,CCC标志并不是质量标志,而只是一种最基础的安全认证。

② QS认证(质量安全认证),即食品安全市场准入制度,该制度主要包括三方面的内容:第一,生产企业必须经过基本生产条件的审查,要有生产该产品的合格条件。第二,产品必须符合国家标准和法律法规规定的要求,是经过检验的合格产品。第三,合格产品到市场出售时,必须有QS标志。

自2004年起,我国首先在大米、食用植物油、小麦粉、酱油和醋五类食品行业中实行食品质量安全市场准入制度,随后又对肉制品、乳制品、方便食品、速冻食品、膨化食品、调味品、饮料、饼干、罐头等十类产品实行市场准入。目前,经过这几年的努力,国家质检总局已经对全部28大类550种食品实行市场准入制度。同时到目前为止和食品相关的产品也已经逐步列入QS范围了,比如说食品的塑料包装和容器、纸包装和容器、化妆品、食用酒精等。

(2) 自愿性认证。自愿性认证是指除强制性认证以外的商品认证。这种认证的特点是适用性较强,一般商品均实行自愿性认证。没有经过认证的商品也可以在市场上销售。

2. 按认证的内容不同分类

按认证的内容不同,商品质量认证分为安全认证和合格认证两类。

(1) 安全认证。安全认证是指以安全标准或商品标准中安全要求为依据,对商品或只对有关商品安全方面的认证。大多数安全认证属于强制性认证。

安全认证说明使用该认证标志的产品符合某一安全标产品的优劣,不能说明产品的优劣。

(2) 合格认证。合格认证是用合格证或合格标志来证明商品符合其质量标准要求的认证。合格认证属于自愿性认证,说明使用该认证标志的产品符合某一技术标准。

(四) 商品质量认证的程序

1. 商品质量认证的条件

我国《产品质量认证管理条例》第十条规定,提出申请的企业应当具备以下条件:

(1) 产品符合国家标准或行业标准要求。

(2) 产品质量稳定,能正常批量生产。

(3) 产企业的质量体系符合国家质量管理、质量保证标准及补充要求。

2. 商品质量认证的程序

我国《产品质量认证管理条例》第十一条规定,企业按下列程序认证办理认证:

(1) 提出书面申请。中国企业向认证委员会提出书面申请;外国企业或者代销商向国务院标准化行政主管部门或其指定的认证委员会提出书面申请。

(2) 对产品进行检验。认证委员会通知承担认证检验任务的检验机构对产品进行检验。

(3) 对申请质量体系进行审查。认证委员会对申请认证的生产企业的质量体系进行审查。
(4) 颁发认证证书。认证委员会对认证合格的产品,颁发认证证书,并准许使用认证标志。

3. 商品质量认证的方式

如表2-3所示,商品质量认证有八种方式,其中第五种是最全面、最完善的产品认证方式,第六种是质量体系认证,这两种是各国普遍采用的。但是,上述八种质量认证方式所提供的信任程度都是相对的,即使是比较完善的质量认证方式也会受到客观条件的制约。

表2-3 八种质量认证方式的对比分析

认证类型	认证对象	认证方式					特 点
		认证资格条件		认证后监督			
		型式检验	质量体系评定	市场抽样	工厂抽样	质量体系复查	
A	产品	+					主要用于证实产品设计符合规范的要求,不证明以后生产的同样产品符合标准。仅颁发合格证书,不适用认证标志,提供的产品信任程度较低
B	产品	+		+			证实生产的产品符合标准 使用产品认证标志 提供的产品信任程度较高
C	产品	+			+		
D	产品	+		+	+		
E	产品	+	+	+	+	+	证实生产的产品设计符合标准,使用产品认证标志,提供的产品信任程度较高
F	质量体系		+			+	证实生产厂商具有既定规范要求提供产品的质量保证能力,办合格证书,质量体系认证标志不能直接用于产品
G	产品(批量)	+					仅证实特定的某一批产品符合标准,只对被检验的一批产品发给合格证明,不使用产品认证标志。提供的产品信任程度较高
H	产品(全数)	+			+		证实每一件产品均符合标准,认证费用很高,提供的产品质量信任程度最高

二、常见的商品质量认证标志

商品质量认证标志已经成为人们评定商品质量的一个重要参考。

(一) 国际商品质量认证标志

ISO质量认证标志有很多,这里只介绍以下几种。

1. ISO认证标志

ISO认证标志是由ISO理事会成立的合格评定委员会(简称CASCO),根据相应的标准,进行合格评定后给予的合格认证标志。ISO 认证多为质量体系认证,常见的 ISO 认证标志如图 2-2 所示。

图 2-2　ISO 9001、ISO 9002、ISO 14000、ISO 22000 认证

2. CE 认证标志

CE 认证标志是一种安全认证标志,是商品进入欧盟国家及欧盟自由贸易协会国家市场的通行证,如图 2-3 所示。CE 代表欧洲统一。加贴 CE 标志的商品必须符合欧洲的健康、安全与环境保护相关法律中规定的基本要求。

图 2-3　CE 认证标志

3. CB 认证标志

CB 认证标志是国际电工认证标志,是国际电工委员会(简称 IEC)授权下的国际认证组织(简称 IECEE)根据 IEC 标准的认证,如图 2-4 所示。

CB Scheme 是 IECEE 关于电工产品测试证书和相互认可体系标志,如图 2-5 所示。在电工产品测试领域,IECEE CB Scheme 是唯一实现结论共享的系统,是成员国与机构之间真正实现相互认可的协议体系。

图 2-4　CB 认证标志　　　　图 2-5　CB Scheme 标志

4. 国外认证标志

常见的国外认证标志,如图 2-6 所示。

德国安全认证标志　　北欧四国认证标志　　法国NF认证标志　　美国UL认证标志

英国BS认证标志　　加拿大CAS认证标志　　德国DIN认证标志　　日本JIS认证标志

图 2-6　国外认证标志

(二) 我国商品质量认证标志

我国商品质量认证标志有很多,这里只介绍以下几种。

1. CCC 认证标志

CCC(简称 3C)认证是国家强制性商品认证标志,如图 2-7 所示。

CCC 认证包括 CCC_S(安全认证)、CCC_{EMC}(电磁兼容认证)、$CCCS\&E$(安全与电磁兼容认证)、CCC_F(消防认证)四种。

图 2-7 CCC 认证标志

2. CQC 认证标志

CQC 认证是中国质量认证中心(China Quality Certification Centre)的权威认证,属于自愿性认证,如图 2-8 所示。

图 2-8 CQC 认证标志

加贴 CQC 标志的商品必须符合有关质量、安全、环保、性能和有机农产品等标准要求。

3. QS 认证标志

图 2-9 QS 认证标志

QS 认证标志由"质量安全"英文(Quality Safety)字头 QS 和"质量安全"中文字样组成,是食品市场准入标志。标志中字母"Q"与"质量安全"四个中文字样为蓝色,字母"S"为白色,如图 2-9 所示。

QS 认证是安全认证,属于强制性认证。《食品生产加工企业质量安全监督管理办法》规定,实施食品质量安全市场准入制度管理的食品,首先必须按规定程序获取《食品生产许可证》,其次产品出厂必须经检验合格并加印或加贴食品市场准入标志(即 QS 认证标志)。没有食品市场准入标志的,不得出厂销售。

4. 有关食品的其他标志

(1) 无公害认证标志。无公害认证标志是对无公害产品的认证标志,无公害农产品最轻,只要产品中不含禁用的剧毒农药,其他农药残留不超标;硝酸盐含量不超标;工业三废和病原菌微生物等有害物质含量不超标,就可以称为无公害农产品,如图 2-10 所示。

图 2-10 无公害认证标志

(2) 绿色食品认证标志。绿色食品认证标志是指经专门机构认定,用于无污染的安全、优质且富有营养的食品认证标志。绿色食品认证标志可作为食品的商标,该商标的专用权受《中华人民共和国商标法》保护,一切假冒伪劣产品使用该标志,均属违法行为。绿色食品认证标志分为 A 级和 AA 级两类。

① A 级绿色食品标志。A 级绿色食品标志用于 A 级绿色食品,表明食品在生产过程中允许限量使用限定的化学合成物质,并积极采用生物学技术和物理方法,保证产品质量符合绿色食品标准要求,A 级绿色食品的要求严于无公害农产品。

该标志用绿色背景、白色图标表示,如图2-11(1)所示。

② AA级绿色食品标志。AA级绿色食品标志用于AA级绿色食品,表明食品在生产过程中不使用任何化学合成的农药、肥料、食品添加剂、饮料添加剂、兽药及有害于环境和人体健康的物质,而是通过使用有机肥、种植绿肥、生物或物理方法等技术,保证产品质量符合绿色食品标准要求。AA级绿色食品可等同于有机食品。

该标志用白色背景、绿色图标表示,如图2-11(2)所示。

(3) 有机食品。有机食品要求最为严格,完全不允许使用农药、化肥、激素、添加剂等化学品和基因工程,土壤中残留量也要严格控制,如图2-12所示。

图2-11　绿色食品标志　　　　图2-12　有机食品认证标志

5. 环境标志

环境标志是一种证明性标志(见图2-13),它表明商品在生产、使用及报废后处置的过程中符合环境保护的要求,与同类产品相比,具有低毒少害、节约资源的特点。我国代表国家对各类环境标志商品进行认证的唯一第三方认证机构是中国环境标志产品认证委员会(CCEL)。

6. 循环再生标志

商品包装上附有此回收标志表示可回收(见图2-14),而且回收代表东西可再被利用。它提醒人们,在使用完印有这种标志的商品和包装后,请把它送去回收,而不要把它当作垃圾扔掉。它标志着商品或商品的包装是用可再生的材料做的,因此是有益于环境和保护地球的。

图2-13　中国环境标志　　　　图2-14　循环再生标志

7. 地理标志保护产品标志

地理标志保护产品标志是指产自特定地域,所具有的质量、声誉或其他特性本质上取决于该产地的自然因素和人文因素,经审核批准以地理名称进行命名的产品,如图2-15所示。

8. 能源效率标志

能源效率标志是附在耗能产品或其最小包装物上,表示产品能源效率等级等性能指标的一种信息标签(见图2-16),目的是为用户和消费者的购买决策提供必要的信息,以引导和帮助消费者选择高能效节能产品。能源效率标志分为5个等级,等级1表示产品达到国际先进水平,最节电,即耗能最低;等级2表示比较节电;等级3表示产品的能源效率为我国市场的平均水平;等级4表示产品能源效率低于市场平均水平;等级5是市场准入指标,低于该等级要求的产品不允许生产和销售。

项目二　商品标准与质量认证

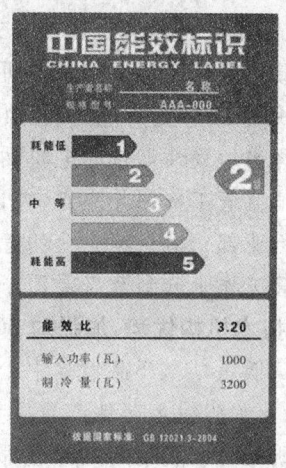

图 2-15　地理标志保护产品标志　　　　图 2-16　能源效率标志

技能训练一　商品标准和质量认证调研

【背景链接 2-6】

确保认证有效性的措施

浙江民营经济发达,中小企业多。但由于一些企业对认证作用认识不到位,加上认证咨询市场良莠不齐,一些认证机构和咨询机构在认证时迎合企业的不正当要求,降低标准,使认证产品质量失去保障。以下是该省两个企业的实际情况。

1. 漏电断路器行业

乐清市的漏电断路器行业曾在 3C 认证巡查工作中被发现生产企业在申请 3C 认证证书时,产品使用集成块电子线路板,而在实际生产中则采用分立元器件电子线路板,存在与认证不一致的问题。

2. 龙湾民用电器

温州龙湾民用电器产业在浙江省质量技术监督局(以下简称质监局)3C 专项监督抽查中,连续两年因合格率过低而被列为重点产品质量专项整治对象。

2008 年,国家认监委确定在浙江开展认证执法监管工作试点,摸索出一套通过行政监督确保认证有效性的途径,具体措施如下:

(1) 强化对认证产品和认证企业的检查和巡查。

质监局充分利用政府产品质量监督抽查手段,借助《产品质量监督抽查管理系统软件》,使各季度省级监督抽查的强制性认证产品信息实际分地区、分产品等多种功能统计汇总,加大了对不合格认证产品企业的监管力度。

(2) 加强系统内部上下、与政府职能部门和认证机构之间的信息沟通和联动。

温州市质监局在强制性产品有效性监管工作中遇到的技术、监管等难题上报省局后,由省局及时联系相关部门召开专题会议予以解决。同时该局还与认证机构签订《工作备忘录》,并争取 CQC 在当地重点监管地区设立工作联络办公室,搭建信息反馈平台,使得企业的违法违规行为能在最短的时间内得到认证机构和监管部门的相应处理。

3. 积极争取政府支持,使认证执法监管工作有效性达到最大化

嵊州市将当地吸油烟机和电机两大支柱产业提升工作融入认证执法监管工作中,政府专门成立了认证监管工作领导小组,并以政府文件形式下发了《嵊州市认证工作管理办法》,明确了各乡镇和行业部门对认证企业的管理责任。同时还出台对自愿性认证企业的奖励政策,使认证执法监管工作上升到政府层面。

4. 利用技术机构优势,加强对 3C 认证监管工作中的有效指导

浙江省高低压电器产品检验中心积极帮助乐清市断路器协会制定相关关键零部件联盟标准,帮助该行业加强对零部件产品质量控制,助推整个产业水平提升。

温州市质检院积极帮助龙湾日用电器开展监督抽查结果质量分析,给企业讲解产品原理、设计要求、质量控制和企业管理等知识,帮助企业提高质量管理意识。2008年该企业产品抽检合格率达到83%,为历史最好水平,成功脱掉了"问题产品"的帽子。

截至今年7月底,浙江省通过各类自愿性认证企业有41 913家,其中质量管理体系认证企业27 018家,列全国第二位,累计取得各类强制性产品认证证书72 236张,占全国总数的17%。

(资料来源:国家质量监督检验检疫总局,2009-11-05;本文略有删减)

1. 技能训练的目的

通过训练了解商品标准和质量认证的类型及其实施和执行情况,理解商品标准和质量认证的重要作用。

2. 技能训练的内容

调研商品标准和质量认证的实施情况,根据提供的案例了解如何保证质量认证的有效性。

3. 技能训练的步骤

(1) 搜集 5~10 种商品,列出其采用的标准号,上网查询其标准名称,并说明标准号的含义;

(2) 搜集 5~10 种商品,列出其使用的质量认证标志,说明其含义;

(3) 调研市场上是否存在假冒伪劣商品,从其商品标准和质量认证标志的角度分析其造假之处;

(4) 阅读背景链接资料,了解确保认证有效性的措施,并谈谈你的想法;

(5) 对调查的资料进行整理分析,写出报告。

4. 技能训练的报告要求

(1) 技能训练的名称、学生姓名、班级和日期;

(2) 技能训练的目的和要求;

(3) 技能训练的步骤;

(4) 技能训练的结果分析,并写出技能训练报告。

技能训练二 物流标准制定和实施情况调研

【背景链接 2-7】

盐田为物流行业定"深圳标准"

物流业是融合运输业、仓储业、货代业和信息业等的复合型服务产业,随着经济全球化的发展,发达国家的物流业已经进入成熟阶段并向着专业化、标准化、信息化发展,而现代物流业已成为国民经济发展的重要组成部分。从我国物流业发展现状来看,标准已成为物流业转型升级的瓶颈。盐田区利用自己的物流行业优势,抢抓物流行业标准化机遇,积极为打造物流行业"深圳标准"先行先试,为物流企业抢占行业制高点,为深圳打造"湾区经济"助力。经过9个多月的努力,目前,由深圳市市场和质量监督管理委员会盐田市场监督管理局承担的这一"两建"重点项目已完成进度的85%。

1. 为物流"深圳标准"先行先试

物流是深圳市的支柱产业,作为以"湾区经济"为主的盐田区,2014年由于黄金珠宝产值大幅下挫,港口物流业稳中有升,成为盐田区的经济命脉及最重要的支柱产业。目前,盐田区共有物流相关企业2 322家,业务范围涵盖码头、仓储、拖车、堆场、报关、包装、货代和配送等整条物流行业链。由于深圳市将大力支持物流行业发展,规划到2020年物流产业增加值占全市GDP比重的10%以上,物流行业经济在盐田区的地位日益凸显。

深圳拥有盐田港集团、华南城、顺丰、怡亚通等物流业知名龙头企业,而且这些企业在物流产业服务中拥有良好的口碑,积累了对现行标准实施的丰富经验,也发现了很多问题。其中,适合盐田区物流产业发展的标准体系缺失是一个重大问题。标准缺失成为制约盐田港口发展的瓶颈,大大降低了物流的效率。

目前,物流行业标准体系建设面临着良好的机遇。国务院《物流业发展中长期规划(2014—2020年)》提出了"编制物流标准中长期发展规划"的要求,国标委联合有关部委、技术委员会、相关协会、科研院校组织编制的《物流标准化中长期发展规划(2015—2020年)》已于2014年12月向社会公开征询意见。《盐田街道片区产业转型升级三年行动计划(2014—2016年)》明确提出了推行物流标准化体系建设的要求。

利用区位优势,为打造物流行业"深圳标准"先行先试,抢占行业制高点,成为盐田的使命。

2. 已完成项目进度的85%

自2015年以来,深圳市市场和质量监督管理委员会盐田市场监督管理局积极推进盐田区物流标准体系建设工作。今年年初,该局向盐田区政府提交了《盐田区物流标准产业标准化调研报告及对策建议》。今年上半年,盐田区政府成立了由时任区长杜玲(现为区委书记)担任组长的盐田区标准工作领导小组,并制定了《盐田区打造深圳标准行动计划(2015—2020)》,明确了盐田区今后五年打造深圳标准的工作目标、主要任务、重点项目、责任分工。其中,盐田区物流行业标准体系建设作为盐田区打造深圳标准的重点项目,也是盐田区2015年重点改革项目之一。

深圳市市场和质量监管委盐田局按照盐田区政府的行动要求,制定了具体的项目实施方案、技术路线。项目通过公开招标采购,由技术力量雄厚的深圳市标准研究院中标承建。项目周期从2015年1月至2016年6月,共18个月,分四个阶段进行。项目年初开题以来工作进展顺利,已完成《国内外物流产业发展分析报告》和企业调研,提交了《盐田区物流标准产业标准化调研报告及对策建议》。8月开始,进入本项目第三阶段:搭建盐田区物流标准体系,即组织完成《盐田区物流行业标准体系》的研制,提出缺失标准提案,形成较为完备的标准体系,并利用产业优势参与行业、国家、国际标准制修订等。截止到9月份,总计已完成该项目进度的85%。

3. 物流运行成本将大大下降

下一阶段,主要是实施盐田区物流行业标准推广,即建立标准实施推广的有效机制,通过标准实施示范促进标准的实施和成果的转化,并遴选代表性企业,包括仓储、包装、流通加工、运输、装卸、搬运、货代、配送等每类企业1家,实施推广和效益评估,形成具有针对性的评估报告。

业内专家评价,制定相关的物流标准体系来规范物流企业的运营和管理,将对物流行业的发展起到巨大的推动作用:首先,能够为盐田区政府部门的管理提供依据,有助于政府部门在对物流企业进行管理时具备认证和检测的标准,从而达到规范进入、规范管理的目的;其次,对于整个物流行业来说,标准体系的确立,将帮助企业抢占国际国内物流产业发展制高点,有助于行业运营的规范化,提高服务质量,降低运行成本,并且有助于产业的发展壮大。

(资料来源:深圳商报)

1. 技能训练的目的

引导学生调查物流标准的实践训练,在调查报告的准备与撰写等有效率的活动中,培养相应专业能力与职业核心能力;通过践行职业道德规范,促进健全职业人格的塑造。

2. 技能训练的内容

阅读背景链接资料,并进行市场调研,了解物流行业中标准化的实施情况。

3. 技能训练的步骤

(1) 上网搜索物流相关标准。

(2) 将班级每10位同学分成一组,每组确定1~2人负责。

(3) 学生按组选择物流企业或快递企业进行调查物流标准的执行情况及物流标准化应用情况,并将调查情况详细记录。

(4) 对调查的资料进行整理分析。

(5) 写出分析报告,为物流企业标准化提出相关建议。

(6) 各组在班级进行交流、讨论。

4. 技能训练的报告要求

(1) 技能训练的名称、学生姓名、班级和日期;

(2) 技能训练的目的和要求;

(3) 技能训练的原理;

(4) 技能训练的步骤;

(5) 技能训练的原始记录;

(6) 技能训练的结果分析,并写出技能训练报告。

课后习题

一、填空题

1. 按标准的表现形式来划分,商品标准可分为_____和_____。

2. 行业标准在相应的国家标准实施后_____。

3. ISO 是_____的英文缩写。

4. 商品标准是对_____以及_____所制定的标准,是评定对监督和维护商品质量的准则和依据。

5. 按约束力不同,商品标准分为_____和_____两类。

6. _____是指没有国家标准和行业标准的情况下,需要在省、自治区或直辖市范围内统一的标准。

7. 国家标准的编号由_____、_____和发布年号组成。

二、判断题
1. 制定标准的目的是获得最佳社会效益。（　　）
2. 商品标准化是组织现代化商品生产和发展专业化协作生产的前提条件。（　　）
3. 国家标准、行业标准对商品质量的要求一定要高于企业标准。（　　）
4. 国家标准是必须强制执行的。（　　）
5. 有关食品安全、卫生的标准多为强制性的标准。（　　）
6. GB 2009—87 表示强制性国家标准，2009 年发布，第 87 号。（　　）
7. 标准是权威机构制定的，因此不需要经过协商一致。（　　）
8. 我国标准与国际标准的对应关系有等同、修改和非等效三种。（　　）
9. 欧洲标准化委员会制定的标准属于国际标准。（　　）

三、选择题（可多选）
1. 对标准领域中需要协调统一的技术事项所制定的商品标准是＿＿＿＿。
   A. 技术标准　　B. 管理标准　　C. 工作标准　　D. 实物标准
2. 下列有关标准的说法中，不正确的是＿＿＿＿。
   A. 标准有强制性和推荐性之分　　B. 标准就是法律
   C. 所有标准都是国际通用的　　D. 标准一经制定就不能修改了
3. 下列有关标准化的说法中，正确的是＿＿＿＿。
   A. 标准化是一项活动过程
   B. 标准化的目的是"获得最佳秩序"
   C. 商品标准化是国际贸易的调节工具
   D. 标准化有简化、统一化、系列化、通用化、组合化和模数化等形式
4. 检验番茄或番茄酱色泽所用的番茄色板属于＿＿＿＿。
   A. 技术标准　　B. 管理标准　　C. 文字标准　　D. 实物标准
5. 为保障人体健康和人身、财产安全的标准和法律、行政法规规定必须强制执行的标准属于＿＿＿＿。
   A. 管理标准　　B. 技术标准　　C. 强制性标准　　D. 推荐性标准
6. 下列标准代号中，属于我国标准的是＿＿＿＿。
   A. ISO　　B. IEC　　C. ASTM　　D. GB
7. 我国标准分为＿＿＿＿级。
   A. 一　　B. 二　　C. 三　　D. 四
8. 《国旗用织物标准》(GB/T 17352—1998)可能是＿＿＿＿。
   A. 国家标准　　B. 国际标准　　C. 行业标准　　D. 企业标准
9. 食品法典委员会（简称 CAC）制定的标准属于＿＿＿＿。
   A. 国家标准　　B. 国际标准　　C. 行业标准　　D. 企业标准
10. 下面商品中，不适用于强制性标准的是＿＿＿＿。
    A. 药品　　B. 兽药
    C. 农民生产自食的蔬菜　　D. 食品
11. 商品质量认证的对象是＿＿＿＿。
    A. 必须是有形商品　　B. 必须是无形商品

C. 产品或服务　　　　　　　　　D. 质量管理体系
12. 下列质量认证方式中最全面、最完善的是_____。
    A. 型式检验加认证后监督——工厂抽样检验
    B. 型式检验加认证后监督——市场和工厂抽样检验
    C. 型式检验加工厂质量体系评定加认证后监督——质量体系复查加工厂和市场抽样检验
    D. 评定供方的质量体系
13. 中国强制商品认证标志是_____。
    A. CCC 认证标志　　　　　　　B. CQC 认证标志
    C. QS 认证标志　　　　　　　　D. 绿色食品认证标志
14. CE 认证标志是_____的质量认证标志。
    A. 中国　　　B. 联合国　　　C. 美国　　　D. 欧盟

四、简答题
1. 简述商品标准的作用。
2. 简述商品标准的主要内容。
3. 简述商品质量认证的意义。

扫一扫，看答案

项目三 商品检验与质量监督

内容简介

近年来,有关商品危害人们健康的问题时有发生。商品检验是生产、商业、政府部门多方开展质量管理工作的基础,是防止劣质商品进入流通领域的关键环节,商品检验工作开展得好坏直接关系着消费者的利益。

本项目主要讲解了商品检验的基本概念、目标、任务、分类、内容、依据、常用方法以及商品质量监督。

教学目标

1. 知识目标:
(1) 理解商品检验与质量监督的概念;
(2) 了解商品检验的分类;
(3) 掌握影响商品检验的主要方法;
(4) 了解商品检验在生产生活中的作用。

2. 技能目标:
(1) 具有对不同商品确定不同检验方法的能力;
(2) 具有对常见商品进行初步检验、评价与管理的能力。

案例导入

某食品公司开心果上不合格名单

据国家食品药品监督管理总局官网 8 月 15 日发布的《总局关于 3 批次食品不合格情况的通告(2017 年第 135 号)》,食药监总局近期抽检炒货食品及坚果制品 96 批次,不合格样品 1 批次。

不合格产品情况如下:天猫超市在天猫(网站)商城销售的标称某股份有限公司生产的开心果,霉菌检出值为 70 CFU/g,比国家标准规定(不超过 25 CFU/g)高出 1.8 倍。检验机构为上海市食品药品检验所。

据介绍,霉菌是自然界中常见的真菌,霉菌超标原因可能是加工用原料受霉菌污染,或者是由于产品存储、运输条件控制不当引起霉菌滋生,导致流通环节抽取的样品不合格。《食品安全国家标准 坚果与籽类食品》(GB 19300—2014)中规定,熟制坚果与籽类食品霉菌的最大限量值为 25 CFU/g。霉菌污染可使食品腐败变质,破坏食品的色、香、味,降低食品的食用价值。

(资料来源:中国质量新闻网)

 **案例分析**

(1) 商品检验在维护消费者权益方面有什么作用?
(2) 商品检验的方法有哪些?

任务一　商品检验概述

 **教学要点**

(1) 充分理解商品检验的含义,认识到商品检验在商品学学习中的重要性;
(2) 掌握商品检验的依据、内容与程序。

 **教学内容**

一、商品检验的含义

商品检验是指商品的供货方、购货方或者第三方在一定条件下,借助某种手段和方法,按照合同、标准或国内外有关法律、法规和惯例,对商品的质量、规格、重量以及包装等方面进行检查,并做出合格与否或是否通过验收的判定;或为了维护买卖双方的合法权益,避免或解决各种风险损失和责任划分的争议,便利商品的交接和结算而出具各种有关证书的业务活动。

商品检验是商业部门开展质量管理工作的基础,是防止劣质商品进入流通领域的关键环节。

二、商品检验的目的与任务

商品检验是控制和管理商品质量的重要手段。

(一) 商品检验的目的

商品检验的目的是运用科学的检验技术和方法,正确地评定商品质量,杜绝劣质原材料、半成品或产成品进入生产或流通领域,维护用户或消费者的利益,最终实现商品的使用价值。

(二) 商品检验的任务

商品检验的任务主要包括以下几方面。

1. 全面研究商品的成分、结构、性质和外观,准确评定商品质量

商品的成分、结构、性质和外观等属性是构成商品使用价值的基础,这些属性综合反映在商品质量上。因此,只有对这些属性进行全面的研究,才能准确地评定商品的质量。

2. 拟定商品质量指标

商品的质量是由多方面因素确定的,因此,在检验商品之前,应该根据商品的用途及使用条件,提出对商品质量的基本要求,拟定商品的具体质量指标。

3. 科学规定商品检验方法

为保证商品检验工作的正常进行,提高商品检验结果的科学性、精确性和可靠性,对商品

检验中应采用何种仪器、使用何种方法、在什么条件下进行检验等，都要做出科学规定。

4. 确定商品包装、保管和运输的条件

为更好地保证商品的质量，应根据商品的性能、特点等，确定商品包装、保管和运输的科学方法和条件。

三、商品检验的分类

根据商品检验的目的、商品检验是否具有破坏性、被检商品的数量等可以对商品检验进行如下分类。

（一）根据商品检验的目的分类

根据检验的目的不同，商品检验可分为生产检验、验收检验和第三方检验三类。

1. 生产检验

生产检验，又称第一方检验，是指商品生产者为了维护企业信誉、保证商品质量，对原材料、半成品和产成品进行检验的活动。生产检验合格的商品往往用"检验合格证"加以标识。

2. 验收检验

验收检验，又称第二方检验，是指商品的买方为了维护自身及其顾客利益，保证所购商品符合标准或合同要求所进行的检验活动，目的是及时发现商品问题，反馈商品质量信息，促使卖方纠正或改进商品质量。

在实践中，商业或外贸企业还可派"驻厂员"对商品质量形成的全过程进行监控，可及时发现产品的问题，并要求生产方及时解决。

3. 第三方检验

第三方检验是指由处于买卖利益之外的第三方（如专职监督检验机构），以公正、权威的非当事人身份，根据有关法律、标准或合同所进行的商品检验活动。

第三方检验是维护各方面合法权益和国家权益，协调矛盾，保证商品交换活动的正常进行，如公证鉴定、仲裁检验和国家质量监督检验等。由于第三方检验具有公正性和权威性，其检验结果被国内外所公认，因此具有法律效力。

（二）根据商品检验是否具有破坏性分类

按检验是否具有破坏性，商品检验可分为破坏性检验和非破坏性检验两类。

1. 破坏性检验

破坏性检验是指为了取得必要的质量信息，经测定或实验后的商品遭受破坏的检验。例如，灯泡的使用寿命检验，子弹、炮弹的射程检验等。

【背景链接 3-1】

破坏性检测不利消费者维权

成都市民陈女士告诉记者，她于 2006 年 8 月在成都市某家具城买的一个衣柜，只要一打开衣柜，整个房间就会有一股刺鼻的怪味。陈女士怀疑该衣柜的有害气体超标。但到质检站去寻求帮助时，却被告知只能进行破坏性检测。"害怕检测不出问题，花几千元买的家具因此报废，所以我放弃了检测。"陈女士说，"很多消费者都是我这种想法，放弃了送检。"

"是破坏性检测吓跑了消费者。"四川省林产品及家具检测站陈站长在接受记者采访时说。根据现行的家具检测标准（GB 18584），检测要取一块基材进行检测，在业内来说，这属于破坏性检测。因为取下基材后,会影响其家具的美观或实用性。而为了检测的方便,检测机构一般是检测活动的板材,部分企业就在制作活动板材时,严格控制甲醛含量,因此这种产品的检测报告,不能代表整体产品的水平。

2. 非破坏性检验

非破坏性检验,又称无损检验,是指经测定或实验后的商品仍能够正常使用的检验,如商品尺寸、规格的检验等。

【背景链接3-2】

新标准出台,有利家具检测不遭破坏

2012年9月24日,京华时报消息:国家家具及室内环境质量监督检验机构称,《木家具中有害物质限量国家标准》修订已起草完成。根据新标规定,未来家具可整体放入环境气候舱进行检测,检测后家具不会被破坏。且新标还提高了环保指标要求,对挥发性有机化合物散发量做出了规定。

家具污染检测通常会将家具拆解,所以当家具检测过后,多数家具已不能再使用。这令消费者在将家具送检时常遇到两难的选择:不送检,得不到污染数据,消费者没法维权;如果送检,破坏性检测方式让家具基本报废,消费者既要承担检测费用,又要承担家具废弃的支出。

(三)根据被检验商品的数量分类

根据被检验商品的相对数量不同,商品检验可分为全数检验、抽样检验和免于检验三类。

1. 全数检验

全数检验,又称百分之百检验,是指对被检验商品逐个(或逐件)进行检验。

全数检验的优点是能够提供每件商品的质量信息,给人一种心理上的放心感;缺点是检验工作量大、费用高,容易因检验人员疲劳而导致漏检或错检等。

这种检验方法适用于商品批量小、商品特性少、非破坏性的商品检验。实际工作中只用于贵重商品或质量不稳定商品的质量检验。

2. 抽样检验

抽样检验是商品检验中的常见方式,是指从被检批商品中随机抽取一部分商品进行检验,并将检验结果与标准或合同技术要求进行比较,根据一部分检验结果推断受检批次商品的整体质量是否合格的检验。

抽样检验的优点是占用较少的人力、物力和时间,具有一定的科学性和准确性,是比较经济的检验方式;缺点是提供的质量信息较少。

这种检验方法适用于批量大、价值低、质量特性多且质量较为稳定或具有破坏性的商品检验。

3. 免于检验

免于检验是指对于生产技术和检验条件较好,质量控制具有充分保证,成品质量长期稳定的生产企业的商品,国家经审定通过,授予其"产品质量免检证书",在企业自行检验合格后,商业和外贸部门可以直接收货,免于检验。

三聚氰胺添加牛奶事件发生后,2008年9月18日,国家质检总局发布公告废止了《产品免于质量监督检查管理办法》。同年10月23日,国家工商总局发出通知,即日起所有商品在广告中都不允许出现"国家免检产品"等涉及质量免检的内容。然而,不少商家无视禁令规定,在广告中依然使用"国家免检产品"字样。

【背景链接 3-3】

三聚氰胺毒奶粉事件

2008年,很多食用三鹿集团生产的婴幼儿奶粉的婴儿被发现患有肾结石,随后在其奶粉中发现化工原料三聚氰胺。根据我国官方公布的数字,截至2008年9月21日,因使用婴幼儿奶粉而接受门诊治疗咨询且已康复的婴幼儿累计39 965人,正在住院的有12 892人,此前已治愈出院1 579人,死亡4人。另截止到2008年9月25日,香港有5人、澳门有1人确诊患病。事件引起各国的高度关注和对乳制品安全的担忧。中国国家质检总局公布对国内的乳制品厂家生产的婴幼儿奶粉的三聚氰胺检验报告后,事件迅速恶化,包括伊利、蒙牛、光明、圣元及雅士利在内的22个厂家69批次产品中都检出三聚氰胺。该事件亦重创中国制造商品信誉,多个国家禁止了中国乳制品进口。2008年9月24日,中国国家质检总局表示,牛奶事件已得到控制,2008年9月14日以后新生产的酸乳、巴氏杀菌乳、灭菌乳等主要品种的液态奶样本的三聚氰胺抽样检测中均未检出三聚氰胺。

四、商品检验的依据、内容与程序

因商品检验是一项科学性、技术性、规范性较强的复杂工作,故其依据、内容与程序都有特殊的规定。

(一)商品检验的依据

为确保检验结果具有公正性和权威性,必须根据具有法律效力的质量法规、标准及合同等开展商品检验工作。

1. 商品质量法规

商品质量法规是国家组织、管理、监督和指导商品生产和流通,调整经济关系的准绳,具有权威性、法制性和科学性,是各部门共同行动的准则,也是商品检验活动的重要依据。

质量法规包括商品检验管理法规、产品质量责任制法规、计量管理法规、生产许可证及产品质量认证管理法规等。

2. 商品技术标准

商品技术标准对产品的结构、规格、质量要求,实验检验方法,验收规则以及计算方法等均做了统一规定,是生产、检验、验收、使用等的技术规范和主要依据,对保证检验结果的科学性和准确性具有重要意义。

3. 购销合同

购销合同必须符合《中华人民共和国经济合同法》要求,是供需双方的约定,其中的质量条款要求必须共同遵守。一旦发生质量纠纷,购销合同的质量要求,将成为仲裁的法律依据。

(二)商品检验的内容

商品检验一般包括质量检验、卫生检验、安全性能检验、包装检验以及数量和重量检验等内容。

商品检验的中心内容是商品质量检验,因此,狭义的商品检验就是指商品质量的检验。如无特殊说明,本书所涉及商品检验均指商品质量检验。

1. 质量检验

质量检验,又称品质检验,是指运用各种检验手段,确定商品的品质、规格、等级等是否符合贸易合同(包括成交样品)、标准等规定的检验。质量检验包括外观质量检验与内在质量检验两个方面。

(1) 外观质量检验。外观质量检验主要是指对商品的外形、结构、花样、色泽、气味、触感、瑕疵、表面加工质量和表面缺陷等的检验。

(2) 内在质量检验。内在质量检验一般是指对商品有效成分的种类及含量、有害物质的含量、物理性能、机械性能、工艺质量和使用效果等的检验。

2. 卫生检验

卫生检验主要是根据《中华人民共和国食品卫生法》《中华人民共和国药品管理法》和《化妆品卫生监督条例》等法律法规,对食品、药品、食品包装材料、化妆品、玩具、纺织品和日用器皿等卫生情况进行的检验。

卫生检验的目的是检验商品是否符合卫生条件,及时处理不符合卫生标准的商品,从而保障人民健康和维护国家信誉。

3. 安全性能检验

安全性能检验是根据国家规定和标准(对进出口产品,应根据外贸合同以及进口国的法令要求)等,对商品有关安全性能方面的项目(如商品易燃、易爆,人接触易触电、易受毒害、易受伤害等)进行的检验,以保证生产、流通和消费的安全。

目前,除进出口船舶及主要船用设备材料(由船舶检验机构负责检验)、锅炉和压力容器(由相关劳动部门负责检验)的安全监督检验外,其他商品涉及安全性能方面的项目,均由商检机构根据有关规定和要求进行检验。

4. 包装检验

包装检验是根据购销合同、标准和其他有关规定,对商品的内、外包装以及包装标志进行检验。包装检验的主要内容是对内、外包装的质量的检验。例如,包装材料、容器结构、造型和装潢等对商品储存、运输和销售的适宜性,包装的完好程度,包装标志的正确性和清晰度,包装防护措施的牢固度等方面的检验。

商品包装本身的质量和完好程度,不仅直接影响着商品的质量,还影响着商品的数量或重量。一旦出现问题,商品包装是商业部门分清责任归属、确定索赔对象的重要依据之一。例如,检验中发现有商品数或重量不足的情况,若包装破损,则责任在运输部门;若包装完好,则责任在生产部门。

5. 数量和重量检验

商品的数量和重量是贸易双方成交商品的基本计量及计价单位,是结算的依据,直接关系到双方的经济利益。商品的数量和重量检验包括商品的个数、件数、长度、面积、体积、容积和重量等的检验。

(三) 商品检验的一般程序

商品检验的一般程序为定标、抽样、检查、比较、判定和处理等(见图3-1),具体内容如下。

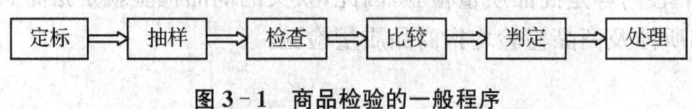

图3-1 商品检验的一般程序

1. 定标

定标是指在检验前根据合同或标准的要求,确定检验手段、方法以及商品合格与否的判断原则,制订商品检验计划等。

2. 抽样

抽样是指按上述计划,随机抽取部分商品(全数检验不存在抽样问题),使所抽取部分商品对商品总体具有充分代表性,以备检验的过程。

3. 检查

检查是指在规定的条件下,用规定的实验设备和检验方法检测样品的质量特性。

4. 比较

比较是指将检查的结果同要求进行对比,衡量其结果是否合乎质量要求。

5. 判定

判定是指依据比较的结果,判定样品的合格数量或质量情况。

6. 处理

处理是指根据样本的质量进而判断商品总体是否合格,反馈商品质量信息,并对不合格品或不合格批商品做出处理。

任务二　抽样与抽样检验

教学要点

(1) 了解抽样及抽样检验的相关概念;
(2) 掌握抽样检验的类型及方案。

教学内容

抽样检验在实践中应用较广泛,本任务将详细介绍抽样和抽样检验的相关知识,如抽样的原则与方法、抽样检验的方法及优缺点等。

一、抽样

抽样对于抽样检验结果有重要影响,因此,必须抽取具有代表性的商品进行检验。

(一) 抽样的概念

抽样,又称拣样或取样,是指根据合同或标准所确定的方案,从被检验的某批量商品(以下简称"被检批")中抽取一定数量的、有代表性的、用于检验的单位商品的过程。

被检验商品应为同一来源、同质的商品,通常以一个订货合同为一批。若同批商品质量差异较大、订货量很大或连续交货时,也可分为若干批。

抽样涉及的基本概念有单位商品、批量、样品、样本和样本量等。

1. 单位商品

单位商品是指为实施抽样检验的需要而划分的基本商品单位,其划分形式有自然划分和按抽样检验需要人工划分两种,如单个(台或件)商品、一对(双)商品、一组(或套、袋、垛等)商品、一定长度(或面积、体积、重量等)的商品等。

2. 批量

批量是指被检批中单位产品的数量,常用 N 表示。批量大小由商品特点和生产、流通条件决定。体积小、质量稳定的商品,批量可以大些;反之则批量可以小些。

3. 样品、样本和样本量

样品是指从被检批中抽取,进行检验的单位商品。样本是指样品的全体。样本量又称样本大小,是指样本中所包含的单位商品数量,常用 n 来表示。例如,要从 2 000 千克的玉米中抽取 10 千克进行抽样检验,则单位商品为 1 千克玉米,批量 N 为 2 000,样品为 1 千克玉米,样本为所抽取的 10 千克玉米,样本量 n 为 10。

【背景链接 3-4】

小王的工作——VQA(供应商品质保证)检验

小王专科毕业后应聘到郑州富士康品质管理部门,小王的主要工作是对供应商供应的配件进行检验。某日,一家供应商运送到厂 10 000 件配件 A,小王选取了其中的 100 件进行检验。请问,样品和样本分别是什么?批量和样本量分别是多少?

(二)抽样的原则

抽样应遵循代表性原则、适时性原则和典型性原则。

1. 代表性原则

代表性原则要求样品必须具备有整批商品的共同特征,以使鉴定结果能成为决定整批商品质量的依据。

2. 适时性原则

适时性原则要求对成分、含量、性能和质量等随时间的推移而容易发生变化的商品,应适时抽样并进行检验。例如,水果与蔬菜中各类维生素含量、农药或杀虫剂残留量等,应在水果与蔬菜新鲜时进行检验。

3. 典型性原则

典型性原则要求样品能反映整批商品在某方面的重要特征,能发现某种情况对商品质量造成的重大影响。例如,食品的变质、污染、掺杂、假冒或劣质等方面的鉴别。

(三)抽样要求

(1) 抽样应当依据抽样对象的形态、性质,合理选用抽样工具与样品容器。抽样工具与样品容器必须清洁,不含被检验成分,进行微生物检验的样品应无菌操作。

(2) 外地调入的商品,抽样前应检查有关证件,如商标、运货单以及质量鉴定证明等,然后检查外表,包括检查包装、起运日期、整批数量、产地厂家等情况。

(3) 按各类商品的抽样要求抽样,注意抽样部位分布均匀,每个抽样部位的抽样数量保持一致。

(4) 抽样时应记录抽样单位、地址、仓位、车间号、日期、样品名称、样品批号、样品数量以及抽样者姓名等内容。

(5) 抽取的样品应妥善保存,保持样品原有的品质特点。

(四)抽样方法

为保证样品和样本对整批商品质量状况具有代表性,在进行抽样时普遍采用的是随机抽样法。随机抽样法是指在被检批商品中,每一件商品都有同等机会被抽取的方法。这种方法抽取样品的机会不受任何主观意志的限制,抽样者按照随机的原则、完全偶然的方式抽取样品,因此比较客观,适用于各种商品、各种批量的抽样。

随机抽样法主要有简单随机抽样、系统随机抽样、分层随机抽样和整群随机抽样四种形式。

1. 简单随机抽样

简单随机抽样,又称单纯随机抽样,是指对整批同类商品不经过任何分组、划类和排序,不加挑选地按照随机原则抽取样品的抽样形式。

简单随机抽样的优点是符合随机的原则,可避免检验员主观意志的影响,是最基本的抽样方法,是其他复杂的随机抽样方法的基础;缺点是当批量较大时,使用不方便。简单随机抽样通常用于批量不大的商品,操作时将批中各单位商品编号,利用抽签或随机表抽样。

2. 系统随机抽样

系统随机抽样,又称等距随机抽样或规律性随机抽样,是指先将整批同类商品按顺序编号,并随机决定某一个数为抽样的基准号码,然后每隔一定的"距离"抽取一个样品的抽样形式。例如,按自然数列1、2、3……将商品编号,以2为基准号码,距离为10时,抽取的样品编号分别为2、12、22、32……

系统随机抽样的优点是抽样分布均匀,比简单随机抽样更为精确;缺点是当被检批商品质量问题呈周期性变化时,易产生较大偏差。这种抽样方法适用于较小批量商品的抽样。

3. 分层随机抽样

分层随机抽样,又称分组随机抽样或分类随机抽样,是指将整批同类商品按主要标志分成若干个组,然后从每组中随机抽取若干样品,最后将各组抽取的样品放在一起作为整批样品的抽样形式。

分层随机抽样是目前使用最多、最广的一种抽样方法,其优点是抽取的样本有很好的代表性;缺点是工作环节多,较复杂。分层随机抽样方法适用于批量较大,尤其是当被检批中商品质量波动较大时的商品检验,如不同设备、不同时间、不同生产者生产的批量商品的检验。

4. 整群随机抽样

整群随机抽样,又称聚类抽样,是将总体中各单位归并成若干个互不交叉、互不重复的集合,称之为群;然后以群为抽样单位抽取样本的一种抽样方式。应用整群抽样时,要求各群有较好的代表性,即群内各单位的差异要小,群间差异要大。

整群抽样的优点是实施方便、节省经费;缺点是不同群之间的差异较大,引起的抽样误差往往大于简单随机抽样。样本分布面不广,样本对总体的代表性相对较差等。

二、抽样检验

抽样检验是指按照事先确定的抽样方案,从被检批商品中随机抽取少量样品,组成样本,再对样品逐一测试,并将检验结果与标准或合同技术要求进行比较,最后由样本质量状况推断受检批商品的整体质量是否合格的检验。

进行抽样检验时,必须遵守为保证检验结果准确性的各种规定,其中,根据商品的特点,选择合适的抽样检验类型和方案是非常重要的。

(一)抽样检验类型

抽样检验的目的在于通过样本的质量状况来推断整批商品的质量水平。为了适应不同情况的需要,目前已形成许多具有不同特色的抽样检验类型。

1. 按质量指标的特性不同分类

商品抽样检验类型可分为计量抽样检验和计数抽样检验两类。

(1) 计量抽样检验,是指当单位商品的质量特性连续变化时,可用连续的尺度(如长度、重量和含量等)检验所抽取样本中每个样品的质量,然后与规定的标准值或技术要求进行比较,从而评定该批商品是否合格的检验。例如,检验螺丝的直径时,先测量样品的直径大小,然后与标准值或技术要求进行比较,看是否在允许的公差范围内,从而评定该批螺丝是否合格。

计量抽样检验的优点是样本小,可充分利用质量信息等;缺点是管理比较麻烦,需要进行适当的计算。计量抽样检验适用于单项质量指标的抽样检验,如灯管寿命、棉纱拉力、炮弹射程的检验等。

(2) 计数抽样检验,是指从批量产品中抽取一定数量的样品(或样本),检验该样本中每个样品的质量,确定其合格或不合格,然后统计合格品数,与规定的"合格判定数"比较,从而决定该批产品是否合格。

计数抽样检验的优点是使用简便、应用面广;缺点是不能充分利用质量信息。计数抽样检验适用于检验多项商品质量指标的情况,因此,应用比较普遍,如焊点的不良数、测试坏品数的检验等。

有时,计量抽样检验与计数抽样检验混合运用。例如,选择商品某一个质量参数或较少的质量参数进行计量抽样检验,其余多数质量参数则实施计数抽样检验,从而减少计算工作量,充分获取所需质量信息。

2. 按抽样检验是否需要调整分类

按抽样检验是否需要调整,抽样检验可分为调整型抽样检验与非调整型抽样检验两大类。

(1) 调整型抽样检验,是指由正常、加严和放宽等不同的抽样检验方案与转移规则(即正常、加严或放宽抽样检验方案的转换条件)联系在一起,组成的一个完整的抽样检验体系。根据连续若干批产品质量变化情况,按转移规则及时转换抽样检验方案,以维护买卖双方的利益。

调整型抽样检验方法适用于各批质量有联系的连续批产品的质量检验。

(2) 非调整型抽样检验。非调整型抽样检验不考虑产品批的质量历史,使用中也没有转移规则,因此,质检人员比较容易掌握,但只适合孤立批的质量检验。

3. 按抽样检验的次数分类

按抽样检验次数不同,抽样检验可分为一次抽样检验、二次抽样检验和多次抽样检验三类。

(1) 一次抽样检验。一次抽样检验最简单,是指只抽取一个样本进行检验就做出整批商品是否合格的判断。

(2) 二次抽样检验。二次抽样检验,是指当不能根据一次抽样检验结果判断整批商品合格与否时,抽取第二个样本,再次检验后,将两次检验结果综合,做出合格与否的判断。

(3) 多次抽样检验。多次抽样检验原理,与二次抽样检验方法一样,但要求每次抽样的样本大小相同,即 $n_1 = n_2 = n_3 = \cdots = n$。

多次抽样检验结果比较准确,应用较为广泛,如 ISO 2859 采用 7 次抽样检验,而我国 GB 2828、GB 2829 都采用 5 次抽样检验。

(二)抽样检验方案

抽样检验方案简称抽样方案,是指如何抽样(一次抽或分几次抽、抽多少),并根据样品检验的结果评定该批商品合格与否的一套规则。因此,抽样方案主要解决两方面问题:一是确定样本;二是受检批合格与否的判定规则。

按抽样次数不同,抽样检验方案可分为一次抽样检验方案、二次抽样检验方案、多次抽样检验方案等。

1. 一次抽样检验方案

一次抽样检验方案最简单,通常用 (N, n, C) 表示,其过程如图 3-2 所示。对受检批量单位产品数为 N,抽取样本数为 n 的样品进行检查。其中样本数中有不合格品数为 d,当样本中不合格品数小于等于预先指定的某个数值 C,即 $d \leqslant C$ 时,则该批判为合格。若样品中不合格品数大于预先指定的某个数值 C,即 $d > C$ 时,则判该批不合格。

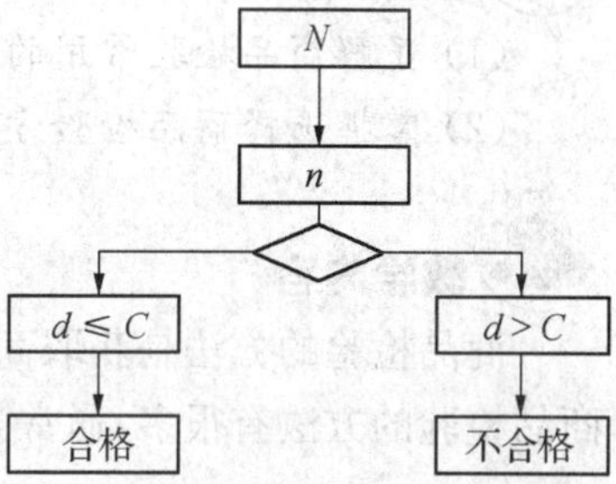

2. 二次抽样检验方案

二次抽样检验方案比一次抽样检验方案复杂,包括 $(N, n_1, n_2; C_1, C_2)$ 五个参数。

其中,N——批量;

n_1——抽取第一个样本的大小;

n_2——抽取第二个样本的大小;

C_1——抽取第一个样本时的不合格判定数;

C_2——抽取第二个样本时的不合格判定数。

图 3-2 一次抽样检验方案过程

如图 3-3 所示,二次抽样检验方案的操作程序是:在交验批量为 N 的一批产品中随机抽取 n_1 件进行检验。若发现 n_1 件商品中有 d_1 件不合格品,则:

若 $d_1 \leqslant C_1$,则判定该批产品合格;

若 $d_1 > C_2$,则判定该批产品不合格;

若 $C_1 < d_1 \leqslant C_2$,不能判断。在同批商品中继续随机抽取 n_2 件进行检验。

若发现 n_2 中有 d_2 件不合格品,则根据 $(d_1 + d_2)$ 和 C_2 的比较做出判断:

若 $d_1 + d_2 \leqslant C_2$,则判定该批商品合格;

若 $d_1 + d_2 > C_2$,则判定该批商品不合格。

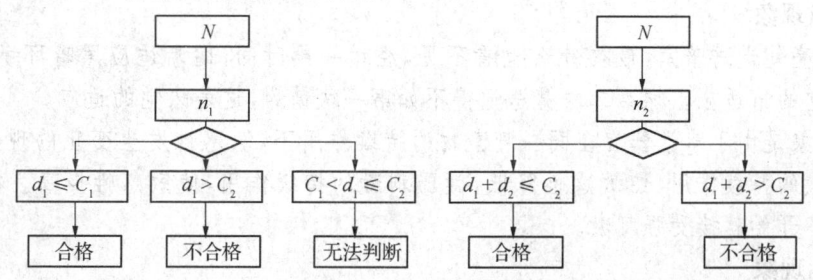

图 3-3 二次抽样检验方案流程

3. 多次抽样检验方案

多次抽样检验方案是允许通过三次以上的抽样最终对一批商品合格与否做出判断。按照二次抽样检验方案的做法依次处理。

任务三 商品检验的方法

 教学要点

(1) 了解商品检验常用的方法；
(2) 掌握选择商品检验方法的依据。

 教学内容

商品检验的方法是获取商品检验结果所采取的检验器具、检验原理和检验条件的总称。商品检验的方法有很多，通常分为感官检验法、理化检验法和生物学检验法三大类。

一、感官检验法

感官检验法在生活中最常用，也是最容易掌握的检验方法。

（一）感官检验法的特点

感官检验法，又称感官分析、感官检查或感官评价，是指利用人的感觉器官作为检验器具，对商品的色、香、味、形、音和手感等感官质量特性，在一定条件下进行判定或评价的检验方法。

感官检验法的优点是简便易行、快速灵活、成本较低且适用范围广；缺点是不易量化，容易受人的主观意识影响。

感官检验法特别适用目前还不能用仪器检验以及不具备组织昂贵、复杂仪器检验的企业、部门和消费者。感官检验在食品、化妆品、艺术品等领域的作用是其他检验法所替代不了的。

【背景链接 3-5】

警惕感觉的"错觉"

不同的商品，会引起人们对它们的不同感觉；同一个商品，也会同时存在不同的感觉。在这些不同的感觉之间，有时会引起许多现象。在感官检验中，这种感官与刺激之间的相互作用、相互影响，应引起充分的重视，以免引起检验结果的误差。

1. 适应现象

人从光亮处走进暗室，最初什么也看不见，经过一段时间，逐渐适应黑暗环境，能看见物体，这叫视觉的暗适应。吃第二块糖总觉得不如第一块糖甜，这是味觉的适应。

适应现象是由于感觉器官在同一刺激物的持续作用下，敏感性发生变化的现象。一般情况下，强刺激的持续作用，使敏感性降低，微弱刺激的持续作用，使敏感性提高。在感官检验时，应避免一开始就接受强刺激。

2. 对比现象

当两个刺激同时或连续存在时，一般把一个刺激的存在使另一个刺激增强的现象，称为对比现象。同时给予两个刺激,叫同时对比;先后连续给予两个刺激,叫作先后对比。

同一种颜色而浓淡不同的两个物体,放在一起时,会觉得浓的颜色比原来更浓,淡的颜色比原来更浅,这是同时对比的例子。吃过糖后再吃苦味物质,会觉得苦味物质更苦,这是先后对比的例子。

在进行感官检验时,应尽可能避免对比现象的影响,故在品尝评比几种食品时,品尝评比每一种食品前都要用温水彻底漱口,以消除前一种食品的影响。

3. 变味现象

变味现象是指由于第一个刺激的影响,使得第二个刺激发生质的变化的一种现象。例如,在品尝过咸的物品后,再喝普通白水也会感觉到甜;吃过墨鱼干后,再吃蜜橘会感到苦味。在品尝多种食品时,应考虑到变味现象的影响,克服的办法就是注意漱口和中间休息。

4. 相乘和拮抗现象

相乘现象是指几种刺激同时作用的效果超过每一种刺激单独作用的总和。例如,味精与肌苷酸各自单独使用时的鲜味,远不及二者合用时的鲜味效果。

与相乘现象相反的是拮抗现象,即由于一种刺激的存在,使另一种刺激减弱。例如,酸味对甜味有拮抗作用,鲜味对一定范围内的咸味也有拮抗作用。

(二)感官检验法的类型

1. 按照人的感觉器官分类

按照人的感觉器官不同,感官检验通常分为视觉检验法、嗅觉检验法、味觉检验法、听觉检验法和触觉检验法等。

(1)视觉检验法是指用视觉来检查商品的外形、结构、颜色、光泽以及表面状态、疵点等质量特性的检验方法。

由于外界条件(如光线的强弱、照射方向、背景对比以及检验人员的生理、心理素质和专业能力等)会影响视觉检验效果,因此,视觉检验必须在标准照明条件下以及适宜的环境中进行,且检验人员需经过必要的挑选和专门的训练。

视觉检验法是一种应用极为广泛的商品检验方法。例如,视觉检验法常用于茶叶的外形、叶底,水果的果色、果型,棉花色泽的好坏,疵点粒数的多少,罐头容器外观情况、内容物的组织形态的检验等。

(2)嗅觉检验法是指通过嗅觉检查商品的气味,进而评价商品质量的检验方法。嗅觉检验时,检验人员的嗅觉器官应避免长时间与气味强烈的挥发物质接触,检验的顺序也应从气味淡向气味浓的商品进行,并注意采取措施,防止串味等。

嗅觉检验法广泛用于食品、药品、化妆品和日用化学制品等商品质量检验,也应用于鉴别纺织纤维、塑料等燃烧后的气味差异检验。

【背景链接3-7】

闻香师

在法国南部的格拉斯,汇集了全世界著名的香水,同时也汇集了有名的"鼻子",他们就是闻香师。全世界大约只有300位专业的闻香师,他们能在不用任何仪器的情况下,识别出4 000多种香水的味道。他们只需轻轻一吸,便能准确判断出香水中含有的50多种成分。

【背景链接3-7】

通过嗅觉鉴别葡萄酒

通过嗅觉鉴别葡萄酒分两步。

第一次嗅觉：缓缓地将酒杯靠近鼻子，注意不要晃动酒杯，在酒距离鼻子10 cm处吸一次气，距离5 cm时再吸一次气，然后在杯口再闻一次。通过初次嗅觉，确定酒香的品质和浓郁程度，初次嗅觉发觉出那些容易挥发的香芬。

第二次嗅觉：摇动酒杯，让酒与空气充分接触，重新吸气，先距10 cm处，后5 cm处，最后杯口处。通过二次嗅觉，加强初次嗅觉的印象，并能闻到不易挥发的芳香。

(3) 味觉检验法是指利用人的味觉来检验有一定滋味要求的商品（如食品、药品等），通过品尝商品的滋味来评定商品质量优劣的检验方法。

进行味觉检验时，要求检验人员必须具备辨别酸、甜、苦、咸四种基本味觉的能力；要求被检样品的温度要与对照样品温度一致；要求采取正确的检验方法，遵循一定的规定，如检验时不能吞咽样品，应使其在口中慢慢移动，每次检验前后必须用水漱口等。

味觉检验是检验商品品质的重要手段之一，主要用来鉴定食品，如糖、茶、烟、调料等。

(4) 听觉检验法是指利用听觉器官，通过对商品发出的声音是否优美或正常来评定商品质量的检验方法。听觉检验需要适宜的环境条件，如保持安静的环境，避免外界因素对听觉灵敏度的影响等。

听觉检验一般用来检验玻璃制品、瓷器（如敲击瓷器或陶器，根据声音判断品质是否正常：声音清脆悦耳，表明品质正常；声音嘶哑，是有裂纹的反映），金属制品有无裂纹或其内在的缺陷；评价以声音作为质量指标的乐器、家用电器等商品，评定食品成熟度、新鲜度（如根据鸡蛋是否有水声，判断鸡蛋是否新鲜等）、冷冻程度等。

此外，听觉检验还广泛地用于塑料制品的鉴别、纸张的硬挺性与柔韧性、颗粒状粮食和油料的含水量及罐头食品变质等的检验。

(5) 触觉检验法是指利用人的触觉感受器官，通过对被检验商品轻轻作用的反应来评价商品质量的检验方法。

由于人的手指和头面部的触觉感受性最高，因此，触觉检验常用人的手指和头面部进行。触觉检验时应注意条件的稳定和保持手指皮肤处于正常状态，并加强对检验人员的专门培训。

触觉检验主要用于纸张、塑料、纺织品，以及食品的表面特性、强度、厚度、弹性、紧密程度、软硬等质量特性的检验。

综上所述，以上五类感官检验方法各有特点，在实际检验时有时要综合运用。表3-1为综合运用感官检验进行玉米水分检验特征表。感官检验要运用人的感觉器官，要求操作者具有灵敏的感觉，有良好的生理、心理素质，有丰富的商品知识和实践经验。在进行感官检验时还要注意检验环境的适宜。

表3-1 玉米水分感官检验特征表

玉米水分(%)	看脐部	牙齿咬	手指掐	大把握	外 观
14～15	明显凹下,有皱纹	震牙,清脆声	费劲	有刺手感	—
16～17	明显凹下	不震牙,有响声	稍费劲	—	—
18～20	稍凹下	易碎,稍有声	不费劲	—	有光泽
21～22	不凹下,平	极易碎	掐后自动合拢	—	较强光泽
23～24	稍凸起				强光泽

续 表

玉米水分(%)	看脐部	牙齿咬	手指掐	大把握	外　观
25～30	凸起明显	—	掐脐部出水	—	光泽很强
30 以上	玉米粒呈圆柱形	—	压胚乳出水	—	—

2. 按照感官检验评价方法分类

按照感官检验评价方法不同,感官检验可分为分析型感官检验和偏爱型感官检验两类。

(1) 分析型感官检验,又称Ⅰ型或 A 型感官检验,是指以经过培训的评价员的感觉器官作为"仪器",来测定商品的质量特性、评定商品质量优劣或鉴别商品之间的差异等。

这种检验要求评价员对商品做出客观评价,尽量避免人的主观意志对评价结果的影响。因此在进行试验时,必须保证以下三点:评价尺度和评价基准应统一化、标准化;检验条件应该规范化;评价员在经过适当的选择和训练后,应维持在一定的水平。

分析型感官检验常用于检验水果的新鲜度、纸的表面光泽和平滑度、音响设备的音质等质量特性。

(2) 偏爱型感官检验,又称Ⅱ型或 B 型感官检验,是指未经训练的消费者根据对商品的偏爱程度,对商品质量进行感觉判断,是一种主观评价方法。

这种检验不需要统一的评价标准和条件,全凭评价员生理、心理的综合感觉而定,允许有相反的判断,因而评价结果往往因人、因时、因地而异。

偏爱型感官检验常用于新产品品种的客户评价,如花色和口味的偏爱等。

二、理化检验法

理化检验法是用物理或化学原理进行商品检验,检验结果比较准确客观。

(一) 理化检验法的特点

理化检验法是指在一定的实验室环境条件下,利用各种仪器、器具和试剂,运用物理或化学的方法来测定商品质量的检验方法。

理化检验法的优点是能定量地表示测定结果,客观、准确、科学地反映商品质量情况,较感官检验客观和精确;缺点是要求有一定的设备和检验条件,同时对检验人员的知识和操作技术也有一定的要求。

理化检验法应用越来越广泛,主要用于商品的成分、结构、物理性质、化学性质、安全性、卫生性以及对环境的污染和破坏性等方面的检验。

(二) 理化检验的类型

按检验的原理不同,理化检验可分为物理检验法和化学检验法两类。

1. 物理检验法

按所检验商品的性质、要求和采用的仪器设备不同,物理检验可分为一般物理检验法、力学检验法、光学检验法、电学检验法和热学检验法等。

(1) 一般物理检验法是指通过各种量具、量仪、天平、秤或专业仪器来测定商品的一些基本物理量的检验方法。这些基本物理量包括商品的长度、面积、体积、厚度、细度、重量、密度以及表面光洁度等,如纤维的长度、水果的大小检验等。

(2) 力学检验法是指利用各种力学仪器,测定商品的力学(或机械)性能的检验方法。这些力学性能主要包括商品的抗拉强度、抗压强度、抗弯曲强度、抗冲击强度、抗疲劳强度、硬度、弹性以及耐磨性等,如水泥的抗压强度检验等。

(3) 光学检验法是指通过各种光学仪器(如显微镜、折光仪、旋光仪等)检验商品光学性能的检验方法,如油脂的透射率检验等。

【背景链接 3-8】

眼镜片光学检验

眼镜片的光学性能主要为光线在镜片表面的折射和反射,通过镜片的光线会在镜片的前后表面发生折射或偏离现象,光线的偏离幅度由材料的折射率和入射光线在镜片表面的入射角度决定。透明媒介的折射率总是大于1,目前市场所采用的镜片材料的折射率范围是1.5~1.9。

(4) 电学检验法是指利用电学仪器检验商品的电学性能的检验方法,如电器类商品的电阻、电功率和电容的检验等。当然通过有些电学性能的测定(如导电性的测定等)也可以测定商品的材质、含水量等方面的性能。

(5) 热学检验法是指利用热学仪器检验商品的热学性能的检验方法。商品的热学性能主要包括熔点、凝固点、沸点、耐热性、导热性和热稳定性等,如陶瓷制品的热稳定性测定,金属制品的耐热性、导热性测定等。

2. 化学检验法

化学检验法是指用化学试剂或仪器对商品的化学成分及其含量进行测定,从而判定商品质量是否符合规定要求的检验方法。

依据操作方法的不同,化学检验法可分为化学分析法和仪器分析法两类。

(1) 化学分析法是指根据检验过程中样品和试剂所发生的化学反应,以及在化学反应中样品与试剂的用量,鉴定商品的化学成分及其含量的检验方法。

该方法不但设备简单、经济易行,而且结果准确,是其他化学检验法的基础。化学分析法适用于食品检验,包括食品营养素、添加剂、有毒有害物质含量,以及食品发酵、腐败时成分变化指标测定等;纺织品与工业品主要成分、杂质成分、有害成分的含量,以及耐水、耐酸碱、耐腐蚀等化学稳定性质的测定等。

(2) 仪器分析法是指利用光、电等比较特殊或复杂的仪器,测定商品的待测成分或含量的检验方法,包括光学分析法和电化学分析法。

仪器分析法操作比较简便、快捷,但对某些成分灵敏度较低,检验结果不是很精确,且处理时间较长,仪器价格昂贵,对操作人员要求较高。仪器分析法适用于微量成分含量的分析。

【背景链接 3-9】

真丝真假鉴定方法

真丝有"丝绸皇后""健康纤维""保健纤维"的美称。然而,市场上很多商家用尼龙丝、涤纶丝、丙纶丝、腈纶丝冒充真丝欺骗消费者。消费者鉴定真丝面料可用以下方法进行快速鉴别。

1. 品号识别

中国产绸缎实行由5位阿拉伯数字组成的统一品号,这5位数字从左开始第1位数字代表织物的材质号,全真丝织物(包括桑蚕丝、绢丝)为"1",化纤织物为"2",混纺织物为"3",柞蚕丝织物为"4",人造丝织物为"5"。据了解,市场上销售的进口绸缎中均无真丝织物,如乔其纱、柔姿纱、珠丽纹等,这些都是化纤织物,因此进口绸缎无统一品号。

2. 感官鉴别

将样品平摊,观其外观,真丝有吸光的性能,看上去顺滑不起镜面,光泽幽雅柔和,呈珍珠光亮,手感柔和飘逸,丝线较密,用手抓会有皱纹。纯度越高、密度越大的丝绸,手感也越好。仿真丝织物虽经过脱坚处理,手感较柔软,但绸面发暗,无珍珠光泽。化纤织物光泽明亮、刺眼,手感较硬挺。另外,丝绸产品应略有刮手的感觉,将两层面料进行摩擦,会产生"丝鸣"声,而其他原料的织物没有。

3. 物理强度检验法

从纤维强度分辨:真丝强伸力越好,品质越佳。同样长的蚕线,拉伸后,越长质量越好。一般好的桑蚕丝可以拉到 100 cm 以上。

4. 化学检验法

(1) 燃烧法。抽出部分纱线燃烧,真丝看不见明火,有烧毛发的味道,丝灰成黑色微粒状,可以用手捏碎;仿真丝遇火起火苗,有塑料味,火熄后边缘会留下硬质的胶块。

(2) 消毒液法。使用 84 消毒液进行溶解测试,如果是真丝,放进 84 消毒液中,三五分钟后真丝会逐渐被消毒液溶解而消失。

三、生物学检验法

生物学检验法是食品、药品和日用工业品等商品质量检验常用的方法之一,一般用于测定食品的可消化率、发热量和微生物的含量、细胞的结构与形状、细胞的特性以及有毒物质的毒性大小等。生物学检验法包括微生物检验法和生理学检验法两种。

（一）微生物检验法

微生物检验法是采用微生物技术手段,检测商品中有害微生物存在与否,以及数量多少的方法。这些有害微生物包括大肠杆菌、致病性微生物和霉腐微生物等。进行微生物检验的商品主要有食品及其包装物、化妆品、卫生用品等。

（二）生理学检验法

生理学检验法是以特定的动物或人群为受试对象,测定食品的消化率、发热量以及某一成分对机体的作用、毒性等的方法,常用鼠、兔等动物进行试验。

综上所述,实际生活中影响商品质量变化的因素有很多,商品质量的下降往往是很多因素作用的综合结果。无论是感官检验、理化检验,还是生物学检验,都是在特定条件下进行的,检验只是考虑了一个或几个因素。为了更好地模拟商品实际情况、综合评定商品在实际使用中的质量表现,对商品进行试用也是一种常用的质量评价方法。

任务四　商品质量监督

教学要点

(1) 了解商品质量监督的概念、作用、形式与分类;

(2) 了解商品质量监督的形式与分类。

📠 **教学内容**

商品质量监督是保证和提高商品质量的重要措施,是保证消费者权益的重要手段,对商品生产和消费有重要意义。

一、商品质量监督的概念与作用

(一) 商品质量监督的概念

商品质量监督是指由国家指定的商品质量监督专门机构,根据国家的质量法规和商品质量标准的规定,对商品生产和流通领域的商品质量和质量保证体系进行监督管理的活动。

我国商品质量监督的根本任务是依据国家有关法律、法规和技术标准,对商品进行有效监督管理和检验,保证商品满足质量要求,实现对商品质量的宏观控制,保护生产者和消费者的合法权益,维护国家利益不受损失。

(二) 商品质量监督的作用

商品质量监督实质上是国家对生产和流通领域的商品进行宏观调控的一种手段,其作用在于以下几个方面:

(1) 有利于贯彻实施质量法规和商品标准。
(2) 有利于维护消费者权益,保障消费者人体健康和生命安全。
(3) 有利于解决存在的商品质量问题,维护市场经济的正常秩序。
(4) 有利于商品质量管理,以及更好地实现国家计划质量目标。
(5) 有利于提高商品的国际竞争力,提升我国商品的国际形象,促进对外贸易的发展。

【背景链接 3-10】

商品质量监督有关法规

1. 产品责任法

产品责任法是指由于产品的缺陷造成消费者人身和财产的损害,当消费者要求赔偿时,规定该产品制造者和销售者应当承担的法律责任的法规及规定。大多是强制性的,主要目的是保护消费者的利益。我国产品责任法由《民法通则》和《工业产品质量责任条例》等。

2. 产品质量法

产品质量法是指为了加强对产品质量的监督管理,提高产品质量水平,明确产品质量责任,保护消费者的合法权益,维护社会经济秩序而制定的法律。我国《产品质量法》规定了产品生产者、仓储者、运输者和销售者应当承担的产品质量责任、产品质量义务、产品质量的监督管理、产品质量纠纷的处理和产品质量问题的法律责任等。

3. 消费者权益保护法

消费者权益保护法是调整在保护公民消费权益过程中所产生的社会关系的法律规范的总称。消费者权益的直接法律保护有各国的国内法和国际公约,如关于保护消费者利益的基本法、买卖法、合同法,以及食品、医药、卫生、家庭用品、化妆品和家用电器商品等的质量、包装、计量、安全等法规。对消费者权益的间接法律保护有广告法、商标法、物价法、物资和市场管理法以及环境保护法。

我国的《消费者权益保护法》规定了消费者的权利,其中与商品质量有关的有安全权、知情权、获知权和获赔权等。

4. 产品质量监督管理、检验、认证等方面的法律法规

我国制定了《工业企业全面质量管理暂行办法》《产品质量监督试行办法》《国家监督抽查产品质量的若干规定》《工业产品生产许可证试行条例》《中华人民共和国产品质量认证管理条例》《中华人民共和国标准化法》以及《中华人民共和国进出口商品检验法》等一系列的产品质量监督管理、检验、认证等方面的法律法规。

二、商品质量监督的分类与形式

(一) 商品质量监督的分类

我国商品质量监督可分为国家质量监督、社会质量监督和用户质量监督三类。

1. 国家质量监督

国家质量监督是国家授权指定第三方专门机构,以公正的立场对商品质量进行的监督检查。

国家质量监督是一种法定的质量监督,是以政府行政的形式,对可能危及人体健康和人身、财产安全的商品,影响国计民生的重要工业产品及其用户、消费者组织反映的有质量问题的商品等,实行定期或不定期的监督、抽查和检验,并根据有关法规及时处理质量问题,以维护社会生活正常秩序和保护消费者的合法权益。国家的质量监督由国家技术监督部门进行规划和组织实施。

2. 社会质量监督

社会质量监督是指社会团体、组织和新闻媒体根据消费者和用户对商品质量的反映,对流通领域的某些商品质量进行监督检查。

社会质量监督是从市场上一次抽样,委托第三方检验机构进行质量检验和评价,将检验结果(特别是不合格商品的质量状况和生产企业名单)予以公布,以造成强大的社会舆论压力,迫使企业停止销售不合格商品,对用户承担质量责任,实行包修、包换、包退并赔偿经济损失等。我国社会质量监督组织主要有中国质量管理协会用户委员会、中国消费者协会、中国质量万里行组织委员会以及各大新闻媒体等。

3. 用户质量监督

用户质量监督是指用户在购买大型成套设备、装置以及采购生产物资时,进驻承制单位和商品生产现场进行质量监督,发现问题有权通知企业改正或停止生产,及时把住质量关,确保商品质量符合规定要求。

用户质量监督包括对内和对外贸易部门派驻厂人员进行质量监督,用户自己派人或委托技术服务部门进驻承制单位实行质量监督,以及进货时进行验收检验等方式。

(二) 商品质量监督的形式

按质量监督的性质、目的、内容和处理方法不同,商品质量监督可分为抽查型质量监督、评价型质量监督和仲裁型质量监督三种形式。

1. 抽查型质量监督

抽查型质量监督是指国家质量监督机构从市场或企业抽取商品样品,进行监督检验并判定其质量,从而采取强制措施责令企业改进质量,直至达到商品标准要求的一种监督活动。

抽查型质量监督一般只抽查商品的质量,不检查企业的质量保证体系。抽查对象主要是涉及人体健康和人身、财产安全的商品,影响国计民生的重要工业产品、重要的生产资料商品和消费者反映有质量问题的商品等。

2. 评价型质量监督

评价型质量监督是指国家质量监督机构对企业的产品质量和质量保证体系进行检验和检查,考核合格后,通过颁布产品质量证书、标志等方式确认和证明产品已经达到某一质量水平,并向社会提供质量评价信息,实行必要的事后监督,以检查产品质量和质量保证体系是否保持或提高的一种质量监督活动。

评价型质量监督是国家对产品质量进行宏观管理的一种重要形式,主要包括产品质量认证、企业质量体系认证、评选优质产品、产品统一检验制度和生产许可证发放等形式。

3. 仲裁型质量监督

仲裁型质量监督是指通过质量监督机构对已有质量争议的商品进行检验和全面质量调查,分清质量责任,做出公正处理,维护经济活动正常秩序的一种质量监督活动。

仲裁型质量监督由质量监督管理部门负责,一般由省级以上人民政府产品质量监督管理部门,或其授权的部门审查认可的质量监督检验机构作为仲裁检验机构。

【背景链接 3-11】

假冒的商品也配用"国标"?

假冒商品是指逼真地模仿其他同类产品的外部特征,或未经授权,对已受知识产权保护的产品进行复制和销售的产品。目前市场上的假冒商品包括以下几种:

(1) 未经注册商标所有人许可,在同一种商品或者类似商品上使用与注册商标相同或者近似商标。

(2) 假冒商品名优标志、认证标志或者批准文号、商品产地、他人名称字号或地址。

(3) 假冒专利标记、专利号或生产许可证编号。

(4) 未经权利人许可,复制音像、计算机软件制品。

2016年4月6日武汉晚报消息:上海公安部门破获一起生产、销售假冒"雅培"奶粉案件,1.7万罐假奶粉流向全国多个省市。案件经媒体曝光后,引来国内消费者极大关注。5日食药监总局发布消息称,国务院食安办已派员赴上海实地督查,并要求相关省份彻查乳粉流向,严惩冒牌乳粉等欺诈行为,确保婴幼儿配方乳粉质量安全。食药监总局发言人表示,经初步了解,上海市公安部门已经对查获的假冒乳粉进行了产品检验,产品符合国家标准,不存在安全风险。

细想之下,人们仍有担忧,已查获的1.7万罐不存在安全风险,那漏网的、已售出及被食用的呢?"没有安全风险"的结论究竟是如何得出的?是抽查还是全检?可信度几何?这个表态属客观事实,还是基于安抚人心之需的草率应付?更有爱钻牛角尖的人忍不住发出这样的质疑——假冒的东西还符合国标了?那正规厂家做何感想?

有鉴于此,虽然有关部门当下声称此批问题奶粉经检验没问题,但这绝不能成为纵容不法厂商继续胡作非为、制假售假、侵害消费者及正规厂家权益的理由。监管部门唯有秉承法治思维,本着对老百姓生命健康安全高度负责的态度,及时从严查处才是理性的选择。基于防患于未然之需,也希望监管部门在相关信息披露上再及时一些,在结论性表态上再严谨些、慎重些。

 技能训练

技能训练一　水果的感官检验

【背景链接3-12】

水果的挑选技巧

1. 菠萝

菠萝因为有减淡老年斑、促进减肥的功效,深受大家喜爱。挑选菠萝,首先要找那些矮并且体粗的菠萝,因为这些"矮胖子"果肉结实并且肉多,比瘦长的好吃。然后就是看大小,大的比小的好吃,因为大个的熟得比较透,也可以说"发育好",而且味道比较甜。最后就是看菠萝叶子的长短,很多人挑菠萝只是注意看菠萝本身了,而忽略叶子。其实从叶子就能判断菠萝的产地,海南的菠萝叶子长,广西的叶子短,如果都是成熟的菠萝,还是海南的比较好吃。

2. 芒果

鸡蛋芒(福建叫法),香味比较浓郁形状较椭圆,果肉是橙色的,如小鸡蛋那么大,超甜超香,适合榨汁,汁极浓稠,可兑些淡淡的蜂蜜水。比鸡蛋芒稍差些的是腰芒,形状像小猪腰,果肉是黄色的,有的是淡黄,果核很薄,这种芒果很甜,但香味不如鸡蛋芒。还有象牙芒、贵妃芒,不够熟时会有些涩、酸。另外有一种绿色的芒果——青芒,比黄色的更甜。

选芒果一定要选比较饱满的、圆润的,不软不硬的,颜色黄的纯正的,香味老远就能闻到的,没有斑点的(有斑点的是从里面烂掉了),闻香味,挑选大约八分熟的,放一两天熟透就可以吃了。买熟透的即吃的芒果,可以看一下芒果的根部,应该是很清爽的,没有出水,同时皮也不能皱起,那种水分已经没有了。

3. 桔、柚、橙子

俗话说:"高身橙,扁身柑,光身桔。"橙子要挑高身的,柑要扁的,桔子的皮要光亮。挑桔子的话不论品种,中间有个环形的是母的,通常都会比较甜一些。有个点状的是公的,没有母的甜,挑皮薄有弹性的。早桔汁多味甜,晚桔比较粗糙多筋。柚、桔、橙子要拣沉手的,外皮要拣润滑得像宝宝的皮肤一样的,粗糙得像麻子脸的别买。不过冬天流行的砂糖桔就是皮很粗糙的,光滑的反而不好。买橙子的时候最好买底部(即"屁股"上面)有个圈的。脐橙呢,就买"屁股"那个洞是凹下去的,比较甜。柚子、蜜柚一般越紧实越好。手掂感觉同样大小的,越沉越好。用手按,越硬越好,按不下去的皮薄,皮越薄越好。蜜柚皮越光滑,颜色越均匀、越偏金黄越好。这样的柚子,果肉水分充足,甜度高,味道也正些。

4. 西瓜、哈密瓜、香瓜

挑选西瓜时,要挑瓜的花纹感觉像是撑开了一样,尾巴开花的地方收口小的,"肚脐眼"凹进去的摸起来瓜的表面不是光滑的,而是凹凸不平的,瓜色比较绿,色泽比较深。用一只手托起,轻轻拍打,听声音,应该感觉有点空洞,托着的手感觉微微有震动,这个西瓜是沙瓤的,里面不紧密。如果不熟,就是很死的声音。

挑选白色的甜瓜应该选瓜比较小,瓜大头的部分没有脐,但是有一点绿,这种是一棵瓜的第一个叶子结的,比较好挑,因为长得小。还有就是挑有脐的,脐越大的越好。按一下脐的部分较软的,闻一闻香瓜的屁股,有香味的就是好又甜的好瓜。

挑哈密瓜要挑网纹粗且密的,闻到较浓的香气。和瓜秧不连在一起的那头是凹进去的就

是熟、好、甜的。

5. 苹果

苹果是生活中很常见的水果,老少皆宜,据说是四大水果之冠。苹果富含有丰富的维生素,很甜很好吃,也更有益健康。有一句谚语叫作:"一天一苹果,医生远离我。"但是苹果也有很多种,质量参差不一,在市场上购买苹果有无诀窍呢?购买苹果该怎样挑选呢?

(1)视觉检验。首先看苹果表面,表面光滑且没有虫眼,看起来整个个体很饱满,很结实,苹果果皮很水亮。看起来苹果皮比较干燥的那种,可能存放时间久,口感已不佳。

颜色不能特别红,有些粉,且不能红成一片,要挑有许多红丝的那一种,黄里透红的苹果。这样的苹果一般很甜,水分足口感好。千万不要挑那些绿里透一点点红的,这样的苹果一般味道都很寡淡。

挑选苹果也特别注重的一点就是图新鲜,那么要怎么看新鲜的苹果呢?看苹果的蒂,蒂如果是浅绿色的,就是证明离摘下来的时间不会太长,也就是还新鲜的。如果苹果蒂是枯黄的,或者黑色的,很明显已是采摘下来好久的,看起来新鲜,只不过是贮藏得好罢了,终究是不新鲜的。

(2)嗅觉检验。用鼻子闻一下,新鲜好吃的苹果是有一股甜甜的清香,而不会有什么其他异味、腐蚀味,甚至化学制剂的味道。一般气味不对的,口味也会不佳;气味越重,食用口感越不好。

(3)味觉检验。味觉检验就是直接品尝苹果的口味,为了赢得顾客信赖,苹果口感好的商贩都愿意让顾客去品尝。如果不同意,有可能是苹果的口感不好。

6. 葡萄

葡萄的味道、特点主要与产地、品种、成熟度和新鲜度有关,选购时可以从外观、色泽、气味和滋味等方面来判断葡萄的优劣。

首先,看外观形态。外观新鲜,大小均匀整齐,枝梗新鲜牢固,颗粒饱满,青籽和瘪籽较少,外有白霜者,品质为佳。新鲜的葡萄用手轻轻提起时,颗粒牢固,落籽较少。如果葡萄纷纷脱落,则表明不够新鲜。枝梗干枯、霉锈,果面润湿,果皮呈青棕色或灰黑色,皮皱、脱粒者质次。

其次,看色泽。一般成熟度适中的葡萄,颜色较深、较鲜艳,如玫瑰香为黑紫色,龙眼为琥珀色、紫红色,巨峰为黑紫色,牛奶为黄白色等。

再次,品气味和滋味。品质好的葡萄,果汁多而浓,味甜,有香气;品质差的葡萄果汁少或者汁多而味淡,无香气,具有明显的酸味。

最后,尝葡萄。选购时可试吃一串葡萄最下面的一颗,来判断口味优劣。葡萄的品质与成熟度有关,而一串葡萄中最下面的一颗往往由于光照程度最差,成熟度不佳,故而在一般情况下,最下面那颗是最不甜的。如果该颗葡萄很甜,就表示整串葡萄都很甜。

1. 技能训练的目的

(1)检查学生对商品检验知识的掌握情况。
(2)培养学生观察、分析和表达能力。
(3)激发学生的学习兴趣。
(4)培养学生理论联系实际的能力。

2. 实战演练要求

(1)学生单独完成检验过程。

(2) 完整记录检验过程及理论依据,需真实、全面,避免空泛。

(3) 汇总成 600 字以上报告,并上交。

3. 技能训练的内容

(1) 学生自行挑选 2 种或 2 种以上熟悉的水果,运用所学知识对其色、香、味、音及形进行感官检验。

(2) 完整记录检验过程及理论依据,描述检验结果,填写表 3-2 所示内容。

表 3-2 食品检验记录表

水果名称	色	香	味	音	形

(3) 模拟制订商品分级方法,根据检验结果,确定商品等级,如采用百分记分法(见表 3-3)。

表 3-3 百分记分法确定商品等级

等级	色	香	味	音	总分 100 分
	满分(　)	满分(　)	满分(　)	满分(　)	

(4) 谈一谈你对商品检验与商品分级的认识,写成书面材料并上交。

4. 成绩评定方法

教师根据材料真实性、个人态度、个人观点、卷面等打分。

技能训练二　物资入库验收案例分析

【背景链接 3-13】

物资入库验收

一、验收程序

(一) 入库验收准备

(1) 人员准备。

(2) 资料准备。

(3) 器具准备。

(4) 货位准备。

(5) 设备准备。

(6) 进口物资商检准备。

(二) 核对凭证

主要有以下三类凭证:

(1) 由货主提供的入库通知单、订货合同副本；
(2) 由供货单位提供质量保证书、装箱单、说明书、保修卡等；
(3) 由承运单位提供提货通知单、货运单、货运记录单等。

(三) 实物验收

从详细程度分为：大数点收（即大包装数量验收）和包装的外观检查；细数（即每包内的具体数量）和质量的验收。

从数量程度分为抽验和全验。抽验适用于批量大，包装规格一致，产品质量稳定，打开包装会影响商品的储存和销售，储存时间短的商品。全验于适用批量小，规格尺寸和包装不整齐，价值大的，梅雨季节生产的，生产技术水平低的，入库前储存时间长的，发现变质、短缺、残损的商品。

(四) 做出验收记录

(五) 验收中异常问题的处理

1. 单据不全

凡验收所需的证件不齐全时，到库物资仍作为待验物资处理，待证件到齐后再进行验收，若条件允许也可提前验收。

2. 单单不符

遇到这种情况应立即通知货主，并按货主提出的办法办理，但应将全部事实处理经过记录在案备查。

3. 质量有异

应先将合格品验收入库，不合格品分开堆放，做出详细记录，并立即通知货主与发货单位交涉。交涉期间，对不合格品要妥善保管。如货主同意按实际情况验收入库时，应让货主在验收记录上签章。验收后，仍应将不合格品单存、单发，并填写入库验收单。

4. 数量不符

若实际验收数量小于送验数量，并小于合同中的磅差率时，则以送验数量为验收数量。若实验数量大于送验数量时，则以送验数量为验收数量。若实验数量小于送验数量并大于合同中的磅差率时，经核实后立即通知货主。在货主未提出处理意见前，该物资不得动用。

5. 有单无货

应及时向货主反映，以便查询。

6. 错验

验收员在验收过程中发生数量、质量等方面的差错时，应及时通知货主，积极组织力量进行复验，及时更正。

二、验收方法

(一) 数量验收

1. 点件法

点件法一般适合散装的或非定量包装的物资。

2. 抽验法

抽验法是按一定比例开箱点件的验收方法，适合批量大、定量包装的物资。国内货一般抽检5%～15%，贵重物品应提高检验比例或全点，进口货物则按合同或者惯例办理。

3. 检斤换算法

通过重量过磅换算该物资的数量。适合物资标准和包装标准的情况。所有检斤货物，都应填写磅码单。

4. 检尺求积法

以体积为计量单位的物品,如木材、钢材、竹料、沙石等,先检尺,后求体积的数量验收。

(二) 质量检验

1. 外观质量检验(感官检验)

(1) 包装检验;

(2) 货物外观检验;

(3) 货物重量、尺寸检验;

(4) 标签、标志检验;

(5) 气味、颜色、手感检验。

外观质量检验一般需要全部检验,检验后,及时填写检验记录单。

2. 内在质量检验(仪器检验)

内在质量检验是对货物内容进行检验,一般由专业技术检验单位进行,主要是依靠专业的测试仪器检验,根据货物的情况抽检或全检。

(三) 重量检验

(1) 检斤验收法,是指对非定量包装的、无码单的物资进行打捆、编号、过磅和填制码单的验收方法。该法适合非定量包装的、无码单的物资。

$$实际磅差率 = \frac{实收重量 - 应收重量}{应收重量} \times 1\,000‰$$

(2) 抄码复衡抽验法,是指对定量包装的、附有码单的物资,按合同规定的比例抽取一定数量的物资过磅的验收方法。该法适合定量包装并附有码单的物资。

$$抽验磅差率 = \frac{\sum 抽验重量 - \sum 抽验重量}{\sum 抄码重量} \times 1\,000‰$$

(3) 平均扣除皮重法,是指按一定比例将包装拆下过磅,求得包装皮的平均重量,然后将未拆除包装的物资过磅,从而求得该批物资的全部皮重和毛重。

(4) 除皮核实法,是指选择部分物资分开过磅,分别求得物资的皮重和净重,再对包装上标记的重量进行核对。

(5) 约定重量法,是指存货方与保管方在签订保管合同时,双方对物资的皮重已按习惯数值有所约定,则可遵从约定净重。

(6) 理论换算法,适合中长度的金属材料、塑料管材等,可将重量换算为长度。

(7) 整车复衡法,是指检验时将整车引入专用地磅,然后扣除空车的重量,即可求得物资净重。适合大宗无包装的物资,如煤炭、生铁、矿石等散装的块状、粒状或粉状的物资。

三、案例分析

假设郑州新华物流公司今天有两批货物即将到库,分别是:

(1) 东北大米 20 000 斤,50 斤装,400 袋;

(2) 德国进口新车 2 辆。

			入 库 通 知 单				00807
供货单位:米米多商贸有限公司			2015 年 11 月 11 日				
存货单位:郑州好又多超市							
仓库名称:郑州新华物流中心仓库							
材料编号	材料名称	规格型号	单位	计划数量	单价	金额	附注
8437303	东北大米	金膳道	斤	20 000	1.5 元	30 000 元	
		会计	仓库主管	保管	采购		

			入 库 通 知 单				00808
供货单位:德国大众汽车经销商			2015 年 11 月 11 日				
存货单位:河南物产元通							
仓库名称:郑州新华物流中心仓库							
材料编号	材料名称	规格型号	单位	计划数量	单价	金额	附注
6666456	奥迪敞篷	S5	辆	1	100 万元	100 万元	
6666858	奔驰车	G500	辆	1	175 万元	175 万元	
		会计	仓库主管	保管	采购		

请问:

(1) 要对这两批的货物(东北大米和德国进口车)进行实物验收,该从哪些方面着手?

(2) 请问以上两种实物验收一样吗? 不一样在什么地方?

这时候新华物流的商品入库出现问题了,需要同学们解决:

(1) 德国进口新车的订货合同副本不见了,其他的所有证件都齐全了,该怎么办?

(2) 德国进口车的证件齐全之后又发现,供货方提供的质量证书与存货单位的进库单不一致该怎么办?

(3) 东北大米的所有证件都已齐全,但是原先要求是早上 9 点到库,现在这批东北大米还是没有送到?

(4) 在东北大米的数量检验中发现,抽验 20 000 斤大米的 5%(即 1 000 斤),而实际的重量只有 840 斤,每袋(50 斤装)平均只有 42 斤,超过了允许的磅差。

(5) 德国两辆进口车分别为奥迪 S5 敞篷和奔驰 G500,但是实际到库的车辆为奥迪 S5 敞篷和宝马 5 系 GT?

1. 技能训练的目的

通过对物资入库验收案例分析,掌握物资入库验收程序和方法。

2. 技能训练的内容

根据理论背景,完成案例分析。

3. 技能训练的步骤

(1) 分析案例资料;

(2) 分析物资入库验收程序;

(3) 分析物资入库验收方法;

(4) 分析物资入库验收过程常见问题的处理方法；
(5) 完成案例分析。

4. 技能训练的报告要求

(1) 技能训练的名称、学生姓名、班级和日期；
(2) 技能训练的目的和要求；
(3) 技能训练的原理；
(4) 技能训练的步骤；
(5) 技能训练的原始记录；
(6) 技能训练的结果分析，并写出技能训练报告。

课后习题

一、填空题

1. _____检验在食品、化妆品以及艺术品等领域的作用是其他检验法所替代不了的。
2. 生物学检验法包括_____和_____两种。
3. 我国商品质量监督分为_____、_____和用户质量监督三类。
4. _____是指对内和对外贸易部门、商品使用单位等为确保所购买商品的质量而进行的监督和检查。

二、判断题

1. 国家质量监督检验属于第一方检验。( )
2. 我国商品检验的一般程序与进出口商品检验的程序是相同的。( )
3. 感官检验在食品、化妆品以及艺术品等领域的作用是其他检验法所替代不了的。( )
4. 商品质量监督实质上是国家对生产和流通领域的商品进行宏观调控的一种手段。( )

三、选择题（可多选）

1. 对被检批商品逐个(或逐件)进行检验是指_____。
   A. 全数检验　　　B. 百分之百检验　　　C. 抽样检验　　　D. 免于检验
2. 未经训练的消费者根据对商品的偏爱程度，对商品质量进行感觉判断的感官检验方法是_____。
   A. 分析型感官检验　　　　　　　B. 偏爱型感官检验
   C. 随机感官检验　　　　　　　　D. 非确定型感官检验
3. _____的优点是能定量地表示测定结果，客观、准确、科学地反映商品质量情况。
   A. 感官检验法　　B. 理化检验法　　C. 微生物检验法　　D. 生理学检验法
4. 下列检验方法中，属于物理检验法的是_____。
   A. 触觉检验法　　B. 力学检验法　　C. 电学检验法　　D. 热学检验法
5. 对于感官检验与理化检验的比较，下列说法正确的是_____。
   A. 感官检验的成本较低　　　　　B. 理化检验容易定量化
   C. 感官检验受人的主观意志影响较大　　D. 理化检验成本较高
6. 以特定的动物或人群为受试对象，测定食品的消化率、发热量以及某一成分对机体的作用、毒性等的检验方法是_____。
   A. 化学分析法　　B. 仪器分析法　　C. 微生物检验法　　D. 生理学检验法

7. 国家授权指定第三方专门机构,以公正的立场对商品质量进行监督检查是_____。
   A. 国家质量监督   B. 媒体质量监督   C. 社会质量监督   D. 用户质量监督
8. 新闻媒体对某些商品质量问题进行报道属于_____。
   A. 国家质量监督   B. 企业质量监督   C. 社会质量监督   D. 用户质量监督
9. 具有强制性质的质量监督形式是_____。
   A. 抽查型质量监督   B. 用户质量监督
   C. 仲裁型质量监督   D. 评价型质量监督

四、名词解释题
商品检验　感官检验　理化检验

五、简答题
1. 简述商品检验的一般程序。
2. 简述感官检验与理化检验的优缺点。
3. 简述商品质量监督的作用。

扫一扫,看答案

项目四　商品包装

**内容简介**

商品包装是依据商品的属性、数量、形态以及储运条件和销售需要,采用特定包装材料和技术方法,按设计要求创造出来的造型和装饰相结合的实体,具有技术和艺术双重特性。包装材料、包装技法、包装结构造型和表面装潢构成了包装实体的四大因素。包装材料是包装的物质和技术基础,包装结构、造型是包装材料和包装技术的具体形式。包装材料、技术、结构造型是通过画面和文字美化,是宣传和介绍商品的重要手段。商品包装是商品学研究的又一项重要内容。绝大多数商品只有经过包装,才算完成它的生产过程,才能进入流通和消费领域。包装不足、包装不当、包装过分都有碍商品价值与商品使用价值的实现。

**教学目标**

1. 知识目标:

(1) 了解商品包装的概念、作用和分类;

(2) 理解商品包装的材料和包装技法;

(3) 掌握商品包装标志;

(4) 了解包装对商品养护的作用;

(5) 了解绿色包装的作用与做法。

2. 技能目标:

(1) 能够利用包装更好的养护商品;

(2) 能够理解包装对于商品和物流的作用,对商品进行妥善包装。

**案例导入**

宝洁公司的包装

宝洁公司曾对包装决策开发了一个成为 Direct Product Profitability 的程序,利用该程序可以识别出所有分销渠道中的产品成本,包括那些与包装有关的成本。

发现将 Ivory 牌洗发水瓶重新设计为方形后,减少了空间占用,每箱洗发水可以节省 29 美分运输成本。

将汰渍洗衣粉的包装重新设计后,在不减少每袋洗衣粉重量的同时,缩小了袋子的尺寸,每箱可以装的洗衣粉由原来的 12 袋变为 14 袋,从而减少了搬运和存储费用。

案例分析

(1) 商品包装有什么功能?

(2) 如何包装才能发挥其功能?

任务一　商品包装概述

教学要点

(1) 理解商品包装的概念；
(2) 掌握商品包装的作用；
(3) 掌握商品包装的分类。

教学内容

一、商品包装的概念

中国国家标准 GB/T 4122.1《包装术语》中对包装给出了明确的定义："为在流通过程中保护产品、方便储运、促进销售，按一定的技术方法而采用的容器、材料及辅助物等的总体名称。也指为了达到上述目的而采用容器、材料和辅助物的过程中施加一定技术方法等的操作活动。"可见，商品包装的概念包含两层意思：一是指实物，如盛装商品的容器和材料、涂料、黏合剂等；二是指盛装商品过程的技术手段和方法，如打包、捆扎、装箱、灌装，防震技术、防锈技术、防潮技术，印刷装潢设计方法等。

二、商品包装的功能

商品包装在商品从生产领域转入流通和消费领域的整个过程中起着很重要的作用，其主要功能包括保护功能、容纳功能、便利功能、信息传递与促销功能和增值功能。

（一）保护功能

保护功能保护内装物品不受损伤，是包装的最主要功能。

(1) 防止商品的破损变形。为了防止商品的破损变形，商品包装必须能承受在装卸、运输、保管等过程中的各种冲击、震动、颠簸、压缩、摩擦等外力的作用，形成对外力的防护。而且要具有一定的强度，以减少在搬运装卸作业中，由于操作不慎使包装跌落造成的冲击；减少仓库储存堆码时最底层货物承受的强大压力；减少由于运输和其他物流环节的冲击、震动。

【背景链接 4－1】

鸡蛋的包装

木箱、竹篓包装——平均破损率 10%，每年内贸损失 5 000 万公斤，价值 2 亿元。

蛋盒包装——用再生纸浆制作的蛋盒包装，它的结构和鸡蛋有着完美的结合，层层罗列，丝毫不占用多余的空间。材料再生纸浆极具质感，有一定的韧性和柔性，能有效地减少对蛋壳的冲击，很好地发挥了保护功能，加之再生纸浆可再回收利用，使得这种包装选材极具环保意义。所以，这么多年来再生纸浆作为鸡蛋包装材料的地位从未动摇过。

（2）防止商品发生化学变化。为了防止商品发生氧化、分解、老化、生锈等化学变化,商品包装在一定程度上起到阻隔水分、潮气、光线以及空气中各种有害气体的作用,避免外界不良因素的影响。

（3）防止有害生物对商品的影响。鼠、虫及其他有害生物对商品有很大的破坏性。包装封闭不严,会给细菌、虫类造成侵入之机,导致变质、腐烂,特别是对食品危害性更大。鼠、白蚁等生物会直接吞食纸张、木材等商品。

（4）防止异物混入、污物污染、丢失、散失。

【背景链接 4-2】

UPS、Fedex 的包装测试实验室

最为世界领先的快递承运商与包裹递送公司,美国的 UPS 和 Fedex 都十分重视包装环节带给客户的体验,建立了的包装测试实验室。包装工程师采用标准的测试方法决定托运人的产品是否能够承受运输过程中的种种困难,如震动和防水等;帮助托运人改进包装,承运人也可以减少货物的丢失率和索赔费用;另外,当包装尺寸改变时,承运人可因体积缩小而在运输空间利用率上获利。

（二）容纳功能

包装首先是一种盛装容器,容纳功能也是商品包装的基本功能。几乎所有的商品在运输和储存中都需要适度包装的支持,更有一些商品,如气体、液体、粉末商品以及许多食品和药品,如果没有包装就无法携带、使用或消费。

成组化包装是商品包装容纳功能的延伸。这种包装是把两个以上的相同产品集合于一个包装内,并可由小包装组成中包装,中包装再组成大包装。例如,一些瓶装饮料商品 24 瓶为一箱,若干箱可以拼装为一个集装箱。成组化包装有利于商品运输、保管和销售,并能减少商品流通的费用。

配套包装（成套包装）和适量包装也是包装容纳功能的延伸。配套包装是将几种有关联的产品放置于同一包装内,有利于配合使用。例如,系列化妆品的组合包装、婴儿全套服装的组合包装、各种手工工具的组合包装等。适量包装是将少量产品置于更小的包装内,供一次或几次使用。例如,袋泡茶、小包装餐巾纸、一次性洗发膏等。多种规格商品中的小规格包装和一次性产品包装都属于适量包装。

（三）便利功能

便利功能是指商品包装为商品的空间移动、携带、消费、使用在各个领域提供一切方便条件。例如,在运输领域,方便运输储存、装卸搬运、堆码保管以及统计等;在销售领域,方便展销陈列、销售计价以及利用自动售货机等;在消费领域,方便携带、使用、开启、存放以及重新封装等;在用后处置领域,方便回收、处理等。具体来讲,应满足如下几点要求:

（1）包装大小、形态、包装材料、包装重量、包装标志等便于运输、保管、验收、装卸。

（2）容易区分商品及计量。

（3）包装及拆装作业简便、快速。

（4）容易处理拆装后的包装材料。

（5）能分割及重新组合,适应多种装运条件及分货要求。

便利功能的延伸形式是复用功能包装和改用功能包装。复用功能是指包装内的商品用完

(卸完)后，包装还可以反复使用。改用功能是指包装内的商品用完后，包装可以改作其他用途继续使用。这样，不仅扩大了包装的用途，而且能长期发挥包装上广告的宣传效用。

（四）信息传递与促销功能

商品包装表面上大都标示着某种信息。例如，运输包装上标示着运输标志和储运要求等；销售包装上标示着商标、商品名称、品种、规格、产地、原料成分、性能特点、功能用途以及使用方法、保管储藏方法等有关商品的信息。一些消费品包装上还标有建议零售价，从而起到介绍商品、宣传商品、传递相关信息的功能。

销售包装的信息传递与促销功能的延伸就发展成广告宣传、装饰（美化）性包装。包装是商品的"外衣"，它把商品的性能特点、质量特征通过包装优美的造型、色彩、图案和合理的定位来表现，装饰和美化，常给人以美的享受，同时诱导、激发消费者的购买欲望和兴趣。

【背景链接 4-3】

包装与产品内涵

著名的法国香水业有句名言："设计精美的香水瓶是香水的最佳推销员。"

法国香水分不同的香型，每种香味不同的香水，它的包装瓶都有不同的造型。例如，有种香味类似森林和木料的男用香水，它的包装瓶子被设计成细高如树的造型，又配上能让人联想到木板的本色细条纸盒外包装。另一种叫"高山"的香水，包装瓶子被设计成旋转升天式，这些造型别致、富于联想的包装恰到好处地结合了产品自身的特点，与产品浑然一体，自然能激发顾客的购买欲望。

（五）增值功能

消费者认知商品，第一要素是包装，包装的档次习惯上被认为是代表着内装商品质量和档次。时至今日，人们也还以包装的精度来判定内装商品的真伪。

包装是对内装商品的"改良"，它不仅保护商品体，而且有着美化商品、美化环境、传播文化的作用，并把物质的东西和文化的、精神的内涵有机地结合起来。其增加的精神内容也可以转变为、体现为包装的价值，并随着商品价值的实现而得到补偿。这具体表现在商品附加值的增加上。因此，一种精致、相宜的包装能反衬商品的价值，可以大大改善商品的形象，使消费者对商品的价值有较高的认可率，进而提高商品的身价，使商品获得增值，同时也提高了商品的国际竞争力，有利于对外贸易的发展和国家的声誉。

【背景链接 4-4】

包装提高茶具售价

我国传统的出口产品——18头莲花茶具，本身质量很好。但采用的是简易的瓦楞纸盒包装，容易破损、不美观、难以辨别是什么商品，且给人以廉价的感觉，所以销路一直不好。

后来，一个精明的外商将该产品买走后，仅仅在原包装上加了一个精制的美术包装，系上了一条绸带，使商品显得高雅、华贵，一时销路大开，销售价格由一套1.7英镑提高到一套8.99英镑。

上述各个包装基本功能并不是孤立的，它们之间有着相互制约、相互协同的关系。有了容纳的功能就可以对商品提供保护，而方便功能也能转化为保护作用等。

三、商品包装的分类

商品包装种类繁多,通常可以按照运输方式、包装所用材料、包装在流通中的作用、包装商品、包装技术与方法等进行分类,为了分析研究不同种类商品包装使用价值的特点,我们选用以下几个不同标准,对商品包装进行分类。

（一）按包装在流通中的作用分类

1. 运输包装

运输包装是指用于保护商品、方便储存、安全运输的较大单元的包装形式,又称为大包装或外包装,如箱型包装、桶型包装、集装袋、集装箱、托盘包装等。运输包装具有保障商品安全,方便储运装卸和加速交接与点验等作用。充分保护商品,方便装卸搬运是运输包装的首要功能。

运输包装一般具有容积大、坚固耐用、标准化程度高、搬运方便、标志清晰等特点。

商品的运输包装一般有裸装、散装和包装三种形式。

（1）裸装是指那些自然成件,产品能抵抗外界作用,在储运过程中可以保持原状,不需包裹的包装方式,如原木、钢板等均可采用这一方式。

（2）散装是指不需要,也没必要进行包装,而直接将商品装载在运输工具内的包装方式,如原盐、煤炭、石油等可采用这种方式。

（3）包装是指需要外加包裹物,使商品形成包、箱、袋、桶或等形状的包装方式。除了少数商品可以采用裸装和散装的方式外,大多数商品都要经过包装方可运输。

2. 销售包装

销售包装,又称小包装或内包装,是用于直接盛装商品并随同商品一起出售给消费者的小型包装。销售包装的特点一般是包装件小、便于商品陈列展销,易于消费者识别、携带和使用。销售包装往往是商品增加附加价值的手段,所以包装技术通常要求美观、新颖、安全、卫生,其印刷、装潢要求也比较高。

与运输包装保护商品的作用相比,促进销售、便于消费、提高商品价值、方便顾客识别等作用在销售包装中得到了最充分的体现。

销售包装的类型很多,一般可按其主要功能进行分类。目前比较流行的销售包装有悬挂式包装、透明式或开窗式包装、配套包装和组合包装、分散包装、礼品包装等,这些包装方式在现代生活中扮演着越来越重要的角色。

（二）按包装材料分类

按包装材料将商品包装分为木制包装、纸制包装、塑料包装、金属包装、复合材料包装等。以包装材料作为分类标志,是研究商品包装材料的主要分类方法（将在任务二中做详细介绍）。

（三）按包装的防护技术方法分类

商品包装按包装的防护技术方法可以分为防水包装、防潮包装、防锈包装、防震包装、防霉包装、防盗包装、防爆包装、防燃包装、防虫包装、泡罩包装、贴体包装、收缩包装、拉伸包装、真空包装、条形包装、充气包装、无菌包装、透气包装、保鲜包装、隔热包装、集装箱包装、托盘包装等（将在任务三中做详细说明）。

(四)按包装使用次数分类

商品包装按包装使用的次数,可分为一次用包装、多次用包装和周转用包装。

1. 一次用包装

一次用包装是指只能使用一次,不再回收复用的包装。它是随同商品一起出售或销售过程中被消费掉的销售包装。这种包装在拆装后,包装容器受到破坏不能按原包装再次使用,只能回收处理或另作他用,如火柴盒、罐头听、蒸煮袋、快餐盒等。

2. 多次用包装

多次用包装是指回收后经适当加工整理,仍可重复使用的包装,即对原包装再次使用,重新包装商品,有的包装还能继续回收复用多次。多次用包装主要是商品的外包装和一部分中包装。

3. 周转用包装

周转用包装是指工厂和商店用于固定周转多次复用的包装容器。其特点是带有某种意义的强制性回收性质,如啤酒瓶、汽水箱、液化气瓶、压缩钢瓶等。这也是当前绿色包装的一个重要发展方向。

任务二 商品包装材料

教学要点

(1) 理解包装材料的性能;
(2) 掌握常见包装材料的特点及其应用。

教学内容

包装材料是商品包装的物质基础,商品包装材料有很多,常用的有木材、纸和纸制品、塑料、玻璃、金属、纤维材料等。商品包装材料一般可以分为主要包装材料和辅助包装材料。其中主要包装材料有塑料、纸和纸板、玻璃、金属、陶瓷、竹木、化学纤维、复合材料等;辅助包装材料则包括填充材料、衬垫材料、涂料、油墨、黏合剂、捆扎材料等。在选择包装材料时通常要遵循质优、体轻、合理、无毒、无害、无污染的原则。

一、包装材料的性能

包装材料的性能应满足现代商品包装功能,即保护功能、容纳功能、便利功能、促销功能、增值功能等,具体来讲需要具备以下几点性能。

(一)保护性能

保护性能主要是指包装材料能容纳并保护内装物,防止其变质、损失,保证商品质量的性能。商品包装的保护性能主要取决于包装材料的机械强度、抗老化性、防潮防水性、耐油性、耐热耐寒性、耐腐蚀性、透气性、卫生安全性等。

(二)便利性能

包装材料的便利性体现在其不论从加工、运输还是使用上都能带来便利,体现在以下几个方面。

1. 加工操作性能

加工操作性能主要指商品包装适应自动包装机械操作、易加工、易包装、易封合以及生产效率高的功能。商品包装的这种性能主要取决于包装材料的可塑性、刚性、热合性、挺力、可焊性、光滑度、防静电性等。

2. 方便使用性能

方便使用性能主要是指便于开启和取出内装物，便于再封闭的性能等。商品包装的方便使用性能主要取决于包装材料的牢固性、开闭性以及包装容器的结构等。

3. 易处理性能

商品包装的易处理性能指包装材料要可重复利用、可再生、可降解、易回收处置，有利于资源节约和生态环境保护。

4. 成本

包装材料的易得性在一定程度上决定着包装成本的高低。一个良好的包装应在最低成本的前提下实现最高的价值，即经济合理地选择包装材料，以便节省包装材料，降低机械设备费、劳动费，提高包装效率等。

另外，包装材料的自重决定着其是否便于装卸搬运，以及其在运输时是否需要支付较高的成本。

(三) 促销与展示性能

此性能主要体现在材料是否易于外观装饰，即材料的颜色、形状等的美观性，能产生强烈的陈列效果，提高商品身价和激发消费者购买欲望的性能，主要取决于包装材料的光泽度、透明度、防静电吸尘性以及印刷适应性等。

二、主要包装材料的性能特点

在诸多包装材料中，应用最广的四大包装材料是纸、塑料、玻璃和金属，其中纸包装产业占比超过40%，是国内包装业的第一大子行业。

(一) 纸质材料

纸质材料是支柱性的传统包装材料，耗量大，应用范围广。纸制材料分为纸和纸板两种，凡定量在225 g/m² 以下称为纸，其上称为纸板。其中纸主要用作包装商品、制作纸袋和印刷装潢等，纸板则主要用于生产纸盒、纸箱、纸桶、纸杯、纸盘等包装容器，用于运输包装。

1. 纸制材料的优点

纸制材料的优点主要体现在其便利性能和促销性能上。

(1) 加工操作性能良好。纸制材料容易折叠、成型、密封，方便采用各种加工方法，适用于机械化、自动化生产。

(2) 易处理性良好。纸制材料无味无毒、清洁卫生，且用后便于处理，可回收、再生、循环利用，不会污染环境，有利于节约资源。

(3) 成本低廉。纸制材料取材容易、价格较低、材料轻，可以降低包装和运输成本。

(4) 促销与展示功能良好。与其他材料相比，纸制材料的黏合可印刷性也是最优的，便于介绍和美化商品。

2. 纸制材料的缺点

纸制材料的缺点主要体现在其保护性能较差。

纸制材料虽然具有一定的强度和耐冲击性,但是其撕破强度低,易变形;防潮性、耐水性差;气密性和透明度也比较差。所以,纸和纸板在包装应用上受到了一定程度的限制,目前多通过制作纸塑复合材料等来弥补其不足。

现在,在运输包装中,用量最多的纸制品是瓦楞纸箱。纸浆模制包装物、牛皮纸包装袋用量也占了相当大的比重。

3. 常见的纸质包装材料

(1) 瓦楞纸,又称波纹纸板。由至少一层瓦楞纸和一层箱板纸(也叫箱纸板)黏合而成,具有较好的弹性和延伸性,主要用于制造纸箱、纸箱的夹心以及易碎商品的其他包装材料。用土法草浆和废纸经打浆,制成类似黄纸板的原纸板,再机械加工使其轧成瓦楞状,然后在其表面用硅酸钠等胶粘剂与箱板纸黏合而成。瓦楞纸板坑径越大,其刚性就越强。纸板的韧度源于芯纸层,而不需厚硬的填料。瓦楞纸非常坚固、轻巧,能载重耐压,还可防震,便于运输。

【背景链接 4-5】

瓦楞纸板包装箱防水防潮的重点及措施

瓦楞纸板包装箱防水防潮的目的,实际上还是为了维持纸箱的抗压性能,纸张受到水分侵蚀后,瓦楞会发生垮塌软化现象,大大降低了包装安全性。然而大部分人理解中的纸箱防水仅仅是纸箱成型后的防水问题,却忽视了纸箱纸张本来存在的含水量问题。事实上控制好瓦楞原纸含水量对提高瓦楞包装箱安全性能同样也是至关重要的。对于瓦楞纸板含水量的控制,应着重对以下几方面进行控制:瓦楞原纸进厂时的含水量应严格按照 GB 13023—91 标准进行检验;进厂后对瓦楞原纸的储存温度应控制在常温状态,相对湿度不大于 40%;瓦楞原纸的存放应竖着码垛堆放,地面应做防潮处理;瓦楞原纸的储存时间不宜过长。

温度是直接调整瓦楞原纸含水量,保证黏合剂糊化的重要条件。因此,当瓦楞纸板生产线在 80~120 米/分时,通常采用的温度应控制在 160 ℃~180 ℃之间,按其换算锅炉的饱和蒸汽压力应控制在 0.9~1.2 MPa,这样既能调整好瓦楞原纸和单面瓦楞纸板的含水量,又能保证黏合剂的糊化。

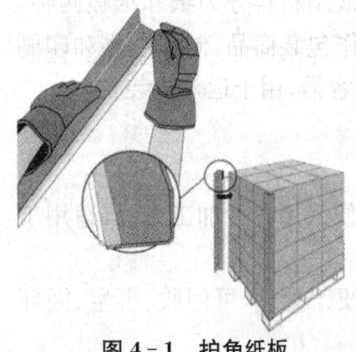

图 4-1 护角纸板

(2) 护角纸板,是一种新型包装材料,如图 4-1 所示,是纸张和黏合剂为原料经特殊加工而成的多种形状的护角纸板,如 L 型、U 型、方型、环绕型和缓冲垫型等,具有无环境污染、可回收,增加包装强度等优点。它取代了造成环境污染的发泡塑料,同时可免去外包装纸箱。在金属板材及平板纸张包装中,由于传统包装因打包造成表面变形破损,影响了商品的质量,而护角纸板可以有效地保护商品。在纸箱中放入护角纸板,可增强其抗压强度。

(二) 塑料

塑料是 20 世纪迅速发展起来的新兴包装材料,它在整个包装材料中的使用比例仅次于纸和纸板。塑料包括纤维材料、软性的薄膜和刚性的成型材料,在塑料中使用最广的是聚乙烯、聚丙烯、聚苯乙烯、聚氯乙烯、聚酯等。

1. 塑料的优点

(1) 加工操作性能优良。塑料具有不同的强度和弹性,折叠及封合方便,便于加工成不同形式和复杂外形的容器,可以采取吹塑、挤塑、注塑、吸塑、中空成型、压延、共挤、涂塑等多种成型工艺。

(2) 成本低廉。塑料的原料丰富(主要来源于石油和煤),加工耗能低。另外,塑料质量轻,密度小,是钢铁密度的1/5,玻璃密度的1/2,因此,塑制品适应包装轻量化发展的需要,可以用于制造承重较大的包装容器,可以节约搬运和运输费用。

(3) 展示功能良好。塑料透明性好、表面光滑、印刷性能佳、装饰性强,非常适合包装装潢。

(4) 有一定的保护性能。多数塑料的密封性、防潮性等方面都优于纸质材料,耐化学腐蚀性(耐酸、碱、盐等)方面优于金属材料。

2. 塑料的缺点

(1) 在保护性能方面有缺陷。常温下的物理机械强度(表面硬度、抗压强度、抗弯强度等)低于金属和玻璃;耐热性差,多数的塑料难以承受150 ℃以上的高温;当塑料的厚度减小时,仍存在一定程度的透气性和透湿性;易老化。

(2) 环保性能差。一些塑料带有异味,有毒副作用;塑料包装废弃物不易甚至不能自然降解,如果处理不当会造成环境污染。

不过,塑料容易与纸、金属等传统包装材料制成复合材料,因此塑料发展前景广阔。

3. 常见的塑料包装

塑料包装按材质可分为PP、PE、PVC、PS、EVA等。其中,聚乙烯(PE)是目前软包装工业中使用量最大的塑料材料,无毒、无味,用于药物和食品包装。聚丙烯(PP)是一种白色透明性较好的无毒颗粒或粉状固体,是第三大通用塑料材料。包装上主要是生产PP瓶的薄膜,可用于吹塑盒真空成型,做各种瓶子、杯、盘、盒等材料。聚氯乙烯(PVC),应用非常广泛,在包装膜、瓶、发泡材料、密封材料、纤维等方面均有广泛应用。但其残余氯乙烯单体可能渗透到食品中,在一定条件下,氯乙烯单体是一种致癌物,因此一般不做食品包装。

(1) 塑料周转箱。塑料周转箱一般是选用具有高冲击强度的HDPE(低压高密度聚乙烯)或PP(聚丙烯)等为原料注塑而成。塑料物流箱有广泛用途,方便零件周转便捷、堆放整齐,便于管理。其合理的设计,优良的品质,适用于工厂物流中的运输、配送、储存、流通加工等环节。箱体工艺大多都为一次注塑而成,有些塑料箱还配套了箱盖(有的物流箱盖是单独配套使用,一般都通用几款同类型的物流箱产品)。

【背景链接4-6】

塑料周转箱如何选择

塑料周转箱是一种用于货物中转及长途运输的工具,同时它还可以作为产品储物箱来使用。此种箱子使用范围相当广泛,各行各业都会要使用到这种箱子,那么塑料周转箱如何选择呢?

1. 看产品色泽

品质好的产品,颜色鲜艳,有较好的光泽,而质量不好的产品,颜色暗哑,光泽度不够。

2. 看重量

一般情况下，同等规格的产品，用同等的材料，当然是越重越好。但这也是最具欺骗性的一个陷阱，不具诚信的厂家，会在产品中加入石粉（碳酸钙），使产品重量增加。这样的后果是产品韧性降低，容易破裂，使用寿命大大缩短。

3. 多动手

用户可用手按压产品，使其有一定的变形，如果没有破裂，则产品质量相对较好；质量不好的产品，稍经按压，就会破损。如果你对购买的产品质量有怀疑，可以将产品反过来，站在产品底部试其承载力。但千万不要用脚猛踹，否则，一旦破裂，极易被刮伤。

当然，用户如想放心又省心，当然是认准一些规模较大、信誉好的企业进行购买。

（2）塑料托盘。塑料托盘的选材与塑料周转箱类似，它的出现是适应环保需要，使用塑料托盘代替木托盘是减少对森林破坏的最佳产品，是适应物流业发展的必然产物。随着食品安全观念的不断强化，医药行业卫生性的要求不断提高，塑料托盘以其防腐蚀、防潮湿、防锈蚀、抗虫蛀、不发霉等特点受到食品、医药行业的青睐和追捧。此外，塑料托盘因其承载性能高和使用寿命长等特点，在化工、轻纺、制造业等领域有着广泛的应用。

【背景链接 4-7】

塑料托盘材料的选择及夏季注意事项

塑料托盘由 HDPE（低压高密度聚乙烯）或 PP（聚丙烯）等原料生产。在南方，由于气温较高，托盘的生产多采用 PP，这种原料具有良好的耐热性和很好的强度，不会因为温度高而出现强度不够的问题；而在北方，则采用 HDPE，抗冲击性、韧性以及耐寒性好。

夏季不仅温度高，而且天气多变，多雨。塑料托盘由于其材料本身不耐高温、易老化的特性，使用时易受到温度、操作等影响，因此夏季给塑料托盘的放置带来一定的困难。

放置的地点对于托盘的使用寿命有着很大的影响。托盘的正确放置是应避免遭受阳光暴晒，以免引起老化，缩短使用寿命。应避免雨淋，雨中含有大量的如酸性等腐蚀性物质，会腐蚀塑料托盘。最好的放置办法是，放在常温仓库里，堆高放置。这样一是节省面积，二是有效地保护了塑料托盘，延长其使用寿命。

（三）金属材料

金属作为包装材料，历史悠久。世界上金属种类很多，常用于包装的金属材料主要是钢材、铝材及其合金材料。其中，包装用钢材包括薄钢板、镀锌低碳薄铁板、镀锡低碳薄钢板（俗称马口铁）；包装用铝材有纯铝板、合金铝板和铝箔。在现实生活中，经常用金属材料制成铁桶、铝桶、铁罐、铝罐、钢瓶、集装箱等。

1. 金属材料的优点

金属材料的优点体现在其保护性能和促销性能俱佳。

（1）保护性能良好。金属材料具有良好的密封性能，防潮、耐光、不透气，能达到长期保存商品的目的；有一定的强度，耐碰撞，结实，不易碎，能很好地保护内装物品。

（2）促销与展示功能良好。金属表面有特殊的光泽，能显示商品的档次，易于进行涂饰和印刷，可获得良好的装潢效果。

（3）易处理性能良好。金属材料易于回收、循环利用，不会造成环境污染等。

2. 金属材料的缺点

金属材料的缺点体现在其成本较高。

(1) 金属材料本身造价较高。

(2) 金属材料自重大，不易装卸搬运，运输成本高。

(3) 一些金属材料的化学稳定性差，在多雨、潮湿的环境下容易生锈，遇到酸、碱则可能发生腐蚀。常常通过在金属表面镀上某些材料解决这些问题，但又付出了额外的成本。

金属材料的高成本在一定程度上限制了其在包装上的应用。

3. 常见的金属包装材料

金属材料一般可以分为刚性金属材料和软性金属材料。

刚性金属材料主要用于加工饮料、食品和其他商品所用包装罐、听、盒，各种瓶罐的盖、底以及捆扎材料和运输包装桶、集装箱，其目的是装运各种防光、防水、防泄漏、密封性要求高的各类气体、液体或粉状商品。例如，薄钢板桶广泛用于盛装各类食用油脂、石油和化工商品；金属听、盒适用于盛装饼干、奶粉、茶叶、咖啡、香烟等；铁塑复合桶适于盛装各种化工产品及腐蚀性、危险性商品；马口铁罐、镀铬钢板罐、铝罐是罐头和饮料工业的重要包装容器。

软性金属材料主要用于制造软管和金属箔。例如，铝箔多用于制造复合包装材料、药品、化妆品、化学品等的包装；铝制软管则广泛用于包装膏状化妆品、医药品、清洁用品、文化用品、食品等。

(1) 金属材料集装箱。集装箱制造材料是指集装箱主体部件（侧壁、端壁、箱顶等）材料，可分成钢制装箱、铝合金集装箱、玻璃钢集装箱（属塑料的一种）等三种。

其中，最为常见的是钢制和铝合金集装箱。钢制集装箱，用钢材制造，优点是强度大，结构牢，焊接性高，水密性好，价格低廉；缺点是重量大、防腐性差。铝合金集装箱，用铝合金材料造成，优点是重量小，外表美观，防腐蚀，弹性好，加工方便，以及加工费、修理费低，使用年限长；缺点是造价高，焊接性能差。

可以说，作为金属制品业下的一个子行业的集装箱及金属包装容器制造行业，在国民经济中占有重要的地位。随着世界经济的复苏，特别国际航运业的高速发展，作为为众多行业提供包装的配套产业，集装箱及金属包装容器制造行业将迎来一个发展的新时期。

(2) 金属材料托盘。就托盘的材料来说，木制、纸制托盘用得较多，而铁制托盘主要材料为钢材或镀锌钢板，经专用设备成型，各种型材互相支撑，铆钉连接加强，再经二氧化碳气体保护焊焊接而成。铁制托盘虽然价格昂贵，但其承载能力、强度、耐磨、耐温在托盘中是最强的；100%环保，可回收再利用，资源不浪费；特别是用于出口时，不需要熏蒸、高温消毒或者防腐处理，符合国际环保法规。虽然在我国应用不多，但在日本及欧美汽车制造企业中，各种铁制托盘已广泛使用。

【背景链接 4-8】

铝合金托盘颠覆传统　创造全新托盘非凡承载力

超轻铝制托盘根据低碳、节能概念开发而来，是目前托盘产品种类中最环保的材质。在今年的武汉商用车展上，晟通物流展出了一款铝行者铝合金托盘，几个大汉现场进行承重试验，体现全新铝材料托盘的非凡承载力。

该铝制托盘根据国际标准 ISO 6780 的标准尺寸系列设计，长 1 200 mm、宽 1 000 mm、高 150 mm，而且能满足客户特殊定制化需求。现代物流业的升级是全方位的，要适应新形势，不断创新模式，铝行者铝合金托盘自重仅 11.2 千克，强度大于 260 兆帕，静态承重 3 吨，更重要的是它可以循环使用，100%残值回收，真正开启了物流装备高效节能又一新亮点。

据悉铝合金托盘具有六大优势：轻量化，标盘约 12～13 kg/个，质量小，降低人工及转运的重度及难度;稳定性,卡嵌式艺,结构牢固,符合 GB/T 4995;超保值,残值 100% 回收,绿色环保、节能、低碳;易维护,标准化构件,可单件更换;防质变、无菌、防腐、防潮、防火;出口优势,不需要熏蒸、高温消毒或防腐处理。

(四) 玻璃

玻璃属于硅酸盐无机材料,它作为包装材料历史悠久。目前,玻璃仍然是包装主要用材之一,常被制成瓶、罐、缸等,广泛用于酒类、饮料、药品、化妆品、调味品、罐头、化学试剂等商品的包装。

1. 玻璃材料的优点

(1) 有一定的保护功能。玻璃化学性能稳定、耐腐蚀;玻璃密封性良好、不透湿、不透气,能有效地保护内装物。

(2) 易处理性能良好。玻璃易于回收再利用,非常有利于环境保护。

(3) 促销与展示功能良好。玻璃透明性好、清洁、美观、易于造型的特点也使玻璃在宣传、美化商品方面有独特的效果。

2. 玻璃材料的缺点

(1) 在保护性能方面有缺陷。玻璃耐冲击强度低,易碎,经不起温度的突变,不易密封。

(2) 运输成本高。玻璃取材容易,自身成本较低,但因其自重大、易碎的特点,不得不付出更多的运输成本,所以很少用玻璃制成运输包装容器。但随着玻璃强化、轻量化技术以及复合技术的发展,玻璃对包装的适应性大大加强,现在玻璃也可以用于制造大型运输包装容器,储藏强酸等化工类产品。

【背景链接 4 - 9】

啤酒专用的"B"瓶

啤酒瓶使用期限长,容易引起瓶体擦伤、划痕和材质的老化,造成抗压力下降、爆炸的概率增加。消费者在购买瓶装啤酒时,应认准"B"字标志,合格的啤酒瓶瓶底以上 20 mm 范围内有专用标记"B"以及生产企业标记、生产日期等标识。

"B"瓶的使用期限为 2 年,一般在"B"字标志后会注明该啤酒瓶的生产日期,在"保质期"内的"B"瓶其安全性高于非"B"瓶。另外,"B"标明的是啤酒专用瓶,以区分于葡萄酒瓶、酱油瓶、醋瓶等非啤酒专用瓶。

(五) 木材

在我国,木材作为包装材料很早就被使用。常用的木制包装容器有木箱(包括胶合板箱和纤维板箱)、木桶(分为木板桶、胶合板桶和纤维板桶)、木匣、纤维板箱、胶合板箱、托盘等。

1. 木材材料的优点

木材具有特殊的耐冲击、耐压和耐气候的能力,保护性能优良,其物理、化学性能稳定,易于加工,不污染环境,目前仍是大型和重型商品常用的包装材料,也常被用于包装体积小、重量大、批量小、强度要求高的商品。

2. 木材材料的缺点

(1) 成本高。虽然木材适于做多种商品的包装材料,具有独特的优越性,但由于森林资源的匮乏,木材来源有限、价值高,而且由于保护环境的需要,木材作为包装材料发展潜力并不大。目前,木制包装容器已逐渐减少,正在被塑料等新型包装材料所取代。

(2) 易虫蛀。

【背景链接 4 - 10】

美国对木质包装材料的要求

美国海关边境保护局 2006 年 7 月 5 日全面执行于 2005 年 9 月 16 日生效的木质材料包装规例,所有以有关木质材料为包装(包括装货托板、装货箱、盒子、货垫、木块、垫木等)的货品均受影响(豁免除外)。

处理及标记规定,国际货物所使用的木质包装材料必须做到:经过加热处理,最低木心温度为 56 ℃,最少需处理 30 分钟;或以甲基溴进行熏蒸约 16 小时。

此外,木质包装材料必须加上国际植物保护公约标记,以及国际标准化组织 ISO 的双字母国家编码,显示处理木质包装材料的国家。标记又必须包括由国家植物保护机构向负责公司分配的独有号码,确保木质包装材料已经适当处理。

3. 常见的木材包装

(1) 木托盘。木托盘,是以天然木材为原料制造的托盘,是现在使用最广的托盘,约占托盘总数的 90% 以上。

国内木制托盘的材料主要有松杂木、松木、硬杂木等,不同的材料代表托盘的不同使用性能。欧洲托盘标准中明确规定不能使用白杨木。木制托盘进行干燥定型处理,减少水分,消除内应力,然后进行切割、刨光、断头、抽边、砂光等精整加工处理而形成型材板块,采用具有防脱功能的射钉(个别情况采用螺母结构)将型材板块装订成半成品托盘,最后进行精整、防滑处理。

(2) 木包装箱。顾名思义是用于包装的木箱,其大小并没具体规定,一般视具体要求而定。木包装箱以其坚固,取材方便,防潮等优点而受到广泛应用。该产品广泛适用于物流、机械电子、陶瓷建材、五金电器、精密仪器仪表、易损货品及超大尺寸物品等行业产品的运输和外包装,材料符合出口商品检疫要求。常见的木包装箱有框架木箱、封闭木箱和胶合板箱。

(六) 陶瓷

陶瓷也是以硅酸盐为主要成分的无机材料,目前也是现代包装的主要材料之一。陶瓷与玻璃有许多共同之处,如化学性能稳定、热稳定性佳,有良好的遮光性,密封性好,耐酸碱腐蚀,成本低廉,可用于制造瓶、坛、罐等包装容器,广泛用于包装运输各种化工产品、特色传统食品等。在我国,因为陶瓷瓶造型古朴典雅、釉彩和图案装饰美观,所以常被用于高级名酒的包装。

(七) 复合包装材料

复合包装材料是将两种或两种以上的材料紧密复合在一起而制成的包装材料,其性能基本上是各层基材性能的总和,主要有纸与塑料、纸与铝箔和塑料、塑料与铝箔、塑料与玻璃、纸与金属箔制成的复合材料。复合材料兼有不同材料的优良性能,使包装材料具有更加良好的机械性能、气密性、防水、防油、耐热或耐寒性,是现代包装材料的一个发展方向,特别适用于休闲食品、复杂调味品、冷冻食品等食品商品的包装。

(八) 纤维织物

纤维织物可以制成布袋、麻袋、布包等,具有牢度适宜、轻巧,使用方便、易清洗、便于回收利用等特点,适用于盛装粮食及其制品、食盐、食糖、农副产品、化肥、化工原料及中药材。

（九）其他材料

毛竹、水竹等竹类材料可以编制各种竹制容器，如竹筐、竹箱、竹笼、竹篮、竹盒、竹瓶等包装容器；水草、蒲草、稻草等可编织席、包、草袋，是价格便宜、一次性使用的包装用材料；柳条、桑条、槐条及其他野生藤类，可用于编织各种筐、篓、箱、篮等。另外，棕榈、贝壳、椰壳、麦秆等也可用于制作各种特殊形式的销售包装。

任务三　商品包装技法

（1）掌握运输包装技法及其应用；

（2）了解商品包装技法及其应用。

商品包装技法是商品包装技术和包装方法的统称。合理、完美的商品包装技法在商品的运输和销售过程中作用巨大，能最大限度地减少商品破损、流失，降低企业成本，提高经济效益。

商品包装技法按包装的主要功能可以分为商品运输包装技法和商品销售包装技法两大类。

一、商品运输包装技法

所谓商品运输包装技法，是指对准备运输的商品进行包装作业时所采用的技术与方法。常用的商品运输包装技法包括以下几种。

（一）一般包装技法

一般包装技法是指针对产品的不同形态和特点而采用的技术与方法，这是大多数产品都要采用的。要对不同形态的产品进行包装，关键在于如何合理选择内外包装的形态和尺寸。

一般包装技法，通常包括以下几种。

1. 内装物要合理置放、固定和加固

在包装容器中装进各种各样产品时，如果置放、固定和加固的合理，一般能达到缩小体积、节省材料、减少损失的效果。所以，在装入产品时，一定要注意产品的合理置放、固定和加固的技巧。

2. 对松泡产品要压缩体积

松泡产品，如枕芯、羽绒服、棉被、毛纺织品等，在包装时占用容器的空间太大，必须对其进行体积压缩。据实践验证，一些服装、毯子，真空包装技法可使其体积缩小达50%左右；对松泡产品，真空包装技法则可使其体积缩小达85%。真空包装技法经济效益显著，一般可节省费用15%~30%。

3. 合理选择内、外包装的形状尺寸

有些包装好的商品还必须装入集装箱,如果包装件与集装箱之间的形状尺寸匹配得好,就会大大提高集装箱的利用度,并且能有效地保护商品。

4. 包装外的捆扎

在包装外进行捆扎的目的是进一步加固容器、保护商品,还可以减少部分保管费和运费等。

(二) 缓冲包装技法

缓冲包装技法,又称防震包装技法,是为减缓内装物品受到冲击、震动等外界影响造成损坏而采取一定防护措施的包装技术和方法。

缓冲包装技法一般分为全面缓冲、部分缓冲和悬浮式缓冲三类方法。

1. 全面缓冲

全面缓冲是指产品或内包装的整个表面都用缓冲材料衬垫的包装方法。全面缓冲依据产品和缓冲材料的不同,可分为压缩包装法、浮动包装法、裹包包装法等。例如,常见的现场发泡法,又称就地发泡,适用于家用电器、玻璃陶瓷制品、工艺水晶和其他不规则商品的包装。这种方法采用泡沫体在现场喷入外包装内成型的措施,能将任何形状的物品包裹住,起到缓冲衬垫作用。

2. 部分缓冲

部分缓冲是指仅在产品或内包装的拐角或局部地方使用缓冲材料衬垫。例如,精密仪器、电子产品等包装容器内塞满泡沫塑料衬垫、防震填充剂(如纤维素填料、木纤维)等;玻璃、陶瓷器皿等产品的包装箱内常填充瓦楞纸板衬垫;白酒等瓶装商品则往往使用带有固定内格的塑料箱。对那些整体性好或有内包装容器的产品适用此法,不但能降低包装成本,还能取得良好的效果。

3. 悬浮式缓冲

悬浮式缓冲,又称浮吊包装(见图 4-2)是指先将产品置于纸盒中,产品与纸盒间直面均用柔软的泡沫塑料衬垫妥当,盒外用帆布包缝或装入胶合板箱,然后用弹簧张吊在外包装箱内,使其悬浮吊起,适用于极易受损,且要求保全的产品。例如,一些大型工具可利用其底脚孔,经螺栓与箱底或滑木连接固定或木框固定,再将木框拴在箱板上也属此类。

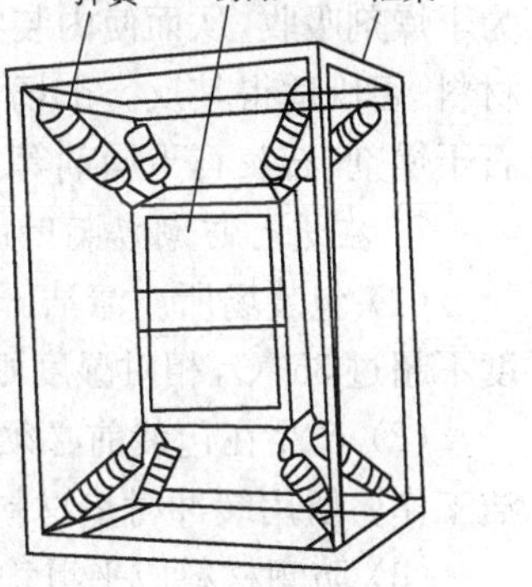

图 4-2 悬浮式缓冲包装示意图

(三) 防潮包装技法

防潮包装技法是指为了隔绝外部空气相对湿度的变化对产品的影响,使产品保持适宜的相对湿度,保证商品质量,采用防潮材料对产品进行包封的技术与方法。

从材料的角度分析,金属和玻璃的阻隔性最佳,防潮性能好。纸质包装材料和纤维织物等结构松弛,阻隔性差,防潮包装一般是用在其表面涂抹防潮材料将产品与潮湿大气隔绝,以避免潮气对产品的影响。具体来讲,在进行防潮包装时可采用下列方法。

1. 选用合适的防潮材料

防潮材料是影响防潮包装质量的关键因素。凡是能延缓或阻止外界潮气透入的材料,均可用来作为防潮阻隔层以进行防潮包装。符合这一要求的材料有金属、塑料、陶瓷、玻璃,及经过防潮处理的纸、木材、纤维制品等,而使用最多的是塑料、铝箔等。防潮材料的选用主要由环境条件、包装等级、材料透湿度和经济性等几方面因素综合考虑。

2. 设计合理的包装造型结构

试验表明,包装结构对物品的吸湿情况影响甚大。包装容器底面积越大,包装及内装物的吸湿性也越大。越接近底部,含水量越大。因此,在设计防潮包装造型结构时,应尽量缩小底面积。此外,包装容器的尖端凸出部位也易吸湿,应使这些部位尽可能改成圆角。

3. 对易于吸潮材料进行防潮的处理

(1) 涂蜡法。蜡是一种很好的防潮材料,将蜡熔融,使纸浸渍于蜡液中即可。例如,在瓦楞纸板表面涂蜡或楞芯渗蜡等。

(2) 涂料涂布。涂料主要有清油、清漆、树脂涂料等,操作前先在纸面刷一道淀粉浆,再施以涂料。例如,在布袋、编织袋内涂树脂涂料,纸袋内涂沥青等。

(3) 塑料涂布。常用的主要原料为聚乙烯醇丁醛(简称PVB),属热固性塑料,将其溶于乙醇,尔后用胶辊涂布,再烘干即成。

4. 添加合适的防潮衬垫

在易受潮的包装内加衬一层或多层防潮材料,如沥青纸、牛皮纸、蜡纸、铝箔、塑料薄膜等。

5. 用防潮材料进行密封包装

采用防潮性能极好的材料,如金属、陶瓷、玻璃、复合材料等制成容器,包装干燥产品,然后将容器口部严格密封,潮气再不能进入。

6. 加干燥剂

在密封包装内加入适量的干燥剂,使其内部残留的潮气及通过防潮阻隔层透入的潮气均为干燥剂吸收,从而使内装物免受潮气的影响。需要注意的是,这类包装需用透湿性小的防潮材料,否则适得其反。市场上广泛适用的干燥剂有硅胶干燥剂(防潮珠)、活性炭干燥剂、蒙脱石干燥剂、石灰石干燥剂等。

7. 在进行防潮包装时的注意事项

(1) 包装场所应清洁干燥。包装场所温度不应有剧烈变化以避免发生结露现象,一般温度不超过35℃,相对湿度则应保持在75%以下。

(2) 产品在包装前必须是清洁干燥的。不干燥时应先进行干燥处理,不清洁处应进行清洁工作。所用缓冲衬垫材料应采用不吸湿或吸湿性小的材料。

(3) 防潮材料应平滑均一。防潮材料应无针孔、无气泡、无砂眼、无破裂、平滑均一。应使用缓冲衬垫材料将防潮材料支撑、固定、卡紧,并尽量将其放在防潮材料的外部。

(4) 应尽可能使包装表面积对体积的比率达到最小。应尽量缩小内装物的体积和防潮包装的总表面积,尽可能使包装表面积对体积的比率达到最小。

(5) 防潮包装应连续。防潮包装应尽量连续操作,一次完成,当中间停顿作业时,应采取有效的临时防潮保护措施。

(6) 防潮包装的封口,必须密封良好。

(四) 防锈包装技法

防锈包装是在金属制品的储运过程中,为防止生锈而采取一定防护措施的包装。其实质是劣化某一环境因素,以达到控制或杀灭微生物,防止内装物霉变、腐烂,保护物品质量的目的。金属制品极易受水分、氧气、二氧化碳、二氧化硫、盐分、尘埃的影响而生锈,因此,必须采用防锈包装技术(详细介绍请参见项目八)。

（五）防霉包装技法

防霉包装是为了防止内装物长霉影响质量而采取一定防护措施的包装。防霉包装技术可分为两大类:一类为密封包装,另一类为非密封包装。采用密封包装进行包装时,或将密封容器内抽成真空,充入惰性气体,或放入硅胶、硅铝胶等干燥剂,也可放置适量的除氧剂或挥发性防霉剂。非密封包装是对易长霉的产品经有效防霉处理后,外包防霉纸,然后再包装。对长霉敏感性较低或吸水率低的产品,可在包装箱两端面的上部开设通风窗,以控制包装箱内的含湿量。

（六）集合包装

集合包装是指将一定数量的商品或包装件汇集起来,装入一个具有一定规格、强度和长期周转使用的更大的包装容器内,形成一个更大的包装单元的包装形式。

1. 集装箱

集装箱是集合包装最主要的形式,它是指具有固定规格和足够强度,能装入若干件货物或散装货的专用于周转的大型容器,也称"货箱"或"货柜"。它既是货物的运输包装,又是交通工具的组成部分。

2. 集装托盘

集装托盘包装是为了实现装卸和搬运作业的机械化,把若干件货物集中在一起,堆叠在运载托盘上,构成一件大型货物的包装形式。集装托盘包装既是包装方法,又是运输工具和包装容器,其特点是重量小、返空与装盘容易、装载量适宜,托盘包装常用的固定货物的方式是用打包带捆扎包裹。

3. 集装袋

集装袋是一种用涂胶布、帆布、塑料编织袋做成的圆形大口袋。其四面有吊带,底部有活口,内衬一个较大的塑料薄膜袋,用于盛装粮食、化工原料等粉粒商品。

二、商品销售包装技法

（一）贴体包装技法

贴体包装(见图4-3)是将产品放在能透气的、用纸板或塑料薄片(膜)制成的底板上,上面覆盖有加热软化的塑料薄片(膜),通过底板抽成真空,使薄片(膜)紧贴商品,同时以热熔或胶黏的方式使薄片(膜)与纸板黏合的包装。

贴体包装技法广泛应用于商品销售包装,它的特点是:通常形成透明包装;顾客可以观看商品体的全部,加上不同造型和印刷精美的衬底,大大增加了陈列效果;能牢固地固定商品,防止商品受各种物理机械作用而损坏;同时有防盗、防尘、防潮等保护作用。贴体包装技法广泛适用于外形多样、怕压易碎的商品,如日用器皿、灯具、文具、小五金、玩具等。

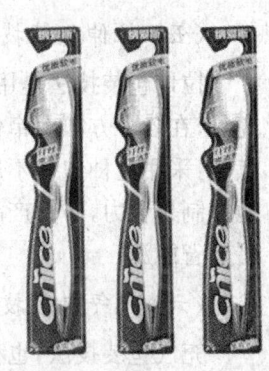

图4-3 贴体包装示例

（二）泡罩包装技法

图4-4 泡罩包装示例

泡罩包装技法（见图4-4）广泛地适用于形状复杂、怕压易碎的商品，如食品、药品、文具、玩具、小商品等的销售包装。按照泡罩形式不同，泡罩包装可分为泡眼式、罩壳式和浅盘式三类。

泡眼是一种尺寸很小的泡罩，常见的如药片泡罩包装；罩壳是一种用于玩具、文具、小工具、小商品的泡罩，类似于贴体包装的形式；浅盘是杯、盘、盒的统称，主要用于食品（如熟肉、果脯、蛋糕等）的包装。

（三）收缩包装技法

收缩包装技法（见图4-5）是将经过预拉伸的塑料薄膜、薄膜套或袋，在考虑其收缩率的前提下，将其裹包在被包装商品的外表面，以适当的温度加热，薄膜即在其长度和宽度方向上产生急剧收缩，紧紧地包裹住商品。它广泛地应用于销售包装，是一种很有前途的包装技术。

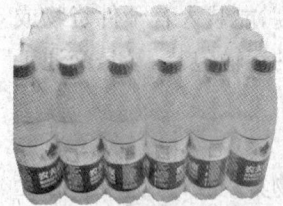

图4-5 收缩包装示例

收缩包装技法的特点是：所用薄膜材料有一定韧性，且收缩比较均匀，在棱角处不易撕裂，可将零散多件商品方便地包装在一起，如几个罐头、几盒光盘等，有的借助于浅盘，可以省去纸盒；所用塑料薄膜通常是透明的，经收缩紧贴于商品，能充分显示商品的色泽、造型，大大增加了陈列效果；可保证商品在到达消费者手中之前保持密封，防止启封、偷盗等；防潮、防污染，对食品能起到一定的保鲜作用，有利于零售，延长货架寿命。

（四）真空包装技法

真空包装技法，也称减压包装技法，是指将产品装入包装容器之后，排除包装内的气体，使密封后的容器内达到一定真空度。

真空包装技法的特点是：用于轻泡工业品包装时，能大大缩小包装体积，可缩小50%以上；用于软包装进行冷冻后，包装物表面无霜，可保持食品本色；用于食品包装时，能防止维生素分解、油脂氧化、防止气味散失、防变色、防虫、防霉。真空包装技法的缺点是容易造成褶皱，影响美观。

（五）拉伸包装技法

拉伸包装技法是用具有弹性（可拉伸）的塑料薄膜，在常温和张力作用下，裹包单件或多件商品，在各个方向上牵伸薄膜，使商品紧裹并密封。它与收缩包装技法的效果基本一样，其特点是：采用此种包装不用加热，适合于那些怕加热的产品如鲜肉、冷冻食品、蔬菜等；可以准确地控制裹包力，防止产品被挤碎；由于不需加热收缩设备，可节省设备投资和设备维修费用，并可节省能源。

（六）充气包装技法

充气包装技法，也称气体置换包装，是采用二氧化碳或氮气等不活泼气体置换包装容器中的空气，从而使密封后容器内仅含少量氧气（1%～2%）的一种包装方法。充气包装技法大量使用在食品、药品、纺织品等包装上，也应用于日用工业品的防锈和防霉。用于食品包装，能防止氧化,抑制微生物繁殖和害虫的发育,因此采用充气包装的食品不用加热或冷冻,不用或少用化学防腐剂,便能有较长的保存期,且食品风味可以维持得较好。例如,豆制品、面包、茶叶、果仁、瓜子仁、花生仁、肉松等,油炸土豆片、膨化食品、果蔬菜脆片等,蛋糕、月饼等,紫菜、火腿、烧鸡、奶粉等,都可采用此种包装技术。

(七) 吸氧剂包装技法

吸氧剂包装技法,又称脱氧包装,是在密封的包装容器内,使用能与氧气起化学作用的吸氧剂,从而除去包装内的氧气,使内装物在无氧状态下保存。吸氧剂包装除氧效果好,能达到100%除氧,完全杜绝了氧气的影响,可以防止氧化、变色、生锈、发霉和虫蛀现象,主要用于保鲜食品、礼品、点心、蛋糕、茶叶等,也应用于毛皮、书画、古董、镜片、精密机械零件及电子器材等的包装。

(八) 高温短时间灭菌包装技法

这种包装技法是指将食品充填并密封于复合材料制成的包装内,然后使其在短时间内保持135℃左右的高温,从而杀灭包装容器内细菌的包装方法。

这种技法可以较好地保持内装食品的鲜味、营养价值及色调等,适用于鲜奶、肉类、蔬菜等的包装,如鲜奶和罐头的包装等。

(九) 保鲜包装技法

保鲜包装技法是指采用固体或液体的保鲜剂,进行鲜果和蔬菜的保鲜包装方法。

1. 固体保鲜剂法

这种方法是指将保鲜剂装入透气小袋封口后再装入内包装,以吸附鲜果、鲜菜散发出来的气体而延缓后熟过程。

2. 液体保鲜剂法

这种方法是指将鲜果浸入保鲜液后取出,表面形成一层极薄的可食用保鲜膜,既可堵塞果皮表层呼吸气孔,又可起到防止微生物侵入的作用。

任务四 绿色包装

教学要点

(1) 理解绿色包装的内涵;
(2) 掌握绿色包装的主要手段。

教学内容

绿色包装是指对生态环境不造成污染,对人体健康无害,能循环复用和再生利用,促进可持续发展的包装。它是以不污染环境,保持人体健康为前提,以充分利用再生资源,节约自然资源与降低能源消耗为发展方向,造福于人类。也就是说,包装产品从原材料选择、产品制造、使用、回收和废弃的整个过程均应符合生态环境保护的要求。它包括节省资源、能源,减量,避免废弃物产生,易回收复用,再循环利用,可焚烧或降解等生态环境保护要求的内容。绿色包装的内容随着科技的进步,包装的发展还将有新的内涵。

一、绿色包装的内涵

绿色包装的内涵是制定绿色包装评价标准的主要依据;绿色包装是在20世纪70年代兴起的;其内涵历经了70年代至80年代中期的"包装废弃物回收处理说",80年代至90年代初期的"3R1D"说,90年代中后期的"生命周期评价LCA说"等三个阶段而不断发展完善。目前以"4R1D"原则为主。

《绿色包装评价方法与准则》国家标准(GB/T 37422—2019)定义了"绿色包装"的内涵:在包装产品全生命周期中,在满足包装功能要求的前提下,对人体健康和生态环境危害小、资源能源消耗少的包装。

【背景链接 4-11】
我国出台《绿色包装评价方法与准则》国家标准

《绿色包装评价方法与准则》由国家市场监督管理总局于2019年5月13日发布并实施。针对绿色包装产品低碳、节能、环保、安全的要求,标准规定了绿色包装评价准则、评价方法、评价报告内容和格式,具体评价内容涉及了包装产品的物理安全、食品安全和环境安全。

包装行业是一个服务性的行业,是为商品服务的。2018年,全国包装企业有25万余家,包装产业主营业务收入有2万亿元。那么,根据这个新的国家标准,如何对包装进行评价呢?

对绿色包装来说,减量是很重要的一个指标。小小瓶盖功能一样,但是重量却不同,企业在生产时主动减轻重量,消费者在选择时主动选择轻薄的瓶盖,就能减少数十万吨的废弃塑料垃圾。除了减量外,可循环使用也是绿色包装的一个重要指标。

通过优化产品设计,实现减量化,重复使用,可循环,可降解,这些只是绿色包装要遵循的基本原则。在《绿色包装评价方法与准则》中,分一级指标和二级指标。在一级指标中分别有资源属性、能源属性、环境属性和产品属性。在资源属性中,对于包装材质种类,强调了在包装设计和生产过程中,都要优先选用无毒无害环保型和单一材质的包装材料;复合包装材料生产要采用易于拆解或分离的加工技术。

二、绿色包装设计的原则

首先,是使整个包装生产过程成为绿色系统,即每个生产要素、每个生产环节都应要求无污染,以此全面保证最终产品的绿色;其次,是在生产过程中要节约能源,节省材料充分利用再生资源;最后,是遵循产品的"4R1D"原则。

三、绿色包装的主要手段

(一)包装选材的绿色化

1. 纸包装

由于纸制品包装使用后可再次回收利用,少量废弃物在大自然环境中可以自然分解,对自然环境没有不利影响,故世界公认纸、纸板及纸制品是绿色产品,符合环境保护的要求,对治理由于塑料造成的白色污染能起到积极的替代作用。目前,国内外正在研究和开发的纸包装材料有纸包装薄膜、一次性纸制品容器、利用自然资源开发的纸包装材料、可食性纸制品等。

目前,许多企业已考虑使用中型、重型的瓦楞纸箱或白色板箱来包装,并使用各种防潮保鲜纸张代替塑料薄膜来进行包装。美国已有一半以上的塑料包装改用新型纸张包装。我国的上海嘉宝包装公司引进先进设备研制成纸浆模型,这种产品采用天然植物纤维,如芦苇浆、蔗渣浆、木浆等原料,经科学配方,模压成型而制成。这种纸浆模型是替代泡沫餐具的最理想的产品。

2. 玻璃包装

如果不含有金属、陶瓷等其他物质,玻璃几乎可以全部回收利用。某一颜色的玻璃中其他颜色玻璃碎片的含量有最大限值:① 绿色玻璃中其他颜色玻璃的最大含量不超过15%。② 白色玻璃中其他颜色玻璃的最大含量不超过3%,其中棕色玻璃的最大含量不超过2%,绿色玻璃的最大含量不超过1%。③ 棕色玻璃中其他颜色玻璃的最大含量不超过8%。为此,必须加强不同颜色玻璃的分类收集。在一些发达国家,白色玻璃和彩色玻璃分别用不同的容器收集。由于玻璃包装具有可视性强、易于回收复用的优点,它已成为饮料等产品传统包装的主要容器。

3. 竹包装

竹包装包括竹胶板箱、丝捆竹板箱等,具有无毒、无污染、易回收等特点。中国是世界上木材缺乏的国家,但中国的竹林总面积和竹资源蓄积量分别居世界首位和第二位。中国具有浓郁传统文化气息的竹包装,已受到欧美及日本等国的青睐。

(二) 包装材料的无害化处理

1. 可食用包装

几十年来,人们熟知的糖果包装上用的糯米纸及包装冰激凌的玉米烘烤包装杯都是典型的可食性包装。人工合成可食性包装膜中比较成熟的是20世纪70年代已工业化生产的普鲁兰树脂,它是无味、无臭、非结晶、无定形的白色粉末,是一种非离子性、非还原性的稳定多糖。由于它是由α-葡萄糖苷构成的多聚葡萄糖,因而在水中容易溶解,可做黏性、中性、非离子性的不胶化水溶液。其5%~10%的水溶液,经干燥或热压能制成厚度为0.01 mm的薄膜。它透明、无色、无臭、无毒,具有韧性、高抗油性、能食用,可作食品包装。其光泽、强度、耐折性能都比高链淀粉制造的薄膜好。

武汉市的科研人员研制成一种新型的内包装材料——可食性包装膜。该品是由苕干、土豆、碎米等原料经发酵转化成多糖,然后将多糖研成薄膜。该膜是由葡萄糖连接而成的高分子物质,具有可食性、可降解性、无色透明、隔氧性好等特点。作为食品包装膜,其直角撕裂强度、机械强度、透光性等均可达到塑料包装优等膜标准。该膜制成袋后,装色拉油不漏油,装奶粉可与奶粉共溶于水一起食用。

2. 可降解包装

可降解材料是指在特定时间、特定环境下,其化学结构发生变化的一种塑料。可降解塑料包装材料既具有传统塑料的功能和特性,又可以在完成使用寿命之后,通过阳光中紫外线的作用或土壤和水中的微生物作用,在自然环境中分解和还原,最终以无毒形式重新进入生态环境中。可降解塑料主要分为合成光降解塑料、添加光敏剂的光降解塑料和生物降解塑料以及多种降解塑料复合在一起的多功能降解塑料。也可按降解塑料的环境条件将其分为光降解塑料、生物降解塑料(完全生物降解塑料、部分生物降解塑料)、化学降解塑料(氧气降解塑料、水降解塑料），以及上述三种降解塑料组成的复合降解材料。

目前，国际上流行的"可降解新型塑料"具有废弃后自行分解消失、不污染环境的优良品质。德国发明了一种由淀粉做的、遇到流质不溶化的包装杯，可以盛装奶制品，废弃后也容易分解，这项发明为德国节省了40亿只塑料瓶。美国研制出一种以淀粉和合成纤维为原料的塑料袋，它可在大自然中分解成水和二氧化碳。荷兰和意大利等国已立法规定某些塑料包装材料必须采用可降解塑料，有害环境的包装一律不得投放市场。

【背景链接 4‐12】

欧盟科研人员研制出新型可降解生物包装材料

食品包装在食品保鲜及食品安全中发挥着重要作用。2012年2月9日，欧盟第七框架研发计划的一个研究项目宣布在食品包装领域取得重要成果，科研人员从乳清蛋白中提取出一种生物材料，用于生产多功能薄膜，并且已经研究出规模化生产方法。

这种新型包装材料可有效防止食品氧化、霉变，阻止化学和生物污染，可显著提高食品的货架期。

目前食品的包装都采用从石油化工原料中提取的聚合物（如乙烯醇聚合物）生产的塑料薄膜为包装材料，对环境构成污染。欧盟科研人员采用乳清蛋白为原料，研制的包装材料具有生物降解特性。生产工艺为：首先将甜乳清和酸乳清分离和提纯，制备高纯度乳酸蛋白分离液，然后利用各种方法，获得具有超强成膜特性的蛋白。最后，在乳清蛋白中混入不同浓度的生物软化剂和添加剂，增加薄膜的机械承载力。

食品包装生产企业只要对现有的生产工艺和设备稍加改进就可生产这种生物降解包装材料。该技术目前已申请专利。

（三）包装的循环利用

1. 加强包装的回收利用

让包装循环利用是减少浪费、降低污染的有效方法，如推行啤酒、饮料、酱油、醋等包装采用玻璃瓶，以反复使用。瑞典等国家用聚酯 PET 饮料瓶和 PC 奶瓶的重复再用达 20 次以上，荷兰 Wellman 公司与美国 Holmson 公司对 PET 容器进行 100% 的回收。例如，聚酯瓶在回收之后，可用两种方法再生：物理方法是指直接彻底净化粉碎，无任何污染物残留，经处理后的塑料直接用于再生产包装容器；化学方法是指将回收的 PET 粉碎洗涤之后，用解聚剂甲醇、乙二醇或二甘醇等在碱性催化剂作用下使 PET 全部解聚成单体或部分解聚成低聚物，纯化后再将单体或低聚物重新聚合成再生 PET 树脂包装材料。

2. 托盘和物流周转箱的循环共用

托盘和物流周转箱循环共用本质上是循环经济，除了经济效益，它更大的价值还是在于绿色和环保效益。它不仅能够给企业带来直接的成本节约，从更大范围看，是对社会资源的节约，降低碳排放。

托盘和物流周转箱循环共用带来了包装物使用方式的变革，模式从一次性使用或者是不合理、低利用率的使用，变成更高效的使用，本身已经在一定程度上实现了资源节约。而在静态使用中，通过减少不必要的浪费，比如淡旺季的调剂，没有必要按照峰值采购，而是按照实际使用量进行租用，不同企业在同一区域内就实现了共享，使得不同企业、行业之间也可以共用托盘和物流周转箱，实现了托盘和物流周转箱在更大范围的循环共用。

除了节能,减排也是托盘和物流周转箱循环共用对环境的重要贡献。据荷兰包装和托盘行业协会针对一次性使用和多次性使用木托盘在制造和使用过程中对环境的影响的研究显示,虽然多次性托盘的最初成本比一次性托盘来得高、使用的木料超过一倍,但在托盘的生产和使用过程中,多次性使用木托盘所产生的能源消耗、固体废物、废气排放数量,仅为一次性木托盘的一半。

 技能训练

技能训练一 商品包装标志识别与包装技法

1. 技能训练的目的
(1) 使学生进一步理解商品包装标志的作用;
(2) 培养学生熟练识别商品包装标志并能在实践中正确运用的能力;
(3) 熟练掌握各种包装技法。

2. 技能训练的内容
收集一些运输包装标志和销售包装标志,仔细观察后分析:
(1) 指出包装的标志;
(2) 说明所采用的包装材料、包装技法及优缺点。

3. 技能训练步骤
(1) 指导教师向学生讲解商品包装标志、包装技法的相关知识,并布置收集各类包装标志的任务;
(2) 将学生分为6~7组,每组7~8人;
(3) 组织各组分别介绍;
(4) 在各组推荐的基础上,选定若干名学生在全班进行交流。

4. 技能训练检查评价(见表4-1)

表4-1 商品包装标志识别与包装技法结果评价标准表

被考评人					
考评地点					
考评内容	商品包装标志识别与包装技法				
考评标准	内 容	分 值	自我评价	他人评价	教师评价
	收集资料全面	40			
	分析资料透彻、准确	40			
	思路清晰、语句顺畅、表意准确	20			
	合 计	100			
	总 分				

技能训练二 绿色包装调研

【背景链接 4-13】

为快递包装适当"减负"才能从源头上控制污染,减轻物流体系的负荷。快递包装大多数属于二次包装,包装应在完成其保护商品免受运输损伤的功能基础上,尽量减少印刷工序和包装工艺。包装生产者需要从包装生命周期的全过程出发来设计包装,去繁从简,践行低碳环保的理念。

联邦快递的包装设计是简约设计的代表,只在包装袋(盒)上印上联邦快递的标志,用最单纯直接的版式强调企业的品牌形象。整套设计强调系统性,简洁而独特。这样的创意包装不但能达到吸引消费者、传达产品的目的、树立品牌识别的效应,而且能尽可能地减少了耗材的使用。

UPS 对包装标准化有着严格的要求,这样有利于装箱、运输和保管,从而使其快递系统更加绿色环保,更加合理化。UPS 注重对快递包装进行改造,使包装能适用于大型化和集约化的运输,既有效减少单位包装,节约材料和费用,也有利于提高装卸、搬运、保管、运输的作业效率。UPS 还自主开发并使用环保材料,提高材料利用率,以达到环保的目的。在包装检验与设计服务方面,UPS 也加大投入,其设在芝加哥的服务中心数据库中,抗震、抗挤压、防泄漏等各种包装案例应有尽有。服务中心还曾设计水晶隔热层的包装方式,为糖果、巧克力的运输提供恒温保护。科学的包装设计为企业节省了材料费和运输费,减少了耗材的使用,实现了环保和客户节约开支的双赢。

除了在包装"瘦身"和创新设计上做文章,提高包装的通用性也能降低损耗。TNT 集团曾发起"行星与我规划"。其中要求 TNT 在物流服务全程操作中,所有集装箱和托盘等货运设备必须在公路和铁路运输中通用。这项措施使德国每年可节约至少 580 万张办公用 A4 纸用量,从根本上控制了温室气体排放量,有力地保护了环境。

(资料来源:物流技术装备行业网)

1. 技能训练的目的

使学生进一步理解绿色作用及常见的做法,以期在今后的工作过程中对商品妥善包装的同时,融入环保理念。

2. 技能训练的内容

阅读背景链接资料,并查阅资料了解绿色包装的做法。

3. 技能训练步骤

(1)指导教师向学生讲解绿色包装的相关知识,并布置收集资料任务;
(2)学生阅读资料并上网查阅绿色包装相关内容;
(3)学生分组对找到的资料进行交流,形成报告和 PPT;
(4)在各组推荐的基础上,选定若干名学生在全班通过 PPT 进行交流。

4. 技能训练的报告要求

(1)技能训练的名称、学生姓名、班级和日期;
(2)技能训练的目的和要求;
(3)技能训练的原理;
(4)技能训练的步骤;

(5) 技能训练的原始记录;

(6) 技能训练的结果分析,并写出技能训练报告。

课后习题

一、选择题(可多选)

1. 包装容器因压缩会产生形变,因此_____受到严格限制。
   A. 温度　　　　　B. 气压　　　　　C. 储存周期　　　D. 堆码高度

2. 对纸类包装影响最大的环境条件是_____。
   A. 温度　　　　　B. 湿度　　　　　C. 辐射　　　　　D. 盐雾

3. 在物流包装设计中需要考虑的因素中,_____是首要因素。
   A. 标志性　　　　　　　　　　　　B. 装卸性
   C. 作业性　　　　　　　　　　　　D. 保护性

4. _____不是物流包装的主要功能。
   A. 保护货物　　　　　　　　　　　B. 便于处理
   C. 促进销售　　　　　　　　　　　D. 美观大方

5. 下列四个包装材料中,非绿色包装材料的是_____。
   A. 可食性包装材料　　　　　　　　B. 可降解材料
   C. 重复再用材料　　　　　　　　　D. 一次性塑料

6. 商品包装具有便利功能,_____不是便利功能的体现。
   A. 便于储存作业　　　　　　　　　B. 便于装卸作业
   C. 便于顾客投诉　　　　　　　　　D. 便于顾客消费使用

7. 以下选项中,不属于木箱的是_____。
   A. 木板箱　　　　　　　　　　　　B. 框板箱
   C. 框架箱　　　　　　　　　　　　D. 集装箱

8. 为了减缓内装物受到冲击和振动,保护其免受损坏所采取的一定防护措施的包装称为_____。
   A. 防震包装　　　　　　　　　　　B. 充气包装
   C. 真空包装　　　　　　　　　　　D. 拉伸包装

二、判断题

1. 六千多年前新石器时代的人们已经能够利用黏土烧制杯形尖底瓶、葫芦形瓶、蒜头形瓶、圆底钵等包装容器。　　　　　　　　　　　　　　　　　　　　　　　(　　)

2. 第二次世界大战之前,木箱是使用最多的物流包装容器,随着瓦楞纸箱和塑料包装的出现和发展,木箱在物流包装中的地位逐渐下滑。　　　　　　　　　(　　)

3. 瓦楞纸板在1856年被发明时,只用作礼帽内衬。　　　　　　　　　　　(　　)

4. 运输过程中,冲击、振动、气候条件等均会对包装件产生影响。　　　　(　　)

5. 流通过程中损害包装的外界机械因素包括冲击、振动、静压力和动压力。(　　)

6. 包装件的冲击主要发生在搬运过程中。　　　　　　　　　　　　　　　(　　)

7. 包装中缓冲垫的主要作用有减缓冲击、衰减有害振动、调整包装件的固有频率、减小动应力。　　　　　　　　　　　　　　　　　　　　　　　　　　　　(　　)

三、填空题

1. 物流包装在设计过程中要遵循_____原则、_____原则、_____原则、_____原则、_____原则。
2. 写出下列泡沫塑料的名称 EPE _____、EPS _____、EPP _____、EVA _____。
3. 包装按材料材质可以分为_____、_____、_____、_____和_____。
4. 包装材料未来发展方向_____、_____、_____、_____。
5. 塑料生产中,常用的添加助剂有_____、_____、_____、_____。

四、简答题

1. 简述物流包装的作用。
2. 简述运输包装的含义。
3. 简述温度对产品及包装件的影响。
4. 简述湿度对产品及包装件的影响。
5. 简述绿色包装的定义及特点。

扫一扫,看答案

项目五　商品质量与仓库温湿度管理

内容简介

商品学的研究内容就是商品质量及其变化规律,商品在储运期间,宏观上处于静止状态,但商品本身不断发生各种各样的变化,如不加以控制,这些变化都会影响到商品的质量。本项目从商品质量的基本概念及储运期间的主要质量变化形式出发,总结出影响商品质量变化的因素。其中,温湿度是主要因素;接下来就具体分析空气温湿度对商品质量的影响,进而介绍仓库湿度的控制与调节以及冷藏库的温湿度的管理;最后给出水产品低温保鲜技术实例。

教学目标

1. 知识目标:

(1) 理解商品质量的概念;
(2) 了解商品质量变化的主要形式;
(3) 掌握影响商品质量变化的因素;
(4) 掌握仓库湿度的控制与调节;
(5) 了解冷藏库的温湿度的管理。

2. 技能目标:

(1) 具有识别商品储运期间质量变化的能力;
(2) 具有选取正确方法控制商品储运期间质变的能力;
(3) 具备一般的仓储温湿度控制的能力。

案例导入

商品在储运期间的质量变化

人们所熟悉的烟酒、糖茶、服装鞋帽、医药、化妆品、家用电器以及节日燃放的烟花爆竹等,有的怕潮、怕冻、怕热,还有的易燃、易爆。

影响储存商品质量变化的因素很多,其中一个重要的因素是空气的温度。有的商品怕热,如油毡、复写纸、各种橡胶制品及蜡等,如果储存温度超过要求(30 ℃~35 ℃)就会发黏、熔化或变质。有的商品怕冻,如医药针剂、口服液、墨水、乳胶、水果等,则会因库存温度过低冻结、沉淀或失效。例如,苹果贮藏在1 ℃比在4 ℃~5 ℃贮藏时寿命要延长一倍。但贮藏温度过低,可引起果实冻结或生理失调,也会缩短贮藏寿命。

影响储存商品质量变化的另外一个重要因素是空气的湿度。由于商品本身含有一定的水分,如果空气相对湿度超过75%,吸湿性的商品就会从空气中吸收大量的水分而使含水量增加,这样就会影响到商品的质量。例如,食盐、麦乳精、洗衣粉等出现潮解、结块,服装、药材、糕点等生霉、变质,金属生锈。但空气相对湿度过小(低于30%),也会使一些商品的水分蒸发,从而影响商品质量。例如,皮革、香皂、木器家具、竹制品等的开裂,甚至失去使用价值。

商品的这些变化,往往造成无法正常使用,有的甚至有危险性。

**案例分析**

(1) 商品质量变化的类型和影响因素有哪些?
(2) 如何对储运商品进行质量管理?

任务一　商品质量与质量变化

**教学要点**

(1) 充分理解商品质量的含义,认识到商品质量在商品学学习中的重要性;
(2) 掌握商品在储运期间的主要质量变化形式。

**教学内容**

一、商品质量的概念

商品质量是衡量商品使用价值高低的尺度,是指商品的固有特性能够满足消费者需求的程度。

在生产和生活中,人们对商品质量的理解可以从狭义和广义两个层面进行解释。

(一) 狭义的商品质量

狭义的商品质量,即自然质量,是指商品的内在质量,是由商品的自然属性决定的,质量的评价基于符合规定标准技术条件的程度。例如,食品质量的基本要求是具有营养价值、安全卫生、色香味形俱佳等。

(二) 广义的商品质量

广义的商品质量是指商品实体满足规定和潜在的需求能力的特性总和,是从商品能否满足消费者需求的角度来看商品的适用性,包括商品的自然属性、经济属性和社会属性。例如,食品不但要自然质量好,人们往往还要求就餐过程中良好的服务体验,以及对就餐环境的需求,等等。

商品学对商品质量的研究主要以狭义的商品质量为主,但如今正逐步向广义的商品质量过渡。

二、储运过程中商品质量变化的形式

商品在储运过程中的质量变化主要有物理机械变化、化学变化、生理生化变化及某些生物活动引起的变化等。

(一) 商品的物理机械变化

商品的物理变化是只改变商品本身的外部形态,不改变其本质,没有新物质的生成,并且有可能反复进行的外表形态的变化现象。商品的机械变化是指商品在外力的作用下,发生形态变化。

物理机械变化的结果不是数量损失,就是质量降低,甚至使商品失去使用价值,商品常发生的物理机械变化如下。

1. 挥发

挥发是低沸点的液体商品或经液化的气体在空气中经汽化而散发到空气中的现象。挥发的速度与气温的高低、空气流动速度的快慢、液体表面接触空气面积的大小呈正比关系。液体商品的挥发不仅降低有效成分,增加商品损耗,降低商品质量,有些燃点很低的商品还容易引起燃烧或爆炸;有些商品挥发的蒸气有毒性或麻醉性,容易造成大气污染,对人体有害;一些商品,受到气温升高的影响体积膨胀,使包装内部压力增大,可能发生爆破。常见易挥发的商品如酒精、白酒、香精、花露水、香水、化学试剂中的各种溶剂、医药中的一些试剂、部分化肥农药、杀虫剂、油漆等。

防止商品挥发的主要措施是加强包装密封性。此外,要控制仓库温度,高温季节要采取降温措施,保持较低温度条件下储存,以防挥发。

【背景链接 5-1】

夏季车内五大杀手排行榜

(1) 空气清新剂等液化气雾剂。受高温或震动碰撞,极易使罐内液体加快汽化,压力急剧升高,超过罐体的耐压强度而发生爆炸。

(2) 一次性打火机(丁烷气体压缩而成)。车辆暴晒后车内温度可达 60 ℃以上,此时一次性打火机就犹如一个炸弹,非常危险。

(3) CD 光盘。CD 光盘的材料含有大量的双酚 A 和苯,在车内温度 60 ℃以上时,这两种物质很容易扩散,给车内造成极大的空气污染。

(4) 车载香水。香水挥发后会产生一种易燃气体,其爆炸临界点为 49 ℃,而汽车在夏日烈阳下暴晒 15 分钟后,车内温度会迅速升高,当香水浓度和车内温度达到极限值后,就很容易引起爆炸。

(5) 罐装碳酸饮料。高温、剧烈晃动下,有可能导致罐体破裂乃至爆炸。

2. 溶化

溶化是指有些固体商品在保管过程中,能吸收空气或环境中的水分,当吸收数量达到一定程度时,就会溶化成液体。易溶性商品必须具有吸潮性和水溶性两种性能,常见易溶化的商品有食糖、糖果、食盐、明矾、硼酸、甘草流浸膏、氯化钙、氯化镁、尿素、硝酸铵、硫酸铵、硝酸锌和硝酸锰等。

商品溶化与空气温度、湿度及商品堆码高度有密切关系。在保管过程中,有一些结晶粒状或粉末状易溶化商品,在空气比较干燥的条件下,慢慢失水后结成硬块。特别是货垛底层商品,承受压力较重的部位溶化较严重。虽然溶化后,商品本身的性质并没有发生变化,但由于形态改变,给存储、运输及销售部门带来很大的不便。

对易溶化商品应按商品性能,分区分类存放在干燥阴凉的库房内,不适合与含水分较大的商品同储。在堆码时要注意底层商品的防潮和隔潮,垛底要垫得高一些,并采取吸潮和通风结合的温湿度管理方法来防止商品吸湿溶化。

3. 熔化

熔化是指低熔点的商品受热后发生软化以致成为液体的现象。

商品的熔化,除受气温高低的影响外,还与本身的熔点、商品中杂质种类和含量高低密切相关。熔点越低,越易熔化;杂质含量越高,越易熔化。

常见易熔化的商品有百货中的香脂、发蜡、蜡烛,文化用品中的复写纸、蜡纸、打字纸和圆珠笔芯,化工商品中的松香、石蜡、粗萘、硝酸锌,医药商品中的油膏、胶囊、糖衣片等。

商品熔化,有的会造成商品流失、粘连包装、沾污其他商品;有的因产生熔解热而体积膨胀,使包装爆破;有的因商品软化而使货垛倒塌。

预防商品的熔化应根据商品的熔点高低,选择阴凉通风的库房储存。在保管过程中,一般可采用密封和隔热措施,加强库房的温度管理,防止日光照射,尽量减少温度的影响。

4. 渗漏

渗漏主要是指液体商品,特别是易挥发的液体商品,由于容器不严密、包装质量不符合商品性能的要求,或在搬运装卸时碰撞震动破坏了包装,而使商品发生跑、冒、漏的现象。

商品渗漏,与包装材料性能、包装容器结构及包装技术优劣有关,还与仓储温度变化有关。如金属包装焊接不严,受潮锈蚀;有些包装耐蚀性差;有的液体商品因气温升高,体积膨胀而使包装内部压力增大胀破包装容器;有的液体商品在降温或严寒季节结冰,也会发生体积膨胀引起包装破裂而造成商品损失。

因此,对液体商品应选用合适的包装材料和先进的包装技术;加强入库验收和在库商品检查及温湿度控制和管理。

5. 串味

串味是指吸附性较强的商品吸附其他气体、异味,从而改变本来气味的现象。具有吸附性、易串味的商品,主要是它的成分中含有胶体物质,以及疏松、多孔性的组织结构。商品串味与其表面状况,与异味物质接触面积的大小、接触时间的长短,以及环境中异味的浓度有关。常见易串味的商品有大米、面粉、木耳、食糖、饼干、茶叶、卷烟等。常见的引起其他商品串味的商品有汽油、煤油、桐油、腌鱼、腌肉、樟脑、卫生球、肥皂、化妆品、农药等。

预防商品串味,应对易串味的商品尽量采取密封包装,在储存和运输中不得与有强烈气味的商品同车、船并运或同库储藏,同时还要注意运输工具和仓储环境的清洁卫生。

6. 沉淀

沉淀是指含有胶质和易挥发成分的商品,在低温或高温等因素影响下,引起部分物质的凝固,进而发生沉淀或膏体分离的现象。常见的商品有墨汁、墨水、牙膏、雪花膏等。又如饮料、酒在仓储中,离析出纤细絮状的物质,而发生混浊沉淀现象。

预防商品的沉淀,应根据不同商品的特点,防止阳光照射,做好商品冬季保温及夏季降温工作。

7. 沾污

沾污是指商品外表沾有其他脏物,染有其他污秽的现象。商品沾污,主要是生产、储运中卫生条件差及包装不严所致。对一些外观质量要求较高的商品,如绸缎呢绒、针织品、服装等要注意防沾污,精密仪器、仪表类也要特别注意。

储运过程中要注意包装严密,加强出入库验收和在库检查,远离液态及粉末状物质。

8. 脆裂、干缩

脆裂与干缩是指一些吸湿性的商品,在干燥的空气中严重失水而引起商品质量变化的现象,如纸张、皮革及其制品、木制品、糕点、水果和蔬菜等,在干燥的空气中严重失水而引起商品质量变化。

脆裂与干缩主要与温度和干燥的环境有关,在储运过程中应注意防日晒、风吹,注意控制环境的相对湿度,使商品含水量保持在合理的范围内。

9. 破碎与变形

破碎与变形是常见的机械变化,是指商品在外力作用下所发生的形态上的变化。

商品的破碎主要是脆性较大的商品,如玻璃、陶瓷、搪瓷制品、铝制品等因包装不良,在搬运过程中受到碰、撞、挤、压和抛掷而破碎、掉瓷、变形等。

商品的变形通常是塑性较大的商品,如铝制品和皮革、塑料、橡胶等制品由于受到强烈的外力撞击或长期重压,商品丧失回弹性能,从而发生形态改变。

10. 商品散落

商品散落是指粉状或颗粒状商品因包装不严或包装强度低而发生的脱落和散失。

对于易发生破碎、变形和散落的商品,主要注意妥善包装,轻拿轻放。在库堆垛高度不能超过一定的压力限度。

【背景链接 5-2】

让快递飞! 直击梅州快递公司粗暴分拣

"嘭嘭嘭",随着几声闷响,几个大纸壳包装的快件从货车内扔到地上。短短十多分钟,分拣员即将货车内的快件清理完毕,几乎全是靠抛扔的方式。接到市民报料后,记者于18日下午前往梅城江南富奇路一天天快递公司分拣区暗访调查。该快递公司分拣快递时抛扔快件、抽烟、坐包裹箱上等行为进入了记者的镜头。

质疑:在飞的快递能完好无损吗?

"包裹在头顶上抛来抛去,砸向地面不断传出摩擦的刺耳声,即使不是易碎品能保证包裹不会有破损吗?"对于该快递公司这种分拣快件的方式,报料人张女士对快件能完好无损地送到消费者手里表示质疑。

暗访:快件当"座椅"?

下午2点30分,记者来到富奇路梅州市天天快递有限公司附近。不久驶来一辆厢式货车停在了该快递公司门前,工作人员上前将货车里的快件迅速清理。记者粗略计算,满满一车的邮件与包裹,仅用了十多分钟便清理一空。货车驶走后,记者看到一名男子坐在地上的一大件包裹上,同时不停地对快件进行扫描,扫完不忘随手扔进另一货车内。

看! 快件如何飞!

小件,随手扔进扔出;大件,双手举过头抛。三分出手!记者看到,在分拣过程中,分拣员几乎是靠抛扔的方式对待所有包裹和邮件。面对堆放杂乱无章的快件,分拣员也是"轻车熟路",小件则是随手扔进扔出;对于稍大较重的快件,分拣员则是将其双手举过头顶抛向仓库。

一纸空文快递管理制度。

记者随后以寄快件为由,接近该天天快递公司。在其工作区附近,记者看到一张该公司的"管理制度"贴在墙面上,其中明文规定"严禁野蛮操作",并注明"快件脱手时,一般快件离摆放快件的接触面距离不应超过30厘米,易碎品不能超过10厘米"。然而,对于这些忙碌工作的分拣员们来说,快件上的"易碎品""小心轻放"等标志最终也只是寄件方的一厢情愿而已,因为他们根本没有时间去注意快件上的标签。

如何罚? 情节严重可处1万至3万元罚款。

《快递市场管理办法》第十六条第二项规定:企业分拣作业时,应当按照快件(邮件)的种类、时限分别处理、分区作业、规范操作,并及时录入处理信息,上传网络,不得野蛮分拣,严禁抛扔、踩踏或者以其他方式造成快件(邮件)损毁。违反本规定的,由邮政管理部门处 1 万元罚款;情节严重的,处 1 万元以上 3 万元以下的罚款。

快件受损或丢失,如何追偿?

关于快件受损或丢失如何追偿,广东法泰律师事务所刘中强律师告诉记者,物品如果是在运输过程中损毁、丢失,可向快递公司要求承担赔偿责任。另外刘律师提醒,消费者在收取货物时,如果发现包裹破损,可要求当场验明货物。若发现货物有问题,消费者有权拒绝签收。此外,要保存好相关凭证,发生纠纷及时与快递公司协商解决,协商不成的可向消费者协会或邮政管理部门投诉。

(资料来源:梅州日报)

(二) 商品的化学变化

商品的化学变化与物理变化有本质的区别,它是指构成商品的物质发生变化,不仅改变了商品的外表形态,也改变了商品的本质,并且有新物质生成,且不能恢复的变化现象。商品化学变化过程即商品质变过程,严重时会使商品失去使用价值。商品的化学变化主要有以下几个方面。

1. 氧化(包括锈蚀)

氧化是指商品与空气中的氧或其他能放出氧的物质接触而发生的反应。

锈蚀是金属制品特有的氧化现象,即金属制品在潮湿空气及酸、碱、盐等作用下,发生氧化反应而被腐蚀的现象。

除了金属之外,商品容易发生氧化的品种比较多,如某些化工原料、纤维制品、橡胶制品、油脂类商品等。例如,棉、麻、丝、毛等纤维织品,长期同日光接触,发生变色的现象,也是织品中的纤维被氧化的结果。

商品发生氧化,不仅会降低商品的质量,有时还会在氧化过程中产生热量。如果产生的热量不易散失,就能加速其氧化过程,从而使反应的温度迅速升高,当达到燃点,就会发生自燃现象,有的甚至发生爆炸。

所以,此类商品要储存在干燥、通风、散热、温度比较低的库房,以保证其质量安全。

【背景链接 5-3】

氧化实例

(1) 草料堆积,通风不好就会缓慢氧化。古罗马帝国一艘满载粮草的给养船在出海远征时神秘起火,后来科学家为这桩奇案找到了起火原因,是粮草发生了自燃。

(2) 煤栈会自燃,是因为有大量的煤发生缓慢氧化反应。缓慢氧化反应,单位时间内放出的热量少,只要通风良好,热量及时散失就不会导致自燃。虽然缓慢氧化反应单位时间内放出热量少,但是由于发生缓慢氧化反应的煤多,放出的热量不能散失,积少成多,热量积蓄就会有达到着火点的时候。达到着火点,又与氧气接触,具备了可燃物燃烧的条件,煤栈就会自燃。

(3) 脂氧化引起的脂肪变质、变味,氧化产物主要为醛、酮、酯、酸和大分子聚合物等,这些产物有些产生异味,有些本身有毒性。例如,桐油布、油伞布、油纸等桐油制品,若还没有干透就进行打包储存,容易发生自燃。这是由于在桐油中含有不饱和脂肪酸,在发生氧化时放出热量,不易尽快散失时,便会促使其温度升高,当达到纤维的燃点就会引起自燃事故。除了桐油制品外,还有其他植物性油脂类或含油脂较多的商品,如豆饼、花生饼、核桃仁等,在一定条件下与纤维性物质接触,也会发生自燃现象,而使其碳化。

2. 分解(包括水解)

分解是指某些性质不稳定的商品,在光、电、热、酸、碱及潮湿空气的作用下,由一种物质生成两种或两种以上物质的变化现象。水解是指某些商品在一定条件下,遇水而发生分解的现象。商品发生分解反应后,不仅使其数量减少、质量降低,有的还会在反应过程中,产生一定的热量和可燃气体,而引起事故。

【背景链接 5-4】

分解实例

过氧化氢(双氧水)是一种不稳定的强氧化剂和杀菌剂,在常温下会逐渐分解。如遇高温能迅速分解,生成水和氧气,并能放出一定的热量。

漂白粉呈白色粉末状,其外观与石灰相似,故又称氧化石灰。液化时是一种强氧化剂和杀菌剂。漂白粉遇到空气中的二氧化碳和水时,就能分解出氯化氢、碳酸钙和次氯酸。在反应过程中,所生成的新生态氧,具有很强的氧化能力,既能够加速对其他商品的氧化,又能破坏商品的色团。

因此,过氧化氢和漂白粉,都具有漂白作用。但在保管过氧化氢和漂白粉的过程中,一旦发生上述变化时,就会降低其有效成分,降低其杀菌能力。

淀粉和纤维素属于天然高分子化合物,在自然界中分布最广,也是最重要的多糖。它们在无机酸存在下能完全水解,并定量的得到 D-葡萄糖。

此类商品在流通领域中,即在包装、运输、储存的过程中,要注意包装材料的酸碱性以及哪些商品可以或不能同库储存,以防止商品的人为损失。

3. 化合

化合是指商品在储存期间,在外界条件的影响下,两种或两种以上的物质相互作用,而生成一种新物质的反应。

化工商品中的过氧化钠为白色粉末,其劣质品多呈黄色。如果储存在密封性好的桶里,并在低温下与空气隔绝,其性质非常稳定。如果遇热,就会发生分解放出氧气。过氧化钠如果同潮湿的空气接触,在迅速地吸收水分后,便发生化合反应,降低了有效成分。氧化钙的吸潮也是一种化合反应的过程。

4. 聚合

聚合是指某些商品,在外界条件的影响下,能使同种分子相互加成而结合成一种更大分子的现象。例如,桐油表面的结块、福尔马林的变性等现象,均是由于发生了聚合反应。福尔马林是甲醛的水溶液(含甲醛 40%),在常温下能聚合生成三聚甲醛或多聚甲醛,产生混浊沉淀,这样就改变了福尔马林原来的性质。

桐油含有高度不饱和脂肪酸桐油酸(十八碳三烯酸),在日光、氧和温度的作用下,能发生聚合反应,生成 B 型桐油块,浮在其表面,而使桐油失去使用价值。

所以,储存和保管养护此类商品时,要特别注意日光和储存温度的影响,以防止发生聚合反应,造成商品质量的降低。

5. 老化

老化是指含有高分子有机物成分的商品(如橡胶、塑料、合成纤维等),在日光、氧气、热等因素的作用下,性能逐渐变坏的过程。商品发生老化后,能破坏其化学结构,改变其物理性能,使力学性能降低,出现变硬发脆或变软发软等现象,而使商品失去使用价值。商品老化是一种不可逆的变化,是构成商品高分子材料的大分子链发生裂解反应的结果。

6. 曝光

曝光是指某些商品见光后,引起变质或变色的现象。例如,石炭酸(苯酚)为白色结晶体,见光即变为红色或淡红色。照相用的胶片见光后,即成为废品。漂白粉储存不当,在易受日光、热或二氧化碳影响的库房里,就能逐渐发生变化,而降低氯的有效成分。所以,要储存在密封的桶中,并且严防潮湿和二氧化碳的影响。

容易曝光的商品在保管和养护过程中,要特别注意防止光线照射,并要防止空气中的氧和温湿度的影响,其包装要密封严密。

(三)商品的生理生化变化及其他生物引起的变化

生化过程是指有生命活动的有机商品,在其生长发育过程中,为了维持它的生命,本身所进行的一系列生理变化。例如,粮食、水果、蔬菜、鲜鱼、鲜肉、鲜蛋等有机商品,在储存过程中,受到外界条件的影响和其他生物作用,往往会发生这样或那样的变化,这些变化主要有呼吸作用、发芽和抽薹、后熟作用、蒸腾作用、胚胎发育、僵直和软化、霉腐等(将在项目七中有详细介绍)。

任务二 影响商品质量变化的因素

教学要点

(1)了解影响商品质量变化的内因;
(2)掌握影响商品质量变化的外因。

教学内容

商品发生质量变化,是由一定因素引起的。为了更好地养护商品,确保商品的安全,必须找出各种变化因素,抓住主要因素,掌握商品质量变化的规律。通常引起商品变化的因素有内因和外因两种,内因是变化的根据,外因是变化的条件。

一、影响商品质量变化的内因

(一)商品的物理性质

商品的物理性质主要包括商品的吸湿性、导热性、耐热性、透气性等。

1. 商品的吸湿性

商品的吸湿性是指商品吸收和放出水分的特性。商品吸湿性的大小,吸湿速度的快慢,直接影响该商品含水量的增减,对商品质量的影响极大,是许多商品在储存期间发生质量变化的重要原因之一。

商品的很多质量变化都与其含水的多少以及吸水性的大小有直接关系。商品从空气中吸收水分,称为"吸湿";水分从商品体内向空间散发,称为"散湿"。具有吸湿性能的商品,称为吸湿性商品。商品吸湿性的大小,集中体现在吸湿点的高低。当空气相对湿度高于商品的吸湿点时,商品便开始吸湿;低于吸湿点时,商品便开始散湿。不同的商品,在同一温度下,吸湿点也不一样。其商品的吸湿点,是安全保管易吸湿而引起质量变化的商品的重要依据。

【背景链接 5-5】

吸湿性商品的安全水分

商品的安全水分是指吸湿性商品可以安全储存的最高含水量(也称为临界含水量)。如果超过这个界限,商品质量就会受到影响,因此,在商品养护工作中,应该掌握各种商品的安全水分,并要经常注意商品本身的实际含水量是否超过这个安全界限。但是,在实际工作中,也会出现有些商品含水量过低引起质量变化的,如干缩、脆裂、风化、变形等,故商品的安全水分应该也有一个最低临界线。

2. 商品的导热性

商品的导热性是指物体传递热能的性质。商品的导热性,与其成分和组织结构有密切关系,商品结构不同,其导热性也不一样。同时,商品表面的色泽与其导热性也有一定的关系。

3. 商品的耐热性

商品的耐热性是指商品耐温度变化而不致被破坏或显著降低强度的性质。商品的耐热性,除与其成分、结构和不均匀性有关外,与其导热性、热膨胀系数有密切关系。导热性大而热膨胀系数小的商品,耐热性良好,反之则差。

4. 商品的透气性和透水性

商品能被水蒸气透过的性质,称为透气性;商品能被水透过的性质叫透水性。这两种性质在本质上都是指水的透过性能,不同的是:前者指气体水分子的透过;后者是指液体水的透过。

商品的透气性、透水性的大小,主要取决于商品的组织结构和化学成分。结构松弛、化学成分含有亲水基团,其透气性、透水性都大。

5. 商品的沸点

沸腾是在一定温度下液体内部和表面同时发生的剧烈汽化现象。液体沸腾时候的温度被称为沸点。浓度越高,沸点越高。不同液体的沸点是不同的,沸点是针对不同的液态物质沸腾时的温度。沸点随外界压强变化而改变,压强低,沸点也低。

液体商品的沸点直接影响商品的挥发速度,液体商品的沸点越低,储存中越易挥发,从而造成商品中的有效成分减少,重量降低。

(二) 商品的机械性质

商品的机械性质是指商品的形态、结构在外力作用下的反应。商品的这种性质与其质量的关系极为密切,是体现适用性、坚固耐久性和外观的重要内容,包括商品的弹性、可塑性、强力、韧性等。这些商品的机械性质对商品的外形及结构变化有很大的影响。

(三) 商品的化学性质

商品的化学性质是指商品的形态、结构以及商品在光、热、氧、酸、碱、温度、湿度等作用下,发生改变商品本质相关的性质。与商品储存紧密相关的商品的化学性质包括商品的化学稳定性、毒性、腐蚀性、燃烧性、爆炸性等。

1. 商品的化学稳定性

商品的化学稳定性是指商品受外界因素作用,在一定范围内,不易发生分解、氧化或其他变化的性质。化学稳定性不高的商品容易丧失使用性能。商品的稳定性是相对的,稳定性的大小与其成分、结构及外界条件有关。

2. 商品的毒性

商品的毒性是指某些商品能破坏有机体生理功能的性质。具有毒性的商品,主要是用作医药、农药以及化工商品等。有的商品本身有毒;有的蒸气有毒;有的本身虽无毒,但分解化合后会产生有毒成分等。

3. 商品的腐蚀性

商品的腐蚀性是指某些商品能对其他物质产生破坏的化学性质。具有腐蚀性的商品,本身具有氧化性和吸水性,因此,不能把这类商品与棉、麻、丝、毛织品以及纸张、皮革制品等同仓储存。盐酸可以与钢铁制品作用,使其遭受破坏;烧碱能腐蚀皮革、纤维制品和人的皮肤;硫酸能吸收动植物商品中的水分,使它们碳化而变黑;漂白粉的氧化性,能破坏一些有机物;石灰有强吸水性和发热性,能灼热皮肤和刺激呼吸器官等。

因此在保管时要根据商品的不同性能,选择储存场所,安全保管。

4. 商品的燃烧性

有些商品性质活泼,发生剧烈化学反应时常伴有热、光,这一现象称为商品的燃烧性,具有这一性质的商品被称为易燃商品。常见的易燃商品有红磷、火柴、松香、汽油、柴油、乙醇、丙酮等低分子有机物。易燃商品在储存中特别要注意防火。

5. 商品的爆炸性

爆炸是物质由一种状态迅速变化为另一种状态,并在瞬息间以机械功的形式放出大量能量的现象。能够发生爆炸的商品要专库储存,并应有严格的管理制度和办法。

(四) 商品的化学成分

1. 无机成分的商品

无机成分的商品指构成成分中不含碳的商品,但包括碳的氧化物、碳酸及碳酸盐,如无机化肥、部分农药、搪瓷、玻璃、五金及部分化工商品等。无机成分的商品,按其元素的种类及其结合形式,又可以分为单质商品、化合物、混合物三大类。

2. 有机成分的商品

有机成分的商品指以含碳的有机化合物为其成分的商品,但不包括碳的氧化物、碳酸与碳酸盐。属于这类成分的商品,其数量相当庞大,如棉、毛、丝、麻及其制品、化纤、塑料、橡胶制品、石油产品、有机农药、有机化肥、木制品、皮革、纸张及其制品、蔬菜、水果、食品、副食品等。

3. 商品成分中的杂质

单一成分的商品极少,多数商品含杂质,而成分绝对纯的商品很罕见。所以,商品成分有主要成分与杂质之分。主要成分决定着商品的性能、用途与质量;而杂质则影响着商品的性能、用途与质量,给储存带来不利影响。

(五) 商品的结构

商品的种类繁多,各种商品有各种不同形态的结构,要求用不同的包装盛装。例如,气体商品,分子运动快、间距大,多用钢瓶盛装,其形态随盛器而变;液态商品,分子运动比气态慢,间距比气态小,其形态随盛器而变;只有固态商品,有一定外形。

虽然商品形态各异,概括起来,可分为外观形态和内部结构两大类。

1. 商品的外观形态

商品的外观形态多种多样,所以,在保管时应根据其体形结构合理安排仓容,科学地进行堆码,以保证商品外观的完好。

2. 商品的内部结构

商品的内部结构,即构成商品原材料的成分结构,是肉眼看不到的结构,必须借助于各种仪器来进行分析观察。商品的微观结构,对商品性质往往影响极大。有些商品,分子组成和分子量虽然完全相同,但由于结构不同,性质有很大差别。

总之,影响商品发生质量变化的因素很多,这些因素主要包括商品的性质、成分、结构等内在因素,这些因素是相互联系、相互影响的统一整体,不能孤立对待。

二、影响商品品质变化的外因

商品储存期间的质量变化,主要是商品体内部运动或生理活动的结果,但与储存的外界因素有密切关系。这些外界因素主要包括空气中的氧、日光、微生物和仓库害虫、温度、湿度、卫生条件、有害气体等。

(一) 空气中的氧

空气中约含有21%的氧气,氧气非常活泼,能和许多商品发生作用,对商品质量变化影响很大。例如,氧气可以加速金属商品锈蚀;氧气是好氧性微生物活动的必备条件,使有机体商品发生霉腐;氧气是害虫赖以生存的基础,是仓库害虫发育的必要条件;氧气是助燃剂,不利于危险品的安全储存;在油脂的酸败、鲜活商品的分解和变质中,氧气都是积极参与者。因此,在养护中,对于受氧气影响比较大的商品,要采取各种方法(如浸泡、密封、充氮等)隔绝氧气对商品的影响。

(二) 日光

日光中含有热量、紫外线、红外线等,它对商品起着两方面的作用:一方面,日光能够加速受潮商品的水分蒸发,杀死、杀伤微生物和商品害虫,在一定条件下,有利于商品的保护;但是另一方面,某些商品在日光的直接照射下,又发生破坏作用,如日光能使酒类挥发、油脂加速酸败、橡胶和塑料制品迅速老化、纸张发黄变脆、色布褪色、药品变质、照相胶卷感光等。因此,要根据各种商品的特性,注意避免或减少日光的照射。

(三) 微生物和仓库害虫

微生物和仓库害虫的存在是商品霉腐、虫蛀的前提条件。微生物在生命活动过程中分泌一种酶,利用它把商品中的蛋白质、糖类、脂肪、有机酸等物质,分解为简单的物质加以吸收利用,从而使商品受到破坏、变质,甚至丧失其使用价值。同时,微生物异化作用中,在细胞内分解氧化营养物质产生各种腐败性物质排出体外,使商品产生腐臭味和色斑霉点,影响商品的外观,加速高分子商品的老化。

仓库害虫在仓库里,不仅蛀食动植物性商品包装,有些还能危害塑料、化纤等化工合成商品,此外,白蚁还会蛀蚀仓库建筑物和纤维质商品。仓库害虫在危害商品过程中,不仅破坏商品的组织结构,使商品发生破碎和孔洞,外观形态受损,而且其在生活过程中,吐丝结茧,排泄各种代谢废物沾污商品,影响商品的质量和外观。

(四) 温度

气温是影响商品质量变化的重要因素。温度直接影响物质微粒的运动速度:一般商品在常温或常温以下,都比较稳定。高温能够促进商品的挥发、渗漏、溶化等物理变化及各种化学变化;而低温又容易引起某些商品的冻结、沉淀等变化。温度忽高忽低,会影响到商品质量的稳定性。此外,温度适宜会给微生物和仓库害虫的生长繁殖创造有利条件,加速商品腐败变质和虫蛀。因此,控制和调节仓储商品的温度是商品养护工作的重要内容之一。

(五)空气的湿度

空气的干湿程度称为空气的湿度。空气湿度的改变,能引起商品的含水量、化学成分、外形或形态结构发生变化。湿度下降将使商品因放出水分而降低含水量,减轻重量,如水果、蔬菜、肥皂等会发生萎蔫或干缩变形,纸张、皮革制品等失水过多,会发生干裂或脆损。湿度增高,商品含水量和重量相应增加,如食糖、食盐、化肥、硝酸盐等易溶性商品会结块、膨胀或进一步溶化,钢铁制品生锈,纺织品、竹木制品被虫蛀等;湿度适宜,可保持商品的正常含水量、外形或形态结构和重量卷烟等发生霉变。所以,在商品养护中,必须掌握各种商品的适宜湿度,尽量创造商品适宜的空气湿度环境。

(六)卫生条件

卫生条件是保证商品免于变质腐败的重要条件之一。卫生条件不良,不使灰尘、油垢、垃圾、腥臭等污染商品造成某些外观疵点和感染异味,而且还为微生物、仓库害虫创造了活动场所。因此商品在储存过程中,一定要搞好储存环境的卫生,保持商品本身的卫生,防止商品之间的感染。

(七)有害气体

大气中的有害气体,主要来自如煤、石油、天然气、煤气等燃料放出的烟尘以及工业生产过程中的粉尘、废气。对空气的污染,主要是二氧化碳、二氧化硫、硫化氢、氯化氢和氮等气体。

商品在有害气体浓度大的空气中储存时,其质量变化明显。例如,二氧化硫气体溶解度很大,溶于水中能生成亚硫酸,当它遇到含水量较大的商品时,能强烈地腐蚀商品中的有机物。在金属电化学腐蚀中,二氧化硫也是构成腐蚀电池的重要介质之一。空气中含有 0.01% 的二氧化硫,就能使金属锈蚀速度增加几十倍,使皮革、纸张、纤维制品脆化。特别是金属商品,必须远离二氧化硫。

目前,主要是从改进和维护商品包装或商品表面涂油涂蜡等方法,减少有害气体对商品的影响。

任务三 温湿度基本知识

教学要点

(1) 理解温湿度的概念;
(2) 了解常用温湿度计的使用;
(3) 掌握温湿度的变化规律。

教学内容

一、温湿度的基本知识

（一）温度、湿度的概念

1. 温度的概念

（1）气温，源自太阳热能，用其表示大气的冷热程度。平时我们所说的气温是指距离地面 1.5 m 高度处的空气温度。

（2）库温，即仓库内温度，最高库温一般低于最高气温，而最低库温则高于最低气温。

（3）贮品温度，即储存商品的温度。除受库温的影响外，还与其自身性质有关，当其受潮或含水量超过安全标准，则堆码易引起发热；微生物寄附繁殖，仓虫蛀蚀及变态时虫体脂肪氧化、分解，也会产热。

常用的温标有三种：摄氏温标（℃）、华氏温标（℉）、热力学温标（K），一般摄氏温标用（t）来表示，华氏温标用（F），热力学温标用（T）来表示，但最常用的是摄氏温标和华氏温标两种。摄氏温标与华氏温标的数学式关系为：

$$F = 1.8t + 32 \quad t = \frac{F-32}{1.8}$$

热力学温标与摄氏温标的换算为：

$$T = 273 + t$$

2. 湿度的概念

（1）绝对湿度，指单位体积空气中，实际所含水蒸气的重量。即以每立方米的空气中所含的水蒸气量，以 g/m^3 表示，或以空气中的水蒸气压力表示，单位为 Pa。

空气中的水蒸气含量愈多，密度就愈大，水蒸气压亦愈大。

（2）饱和湿度，指在一定气压、气温的条件下，单位体积空气中所能含有的最大水蒸气重量。其单位与绝对湿度的单位相同。

饱和湿度随温度升高而增加。因为气温高，空气中能够容纳的水蒸气量就多，故饱和湿度就大。例如，10 ℃ 的饱和湿度为 8.329 g/m^3，20 ℃ 的饱和湿度为 11.117 g/m^3。

（3）相对湿度，指空气中实际含有水蒸气量（绝对湿度）与当时温度下饱和蒸气量（饱和湿度）的百分比。它表示在一定温度下，空气中的水蒸气距离该温度时的饱和水蒸气量的程度。相对湿度愈大，说明空气越潮湿；反之，则越干燥。因此相对湿度表示空气的干湿程度。在仓库温湿度管理中，检查库房的温度大小，主要是观测相对温度的大小。

绝对湿度、饱和湿度和相对湿度三者的关系，可用下式表示：

$$相对湿度 = \frac{绝对湿度}{饱和湿度} \times 100\%$$

在温度不变的情况下，空气绝对湿度愈大，相对湿度愈高；绝对湿度愈小，相对湿度愈低。在空气中水蒸气含量不变的情况下，温度愈高，相对湿度愈小；温度愈低，相对湿度愈高。

上述常用的湿度表示方法,虽然形式不同,但是本质是一样的,各从不同的角度表示了大气中水蒸气含量的多少。

(4) 露点。在绝对湿度和气压不变的情况下,若气温降低,空气中容纳不了原气温时所含的水蒸气量,使空气中的水蒸气达到饱和状态,此时的温度称为露点。温度降到露点以下,则空气中超饱和的水蒸气就会凝结在物体表面,这种现象称为"水淞"。这种现象对商品保管是不利的。

二、温湿度的测量

(一)常用温度计

温度的测量常使用液体温度计。液体温度计利用水银、酒精、甲苯等测温感应液体的膨胀来测量温度的仪器,统称为液体温度计。这类温度计管芯很细(称为毛细管),一端有膨大的空心泡泡(称为球部)或成为弯曲状的空心管,内灌入测温液体。最常用的测温液体是水银和酒精。

水银的比热容小、热导率大,易于提纯,沸点较高(356.70 ℃),内聚力大,与玻璃不发生浸润作用,因而具有较高的准确度,但凝固点高(-38.87 ℃),不宜测定低于-36 ℃的温度。

酒精比热容较大、热导率小,不易提纯,稳定性不如水银,蒸气压大,因而准确度低于水银温度计。此外,酒精的沸点低(78 ℃),不宜测高温;但酒精的凝固点低(-117.3 ℃),适于测定低温。

水银和酒精温度计有不同的温度刻度范围,其分度值有 1.0 ℃、0.5 ℃、0.1 ℃ 和 0.01 ℃ 几种,可根据需要选用。分度值为 0.01 ℃ 的水银温度计只用作校正其他温度计或用于高精度空调系统测算内空气温度用。

(二)常用湿度计

湿度测量应用最广的工具是干湿球温度计。

干湿球温度计,又叫干湿计,其构造是用两支温度计,其一在球部用白纱布包好,将纱布另一端浸在水槽里,即由毛细作用使纱布经常保持潮湿,此即湿球。另一未用纱布包裹而露置于空气中的温度计,谓之干球(干球即表示气温的温度)。

1. 测量原理

干湿温度计的干球探头直接露在空气中,干球温度计测量出来的就是环境空气的实际温度;湿球探头用湿纱布包裹着,环境空气越干燥,湿球外边的湿纱布的水分蒸发就越快。水分蒸发带走的湿球温度计探头上的热量,湿球温度低于环境空气的温度;湿球与干球之间的温度差与反映了环境空气的潮湿或干燥,根据温度差可以求出测量环境空气的湿度。

2. 测量方法

根据现场提供的温湿度计,记录干球和湿球温度(干球温度四舍五入为整数),并查表得出湿度,如图 5-1 所示。

干球温度:13 ℃ 湿球温度:10 ℃
相对湿度:66% 绝对湿度:7.42 g/m³

项目五　商品质量与仓库温湿度管理

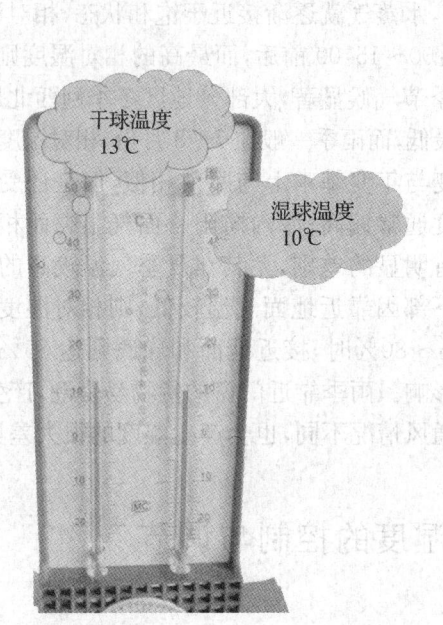

温度		湿度		
干球(℃)	湿球(℃)	相对(%)	绝对 mbar	g/m³
13.0	6.5	38	5.3	4.22
	6.0	33	4.6	3.49
	13.0	100	15.0	11.25
	12.5	94	14.1	10.57
	12.0	88	13.2	9.90
	11.5	83	12.4	9.34
	11.0	77	11.5	8.66
	10.5	71	10.7	7.99
	10.0	66	9.9	7.42
	9.5	61	9.1	6.86
	9.0	55	8.3	6.19
	8.5	50	7.5	5.62
	8.0	45	6.8	5.06
	7.5	40	6.0	4.50
	7.0	35	5.2	3.94
	6.5	30	4.5	3.38
14.0	14.0	100	16.0	11.96
	13.5	94	15.1	11.24
	13.0	89	14.2	10.65
	12.5	83	13.3	9.93
	12.0	78	12.4	8.61
	11.5	72	11.6	8.01
	11.0	67	10.8	7.42
	10.5	62	9.9	6.82
	10.0	57	9.1	6.27
	9.5	52	8.3	5.62
	9.0	47	7.4	5.02
	8.5	42	6.7	4.43
	8.0	37	6.0	3.83
	7.5	32	5.2	3.35

图 5-1　干湿球温度计使用方法示意图

（三）电子温湿度计

电子温湿度计(见图 5-2)用来测定环境的温度及湿度，以确定产品生产或仓储的环境条件的电子仪器。电子温湿度传感器产品及湿度测量是 20 世纪 90 年代兴起的，近年来，国内外在温湿度传感器研发领域取得了长足进步。湿敏传感器正从简单的湿敏元件向集成化、智能化、多参数检测的方向迅速发展，为开发新一代湿度测控系统创造了有利条件，也将湿度测量技术提高到新的水平。

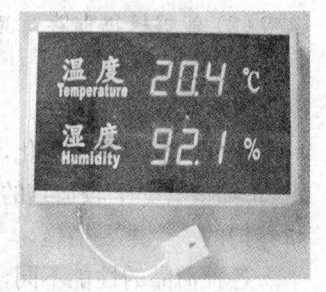

图 5-2　电子温湿度计

电子温湿度计的精度水平要结合其长期稳定性去判断，一般来说，其长期稳定性和使用寿命不如干湿球温度计。它是采用半导体技术，因此对使用的环境温度有要求，超过其规定的使用温度将对传感器造成损坏。所以电子温湿度计更适合于洁净、无化学污染及常温的场合使用。

三、温湿度的变化规律

大气的温度和湿度的变化有其周期性和规律性的。如一日之中，气温在日出之后逐渐升高，午后又逐渐降低。绝对湿度则是，大陆上每日清晨当温度最低时绝对湿度最小，此后，当温度上升时，绝对湿度也逐渐增大，至 9:00 达到最高。此后因热交换作用上下混合的结果，绝对湿度反而减低，至 15:00 达第二最低，此后又增高很快，至 21:00 达第二最高，随后又减少，这种变化在夏季最为明显，冬季则不甚明显。而海洋上空的绝对湿度则只有一个最高值(温度最高时),一个最低值(温度最低时)。

一年之中,从冬到春,到夏,气温逐渐升高,绝对湿度一般也逐渐增大。从夏到秋,到冬,气温逐渐降低,绝对湿度一般也逐渐减小。相对湿度的变化主要决定于气温,当气温升高时,水蒸气渐离饱和状态,相对湿度减小;当气温降低时,水蒸气就逐渐接近于饱和状态,相对湿度增大。最低的相对湿度出现在温度最高的时候,即14:00~15:00前后,而最高的相对湿度则在日出之前即温度最低的时候。我国受信风影响很大,季节气候显著,大部分地区冬季刮西北风,夏季刮东南风。因此,北方地区冬季和初春相对湿度最低,而雨季一般在7~8月份,相对湿度最高。

库房内温湿度的变化也有其规律性。日变与年变基本上与库外相似,但是还受具体条件的影响而不同:库内四角空气淤积不流通,湿度通常偏高;库内向阳一面气温高而相对湿度偏低,背阴一面则相反;库内上下部位的湿度也有明显的差别,尤其在夏季气温较高的季节更为显著,上部因空气温度较高而相对湿度较低,下部因靠近地面气温较低,则相对湿度较高。据有关实验可知,库内上部相对湿度平均为65%~80%时,接近地面和垛底则达85%~100%。此外,靠近门窗附近,最容易受库外温湿度的影响。雨季靠近门窗的货物易受潮,产生水膜,增加库内低层的湿度。垛位表面与垛的内部因通风情况不同,也会产生湿度的很大差异。

任务四 仓库温湿度的控制与调节

教学要点
(1) 掌握仓库温湿度的控制与调节的基本方法;
(2) 能够根据储存商品的要求进行仓库温湿度管理工作。

教学内容
仓库内温湿度的变化,对储存商品的安全有着密切的关系。储存中的商品,要保持质量稳定,都需要有一个较适宜的温湿度范围。因此,控制与调节仓库温湿度,就成为当前条件下商品养护的一个重要措施。

各种商品的性能不同,各个库房的建筑结构、设备条件也有差异,气候在不断地变化着,各种因素是复杂的,如何采取正确的养护措施?首先要明确解决的主要矛盾是什么,是降温还是降湿,是要保持库内的温湿度,还是调节库内的温湿度,以适应商品性能的要求。所以,在确定措施前应缜密考虑,认真分析,才能运用得当,收到预期的效果。

控制与调节仓库环境的方法很多,采取密封、通风与吸潮相结合的方法,是控制与调节库内温湿度行之有效的方法。

一、密封

仓库密封就是把整库、整垛或整件商品尽可能地密封起来,减少外界不良气候条件的影响,以达到商品安全储存的目的。

密封措施是仓库环境管理工作的基础。没有密封措施,也就无法运用通风、吸潮、降温、升温和气调的方法。对库房采用密封,就能保持库内温湿度处于相对稳定状态,达到防潮、防热、防干裂、防冻、防溶化的目的,还可收到防霉、防火、防锈蚀、防老化等各方面的效果。

(一)密封储存应注意的问题

采取密封储存,除应考察库内外的温湿度变化情况外,还必须符合下列要求,才能达到预期的效果:

(1)认真检查商品的质量、温度、含水量是否正常,如发现商品生霉、发热、发黏、出汗、生虫或商品含水量超过安全范围,以及包装材料含水量过大,就不能进行密封。只有进行必要的处理,使商品的质量和含水量达到安全限度以内时,才能进行密封。

(2)密封的时期要根据商品性质和气候变化规律来确定:怕潮、易霉的商品,应在梅雨季节到来之前进行密封;怕热、易熔的商品,应在较阴凉的季节进行密封;怕干裂的商品,应在温度较高,干燥期到来之前进行密封;怕冻的商品,应尽可能提前在气温较高时进行密封。

(3)商品密封后,要加强检查管理工作,因为密封只能是相对的密封,不能完全隔绝环境对商品的影响。在检查中若发现商品或包装材料有异状,或温湿度不适宜时,都要及时采取措施,保护商品质量的安全。

(二)密封材料

密封的材料,是多种多样的。凡是具有隔潮、保温性能的材料,都可以用作密封材料。但必须根据商品的性质和密封的目的,合理选择材料。目前常用的密封材料,有如下几种。

1. 防潮纸

防潮纸是指具有防潮能力的包装纸。常见的有柏油纸、蜡纸、油纸,以及用抗水剂进行表面处理的纸等。近年来还生产一种涂布塑料薄膜的防潮纸有发展前途的防潮密封材料。防潮纸主要用于密封包装,防潮能力比普遍防潮纸高,是一种很有发展前途的防潮密封材料。防潮纸主要用于密封包装。

2. 油毡纸

油毡纸,俗称油毛毡,是利用破布、废纸等为原料,或掺用部分动物毛和石棉等,再通过熔融的沥青,热辊挤压,撒上滑石粉或碎云母片制成的材料。油毡纸隔潮防水性能强,是一种较普遍使用的防潮密封材料,常见于地坪、垛底等的隔潮。

3. 塑料薄膜

塑料薄膜隔潮防水性能较强,透气率也很小,常用的塑料薄膜有聚乙烯和聚氯乙烯薄膜。塑料薄膜使用方便,效果好,使用范围越来越广泛。随着塑料工业的发展,大量采用塑料薄膜作为密封材料是比较经济有效的。

此外,聚苯乙烯泡沫板保温、隔潮性能都很好,但成本高,所以目前只限于一些贵重商品的内包装用。

4. 稻谷壳

由于稻谷壳的成分主要是木质素和粗纤维素,壳表面有一层蜡质,且密布茸毛,壳内有大空隙,因此,使用一定厚度的谷壳能起隔热防潮作用。但用作密封的谷壳,含水量应控制在11%～12%为宜。为防止生虫,可掺入少量毒性较小的杀虫药剂,搅拌均匀并晾干。在地坪、垫板等铺上谷壳前,应先铺上一层塑料薄膜或油毡纸,然后铺上15～20 cm厚的谷壳。

5. 血料和泡花碱

血料和泡花碱是用作裱糊密封的黏料。血料配方是用猪血10份、石灰3份、桐油和松香各2份,加入适量水,加热搅拌均匀。泡花碱,即硅酸钠,又叫水玻璃,也常用作密封裱糊的黏料,防霉能力较好,但具有一定的吸湿性。

除了上述的密封材料外,还有纤维板、芦席、河沙等。

(三)密封储存的形式

1. 整库密封

对储存量大、出入库频率不高的商品宜于采取整库密封。具体做法是将门窗缝隙用毡条或棉布条堵严,留做出入的门应加装隔潮门,门上要挂棉门帘。由于地潮会使商品受潮,所以要注意地面防潮。通常是在库内地面上加铺一层沥青与水泥防潮层,也可以铺一层石块或水泥块,再垫一层枕木,上铺木板,木板上再放一层油毡和一层芦席,然后存放商品。若密封库内有易霉、怕虫蛀的商品,可在库内定期用药剂进行杀菌消毒,以防霉菌虫害滋生。

2. 整垛密封

对于一些怕潮易霉或易干裂的商品,可以用防潮效果好的材料如塑料薄膜、油毡纸、防潮纸等将货垛上下四周围起,进行整垛密封,以减少气候变化对商品的影响。具体做法是在垛底层先垫枕木,上铺木板,木板上铺油毡和苇席,然后在铺整块塑料薄膜,在薄膜上堆放商品;货垛堆成后,在垛顶苫以塑料薄膜,将垛上与垛下薄膜的四周互卷在一起用夹子夹紧,使其不透气。有条件的地方若能将塑料薄膜通过热合方法粘接起来,制成塑料帐,密封的效果将会更好。

3. 货架(柜、橱)密封

对出入库频繁、零星而又怕潮、易霉、易干裂、易生虫、易锈蚀的商品,可以采用货架密封法。密封时,先将货架内外缝隙裱糊严密。在裱糊时,对有缝隙处应先糊一层软纸,然后再糊一层牛皮纸或防潮纸,使用的粘料可用合成糨糊、水玻璃、血料或含有防霉剂的糨糊等。货架的门缝可加毡条或橡胶条,以保证严密。若储存有特别易潮、易霉、易锈蚀的商品,可在货架内放一容器,内装硅或氯化钙等吸湿剂,以保持架内干燥。若储存易虫蛀商品时,还应在货架内放入适量的驱虫剂。

4. 按件(箱)密封

按件(箱)密封主要是将商品的包装严密地进行封闭,一般适用于数量少、体积小的易霉、易锈蚀商品,如皮革制品、竹木制品、金属制品、乐器、仪表等。

多数易潮、生霉、溶化、生锈的商品,都适宜先用塑料袋按件包装,加热封口,或放在包装箱、包装桶或包装袋内。这种密封包装简单易行,效果好。

各种密封方法可以单独使用,也可以结合使用。总之,要根据商品养护的需要,结合气候情况与储存条件,因地制宜,就地取材,灵活运用。

二、通风

通风就是根据空气自然流动的规律,使库内外的空气交换,以达到调节库内空气温湿度的目的。利用通风调节库内温度,是既经济又易行的有效方法,仓库管理员应重视和掌握运用。

(一)通风原理

空气总是从压力大的地方流向压力小的地方。这种自然流动的空气,也叫气流。风,实际上就是气流。通风就是根据空气流动规律,把库外适合商品储存的新鲜空气放入库内,把库内污浊的空气排到库外,改善商品储存空间的温湿度条件,防止商品质量变化。

当库外无风,但库内外温度不同时,如果库内温度高,空气密度小,其气压也小;库外温度低,空气密度大,其气压就大。只要库内外的温度不同,就会产生气压差。如果此时开启库房的通风口,就会引起库内外不同气压差的空气自然对流,库外空气就会自然流入库内。库内外温差愈大,气压差愈大,空气流动速度也就愈大。

当库外有风时,可借风的自然压力加速库内外空气的对流,库外空气从迎面风的门窗流入库房,而从背风面的门窗流出库外。但风力过大时不宜采用,以免引起仓库和商品的污染现象。一般风力在五级以下为宜。

(二)通风时机的选择

仓库通风必须根据库存商品的性质,先明确库房应具备的温度和湿度范围。一般来说,在库房内空气温湿度适合商品储存的条件下可不进行通风。如果库内空气温湿度不适合商品储存,或商品本身水分过高,就需要认真对比分析库内外温湿度情况,参考风力和风向等因素,选择适宜的时机通风。

1. 通风降温或升温

通风降温主要用于对空气湿度要求不严,而对温度要求比严格的一些怕热商品,如玻璃瓶或铁桶装的易挥发的,或易熔化的化工原料、化学试剂等商品。这类商品,在高温季节,只要库外温度低于库内时,就可以通风。此外,对于一些怕冻商品,在低温季节,只要库外温度高于库内就可进行通风。

2. 通风散潮

通风散潮一般是指易霉腐、溶化、锈蚀等商品的通风,目的是降低库内相对湿度。由于库内外温度不一致,不能简单地对比库内外相对湿度来决定是否通风。这类通风的一般原则是库内绝对湿度大于或等于库外绝对湿度,一般在下述几种情况下适宜通风:

(1)库内绝对湿度和相对湿度均高于库外。因为在这种情况下,不管库内外温度差如何,库外空气都比库内干燥。

(2)库内温度和绝对湿度高于库外,相对湿度等于或略低于库外。这是因为库内相对湿度低于库外是库内温度高于库外的缘故,通风以后,库内温度和绝对湿度都会下降,相对湿度可能会上升,也不会大于商品安全相对湿度,这对商品保管是有利的。

(3)库内温度比库外低,绝对湿度也稍低于库外,但相对湿度或商品的含水量已超过商品的安全相对湿度,或商品的含水量已经超过安全水分范围,需要散潮时,也可以通风,这类通风称为提温降潮。

一般来说,散潮通风要以降低绝对湿度为主,如果库内绝对湿度低于库外,通风后会使库内绝对湿度增加,这是不利的方面。但当库内相对湿度高于商品的安全相对湿度,或商品含水量过高时,如果不迅速降低库内相对湿度,商品在高温环境下极容易变质。因此,发现库外气温高于库内较多,而绝对湿度相差不大时(这种机会在春夏之际较多),利用通风升高库内温度,来降低库内相对湿度,为商品安全储存提供良好的储存环境,这是有利的方面。比较起来,利多弊少,所以不失为通风时机。

提温降潮方法是一种应急措施,需注意一定要在库内相对湿度超过商品的安全相对湿度,或商品含水量超过安全含水量,且库内外温差大的条件下才可采用;否则,通风利少弊多。因为此时,升温是降湿矛盾的主要方面,而通风后绝对湿度虽有提高,但仅是降湿矛盾的次要方面。通风后,由于温度上升使相对湿度下降的幅度比绝对湿度提高使相对湿度上升的幅度大,库内相对湿度就会有较大幅度的下降。

(三) 通风方法

1. 自然通风

自然通风就是利用库房门窗、通风洞等,使库内外空气进行自然交换。

当库外无风时,自然气流的交换,主要靠库内外温差而产生的气压差进行的。在这种情况下主要开启上部和下部的通风口、门窗,进行空气的自然交换。

当库外有风时,库内外空气的交换,主要靠风的压力。在库房门、窗开启时,应先开背风面,后开迎风面。在停止通风时,应先关迎风面,后关背风面。开启门窗,要抓紧进行,抓住通风的有利时机。借助风力通风时,要注意风力不能超过五级,并要注意防止灰尘。开启门、窗的数量一般以全部敞开效果最好,空气交换快。开门要比开窗效果好。

2. 机械通风

机械通风就是在库房上部安装排风扇,在库房下部安装进风扇,根据热空气上升、冷空气下沉的原理,借机械排风的作用,加速库房内外的空气变换。有时还可在进风处装置空气过滤设备,以提高空气的洁净程度、降低空气的湿度或温度。出于不同的目的,机械通风有以下几种形式:

(1) 缩小库内上、下部空气温差,防止露点温度产生的通风。这种通风应以机头朝下,向地坪吹风,促使空气上下层混合,逐渐缩小温差,接近均衡。

(2) 加速空气交换,保持库内空气不断更新的通风。这种通风在排风时应以侧面通风的方法,采用"射流—回流式"排风,即利用机械使库内外空气得到交换。

(3) 以风力加速商品的透风散热。这种通风是对超过安全水分的商品或外湿严重的商品,其自身温度偏高又有发热霉变的可能,借助风力强吹,使商品透风散热,防止商品霉变。

【背景链接5-6】

梅雨期的温湿度管理

所谓梅雨,是指长江中下游初夏的连续阴雨天气。我国传统夏历的节气中就有"入梅""出梅"的日期,一般"入梅"在"芒种"的节气内,而"出梅"大致在"小暑"节气内。这段时期,商品容易发生霉变,因此梅雨又可以称为"霉雨"。

如何确定入梅、出梅,气象学上也有比较明确的规定,一般是平均气温升高到23 ℃,空气相对湿度上升到90%左右,在一次比较明显降雨后,无连续晴天在4天以上,作为入梅;当气温高于28 ℃,在一次较大降雨后,相对湿度下降到80%以下之后,有一段长时期的晴天作为出梅。

据资料统计,梅雨期内降水量很大,约占全年降水量的25%~33%。天气的主要特征是:雨量多、雨日长、湿度大、云多、日照时间短,地面风力较弱(一般稳定在风速1~2.5 m/s)。降水多属连续性,偶尔也有阵雨和雷暴。

根据梅雨的发展过程及其特点,仓库温湿度管理工作可分三个阶段进行。

第一阶段:梅雨前的准备工作。在这段时间内主要抓住一切有利时机,利用自然通风散潮,使储存商品及其包装充分干燥。在3~5月内,抓住可以多通风的时机,使商品及其包装,以及库房内墙面、地坪尽可能地降低水分,以便能应付梅雨期高湿空气的侵袭。在此期间还要抓紧做好库房门窗的维修工作。对库房内所挂的温湿度计做一次必要的校正。

第二阶段:梅雨期的严格防潮。严格控制库房门窗启闭,以防止库房商品吸收库外大量的水蒸气。

第三阶段:梅雨结束以后。刚刚"出梅",天气虽已放晴,库外气温骤升,但此时大雨始晴,地面上积蓄了大量水分,蒸发旺盛,空气中水蒸气量大大增加,此时库外因气温升得很快,水蒸气量未达到饱和,相对湿度反而偏低,在此期间千万不可盲目通风。这是因为绝对湿度必然是库外大于库内,库内外温差也很大,如让库外温暖潮湿空气进入库内,极易出现凝露水、水淞、地坪返潮。

天气已放晴了一些日子,蒸发也有所减弱,库外空气中水蒸气量已有所降低。此时不但要对比库内外绝对湿度,更重要的还要将库外绝对湿度对比库内垛底和地坪温度下的饱和湿度。如果库外绝对湿度超过了库内垛底和地坪温度下的饱和湿度,必然会发生地面出水的危险。同时在这个阶段可能会出现库外温度高于库内,库外绝对湿度略大于库内的局面。如果是"温差"大于"湿差",可能会出现利用自然通风"提温"降潮的机会。所以,在此阶段内必须耐心细致地做温湿度对比。梅雨后已晴朗了一段时间,气候进入"三伏"阶段。此时可加强库内外温湿度对比观察,发现库外绝对湿度小于库内时,即可通风。

三、吸潮

吸潮(或吸湿)是与密封紧密结合,用以降低库内空气湿度的一种有效方法。在梅雨季节或阴雨天,当库内湿度过大,又无适当通风时机的情况下,在密封库里采用吸湿的方法,以降低库内空气的相对湿度。

(一)吸潮剂吸潮

吸潮剂的种类很多,常用的有以下几种。

1. 生石灰

生石灰化学名为氧化钙,分子式 CaO,在潮湿空气中容易吸收空气中的水分,变成熟石灰,并放出热量。化学式如下:

$$CaO + H_2O \longrightarrow Ca(OH)_2 + 热量$$

生石灰吸潮速度较快,一般 1 kg 能吸收水 0.25 kg 左右。使用生石灰时,应先分成小块,用容器盛放,放在库内垛底、墙边等地。

生石灰在吸潮过程中,放出一定热量,但作用缓慢,对库温并没有明显影响。使用生石灰吸潮时,要防止与大量水分接触,以免迅速反应放出大量热量,引起火灾事故。生石灰吸潮后,生成氢氧化钙,具有较强腐蚀性,并能与空气中的二氧化碳反应,放出水分。所以,在使用时,要勤检查,发现潮湿松散应及时更换,并注意做好库房防漏与安全防火工作。对怕碱的商品,如毛丝织品、皮革制品等,不能使用生石灰吸潮。由于生石灰吸潮弊端较多,目前商业仓库已很少使用。

2. 氯化钙

氯化钙,是一种白色固体分子式 $CaCl_2$,有无水氯化钙和工业用氯化钙两种。无水氯化钙吸湿性较强,1 kg 能吸水 1~1.2 kg。仓库里通常用作吸潮剂的多是工业用氯化钙,其吸水性略差些,1 kg 能吸水 0.7~0.8 kg。

氯化钙吸潮后,便溶化为液体,变成氯化钙的水化物。因此,使用时应放在竹筛上或装在麻袋里,下放容器盛装吸湿后的液体。吸湿溶化后的氯化钙溶液,经加热熬煮后,蒸发到表面出现有厚的结晶时,倒入容器中,冷却结块后即可继续使用。氯化钙是目前仓库里常用的吸潮剂,使用时要防止污染商品或地面。

【背景链接 5-7】

立体排风氯化钙吸潮室

有条件的仓库,可建造立体排风氯化钙吸潮室,不仅吸潮效果好,而且库内清洁卫生,保管员劳动强度亦降低。具体做法是在库房外建一个 1 m² 左右的小室,高度比库房略低,小室地下埋一只缸,缸内搁放氯化钙。小室内上部与底部各开一个通风洞与库内相通,上部通风洞装一台往内排空气的排风扇。这样,排风扇一动,库内空气经底部通风洞进入氯化钙小室,氯化钙从空气中吸取水分,然后干燥空气经上部排风扇排入库内。如此循环往复,降低底部湿度。另外,为了更换氯化钙,小室应开门。但排风扇工作时必须把门关紧,否则会劳而无功。

3. 硅胶

硅胶,又叫矽胶、硅酸凝胶,是无色透明或乳白色的颗粒状或不规则的固体,分子式 $m\mathrm{SiO}_2 \cdot n\mathrm{H}_2\mathrm{O}$。

硅胶具有良好和持久的吸湿性能,1 kg 能吸水 0.4~0.5 kg。吸水后不溶化,不沾污商品,经烘干后仍可继续使用。硅胶虽吸湿性能好,但价格较贵,所以目前多为精密仪器、贵重商品等的小包装内使用。硅胶吸潮后,在 130 ℃~150 ℃ 的温度下烘至恒重后仍可继续使用。

【背景链接 5-8】

硅胶的颜色

硅胶本身无色,但为了便于掌握它的吸湿程度,通常加入氯化钴、氯化铁和溴化铜等物质,使其带有颜色。带色的硅胶,随着吸潮的程度的不同,其颜色变化也不一样。例如,蓝绿色的硅胶,吸潮后逐渐变为浅绿色、黄绿色,最后变为深黄色。深蓝色的硅胶,吸潮后逐渐变为浅蓝色,最后变成粉红色或无色。黑褐色或赭黄色的硅胶,吸潮后变为浅咖啡色,最后变成浅绿色或无色等。从这些颜色的变化,可以指示出吸潮的程度。最后的颜色表明吸潮已达饱和程度。

除了以上几种吸潮剂外,还可以因地制宜,就地取材,如使用木炭、炉灰和干谷壳等进行吸潮。

(二) 去湿机吸潮

使用空气去湿机吸潮,就是利用机械吸潮方法,来降低空气的相对湿度。

去湿机的工作原理是:室内潮湿空气经过滤器(吸尘泡沫塑料或金属网)到蒸发器,由于蒸发器的表面温度低于空气露点温度,空气中的水分就会凝结成水滴,流入接水盘,经水管排出,使空气中的含水量降低,被冷却干燥空气,经加热后,使其相对湿度降低,再由离心机送入室内。室内空气相对湿度便不断下降,当达到所要求的相对湿度时,即可停机。

空气去湿机吸潮,在温度 27 ℃,相对湿度为 70% 时,一般每小时可吸水 3.4 kg,使用空气去湿机吸潮,不仅效率高,降湿快,而且体积小,重量轻,不污染商品。

(三) 空调器调节

空调器是利用制冷、制暖的空气调节系统,调节库内的温湿度,加速空气流动及空气净化处理等,创造一个适宜商品储存的环境。空调器与去湿机配套使用,可形成恒温、恒湿的小气候环境,可以说,空调器和去湿机应用于仓库,提高了仓库科学调控温湿度的水平。

（四）自动调控温湿度

自动调控温湿度指利用光电自动控制设备，在规定的仓库温湿度范围内自动报警、开窗、开动去湿机、记录和调节库内温湿度等，当库内温湿度调至适宜时，又可自动停止工作。具有占地面积小、使用灵敏准确等优点，为最先进的仓储设备。

【背景链接 5-9】

智能温湿度控制器

智能温湿度控制器，以先进的单片机为控制核心，采用高性能温湿度传感器，可同时对温度、湿度信号进行测量控制，并实现液晶数字显示。还可通过按键对温、湿度分别进行上、下限设置和显示，从而使仪表可以根据现场情况，自动启动风扇或加热器，对被测环境的实际温、湿度进行自动调节。

图 5-3　智能温湿度控制器

任务五　养护技术实例——卷烟仓库的温湿度管理

 **教学要点**

(1) 了解卷烟仓库中温湿度情况分析；
(2) 掌握卷烟仓库温湿度的观测和调节。

 教学内容

众所周知，香烟是一种很复杂的产品，卷烟存贮环境不同可造成很大的保质期限差异，环境干燥可以存贮两三年，而如果环境不好，一年也无法存放。比如在高温高湿的地区，只经过一个夏天，香烟干丝醇化，吸足了水分，天气变化，便很容易发霉；而在干燥寒冷地区，香烟保质期可以有好几年，因此良好的储存条件能延长卷烟的储存时间。

一、卷烟仓库中温度情况分析

（一）温度对卷烟的影响

在仓储温湿度管理中，空气温度是一个很重要的参数。卷烟仓库的温度不但直接影响卷烟的安全储存，而且直接主导库内卷烟质量变化。

(1) 温度高，安全水分降低；温度低，安全水分升高。

(2) 温度高，其水汽密度和压力增大，卷烟的散湿作用加强。温度低，卷烟的吸湿作用强，且温度越高散湿越强，温度越低，吸湿能力越强。

(3) 卷烟在温度越高时，其卷烟特有的香味（吸味）和人工加入的各种香料、香精挥发越快；反之，则挥发得慢。

（二）库温温度波动的原因

(1) 太阳辐射，建筑物通过墙体、屋顶、门窗吸收，传入库内的热量。

(2) 库内各种照明灯、电动设备、电热设备散发的热量。

(3) 人体散发的热量。
(4) 库内卷烟堆码不合理,或过于密集对库内的温度亦有影响。
(5) 库房周围的各种热量,通过空气这个媒介传入库内。特别是库房周围有锅炉房、电热烘房或其他发热量较大的工厂等。

二、卷烟仓库中空气的湿度情况分析

(一)湿度对卷烟的影响

卷烟具有很强的吸湿性,是烟草的内在成分所决定的;烟叶表面是具有毛细管结构的多孔胶质体,并含有可溶性糖分、有机酸等。而烟草中糖类等是吸湿性很强的一种物质,且烟草中含有一定的水分,与外界(库内)空气中的水分子随着温度的变化而产生吸附、蒸发、扩散,而引起卷烟含水量的增减。当超过一定的限度时,卷烟就发生质的霉变,并有一定的传导性,即水分多的向水分少的导湿,霉变的向没有霉变的传染。且温度越高,水分子活动愈强,传导性速度愈快,霉菌的传染也愈快,且高档烟比低档烟的传导性大。

(二)库内湿度的来源

(1) 库外潮湿空气侵入:空气是一种无缝不钻的气体,当库外湿度较大,库内湿度较小时,库外湿度随着空气的流通侵入库内,特别是门窗不严,或没关好的侵入的湿空气就多,直至库内外湿度平衡。
(2) 雨水渗透:过多的雨水淋于墙体、门、窗,被墙体、门、窗吸入后传入库内,再则是通过墙体、门、窗、屋顶的裂缝渗透入库内。
(3) 库外排水不畅,或库房地表潮湿不止。通过地面这个媒介逐渐渗入库内,造成地潮上返。
(4) 入库卷烟及包装物所含水蒸气蒸发,及在入库前受雨淋后入库,遇到库内温度较高时蒸发使库内湿度变大。
(5) 库外有锅炉房及其他产生蒸汽的设施放出的水蒸气通过空气传入库内。

库房的温湿度相对卷烟的安全储存关系密切,在卷烟的保管中要善于观察,掌握其变化规律,利用现有的条件制造一个区域性的人工气候环境、一个理想的温湿度范围,以满足卷烟的安全储存。

三、卷烟仓库温湿度的观测

温湿度的观测,是控制与调节库内温湿度的先决条件。获得准确的库内温湿度和库外温湿度及气象资料,便是必不可少的第一手资料。

(一)库外气象资料

应每天注意收听当天气象预报,观测库外温湿度表,并做好当天的记录,有条件的还应设立风标,测量风速,库外纪录等,一般应有日期、温度、风向、风力、晴、雨、阴,相对湿度及观测人员姓名等。每天观测两次,上午8点左右,下午2点左右(在一天中,气温有一个最高值和一个最低值,最高值一般出现在下午2点至3点;最低值出现在日出前后),并按表格格式填写记录完毕,每月月底平均计算一次库内月平均相对湿度、库外月平均相对湿度和相应的平均温度。

(二)库内温湿度观测

库内温湿度观测,主要是设置温湿度表,温湿度表的高度应与观测者两眼平行为好,温湿度应放在能较好地反映库内温湿度情况的地方,切不可与去湿机、空调机及门窗边太近。库房面积较大的,还应设置多个温湿度表并编号,所放库内的方向位置并做好记录。例如,每天上午 8 点左右,下午 2 点左右进行观测并按所编号位置记录。每日各取平均相对湿度一次,所有库内外观测记录均应长期保存,以利于掌握当地当年、当月的气候温湿度变化规律,预测来年的月气候、年气候可能出现的变化。

四、卷烟仓库温湿度调节的方法

按照国家烟草专卖局颁布的《卷烟仓储管理规则(试行)》的要求,库内空气相对湿度控制在 55%～65%(夏季温度控制在 25 ℃～30 ℃之间);保持卷烟含水率在 11.5%～13%范围内,以达到保证卷烟质量防止劣化的目的。目前仓库温湿度调节的有以下几种方法。

(一) 通风降温降湿

通风降温降湿是在掌握第一手资料后,也就是说当库外的温湿度低于库内时,可敞开门窗通风驱热降温。通风条件差的,可利用排风扇、鼓风机强制通风降温。此种情况方法应根据库外的天气变化规律恰到好处即可。

(二) 密封隔潮土法吸潮

在高湿季节,库外的湿度往往高于库内。在卷烟入库时最好只开一个门,其他门窗关闭密封,尽量少开或不开,以减少潮气冲入。在还没有机械设备防潮的单位,可在库内采用氯化钙、生石灰、木炭吸潮,但必须注意防止污染。

(三) 窗外遮阳隔热

太阳辐射是通过墙体、门窗把热量传入库内,是库内温度升高的主要热源。根据这一现象,可在门窗外加遮阳物品,如门帘、窗帘、遮阳棚等,以减少太阳辐射的热量进入库内。

(四) 利用机械制冷法除湿降温

随着我国国内经济的迅速发展,机械制冷除湿降温已大量进入仓储温湿度管理领域,利用机械制冷方法处理库内的温湿度,要掌握好第一手资料。否则不是把温湿度控制得太低,或者老是降不下温度来。目前,从考察情况来看,几乎所有的中小型烟草公司仓库都采用了机械制冷除湿降温法,配置了一定数量的除湿机或空调机。当然,机械制冷初次投资大,随之而来的便是要提高仓储管理人员的知识水平,掌握一定的空调知识,包括正常使用、维修、保养。但无论按哪一个方法调节库内的温湿度,都应当有原始记录,目的在于掌握数据,积累经验。

技能训练

技能训练一　干湿球温度计的使用

【背景链接 5-10】
仓库温湿度的测量

1. 储存条件

某成品仓库,温度≤20℃,相对湿度没有特殊要求。

2. 测量目的

对仓库内温湿度分布的均匀性和温湿度表最佳悬挂位置进行验证,以满足产品对于仓储环境的要求。

3. 监测时间

根据本地的气候特点,七八月份为一年中的最热月份,因此对该仓库的确认时间为7月1日至7月15日,连续监测15天。

4. 采样频率

每日10:00—11:00、14:30—15:30分两次进行记录,待房间温湿度相对平衡后,观测记录各探测点温湿度,连续记录15天。

5. 监测点确定

一般应考虑均匀性布点和特殊位置布点,原则是覆盖整个仓库有效贮存空间并在仓库空间内对称、均匀分布。

6. 通常布点位置

空调出风口、一般存货区的高低位置、通向非温控区的出口(装载码头或中转存放区)。

7. 注意事项

(1) 温湿度测量应根据仓库物料及产品的堆叠高度,同时考虑仓库门、窗的布局,温湿度控制设施的位置等对温湿度产生影响的因素,必要时在仓库空间的不同高度进行监测点的设置。

(2) 温湿度考察最好在一年中天气最恶劣的阶段进行,通常为夏季和冬季的最热和最冷阶段的极端条件。

(3) 单独隔离的房间、楼层宜分别进行温度分布考察。

【背景链接5-11】

干湿球温度计的使用

一、干湿球温度计使用的注意事项

1. 干湿球温度计的读法

(1) 视线与水银柱顶部持平。

(2) 头、手不要碰触球部,不要对着水银球呼气。

(3) 读数时一般先干球,后湿球。

2. 干湿球温度计的设置

(1) 纱布吸水性要好。

(2) 纱布要干净,一头裹紧探头,一头浸在水中。

(3) 水盂内水不得少于2/3。

(4) 水要干净(一般用蒸馏水),不能加防冻剂。

3. 干湿球温度计的摆放

(1) 高度:库内1.5~1.7米(与人眼齐平),库外2米左右(百叶箱内)。

(2) 位置:悬挂于空气流通处,避免太阳照射;不要挂在墙上(温度偏低、湿度偏大)。

(3) 数量:根据库房面积、商品特性及季节变化,酌量增减。

二、判断下列干湿球温度计的摆放对错

（1）水池上

（2）窗户旁

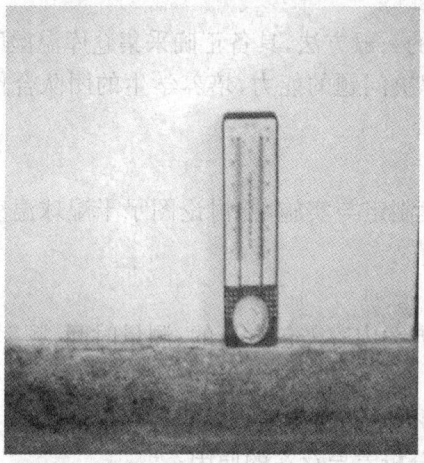

（3）地脚线旁

（4）库门旁

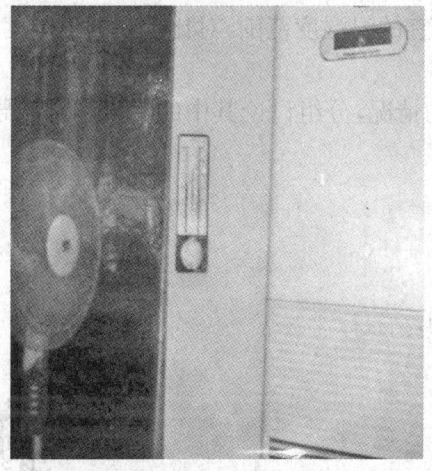

（5）风扇、空调旁

（6）库外外墙上

(7) 库外树荫下

1. 技能训练的目的

通过本次实训,学生应学会仓库温湿度测量的一般方法,具备正确采集仓库温湿度的基本技能,提高在实际工作中发现问题、分析问题和解决问题的能力,培养学生的团队合作精神以及交往沟通能力。

2. 技能训练的内容

分小组进行教师指定场所温湿度的测量方案制定与实施,并讨论图示干湿球温度计摆放位置是否正确,撰写调研报告。

3. 技能训练的步骤

(1) 学生分组制订某场所温湿度采集方案,方案内容需包含目的、测量时间、频率、监测点位置等信息;

(2) 学生按制订的方案分组练习测量该场所内外的温湿度;

(3) 同组比较室内外温湿度值是否一致,并分析差异存在的原因;

(4) 各组之间比较测量结果,并分析差异存在的原因;

(5) 假设一到两种储存商品类型,讨论其适宜的温湿度范围,对比现在的温湿度,若需要调整请给出调整方案;

(6) 根据现场照片所显示的温湿度计摆放的情况,分组讨论其中的错误和可能导致的后果(测量值偏高,还是偏低);

(7) 各组汇报讨论结果;

(8) 教师点评。

4. 技能训练的报告要求

(1) 技能训练的名称、学生姓名、班级和日期;

(2) 技能训练的目的和要求;

(3) 技能训练的原理;

(4) 技能训练的步骤;

(5) 技能训练的原始记录;

(6) 技能训练的结果分析,并写出调研报告。

技能训练二 饲料储存温湿度控制方案设计实训

【背景链接 5‑12】

饲料储藏技术

一、饲料的储藏特性

饲料的种类比较多,但从其组成和加工过程看,主要有粮油加工副产品和配合饲料。这些饲料由于原料组成及物理性状不同,其储藏特性也有差异,但通常都具有以下特性。

1. **淀粉、蛋白质含量高,易吸湿返潮**

一方面,米糠中淀粉含量为37.5%～39%,蛋白质含量为15%～17%;饼粕中蛋白质含量为30%～50%。这些成分均有亲水特性,因此饲料具有较强的吸湿能力。另一方面,由于粮油副产品的结构疏松,空隙度大,也使其吸湿性增强。据实验,在相同的温湿度条件下,麸皮的吸湿速度为小麦的两倍多,而且麸皮的平衡水分也高于其他原粮。配合饲料中也含有大量的淀粉和蛋白质,特别是饲料中的动物蛋白质(鱼粉、骨粉、肉粉、血粉、蚕蛹粉等)原料,吸湿性都很强。

2. **带菌量大,易生霉变质**

由于饲料中含有糖类、蛋白质、脂肪等营养成分,并且在加工过程中经粉碎、蒸气加热处理,导致营养物质外露,加之水分含量较高,因此饲料中极易滋生微生物,尤其适合霉菌的繁殖。霉菌大量繁殖,不仅会使营养物质严重损失和变质,而且会在某些产毒微生物的侵害下,使饲料带毒,进而危害人畜健康。

3. **脂肪含量高,易氧化酸败**

粮油加工副产品中脂肪含量较高,如米糠脂肪含量一般在17%～18%,新米糠甚至高达22%。米糠脂肪中含有相当数量的解脂酶。在解脂酶的作用下,米糠中的脂肪易被分解,使游离脂肪酸大量增加。据实验,刚出机的米糠温度为30℃以上,酸价在10以下,经过5天后,酸价上升到15以上;10天后酸价上升到25以上;20天后则升至35以上。夏季酸价上升最快,出机数天,即可升至80。同时米糠温度也随之上升,并发红结块。脂肪被分解后,酸价增高,质量变差。

4. **营养外露,易生虫害**

加工饲料的原料经机械粉碎后,失去了皮层保护,营养物质外露。因此,温湿度适宜的条件下,很容易滋生多种储粮害虫,特别是受到甲虫、蛾类幼虫、蟥类等害虫的蛀食,导致数量损失和质量下降。

二、饲料储藏技术要求

1. **控制水分,低温储藏**

饲料在储藏过程中的高温、高湿,是引起饲料发热霉变的主要原因。因为高温、高湿不仅可以激发脂肪酶、淀粉酶、蛋白酶等水解酶的活性,加快饲料中营养成分的分解速度,同时还能促进微生物、储粮害虫等有害生物的繁殖和生长,发出大量的湿热,导致饲料发热霉变。

实验证明:15℃以下,害虫呈不活动状态,高温性和中温性微生物的生长受抑制;低于8℃,害虫呈麻痹状态,很少有微生物生长。饲料的含水量降至13%以下时,即使在较高的温度下储藏也鲜有虫霉滋生。因此,在常温仓房内储存饲料,一般要求相对湿度在70%以下,饲料的水分含量不应超过12.5%;如果把环境温度控制在15 ℃以下,相对湿度在80%以下,长期储藏也是可以的。

2. 防霉治菌,避免变质

饲料在储存、运输、销售和使用过程中,极易发生霉变。大量生长和繁殖的霉菌污染饲料,不仅消耗、分解饲料中的营养物质,使饲料质量下降。实践证明,除了改善储藏环境外,最有效的方法就是采取物理或化学的手段防霉治菌(具体手段略,可见项目六内容)。

三、常见饲料的储藏技术

新出机米糠应摊晾冷却,降低粮温后再行入仓。短期存放应降水分,控制在15%以内,长期储存应在13%以内,方可安全储藏。储藏期间要特别注意虫害与发热的检查。注意堆垛中下层是否有结块、生虫、发热现象。同时在高温季节应深翻层面,防止结露、生霉。米糠不宜长期储藏,储藏时间最好不超过10天。高温季节的米糠,应随出机随供应。如因特殊情况,必须储存米糠,则应预先破坏脂肪酶活性,控制酸度增加。如将新出机的米糠在2~4 h内进行烘炒加热10~15 min,使温度达到95 ℃以上,水分降至4%~6%,方可能做长期储藏。加热温度达到115 ℃~126 ℃,水分降至3%~4%的米糠,可以储存半个月左右。米糠入仓时,堆放要疏松,高度不超过1.33 m,用输送机自动输送入仓的堆放高度亦不可超过2 m。堆放时不能用脚踩踏糠面,因踏实后堆垛内积热不易散发,会加速脂肪分解变质。米糠入仓后,要勤检查,勤翻倒,并注意检查糠堆的温度、色泽和气味。如有发热或结块现象,应及时翻堆、摊晾、通风,并及早安排使用。

一般新出机的麸皮水分不高(13%左右),但温度很高,虽在低温季节,亦达30 ℃左右。因此应首先将温度降到10 ℃~15 ℃以下,再脱包散装储藏。在冬季继续采用勤翻囤顶的方法,防止结露、生霉。春暖以后,立即严格密闭压盖,防止外界湿热侵入。在储藏期间也要勤翻勤查,如发现发热变质和霉变结块,需迅速处理。高温季节要加强散热散湿,堆高以不超过5包为宜。

1. 技能训练的目的

通过对提供案例饲料储藏技术的实训,掌握对一般商品进行特性分析的方法,总结其在储运期间的质量变化;理解质量变化的基本原理,针对某种商品能分析其适宜储存的温湿度;掌握温湿度控制的基本方法。

2. 技能训练的内容

根据提供的案例,完成饲料储存温湿度控制方案设计。

3. 技能训练的步骤

(1) 分析案例资料;

(2) 收集其他有关饲料特性和储存的相关资料;

(3) 分析饲料在储运过程中可能发生的质量变化;

(4) 根据上述质量变化写出影响因素及对应的养护措施;

(5) 综合分析上述情况,写出不同类型饲料适宜的温湿度范围及其控制方案。

4. 技能训练的报告要求

(1) 技能训练的名称、学生姓名、班级和日期;

(2) 技能训练的目的和要求;

(3) 技能训练的原理;

(4) 技能训练的步骤;

(5) 技能训练的原始记录；

(6) 技能训练的结果分析，并写出技能训练报告。

课后习题

一、选择题（可多选）

1. 下列商品储存在一起，不会串味的是_____。
   A. 大米、腊肉　　B. 茶叶、香皂　　C. 煤油、桐油　　D. 卷烟、樟脑丸

2. 下列变化属于生理生化变化的是_____。
   A. 后熟　　　　B. 呼吸作用　　　C. 老化　　　　　D. 软化

3. 以下属于商品氧化后果的是_____。
   A. 降低商品的质量
   B. 商品在氧化过程中产生热量
   C. 对商品产生保护膜
   D. 发生自燃现象，有的甚至发生爆炸现象

4. 以下属于影响商品品质变化原因的是_____。
   A. 商品的结构　　B. 商品的爆炸性　C. 卫生条件　　　D. 日光

5. _____指单位体积空气中，实际所含水蒸气的重量。
   A. 绝对湿度　　　B. 相对湿度　　　C. 露点　　　　　D. 温度

6. 以下情况适宜通风散潮的是_____。
   A. 库内绝对湿度和相对湿度均高于库外
   B. 库内温度和绝对湿度高于库外，相对湿度等于或略低于库外
   C. 库内温度和湿度均比库外低很多
   D. 库内温度比库外低，绝对湿度也稍低于库外，但相对湿度或商品的含水量已超过商品的安全相对湿度

7. 吸潮剂的种类很多，常用的有_____。
   A. 生石灰　　　　B. 氯化镁　　　　C. 硅胶　　　　　D. 木炭

二、判断题

1. 质量的载体可以是有形的商品，也可以是无形的服务，还可以是过程、组织或它们的部分或组合。（　　）
2. 商品在储运期间质量不会发生变化。（　　）
3. 高分子商品的老化只与本身有关，与光、热、氧无关。（　　）
4. 湿度上升，可使商品含水量降低、重量减轻，如蔬菜、水果等会发生萎蔫或干缩变形。（　　）
5. 一般情况下，温度越低，持续时间越长，霉腐微生物死亡率越高。（　　）
6. 水果储存的最好方法是将其密封并隔绝氧气。（　　）
7. 不同的商品，在同一温度下，吸湿点都一样。（　　）
8. 空气中只有氧气对商品质量产生影响。（　　）
9. 一般情况下，库温和气温是一致的。（　　）
10. 在空气中水蒸气含量不变的情况下，相对湿度的高低与温度无关。（　　）
11. 使用干湿球温度计时，外界越干燥，干球与湿球的温差越大。（　　）

12. 怕冻的商品,应尽可能提前在气温较高时进行密封。（   ）
13. 在库房内无论空气温湿度如何,都有必要进行通风。（   ）

三、填空题

1. 商品的质量是衡量_____的尺度,指商品的固有特性能够满足消费者需求的程度。
2. _____是低沸点的液体商品或经液化的气体在空气中经汽化而散发到空气中的现象。
3. _____是常见的机械变化,指商品在外力作用下所发生的形态上的变化。
4. 商品储存期间的质量变化与储存的外界因素有密切关系。这些外界因素主要包括_____、_____、_____、_____、_____。
5. 一般情况下,库内四角空气淤积不流通,湿度通常偏_____;库内向阳一面气温_____而相对湿度偏_____,背阴一面则相反;库内上部因空气温度较_____而相对湿度较_____,下部因靠近地面气温较_____,则相对湿度较_____。
6. 密封储存的几种形式有:_____、_____、_____、_____。

四、简答题

1. 简述影响商品质量变化的内因。
2. 什么是空气的湿度？什么是相对湿度？
3. 空气温湿度变化对商品质量有哪些影响？
4. 控制与调节仓库温湿度的方法有哪些？
5. 常用的吸潮的方法有哪些？

五、填表题

根据所学商品质量变化内容,完成表5-3。

表5-3　商品在储运中的物理变化

变化类型	商品举例	变化产生原因	养护措施
挥发			
溶化			
熔化			
渗漏			
串味			
沉淀			
沾污			
脆裂、干缩			
破碎与变形			
散落			

扫一扫,看答案

项目六　商品霉腐及其防治

内容简介

本项目系统阐述了商品霉腐及其防治的理论和方法。从霉腐微生物的特点和生长条件入手，了解其适宜的生长环境，从而理解商品发生霉腐的原理和影响因素，以及什么样的商品容易发生霉腐现象。最后介绍了几种常见的防霉腐方法，可根据不同的场合进行选择性使用。

教学目标

1. 知识目标：

(1) 了解霉腐微生物的特点及生长条件；
(2) 理解商品霉腐的原理、影响因素；
(3) 熟悉常见的易霉腐商品；
(4) 掌握常用的防霉腐方法。

2. 技能目标：

(1) 具有识别商品霉腐可能性的能力；
(2) 具有采用适当的方法对易霉腐商品进行养护的能力。

案例导入

吃发霉甘蔗吃成植物人

这几天，一条微博在网上纷传：一网友求助称，姐姐、姐夫吃甘蔗中毒，现在姐夫成了植物人，姐姐情况也不是很好，多次医治无果，恳请哪位知道好的医院，请告知。

随后，"吃甘蔗会中毒"的说法在微博上传开。昨日，记者就此向省急救中心、福州各大医院、福州市疾病预防控制中心、福州卫生局等部门求证，最终确认，甘蔗本身没问题，是发霉的甘蔗引起的中毒。目前，福州暂未发现吃发霉甘蔗中毒的病例，但吃发霉食物中毒的病例不少。

"吃发霉甘蔗中毒，是有先例的，民间甚至有'清明蔗，毒过蛇'的说法。"福建农林大学国家甘蔗产业技术体系研发中心的徐副研究员告诉记者，很多真菌都可以导致甘蔗发霉变质。其中，一种叫"甘蔗节菱孢霉"的真菌最为可怕。这种真菌中毒的主要表现为，中枢神经系统受损，急性期的症状有呕吐、眩晕、阵发性抽搐、眼球偏侧凝视、昏迷，甚至死亡，后遗症主要为锥体外系的损害，主要症状有屈曲、扭转、痉挛、肢体强直、静止时张力减低等。

"其实并不是3月后所有的甘蔗都不能吃。"徐副研究员解释说，甘蔗发霉在北方很常见，但是在福建情况好很多。甘蔗在秋季成熟，而北方冬季气温都非常低，经常低于零下5摄氏度，而在这种气温下甘蔗很容易冻伤，造成贬值，卖不出去，所以蔗农一般都用地窖窖藏甘蔗。地窖温度较高，甘蔗的糖分水分较足，长时间保存就容易滋生霉菌。所以在北方尤其是东北一带，这个季节甘蔗都是禁售的。

徐副研究员介绍说，而在福建这些南方地区，冬季的气温平均都在0摄氏度以上，几乎是天然的冰箱，所以甘蔗不用窖藏，也不容易发霉。

(资料来源：东南网—海峡都市报，节选)

案例分析
(1) 甘蔗霉腐产生的原因是什么？
(2) 要想避免甘蔗霉腐可以采取哪些养护措施？

任务一　商品霉腐基本知识

教学要点
(1) 了解霉腐微生物的类型及特点；
(2) 了解商品的霉腐过程。

教学内容

一、霉腐微生物类型

项目五中已提过，霉腐是商品在霉腐微生物作用下所发生的霉变和腐败的现象。那么能够引起商品霉变的微生物有哪些类型呢？

霉腐微生物是引起非金属物霉腐变质、性能降低甚至完全损坏的微生物，主要包括霉菌、细菌和酵母菌。其中，霉菌对商品破坏的范围较大，而细菌则主要是破坏含水量较大的动植物食品，对日用品、工业品也有影响。酵母菌主要引起含有淀粉、糖类的物质发酵变质，对日用品、工业品也有直接危害。

二、霉腐微生物的化学组成

霉腐微生物细胞的化学组成和其他生物的化学组成并没有本质的区别，除了占 80% 左右的水以外，干重部分主要组成元素是碳、氢、氧、氮（占全部干重的 90%～97%）和矿质元素（占全部干重的 3%～10%）。由这些元素组成细胞中的蛋白质、核酸、碳水化合物、脂类等各种有机物质，以及无机成分，如表 6-1 所示。

表 6-1　霉腐微生物细胞的化学组成

成分	微生物	细菌(%)	酵母菌(%)	霉菌(%)
水分		75～85	70～80	85～90
固形物（各种成分占干重总重量的百分数）	蛋白质	50～80	32～75	14～15
	碳水化合物	12～28	27～63	7～40
	脂肪	5～20	2～15	4～40
	核酸	10～20	6～8	1
	无机元素	2～30	3.8～7	6～12

根据霉腐微生物细胞的化学组成，可以大致判断出各种微生物生命活动对不同营养物质

的需要。尽管各种微生物的营养要求千差万别,微生物所需的营养物质大致相同,主要包括碳素化合物、氮素化合物、水分、无机盐类和生长素等。这些营养物质能给微生物提供生命活动所必需的能量,提供合成菌体和代谢产物(包括微生物毒素等)的原料,调节代谢活动的正常进行,提供适宜的代谢环境。

三、霉腐微生物的生长繁殖

(一)微生物的生长繁殖方式

1. 细菌的繁殖方式

细菌是以无性生殖的方式进行繁殖,其方式是二分裂法。即由一个细菌的细胞,壁横向分裂,形成两个子代细胞的过程。

2. 酵母菌的繁殖方式

酵母菌的生殖方式分无性繁殖和有性繁殖两种,以无性繁殖为主。其中无性繁殖包括芽殖、裂殖、芽裂;有性繁殖方式为子囊孢子。

(1)芽殖:这是酵母菌进行无性繁殖的主要方式。成熟的酵母菌细胞,先长出一个小芽(即芽体),待芽细胞长到一定程度,脱离母细胞继续生长,而后形成新个体。有多边出芽、两端出芽和三边出芽。

(2)裂殖:少数种类的酵母菌与细菌一样,借细胞横分裂而繁殖。

(3)芽裂:母细胞总在一端出芽,并在芽基处形成隔膜,子细胞呈瓶状。这种方式很少。

(4)子囊孢子:通过细胞质配、核配形成的有性结合孢子。包被以子囊壁,内包有四至八个孢子。当子囊壁破裂所放出的孢子,在适宜条件便可发育成为一个酵母细胞。

3. 霉菌的繁殖方式

(1)无性繁殖,是指由单个细胞分裂而成的无性孢子而进行的繁殖。多细胞霉菌则是多数以分生孢子,少数形成厚膜孢子繁殖。无性繁殖是霉菌的主要繁殖方式。它对霉菌个体数目的增加和繁衍起着重大作用,如一个生殖菌丝体便可产生成千上万个孢子,有的高达几百亿个。

(2)有性繁殖,是指由两个性别各异的细胞结合,经过细胞质配、核配与减数分裂而形成新个体的过程。单细胞霉菌是以接合孢子繁殖。多细胞霉菌是以子囊孢子进行繁殖。

(二)微生物的繁殖速度

微生物的繁殖速度是非常快的。以细菌为例,在理想状态下,多数细菌每 20~30 min 就能分裂一次,如大肠杆菌每 20 min 就能分裂一次,那么 10 小时后,一个大肠杆菌就繁殖成 10^9 个。但现实中,细菌的繁殖受许多因素影响,不可能按数学方式无限制的繁殖。

四、商品霉腐的过程

(一)受潮

商品受潮,是霉菌生长繁殖的关键因素,若商品含水量超过安全水分的限度,就容易发霉。商品受潮后感观不易发现,可用测湿仪器测定,同时还应观测库内的相对湿度。例如,棉布用棉布测湿仪测定,若含水量越过 10%,相对湿度超过 75%时,棉布就有发霉的可能。如果商品受潮时,一般都有水印出现,这时应采取有效的吸潮措施。

(二)发热

商品受潮后发热原因是多方面的,主要是霉腐微生物开始生长繁殖。由于霉腐微生物生长繁殖,产生热量逐渐增高,热量一部分供其本身利用,剩余部分就在商品中散发。外部比内部易散热,所以内部比外部温度高,用手摸垛内商品有时可达烫手程度,如果有厌氧菌参与,严重者可能引起自燃。

商品内部发热时,外表不易被发现,可用铁钎插入测得,如烟包插入铁钎,30分钟后取出即可测得烟叶温度,若发现发热时,应立即拆垛或拆包晾晒。

(三)发霉

霉菌在商品上生长繁殖,起初有菌丝生长,肉眼能看到白色毛状物称为菌毛。霉菌继续生长繁殖形成小菌落称为霉点,菌落增大或菌落融合形成菌苔称为霉斑。霉菌代谢产物中的色素,使菌苔呈黄、红、紫、绿、褐、黑等颜色。

(四)腐烂

商品发霉后,由于霉菌摄取商品中的营养物质,通过霉菌分泌酶的作用,将商品内部结构破坏,发生霉烂变质。发霉后商品外观上发生了变化,如产生污点或商品被染上各种颜色。一旦发现商品发霉,如果能及时采取有效措施,有些商品尚可挽救,不至全部损失。商品腐烂后,其内质结构被彻底破坏,此时就无可挽回了。

(五)霉味

霉味是商品腐烂后产生的气味,包括商品中糖类的发酵而产生的酒味、辣味和酸味,特别是发生在内部,尤为严重。例如,蛋白质的腐败而产生的臭气味,脂肪类的酸败而产生的"哈喇味"。

任务二 商品霉腐的影响因素

教学要点

(1)理解商品霉腐的内因和外因;
(2)掌握仓储条件下商品霉腐的原因。

教学内容

一、商品霉腐的内因

商品的成分和组织结构决定了有些商品能在适宜的条件下,易受霉腐微生物的污染发生霉腐,此类商品一般称为易霉腐商品。这是商品霉腐的内因,具体表述如下。

(一)商品中有霉腐微生物的存在

商品可能带有种类多、数量大的微生物,这是因为生产商品的原料是有菌的,生产过程不是在无菌条件下进行的,未在生产适宜环节上加入防腐防霉剂,产品未进行消毒灭菌,包装不是采取无菌密封的,以及商品在运输仓储过程中不断受空气、土壤、水以及人或动物体内外微生物的污染。这是商品霉变的重要内因之一。

(二) 商品有霉腐微生物需要的营养物质

任务一中已经提到,霉腐微生物所需的营养物质主要包括碳素化合物、氮素化合物、水分、无机盐类和生长素等。虽然易霉腐商品种类繁多,但都含有霉腐微生物需要的有机物。假如商品中不含有霉腐微生物所需要的有机物,那么这类商品就不会发生霉腐。

而不同种类的微生物,对营养物质的要求也不同,尤其是对碳源、氮源要求不同。

自养型细菌,能以二氧化碳或碳酸盐为碳源。异养型细菌,只能从现成的有机物中获得碳源,如单糖、双糖、纤维素、淀粉或从无机化合物如 NH_4NO_3、$(NH_4)_2SO_4$,以及有机化合物如蛋白质中获得氮源。

酵母菌以有机化合物(如糖)为碳源(多数酵母菌不能利用淀粉为碳源),以无机化合物为氮源,如铵盐。

霉菌以糖类为碳源,也可以以有机酸、脂肪为碳源。无机化合物,如硝酸盐或有机物,如蛋白质为氮源。

另外,在无机元素方面,由于霉腐微生物对其需要量极少,所以一般天然物、自来水、一般化学试剂,甚至玻璃器皿中所含的微量元素已经足够了,过多的微量元素反而对微生物生长不利。在天然的谷物、食品、纤维制品等中,这些元素应有尽有,而且有丰富的碳源、氮源,所以这些制品和物品很容易被霉腐微生物污染。

综上所述,微生物种类不同,对营养要求也各异,甚至连灰尘中微量营养物质在适宜条件下也会使其生长繁殖。商品上微生物的营养来源,主要是满足微生物生长条件的各种商品及落在商品上并含有微量营养物质的尘埃。

(三) 商品含有足够的水分或容易吸水

水是霉腐微生物的重要组成部分,在代谢过程中也占有极重要的地位。水分是原生质胶体的一个结构部分。水是良好的溶剂,微生物细胞通过水才能吸收营养物质,进行一系列代谢反应并排泄废物。水还直接参加代谢反应,作为生化反应的底物之一。由于水具有传热快、比热高、热容量大等优良物理性质,有利于调节细胞温度和保持环境温度的恒定。微生物离开水便不能进行生命活动。霉腐微生物所需水分来源有二:一是商品所含水分,二是空气中所含水分(即空气湿度)。商品必须含有足够的水分,否则霉菌就无法利用商品所含的营养物质,而菌体内的代谢产物也无法排出。

因此,易霉腐商品大都含有足够的水分或容易吸收较多的水分。例如,鲜活的食品商品含水量大,干果干菜也遗留下气孔、管胞、筛管和导管等输水系统,形成了交织的毛细管,使之易于吸水。棉、麻、丝、毛等织品,外观组织疏松,内部由细胞间隙和纤维索间隙以及纤维中腔,也构成了毛细管道易于吸水。由于商品内部形成了四通八达的毛细管道的组织结构,所以吸湿性就增强了,这为霉腐微生物的生长繁殖提供了有利条件。

上述吸湿商品能够安全储存的最高含水量(临界含水量)称为安全水分,如表6-2所示是部分商品的安全水分。由于各种商品的性质不同,其安全水分也各异,在安全水分以内的商品,如果储存得当就不致发生霉腐。但是商品的安全水分受气温的影响,气温高安全水分就低。总的来说,细菌在商品含水量为 20%～30% 时生长繁殖速度就会加快,霉菌在商品含水量为 15% 就可发育。

表 6-2 部分商品安全水分参考表

商品名称	安全水分(%)	商品名称	安全水分(%)	商品名称	安全水分(%)
棉花	11～12	原烟叶	16～18	皮具	14～18
棉布	9～10	晒烟叶	12～16	茶叶	10以下
针织品	8以下	烤烟叶	12～14	木耳	12～14
毛织品	9～10	卷烟	9～14	白砂糖	0.1～1

（四）商品具有适当的酸碱度

酸碱度对霉腐微生物的生长繁殖也很重要，表 6-3 显示了霉腐微生物生长的 pH 值。

表 6-3 霉腐微生物生长 pH 值

霉腐微生物类型	生长的 pH 值范围	最适生长的 pH 值范围
细菌	4.5～9.5	6.0～8.0
酵母菌	2.5～8.0	4.0～5.8
霉菌	1.5～11.0	3.8～6.0

多数细菌适宜于中性或偏碱性环境中生长。如蛋白质类食品，其 pH 值多在 7～8 以上。霉腐细菌易于在这些富含蛋白的、偏碱性的肉、鱼、蛋中生长繁殖并使其腐败。

多数酵母菌和霉菌适于偏酸性环境中生长。而偏酸性食品其 pH 值多在 3～6 之间。偏酸性蔬菜、水果、含糖饮料和糕点等食品，易受霉菌和酵母菌污染而发生霉腐变质。

可见，偏酸性的商品适于霉菌、酵母菌生长，偏碱性的商品适于细菌生长。而强酸强碱不但对霉腐微生物生长繁殖不利，甚至可抑制或使其致死。所以，在食品加工和食品储存过程中，通过控制商品环境的 pH 值来抑制霉腐微生物生长繁殖，进行保护商品是可行的。

二、商品霉腐的外因

（一）湿度

不同霉腐微生物对空气相对湿度的要求不同，一般来说水分的需要量是：细菌＞酵母菌＞霉菌。具体可将其分成如下三种类型：高湿性、中湿性和低湿性（见表 6-4）。另外，霉腐微生物的种类不同，对干燥的抵抗力也不同。细菌的芽孢比其繁殖体抗干燥力强，如枯草杆菌的芽孢和马铃薯杆菌的芽孢，在干燥土壤中能生存 90 多年。霉菌的孢子比其营养体耐干力强，如灰绿曲霉的孢子在干燥环境中，经 16 年也不失发芽的能力。

表 6-4 各类霉腐微生物对空气相对湿度的要求

霉腐微生物类型	最低相对湿度	霉腐微生物种类
高湿性（湿生型）	90%以上	细菌、酵母菌、少数霉菌
中湿性（中生型）	80%～90%	多数霉菌、个别酵母菌
低湿性（干生型）	80%以下	部分霉菌

对于商品来说，商品含水量若超过安全水分时，就容易发霉，但还必须要看相对湿度。

相对湿度越大,越易发霉,否则发霉的可能性越小。商品发生霉腐的最低相对湿度称为商品生霉的临界湿度,超过这个湿度商品就会生霉。表6-5是部分商品相对湿度要求参考表。

表6-5 部分商品相对湿度要求参考表

商品名称	相对湿度(%)	商品名称	相对湿度(%)	商品名称	相对湿度(%)
棉花	75以下	烟叶	50~80	皮具	60~75
棉布	50~75	电池	75以下	白砂糖	80以下
针织品	50~75	雪花膏	60~80	苎麻	50~75
橡胶制品	75以下	金属制品	70以下	洗衣粉	75以下

(二)温度

温度对霉腐微生物的生长繁殖影响很大,微生物只能在一定的温度范围内才能生存,高于或低于这个范围,微生物的生命活动就要受到抑制或死亡。根据各类微生物生长繁殖对温度的不同要求,可将微生物分为低温性、中温性和高温性三种类型。每一类型的微生物对温度的要求又分为最低生长温度、最适生长温度和最高生长温度,超过这个范围其生长会滞缓甚至停止或死亡,如表6-6所示。

表6-6 霉腐微生物生长温度范围一览表

霉腐微生物类型	最低温度(℃)	最适温度(℃)	最高温度(℃)
高温性微生物	30	45以上	70~80
中温性微生物	5	20~40	45~50
低温性微生物	0	20以下	20~30

1. 低温微生物

凡生长最适温度在20℃以下的微生物称为低温微生物。例如,海洋、深湖、冷泉中都有低温微生物的存在。冷藏食品的腐败和冷藏血浆的污染,大都由这类微生物引起。

2. 中温微生物

最适生长温度为20℃~40℃范围的微生物称为中微温微生物,自然界中绝大多数微生物都属于这一类。例如,酒精酵母的最适生长温度为28℃,啤酒酵母为25℃,苹果青霉为25℃~27℃,放线菌为28℃。引起人和动植物疾病的病原菌,造成农副产品、工业器材、生活用品霉腐的微生物,往往都属于这一类菌。

3. 高温微生物

最适生长温度在45℃以上的微生物称为高温微生物,常见于温泉、堆肥、厩肥及其他腐烂有机物中。参与堆肥、厩肥制造过程的中、后阶段有机物质的分解作用,以芽孢杆菌和放线菌较多。这些高温微生物常给罐头工业上的灭菌带来困难。

温度对酶的活性影响较大,如鸟类体内的酶最适温度为40℃,人体内病原菌的酶最适温度为37℃。多数霉菌体内的酶最适温度为25℃~28℃,即中温性微生物,在这个温度范围内,酶的活性最强,代谢也随之加速,生长繁殖也就旺盛。所以,大多数霉腐微生物在45℃以上停止生长,在10℃以下不易生长。由此看出,高温和低温对霉腐微生物生长都有很大的影响。低温对霉腐微生物生命活动有抑制作用,能使其休眠或死亡;高温能破坏菌体细胞的组织和酶的活动,使蛋白质发生凝固,使其失去生命活动的能力,甚至会很快死亡。

(三) 空气条件

不同种类的微生物,对气体的要求不同,根据微生物对氧的要求可分三种类型。

1. 需氧型

需氧型的微生物在氧气充足情况下,生长发育旺盛,如绝大多数霉菌都属需氧型的。需氧型的微生物通常存活于商品的表面。

2. 厌氧型

厌氧型的微生物需在无氧条件下才能生长繁殖,空气中的游离氧对其像毒素一样有害。例如,淀粉芽孢杆菌的繁殖体在空气中 10 分钟就会死亡,其芽孢经 8 天就不能生存。厌氧型的细菌主要引起无游离氧的食品发生腐败,如罐头和其他密封包装的食品。

3. 兼性厌氧型

兼性厌氧型的微生物,在有、无氧的条件下均可生长,像引起食品腐败的酵母菌就属此型。另外,二氧化碳和氮能抑制霉菌生长。所以在密封的条件下抽氧充氮或二氧化碳,就能达到抑制微生物生长的目的,这就是气调防霉的原理。

从霉腐微生物总体来看,它既能在有氧条件下生长,又能在无氧条件下生长。因此商品无论处于有氧状态或无氧状态,均能被霉腐微生物污染。

三、仓储条件下商品霉腐的原因

(一) 劣质霉腐

由于商品质量低劣,易受霉腐微生物侵害所造成的霉腐,称为劣质霉腐。例如,商品含水量过高,超过安全水分;未加防霉剂;含灰尘杂质过多,清洁程度差,寄附霉腐微生物量大以及使用淀粉性浆料、黏合剂等。

(二) 吸湿霉腐

由于仓库外湿度过大,仓库门窗密闭不严,垛底无防潮层及铺垫不善,地面返潮,墙壁四角返潮,以及正常含水量与超过安全水分的商品混垛等,而引起的霉腐,称为吸湿霉腐。例如,在梅雨季节,库内阴面、四角、垛底层,多孔性物质的商品,极易吸湿发生霉腐。

(三) 包装霉腐

由于包装材料含水量过高,未经防霉处理或使用了易于霉腐微生物生长的黏合剂,以及材料不洁、含霉腐微生物过多等,而引起的商品霉腐,称为包装霉腐。例如,外包装所使用的草绳、竹板,用淀粉糨糊粘贴都易发生霉腐,可蔓延至商品导致发生霉腐。

(四) 受水霉腐

由于在运输、仓储过程中受雨、雪、水浸而引起的霉腐,称为受水霉腐。例如,商品在运输中受雨,常有水迹。仓库漏雨,霉腐常发生在漏雨的局部,严重者可深入垛内。

(五) 结露霉腐

由于温差结露而引起的霉腐,称为结露霉腐。例如,商品含水量过高,特别是在昼夜温差过大时扣帐,帐内易结露,使局部发生霉腐。

任务三　常见的易霉腐商品

教学要点
（1）了解常见的易霉腐商品的类型；
（2）理解常见易霉腐商品容易霉腐的原因。

教学内容
任务二中已经阐述了商品易霉腐的内因，凡是符合该条件的商品就容易发生霉腐现象。常见的容易发生霉腐的商品如下。

一、食品类商品

食品类商品中容易发生霉腐的商品有糖果、糕点、饼干、罐头、饮料、酱油等。这些商品的原料、再制品、半制品和成品都易沾染微生物而腐败变质。

糖类食品中的单糖、多糖是霉腐微生物的重要碳源。食物中的单糖，广泛存在于动物的肌肉、蜂蜜和水果中。双糖广泛存在于食糖、糖果、乳汁和乳制品中。植物的果实、种子和根块中的淀粉，植物汁液中的果胶质都含有大量的多糖。这些是霉腐微生物重要的碳源。

另外，肉、蛋、鱼、乳等食品中有大量的蛋白质存在，这是霉腐微生物重要的氮源。因此，肉类和鲜蛋作为许多食品生产的原料，即使加以冷藏，也会有少数低温微生物能够正常繁殖而致腐败。

动物内脏的脂肪组织、肠系膜、骨髓、肌间组织和皮下组织中含有大量的动物脂肪，油料作物的种子和种仁中含有植物油，食用油和奶油也是常见的含脂肪类食品。这些脂肪类商品，给霉腐微生物提供了碳源和能量。

蜂蜜、菠菜、竹笋、红茶、各种植物的果实等食品中含有有机酸中的羧酸，如苹果、梨、葡萄和橘柑等水果以及酸泡菜、酸乳内都含有羧基羧酸。这些含有有机酸的食品给霉腐微生物提供丰富的碳源。

此外，粮食在温暖和潮湿的条件很容易繁殖霉菌，食品包装材料和商标纸也经常发霉。这不仅影响产品的外观，也影响到商品的质量。

二、药品

中西成药，如以淀粉为载体的片剂、丸剂，以糖液为主的各种糖浆，以蜂蜜为主的丸药，以动物胶为主的膏药，葡萄糖等溶液为主的针剂等，都是极易感染微生物的基质。虽在生产过程都经过严格的消毒，并含有药物本身的抑菌能力，但往往会被某些微生物所侵害。制药原材料如淀粉、糖类、中药材也很容易霉烂变质。

三、日化类商品

在日化类商品中，最容易发生微生物灾害的是各类化妆品。日化类商品的配料一般是甘油、十八醇、硬脂酸甘油醋、白油、水等,这些都是许多微生物的良好培养基。日化类商品在使用和储存中容易接触到微生物,因此日化类商品是一类很容易发生霉腐的商品。

四、轻纺类商品及皮革制品

纤维织物,特别是棉、毛、麻、丝等天然纤维及其制品,在一定的温度和湿度下,很容易生霉。当微生物在纤维织物上繁殖以后,对纤维的色泽、强度等均会产生影响。这是因为在棉、麻纤维或其他植物细胞壁中存在大量纤维素(属于多糖的一种),如棉制品的原料是棉花,棉花纤维的化学成分94.5%是纤维素,给霉腐微生物提供充足的碳源。

天然丝及其制品、皮革及其制品、毛线及毛制品是蛋白质类商品,或多或少都含有蛋白质成分,是很好的氮源。另外,皮革的表面修饰剂黑色染料的主要成分是乳酪素,一旦温度和湿度适宜,微生物就会在上面繁殖,从而对皮革及其制品产生严重的破坏作用。用皮革做成的制品,如皮箱、皮包、皮鞋及其他制品等,在春夏季节(特别是南方的黄梅时节),容易发生霉腐。

除此之外,化纤织物上也会长微生物,属于可以发生霉腐的商品。

五、部分装修材料

在油漆涂料、乳胶涂料、生漆涂料中容易繁殖细菌,各种涂料涂装以后的涂膜上,也容易生霉。油漆墙壁、天花板及地板,一旦气候适宜时,发霉情况亦可能发生。

胶粘剂的用途十分广泛,除了装修材料外,很多商品在包装和加工过程中都使用了胶粘剂。用糨糊粘贴的瓶装酒、罐头等各种商标纸以及裱糊的国画、水彩画,以及目前仍在使用的淀粉糨糊和羧甲基纤维素钠都容易受到微生物的污染,会在条件适宜时发生霉腐现象。

六、仪器与电子产品

光学仪器如显微镜、望远镜、解剖镜、放大镜、照相机、测定仪、投影器等的透镜、棱镜、反射镜、滤色器等上面,会繁殖微生物,使玻璃遭到腐蚀,影响观察和作业。电子产品牵涉面很广,其中,电子计算机、各种测定仪、通信器材、电话、电子交换器、家用电器等的电子回路、印刷线路板、发电机的线圈、电容器、各种电气绝缘材料、绝缘油等也会出现微生物的生长繁殖,引起上述商品性能的下降,甚至完全被破坏。

七、其他商品

常见的易霉腐商品还有很多,如录音带、录像带、胶卷、摄影胶片、电影拷贝、唱片等。在保存和使用中,如果温湿度适宜,很容易繁殖霉菌和细菌。轻者影响使用,重者会失去使用价值。

各种工艺品,如竹制品、木制品、草制品、麻制品等,以及这些制造工艺品的原料在运输、储藏过程中,由于微生物的侵蚀而霉变腐败的现象容易发生。

文娱用品,如钢琴、手风琴、小提琴、吉他以及许多吹奏乐器都容易受到微生物的侵害。乐器包装盒一般用漆布、皮革、人造革、木料等原料制成,长菌的机会也很多。

各种体育用具,如跳箱、鞍马、垫子、网球等,用途不一,采用原料不同,主要涉及线带、帆布、皮革、人造革、木料等,微生物生长的机会很多。在适宜的温湿度条件下都容易发生霉腐。

任务四　商品霉腐的防治

教学要点
(1) 掌握从仓储管理角度防霉腐的做法；
(2) 理解并掌握各种防霉腐措施；
(3) 了解霉腐发生后的处理方法。

教学内容

商品霉腐是由霉腐微生物引起的，既然微生物是一种生命体，消灭它的办法无非有两种：一是用药剂把它杀死；二是抑制它的生存。霉腐微生物的生存代谢离不开空气、水分、适宜温度这三个因素。只要有效控制其中一个因素，就能达到防止商品发生霉腐的目的。因此，常用的防霉腐方法主要有化学药剂防霉腐（广义上包括气相防霉腐）、气调防霉腐（从空气角度抑制）、低温冷藏防霉腐（从温度上抑制）、干燥防霉腐（从湿度上抑制），辅以必要的仓储管理手段，就可以收到较好的防霉腐效果。

一、加强在库商品的管理

(1) 加强入库验收。易霉商品入库，首先应检验其包装是否潮湿，商品的含水量是否超过安全水分。易霉商品在保管期间应特别注意检查，加强保护。

(2) 加强仓库温湿度管理。要根据商品的不同性能，正确地运用密封、吸潮及通风相结合的方法，管好库内温湿度。特别在是梅雨季节，要将相对湿度控制在不适宜于霉菌生长的范围内。

(3) 选择合理的储存场所。易霉腐商品应尽量安排在空气流通、光线较强、比较干燥的库房，并应避免与含水量大的商品同储在一起。

(4) 合理堆码，下放隔潮垫。商品堆垛不应靠墙靠柱。

(5) 商品进行密封。

(6) 做好日常的清洁卫生。仓库里的积尘能够吸潮，容易使菌类、仓虫寄生繁殖。

二、化学药剂防霉腐

化学防霉腐最主要的方法是使用防霉腐剂，是将对霉腐微生物具有杀灭或抑制作用的化学药品散加或喷洒到商品上，使霉腐微生物的细胞和新陈代谢活动受到破坏和抑制，进而达到杀菌或抑菌，防止商品产生霉腐的目的。防霉腐剂的基本原理是使微生物菌体蛋白凝固、沉淀、变性；或破坏酶系统使酶失活，影响细胞呼吸和代谢；或改变细胞膜的通透性，使细胞破裂、解体。防霉腐剂低浓度能抑制霉腐微生物，高浓度就会使其死亡。

有实际应用价值的防霉腐剂需具有低毒、广谱、高效、长效、使用方便和价格低廉等特点。此外，防霉腐剂尚需适应商品加工条件、应用环境，与商品其他成分有良好的相容性，不发生化学变化，不降低商品性能，无色，无臭，挥发性低，无腐蚀性，原料丰富易于制造，在储存、运输中稳定性好。

防腐剂主要有两类:一类是用于食品的防腐剂,如苯甲酸及其钠盐、山梨酸及其钾盐对食品的防腐,托布津对果菜的防腐保鲜;另一类是对各类日用工业品及纺织品、服装鞋帽等的防腐,如多菌灵、百菌清等。

通常可作为防腐剂的有酚类(如苯酚)、氯酚类(如五氯酚)、有机汞盐(如油酸苯基汞)、有机酮类(如环烷酸铜皂)、有机锡盐、无机盐等。

【背景链接 6-1】

天然提取物作为防腐剂亟待大力开发

进入 21 世纪,随着人们生活质量不断提高,掀起强烈的"回归自然,享受绿色与健康"的浪潮,化学合成物质越来越受到人们的排斥。因此功能性天然提取物和一些生物发酵产品成为食品添加剂领域的发展热点。而我国拥有丰富的动植物资源,开发天然防霉防腐或抗氧化剂有很大优势。例如,茶叶提取物茶多酚,可以利用低档茶叶或茶叶加工的下脚料进行提取,工艺简单,投资少。目前,国内已经有相当数量出口香辛料植物提取物,如迷迭香、鼠尾草、丁香、薄荷、胡椒、生姜、芝麻和大蒜等。国内许多单位进行研究,但是产量较少,没有形成产业化。中草药提取物,目前有一定产量的主要是甘草提取物。研究表明,丹参、银杏、黄萍等多种中草药均可提取出防腐保鲜剂。具有防腐保鲜功能的食用色素正被我国大量出口,并在国际市场占据一定地位,如红曲、紫草红、紫苏色素等,但仍有很大发展潜力。近年来国内研究开发非常活跃的竹叶提取物,作为保鲜防腐剂。另外还有一些天然提取物作为防腐保鲜剂也非常有发展前景,而且大部分在国外已经进入工业化阶段。桂皮提取物可用于水果保鲜和焙烤制品;无花果叶提取物可用作肉类保鲜剂;连翘提取物可用作食品和药物防腐;鱼精蛋白主要用于鱼类保鲜和食品调味;桑树皮提取物可用于烩制品和肉类防腐保鲜,但是不宜在碱性下保存;稻壳提取物主要用于面食防腐保鲜;毛篙提取物主要用于水产品保鲜防腐;罗汉柏提取物主要用于焙烤生冷食品等;山箭菜提取物用于焙烤食品等。我国天然动植物资源丰富,因此上述产品具有良好发展前景。另外国外已经使用的生物合成物,如聚赖氨酸、纳他霉素等,国内尚没有生产,应加快科研步伐。总之,我国要利用丰富的天然资源,规模化提取一些天然防霉腐剂。在开拓国际市场时,也要加强宣传,开发好潜力巨大的国内市场。

三、气相防霉腐

气相防霉腐也是化学药品防霉腐方法之一,它是使用具有挥发性的防霉防腐剂,利用其挥发生的气体,直接与霉腐微生物接触,杀死或抑制霉腐微生物的生长,以达到防霉腐的目的。有的在生产中将防霉腐剂直接加到商品中,有的是将其喷洒或涂抹在商品表面,有的需经浸泡。气相防霉腐是气相分子直接渗透于商品上,对其外观与质量不会有什么不良影响。常用的气相防霉腐剂有多聚甲醛和环氧乙烷,主要用于皮革制品等日用工业品的防霉腐。

应注意的是,气相防霉剂应与密封仓库、大型塑料膜罩或其他密封包装配合使用,才能获得理想效果。另外,使用中要注意安全,严防毒气对人体的伤害。

四、气调防霉腐

气调防霉是生态防霉腐的方法之一,它是根据好氧性微生物氧化代谢的特性,通过调节密封环境(如气调库、商品包装等)中气体的组成成分,降低氧气浓度,来抑制霉腐微生物的生理活动、酶的活性和鲜活食品的呼吸强度,达到防霉腐和保鲜的目的。

(一)气调防霉腐应注意的问题

1. 必须在密封条件下进行

根据条件,可按库、按垛、按箱密封,以不透气为原则。在选择密封材料时,必须要考虑对气体与水蒸气的阻透性、抗压与抗拉力性能、加工技术的可能性、经济上的合理性。

2. 不能对人有危害性

对霉腐微生物有抑制作用的气体,主要是二氧化碳或氮气。

3. 商品含水量在安全水分以下

水分高容易结露,露水侵入商品,会引起局部霉烂变质。所以商品含水要在安全水分以下。在实际中,应注意以下几个方面:

(1)室外昼夜温差过大,不宜进行气调养护;

(2)充入气体应充分冷却,以尽量减少含水量;

(3)如发现帐内气体含水量过高,相对湿度过大,帐外气温有接近露点可能时,应在一天中气温最高时,抽气并同时充入干燥氮气;

(4)以养护为主的商品,应选择在低温季节进行密封。

(二)气调防霉腐的方法

1. 密封

密封是保证气调防霉腐的关键,以不透气为宜。并应安装测气、测温、充气、抽气口、取样口等装置,然后扣帐。整垛密封,简便易行,效果好,成本低。

2. 降氧

降氧是气调防霉腐的重要环节。在气调中控制空气中氧的浓度较控制其他因素简便易行。通过调整空气中氧的浓度,人为制造一个低氧环境,霉腐微生物的生长繁殖及生物性商品的呼吸都会受到抑制。目前,采用的方法主要有人工降氧与自然降氧两种。

人工降氧,又分为机械降氧和化学降氧。其中,机械降氧,又可分为真空充氮法、充二氧化碳法和分子筛降氧法,是将塑料薄膜罩内的空气抽至一定的真空度,然后再充入氮气或二氧化碳。据研究,塑料薄膜罩内的二氧化碳含量达到 50% 时,对霉腐微生物就有强烈的抑制和杀灭作用。化学降氧主要是除氧剂封存法。

自然降氧是利用生物性商品的自身呼吸作用,或商品上霉腐微生物的呼吸作用,逐渐消耗密封垛内氧气,使垛内自行逐步降低氧的浓度,增加二氧化碳的浓度,从而达到自然降氧的目的。自然降氧,方法简便,只需密封塑料帐罩,不需其他降氧设备。

气调还需要有适当低温条件的配合,才能较长时间地保持鲜活食品的新鲜度。气调防霉腐可用于水果蔬菜的保鲜。近年来也开始用于粮食、油料、肉及肉制品、鱼类、鲜蛋和茶叶等多种食品的保鲜。

五、低温冷藏防霉腐

低温冷藏是通过控制和调节仓库内及商品本身的温度,使其低于霉腐微生物生长繁殖的最低界限,抑制酶的活性。一方面抑制生物性商品的呼吸、氧化过程,使其自身分解受阻;另一方面抑制霉腐微生物的代谢与生长繁殖,来达到防霉腐的目的。

低温冷藏防霉腐所需的温度与时间,应据具体商品而定。一般温度越低,持续时间越长,霉腐微生物的死亡率越高。冷藏适于含水量大不耐冰冻的易腐商品,短时间的在 0 ℃左右的冷却储藏,如蔬菜、水果、鲜蛋、乳品、鲜肉的冷却防腐保鲜。在冷藏期间,霉腐微生物的酶几乎失去了活性,新陈代谢的各种生理生化反应缓慢,甚至停止,生长繁殖受到抑制,但并未死亡。冻藏是适于耐冰冻含水量大的易腐商品,较长时间的在－18 ℃～－16 ℃左右冻结储藏,如肉类、鱼类的迅速冻结储藏。在冻藏期间,商品的品质基本上不受损害。商品上的霉腐微生物,因细胞内水变成冰晶、脱水、冰晶损伤细胞质膜,而引起多数死亡。低温冷藏防腐的几种方法如下。

(一)冰库冷藏

没有制冷机械设备的小型仓库,可用自然冰或人造冰来储藏食品。在标准状况下,1 kg 的冰溶解时,吸收溶解热为 334.1 kJ 的热量。用纯冰做冷却剂,很难维持在 0 ℃的低温,多在 2 ℃～3 ℃左右。如果加入一定数量的盐类与之混合,由于盐在冰中溶解,能夺取更多的热量,可使温度降到 0 ℃,甚至 0 ℃以下,并可维持一定时间。

(二)机械冷库储藏

在专用仓库中安装制冷设备建立冷库,冷藏车、船和电冰箱也是一个小型冷库。

冷库主要用于鱼、肉等易腐食品长期储藏。速冻室要求达到－33 ℃,储藏间要求在－18 ℃左右。运输冷藏车、船要求在－15 ℃～－10 ℃之间。电冰箱短期储藏要求－2 ℃～5 ℃左右。

六、干燥防霉腐

干燥防霉腐也是生态防霉腐的方法之一。我国古代有许多干燥法储藏食品有效的方法,一直沿用至今。它是通过降低仓库环境中的水分和商品本身的水分,使霉腐微生物得不到生长繁殖所需水分,来达到防霉腐的目的。目前,主要采用吸潮防潮和通风、晾晒降水等方法。条件允许的企业也可以采用烘干降水和其他物理方法的烘干,如远红外、微波烘干等方式。

七、其他防霉腐的方法

(一)紫外线防霉腐

目前应用的紫外线灯灭菌作用强而稳定。但紫外线穿透力弱,易被固形物吸收,使用范围受到限制,主要用于空气、表面和液状商品的灭菌。此外,空气在紫外灯照射下生成的臭氧,亦有灭菌作用。

(二)微波防霉腐

物质在微波作用下,分子摩擦作用使温度迅速上升,同时,微生物吸收微波后亦引起温度升高,使蛋白质凝固,菌体成分破坏,水分汽化排出,促使菌体迅速死亡。

(三)红外线防霉腐

由于空气几乎不吸收红外线,所以能直接到达加热物表面吸收后转为热能,同时微生物也吸收红外线,使细胞内温度迅速上升,造成蛋白质凝固、核酸被破坏,菌体内水分汽化脱水而死亡。

（四）辐射防霉腐

电离辐射是指能量通过空间传递，照射到物质上，射线使被照射的物质产生电离作用。电离辐射的直接作用是当辐射线通过微生物时能使微生物内部成分分解而引起微生物诱变或死亡。

β射线穿透力弱，只限于物体表面杀菌。γ射线穿透作用强，可用于食品内部杀菌。射线可杀菌杀虫，不会引起物体升温，故可称其为冷杀菌。包装的商品经过电离辐射后即完成了消毒灭菌的作用。配合冷藏条件，通常小剂量辐射能延长储存期几周到几个月，大剂量辐射可彻底灭菌，长期储存。

八、商品霉腐的救治

为避免更进一步的损失，在开始发生霉腐初期应对商品施加必要的救治措施。常用的霉腐商品救治方法有晾晒、烧烤、熏蒸、机械除霉、加热灭菌等，使用时应根据实际情况进行合理选择。例如，棉织品发霉，可先以2%的氨水清洗擦拭，再用清水清洗；丝毛织品发霉可以棉球蘸松节油擦洗后，进行晾晒；纸张发霉可以用甲醛溶液轻轻涂抹或用硫酰氟进行熏蒸处理，还需注意对仓库进行通风等措施，改善纸张存放环境的温湿度。

任务五　养护技术实例——饲料防霉的技术措施

教学要点
(1) 了解饲料发霉的原因；
(2) 理解贮藏饲料的防霉措施。

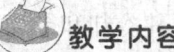
教学内容
霉变饲料的营养价值下降，适口性差，畜禽食用发霉饲料后会引起腹泻、肠炎等症状，严重的可引起中毒而导致死亡。现对饲料防霉的技术措施做一个概述。

一、饲料发霉的原因

饲料发霉是由霉菌引起的，而自然界中的霉菌种类繁多，存在广泛。目前已知有100多种霉菌是产毒霉菌，已证实能引起自然发病的霉菌有10多种。一般而言，饲料含水量高于13%，相对湿度高于70%，温度在25℃～30℃，氧气含量超过2%时，霉菌便会生长并产生毒素。如果收获后原料尚未晒干、晾干便仓装入库，或堆积、贮存过久，饲料中的霉菌便在空气温湿度适宜时大量繁殖，导致饲料霉烂。需要特别指出的是，不仅要重视梅雨季节的防霉，即使在低温季节，只要饲料存放环境湿潮，或饲料含水量超标，同样会发生饲料霉烂，只是低温下霉烂速度比高温时慢些，不易被人们察觉。仓库通风不良、漏水以及饲喂畜禽时加料过多、积存过久、料槽长久不清洗也会引起发霉。不同原料的适宜水分含量，如表6-7所示。

表 6-7　不同原料的适宜水分含量

原　料	水分含量(%)	原　料	水分含量(%)
玉　米	13	小　麦	13
豆　粕	12	高　粱	13
菜　粕	12	血　粉	8
次　粉	12	花生粕	10
米　糠	10	棉仁粕	12
麦　麸	13	酵　母	6
肉　粉	10	乳清粉	5
鱼　粉	12		

二、贮藏饲料的防霉措施

(一) 一般措施

制定严格的进仓制度。饲料仓库必须干燥避光，饲料下面要有 15～20 cm 高的垫底，上方及周围要留有空隙，保持空气畅通。严格控制进仓饲料原料水分含量，凡水分含量超过 14%、轻度霉变在 2% 以上的谷物严禁进仓。粉碎或损伤的谷物长霉的可能性是完整谷物的 5 倍，因此，应保持进仓谷物粒度完好，避免粉碎或机械损伤。钢板仓应配备通风、清杂、温湿度显示及报警装置，以便检查。定期对仓库进行消毒和杀虫，视季节、原料及市场情况制定合理的贮藏期，做到"推陈贮新，先进先出"。另外，也可将饲料用塑料袋密封储存，利用微生物的呼吸作用造成袋内缺氧，起到抑制霉菌繁殖的作用。

(二) 冷藏

研究表明，谷粒或颗粒料在 10 ℃冷库内贮藏，可长期保质而不霉变。饲料的含水量越少，冷藏的安全贮藏期就越长。如饲料含水量为 15.5%～17.5%，可贮藏 6～10 个月；含水量为 12%～15.5%，则可贮藏 8～12 个月。其方法是：冷却系统吸收外界空气并将其冷却和干燥，形成干冷气体(相对湿度在 65% 以下，温度 10 ℃左右)，干冷气体由风扇送入谷粒或颗粒饲料堆吸收热量和水分，并通过仓库顶部气孔将其逸散。

(三) 辐射

霉菌和真菌对辐射相当敏感。美国研究人员利用 1 兆坎德拉的 γ-射线对鸡饲料进行辐照后，将其置于温度为 30 ℃、相对湿度为 80% 的条件下存放 1 个月，结果没有霉菌繁殖。而未经辐照的鸡饲料，在同样条件下存放相同时间后，霉菌大量繁殖，饲料发生霉变。俄罗斯研究人员经试验证明，对饲料先进行化学消毒再进行辐照，不仅具有灭菌和防霉的作用，而且能提高饲料中维生素 D 的含量。他们把相当于饲料重量 1.2% 的氨水(也可用 2% 的丙酸钙或 2% 的甲酸)加入粉碎饲料中进行化学处理，并在不搅拌的情况下，用强度为 120.0 kJ/m^2 的紫外线进行照射，结果饲料中霉菌的繁殖能力大大降低，长期存放不发霉，同时饲料中维生素 D 的含量提高到 180 mg/kg。可见辐射并结合热处理具有显著的协同作用，能有效地控制谷物和饲料的真菌生长。通常加热至 53 ℃，持续 5 分钟，同时用 0.075 兆坎德拉剂量的 γ-射线辐射可完全抑制霉菌生长;将相对湿度提至89%以上,加热60℃,持续30分钟,并结合0.4兆坎德拉剂量γ-射线辐射可完全杀灭真菌孢子并阻止黄曲霉毒素B1的产生。

(四)应用防霉剂

防霉剂作用机理是以未电离分子形式破坏微生物细胞及细胞膜或破坏细胞内的酶系。常用的防霉剂有以下几种。

1. 苯甲酸和苯甲酸钠

苯甲酸钠是一种酸性防腐剂,在低pH条件下,对多种微生物有抑制作用,但对产乳酸作用较弱。在pH值为5.5以上时,对很多霉菌无杀菌效果。苯甲酸最适用的pH值范围为2.5~4.0。苯甲酸钠必须转化为苯甲酸才能起作用。

在用乳熟、蜡熟期收割的玉米作青贮饲料时,添加0.3%的苯甲酸,可防止霉菌生长繁殖,消除青贮饲料的腐败现象,从而提高其品质。

2. 双乙酸钠

双乙酸钠广泛应用于粮食和饲料的防腐保鲜。对人和动物以及环境无任何毒副作用,安全可靠,每吨饲料添加量为1~2 kg。在浓缩饲料中添加0.2%双乙酸钠,在梅雨季节可保证浓缩饲料完好存放1个月。

双乙酸钠适合在奶牛、猪、鱼、羊等饲料中添加,是一种集抗菌剂、防腐剂、促生长剂、酸化剂为一体的多功能饲料添加剂,是目前国内最有发展前途的一种高效安全的饲料防霉防腐剂。

3. 富马酸及其酯类

富马酸及其酯类是一种酸性防腐剂,具有广谱、高效的抑菌作用,可抑制霉菌、细菌及酵母菌的生长;使用安全,适宜pH范围广。可改善味道,提高饲料利用率。另外,富马酸是结晶状粉末,流动性能好,可直接制成预混剂使用。哺乳仔猪料的适宜添加量为1.5%~2%;早期断奶仔猪料,为1.0%~1.5%;肉仔鸡饲料,为0.15%~0.2%。

4. 丙酸及其盐类

丙酸及其盐类属酸性防腐剂,也是抗真菌剂,毒性低,可防止饲料发霉,抑制微生物繁殖,具有较广泛的抑菌谱,对酵母菌、细菌和霉菌均有效,尤其是对腐败变质微生物抑制作用很强。丙酸可抑制饲料中霉菌的生长速度,降低各种饲料中霉菌的数量,减少微生物产生的毒素,延长饲料贮藏期。丙酸本身还含有一定的能量,故使用丙酸及其盐类可补充部分能量。丙酸及其盐类可直接喷洒在饲料的表面,亦可和载体预先混合后再掺到饲料中,通常情况下每吨饲料添加1~2 kg。丙酸的防霉效果优于丙酸盐,但丙酸挥发性强,有刺激性气味和腐蚀性,直接应用受到一定的限制。

5. 山梨酸及其盐类

山梨酸的抑菌性能随酸性的增加而增加,可抑制酵母和霉菌的生长。山梨酸可在pH值5~6以下范围内使用。山梨酸是食品和饲料中常用的保存剂,以防霉防腐为主要目的。山梨酸及其盐类可用于各种食品和饲料中,且不改变饲料的气味和味道,对家畜也无不良影响,适用于饲料添加剂、常用代乳品的防霉剂,也可用作猫、狗及其他观赏动物的饲料添加剂。添加量为山梨酸钾0.05%~0.3%或山梨酸0.05%~0.15%。山梨酸除可抑制各种霉菌的生长,还可同时在动物消化道内抑制有害病原菌(如大肠杆菌和沙门菌)的生长。

目前国内外趋向于生产复合型防霉剂,即采用特殊的工艺将一种或多种有机酸及其载体加工配制而成,由生产的公司命名。例如,国产的克霉灵、克霉净等,进口的 Monoprop、Mold-x Agrnsil 和 Adofeed 等均属复合型防霉剂。由于复合型防霉剂内各有机酸间具有协同作用,因此增强了抗真菌的活性,防霉效果较好。

（五）控制真菌遗传密码

饲料霉变往往是受到黄曲霉毒素两种真菌素和寄生曲霉的污染。为防止黄曲霉毒素的生物合成,可用遗传学方法改变真菌,使其失去产生黄曲霉毒素的酶类。那些被改变了的真菌能成功地与未改变的曲霉进行竞争,以控制黄曲霉毒素对饲料的污染。

技能训练一　储运商品防霉腐计划的编制

【背景链接 6-2】

某鞋类生产企业的防霉计划

一、目的

对产品防霉的控制,确保产品在存储及运输过程中达到防霉计划的控制需求。

二、适用范围

适用于本公司防霉计划的控制等。

三、职责

(1) 品管部负责产品的防霉抽检测试;

(2) 各仓库负责库内防霉工作的实施;

(3) 包装工序负责鞋类包装防霉材料的投放工作。

四、防霉控制程序

1. 工厂环境

(1) 室内。每6个月打扫一次。

① 所有工作区和储存区必须每半年打扫一次,打扫时请医用消毒剂清扫墙面、地板、天花板、风扇,以及机器设备(内部及外部)。请安全使用医用消毒剂,遵守医用消毒剂供应商的安全操作指南,以防止工伤事故发生。

② 请在年初(2月1日)、雨季(4月1日)以及8月1日或者在工厂遭受洪水后彻底打扫工厂。

③ 请使用5%的漂白剂每天清扫地板、传输带、包装台。在毛巾经过清洗及漂白以前不要重复使用。

④ 定期清洁排水系统以保证排水顺畅,不允许任何滞水。

(2) 室外。尽可能多清除工厂周围的杂草。

2. 材料储存仓库

(1) 所有制鞋材料:鞋面、鞋底、盒子、箱子应当储藏在通风状况良好的仓库里,并放置于离地面5英寸高的机板上。

(2) 材料不得储藏在潮湿的地方。

(3) 使用湿度计每小时测试一次相对湿度。仓库的相对湿度应当保持在60%以下。
(4) 材料根据"先进先出"的原则周转流通。
(5) 在仓库里使用风扇促进通风,以保证所有材料干燥通风良好。
(6) 在仓库里使用塑料薄膜覆盖或者密封,以防止灰尘侵入。
(7) 请勿使用材料接触墙面或窗户。所有材料必须保持干燥,并与窗户保持60厘米的距离。
(8) 关闭窗户,检查并修理受损的玻璃。

3. 贴合加工及制造过程

(1) 除鞋面为白色或浅色PU、PVC的鞋子外,所有鞋子都必须喷洒AEM5700防霉剂。
(2) 在贴合后,材料必须彻底干燥。
(3) 如果材料在贴合过程中或之后经过了加热或烫平,请确保材料在卷起、包装前完全冷却。切勿包装热、温、潮湿的材料。
(4) 除硫化鞋外,任何鞋类都不得使用棉线,因为棉质材料容易导致发霉。
(5) 保证真皮,尤其是猪面皮、猪反毛皮、牛反毛皮在鞣制过程中加入防霉剂。
(6) 每双鞋喷洒不超过8~10 g的AEM5700防霉剂。
(7) 在喷洒AEM5700后,鞋子必须立即经过烤箱烘烤,在70 ℃温度时时间设定3分钟或65 ℃ 5分钟。
(8) 所有童鞋、运动鞋、工作鞋以及登山鞋的内里必须喷洒AEM5700,以控制内里材料对湿气的虹吸特性,但无渗透性的材料如PU、PVC不适用此条。
(9) 鞋垫组合好后亦须喷洒AEM5700,以防止鞋子里产生异味。
(10) 在生产过程中应当使用适当的加热及冷却处理,以保证在包装前鞋子完全干燥。
(11) 生产场所平常的空气流动很重要,使用足够的风扇以防止空气停滞,并防止霉菌孢子停留在鞋类产品以及设备上。

4. 鞋面仓库

鞋面仓库中应保持良好的通风状况,相对湿度保持在60%以下,最好能使用抽湿机。

5. 包装

(1) 所有外包装箱、鞋盒以及包装纸在包装前必须完全干燥。
(2) 内盒里侧应喷洒AEGIS防霉剂。
(3) 在包装线末端使用紫外线杀菌,所有鞋类产品、鞋盒、包装纸必须在包装前在温度为70 ℃的干燥箱中干燥至少3分钟,超过3分钟效果更佳。

6. 成品仓库

(1) 包装好的纸箱应当堆放在仓库中2楼或更高楼层离地面5英寸的浅板架上,以防止产品受潮受湿,并保持通风良好。
(2) 包装好的产品切勿接触墙面和窗户。所有产品保持干燥,并必须距离墙面60厘米。
(3) 在通过最终验货后,立即装运成品出厂,以避免产品在储存过程中受潮。产品应当按照"先进先出"的原则装运。
(4) 仓库必须具备良好的通风条件。每4小时应使用湿度计检测相对湿度并记录湿度状况。相对湿度要保持60%以下,仓库内部必须有空气循环系统(风扇)。

7. 卡车运送
(1) 装运前保证货柜或卡车干净整洁、干燥、无泄露。
(2) 如果使用无盖卡车运送,请保证在装车后用厚塑料油布覆盖货品。
(3) 避免使用装运过高度易发霉物品的卡车或货柜。

1. 技能训练的目的

通过对储运商品防霉腐计划的编制,学会对商品产生霉腐的原因进行分析,掌握霉腐发生的影响因素,总结在储运期间可采取的防霉腐方法,并将其合理运用在日常储运作业中。

2. 技能训练的内容

根据提供的案例,完成储运商品防霉腐计划的编制。

3. 技能训练的步骤

(1) 分析案例资料;
(2) 收集其他有关储运商品防霉腐计划的相关资料;
(3) 分析鞋类产品易发生霉腐的原因;
(4) 分析鞋类产品发生霉腐的影响因素;
(5) 总结本案例中用到的防霉腐方法;
(6) 另选一类商品,如任务五中的饲料,综合分析其产生霉腐的原因、影响因素等,并做成具体的储运过程防霉腐计划。

4. 技能训练的报告要求

(1) 技能训练的名称、学生姓名、班级和日期;
(2) 技能训练的目的和要求;
(3) 技能训练的原理;
(4) 技能训练的步骤;
(5) 技能训练的原始记录;
(6) 技能训练的结果分析,并写出技能训练报告。

技能训练二　商品防霉腐技术的应用

【背景链接 6-3】

中药饮片储存防霉技术

中药在储存过程中易发生霉变、虫蛀、走油、变色、气味散失等现象,影响其质量和疗效。因此,中药饮片在储存过程中,除要做到达标入库、及时晾晒、加强通风、改善储存条件外,还应针对各类饮片药物特性,采取物理的、化学的或其他一些特殊的技术和方法,防止霉变、虫蛀等不良现象的发生,确保中药质量稳定。目前中药饮片储存防霉、防虫蛀常用技术如下。

一、干燥防霉技术

1. 日晒

将不易变色或不易碎裂的药材,选晴天摊放在晒场或晒具上利用阳光热能及紫外线,驱除药材中的水分,并杀灭其中杂菌和害虫。本法对质地轻薄、松散的花、叶、全草或根小、片薄、粒小的饮片,在一般春秋季节都适应;对个体较大、较厚、质地坚实、已虫蛀的饮片,适合夏后"伏天"曝晒后储藏。对于那些易变色或具挥发气味的饮片(如香橼、佛手等)则不宜行曝晒处理,而应采取阴干的方法。

2. 烘烤

用电热烘干机或炉灶、烘炕、烘房干燥,以电、煤或木炭作为能源,产生热能,蒸发水分,达到干燥以防止霉变。此法适用于大黄、何首乌等体积较大,阳光不易晒透的药材,也可用于果实类、种子类、根茎类和动物类药材的养护。烘烤温度一般不宜超过60 ℃,凡含芳香性药材不宜超过50 ℃。

3. 远红外线干燥

远红外加热干燥的原理,是被干燥物体的分子吸收由电能转变来的远红外线后产生共振,引起分子、原子的振动和转动,导致物体变热,经过热扩散、蒸发或化学变化,最终达到干燥的目的。

4. 微波干燥

微波干燥实际上是一种感应加热和介质加热,中药饮片中的水和脂肪均可不同程度地吸收微波能量,并将其转化为热量。目前国内用于中药生产的有隧道式微波干燥机和微波干燥机两种。微波干燥防霉,干燥迅速、加热均匀、热效率高、产品质量好。

二、低温防霉技术

有些贵重中药也多采用低温养护,即将饮片储藏于冷藏库中,温度以2 ℃~10 ℃为宜,不仅能防霉、防虫、防变色、防走油,而且不影响药材品质。由于此法需要一定的设备,费用较高,故主要用于贵重药材,特别是容易霉蛀的药材以及无其他较好办法保管的药材,如蛤士蟆油、银耳、人参等常用低温养护法保管。

冷藏最好在梅雨季节前进行,并且过了梅雨季节才可以出库,同时温度不能低于2 ℃以免降低饮片的质量。

三、高温防霉技术

1. 热蒸

如延胡索、热地等药材可用热蒸法杀虫去霉,因为热蒸法不能使之变色或去油,热蒸时应使"火候"恰到好处。例如,延胡索蒸得适当可使淀粉粒糊化而不易出虫,而姜活蒸得久则会失去香味。

2. 高压

适用种子类及糖分较多的药材,可用高压灭虫方法杀虫去霉,含有挥发油药材例外,这样能减少有效成分的损失。有趣的是有些药材,由于高压破坏了细胞的组织,有利于有效成分的溶出,得率反而提高了。此法具有成本低、投资少、成分损失少及无残留毒物等优点。

四、密封防霉技术

采用密封或密闭养护的目的是使饮片及其炮制品与外界的温度、湿度、空气、光线、真菌、害虫等隔离,尽量减少这些因素对药物的影响,保持饮片的原有质量,以防虫蛀、霉变。但在密封前饮片的水分不应超过安全值,且无变质现象,否则反而有利于霉变、虫蛀的发生。一般采用缸、罐、坛、瓶、箱、柜、铁桶等容器密封或密闭储存。如密封或密闭前后库内湿度较高或因密封、密闭不严,外界潮气会不断侵入,则可加入木炭、硅胶、生石灰等吸湿剂。这样密封和吸湿结合,可取得较好的养护效果。传统方法还有用干炒、稻糠、花椒等对遇热敏感的饮片进行密封。

五、气调防霉技术

气调储藏是将药材置于密闭的容器内,对能导致药材发生质变及病虫浸染的氧气浓度进行有效控制,人为地造成低氧状态或高浓度的二氧化碳状态。由于大多数霉菌和害虫都是活的有机体,大都进行需氧呼吸,当储藏环境内充满98%的氮气或二氧化碳,气体氧含量降至2%~5%时,霉菌和害虫会因缺氧窒息而死,气调储藏是根据这一原理来保证储藏物不霉变。利用气调储存法可有效地防止中药的走油。

六、药剂熏蒸防霉技术

1. 磷化铝熏蒸

磷化铝吸收空气中的水分以后,分解产生剧毒易燃的磷化氢气体,后者通过毒害昆虫的神经来杀死害虫。磷化氢渗透性强、杀虫效力高、排毒快、残毒低、使用方便,但也有价格贵、毒性大、腐蚀金属等缺点。

2. 环氧乙烷气体灭菌

环氧乙烷气体有较强的扩散力和穿透力,对微生物有良好的杀灭效果。有人对白癜风丸的原料药料、水丸、蜜丸,分别在45 ℃、相对湿度50%条件下通入环氧乙烷气体,作用 4~8 h,结果细菌总数降低 98.71% 以上,其薄层色谱及补骨脂含量均未见明显变化。环氧乙烷具有一定毒性,药品中可残留并且还可产生一氯乙醇与乙二醇等有毒物质,因此,使用时应加以注意。

3. "粮保"防虫

"粮保"是经国家卫生部批准的粮食防虫保护剂,使用量少,每100 kg 药材只需 20 g,采用缓释技术,作用时间长,对人体无毒无害,无残留,无不良臭味。"粮保"不仅有防虫效果,还有杀虫作用,抑制虫卵孵化。

4. 酒蒸储藏法

取适量酒精或白酒(50 ℃以上),装在杯中,上扎纱布(以防药材落入杯中),放入盛药材的缸底部,然后将药材放入缸中,或直接将酒精或白酒一层层喷洒在药材上(一般每千克药材,酒精用量 20~30 ml),密封,这样酒精缓慢挥发,弥漫并透入整个药材,抑制虫卵产生及孵化,杀灭蛀虫,并可杀菌防霉。

这种方法对动物类、含油脂类、含糖类等药材作用都较为理想,无毒无害,成本低,操作简便,还能增强某些药的药效,矫正异味,对医院中药房(特别是基层药房)的中药短期保存非常适合。但由于酒精具吸湿性,所以用该法保存的药材应适时翻晒,另外操作时应特别注意防火防爆。

七、对抗储藏防霉技术

对抗储藏法是将某些有特殊气味的药材同易发霉、虫蛀、变色、走油的药材存放在一起,以期防止上述变异现象的发生,效果良好,方法简便,经济实惠,无化学杀虫剂残留及环境污染之弊,尤其适用于基层药房及药店采用,是一种值得研究和推广的方法。常采用对抗储藏法的中药,如大枣与食盐同储,既防虫又防霉;酒伴黄精与熟地,将酒洒在药材或密闭的容器中,可防虫、防霉,常用于制黄精、熟地及瓜蒌皮等。

八、^{60}Co 的 γ 射线辐照防霉技术

应用放射性 ^{60}Co 产生的 γ 射线或加速产生的 β 射线辐照药材时,附着的霉菌、害虫吸收放射能和电荷,很快引起分子电离,从而产生自由基。这种自由基经由分子内或分子间的反应过程诱发射线化学的各种过程,使机体内的水、蛋白质、核酸、脂肪和碳水化合物等发生不可逆变

化,导致生物酶失活,生理生化反应延缓或停止,新陈代谢中断,霉菌和害虫死亡。

辐射杀虫灭菌养护的特点是效率高,效果显著;不破坏药材外形;不会有残留放射性和感生放射性,在不超过 10 000 Gy 的剂量下,不会产生毒性物质和致癌物质。

九、包装防霉技术

包装防霉技术即无菌包装防霉技术。首先将中药材或炮制品灭菌,然后将无菌的饮片或炮制品放进一个霉菌无法生长的环境,这样由于避免了再次污染的机会,在常温条件下,不需任何防腐剂或冷冻设施,在一段时间内不会发生霉变。

实施中药饮片单味无菌小包装,即中药材经过净洗、切制、炮制后,可按照《中药饮片包装管理办法》的要求,根据临床上饮片的常用剂量进行无菌小包装,既避免了调剂人员用手抓取药物,保证剂量的准确性,又减少了调运、调剂、储藏过程中的再次污染,还有利于保持饮片中的活性成分和疗效,防止饮片变异。

1. 技能训练的目的

通过对商品防霉腐技术的应用总结,掌握商品一般的防霉腐技术,了解个别种类商品特殊的防霉腐技术,并将其合理运用在日常储运作业中。

2. 技能训练的内容

根据提供的案例,完成商品防霉腐技术的应用总结。

3. 技能训练的步骤

(1) 分析案例资料;

(2) 收集其他有关商品防霉腐方法的相关资料;

(3) 分析中药饮片一般的防霉腐方法;

(4) 分析中药饮片特殊的防霉腐方法;

(5) 查阅相关资料,总结不同种类商品一般和特殊的防霉腐方法,并对防霉腐方法的发展趋势进行分析。

4. 技能训练的报告要求

(1) 技能训练的名称、学生姓名、班级和日期;

(2) 技能训练的目的和要求;

(3) 技能训练的原理;

(4) 技能训练的步骤;

(5) 技能训练的原始记录;

(6) 技能训练的结果分析,并写出技能训练报告。

课后习题

一、选择题(可多选)

1. 下列现象属于商品霉腐的是_____。
   A. 蛋糕上有绿色斑点　　　　　　　　B. 古钟上的绿色斑迹
   C. 肉类有臭味　　　　　　　　　　　D. 书籍受潮产生绿斑

2. 下列可用于商品霉腐防治的是_____。
   A. 化学药剂　　B. 低温冷藏　　C. 电离辐射　　D. 干燥

3. 常见的霉腐微生物有_____。
   A. 霉菌　　　　　B. 细菌　　　　　C. 酵母菌　　　　　D. 放线菌
4. 微生物所需的营养物质主要包括_____。
   A. 碳素化合物　　B. 氮素化合物　　C. 水分　　　　　D. 无机盐类
5. 以下属于商品霉腐的内因的是_____。
   A. 商品中有霉腐微生物的存在　　　　B. 商品含有足够的水分或容易吸水
   C. 库内温度和湿度　　　　　　　　　D. 商品具有适当的酸碱度。
6. 最适生长温度在_____以上的微生物称为高温微生物。
   A. 25 ℃　　　　B. 35 ℃　　　　C. 45 ℃　　　　D. 55 ℃
7. 常见的易霉腐商品有_____。
   A. 酱油　　　　　B. 中药材　　　　C. 油漆涂料　　　　D. 图书

二、判断题

1. 一般情况下,温度越低,持续时间越长,霉腐微生物的死亡率越高。（　　）
2. 细菌是以无性繁殖的方式进行分裂。（　　）
3. 霉菌以糖类为氮源,也可以以有机酸、脂肪为氮源。（　　）
4. 多数酵母菌和霉菌适于在中性环境中生长。（　　）
5. 商品无论处于有氧状态或无氧状态,均能被霉腐微生物污染。（　　）
6. 气相防霉腐也是化学药品防霉腐方法之一。（　　）

三、填空题

1. 商品霉腐的过程经历_____、_____、_____、_____、_____五个阶段。
2. _____是吸湿商品能够安全储存的最高含水量(临界含水量)。
3. 在仓储条件下,商品霉腐的原因有_____、_____、_____、
   _____、_____。
4. 气调防霉腐的方法主要有_____、_____两种。

四、简答题

1. 简述商品霉腐的内因。
2. 简述商品霉腐的外因。
3. 哪些商品易发生霉腐?
4. 简述防治商品霉腐的方法。

扫一扫,看答案

项目七 食品储存与保鲜技术

 **内容简介**

食品是人类赖以生存和社会发展的物质基础,食品产业是我国国民经济制造业的第一大产业。食品储存保鲜是这些产业体系的延伸,食品储存与保鲜是研究食品在储藏过程中物理特性、化学特性和生物特性的变化规律,这些变化对食品质量及其保藏性的影响,以及控制食品质量变化应采取的技术措施的一门科学。食品储存的主要研究内容是食品在储藏过程中的品质稳定性和储藏技术,即研究各类食品的储藏性能和各种储藏技术的原理、生产可行性和卫生安全性,食品在储藏过程中的质量变化及影响质量变化的主要因素和控制方法,根据储藏原理和食品储藏性能选择适当的储藏方法和技术等。

 教学目标

1. 知识目标:

(1) 了解食品储存质量变化的现象及其影响因素;

(2) 掌握普通食品的储藏技术方法;

(3) 掌握果蔬的保鲜技术方法。

2. 技能目标:

(1) 能够进行粮油、肉、蛋等常见食品科学养护;

(2) 能够进行果蔬常见食品科学养护。

 **案例导入**

热带生鲜果蔬如何保鲜

"民以食为天",食品是人类赖以生存和社会发展的物质基础,食品产业是我国国民经济制造业的第一大产业。在中国,从农田到餐桌的中间环节,每年腐烂的生鲜食品占食品总数的30%左右,其数量相当于1亿亩土地的产量,损耗量居世界首位,而发达国家的果蔬生鲜食品的损失率控制在5%左右。

近年来,我国热带果蔬生产产业发展很快。据统计,我国香蕉种植面积30万公顷,产量600万吨;荔枝种植面积60万公顷,产量100万吨;龙眼种植面积50万公顷,产量70万吨;芒果种植面积20万公顷,产量60万吨。在美国等发达国家,农产品生鲜供应链已经形成一种成熟的模式:田间采后预冷—冷库—冷藏车(船)—批发站冷库—超市冷柜—消费者冰箱。而我国采后商品化处理为1%,保鲜储藏比例不足20%,加工比例不到10%,冷链投入更是不足,致使物流环节的损失率高达25%~30%。供应链的不成熟,导致我国热带水果市场形成"两头叫、中间笑"的局面。一方面,由于保鲜和长途运输困难,我国热带水果尤其是大部分产地鲜销市场狭小,果农售价上不去,无法摆脱"丰产不丰收,果贱伤农"的顽疾;另一方面,采摘、运输、储存等环节高达25%~30%的损失率,使热带水果运输成本高、效果差。由于热带水果采收多在高温高湿季节,果蔬采后特别容易腐烂变质,从而导致在贮运过程中造成严重的经济损失。因此,提高热带水果的贮运保鲜包装技术具有十分重要的意义。

(资料来源:中物联冷链委员会网)

 **案例分析**

(1) 如何减少生鲜果蔬的腐烂变质、提高生鲜果蔬储存质量?
(2) 生鲜食品的储存与保鲜技术方法有哪些?

任务一 食品储存中的质量变化

 **教学要点**

(1) 掌握食品储存中的生理生化和生物学变化;
(2) 掌握食品储存中由微生物引起的变化;
(3) 了解食品储存中的颜色变化;
(4) 了解食品储存中的脂质酸败。

 **教学内容**

食品在储存过程中往往由于本身的特性和外界环境的影响,会发生各种变化。其中,有属于酶引起的生理生化和生物学变化,有属于微生物污染造成的变化,还有属于外界环境温、湿度影响而出现的化学和物理变化等。所有这些变化都会使食品质量和数量方面受到损失。弄清楚食品在储存中的各种变化,就能确定食品适宜的储存方法和条件。

一、食品储存中的生理生化和生物学变化

(一) 呼吸作用

呼吸作用是鲜活食品(菜、果)储存中最基本的生理变化,它是鲜活食品中有机成分(主要是糖类)在氧化还原酶作用下逐步降解为二氧化碳和水的过程。此过程中同时还产生热量,实际上是有机物进行的生物氧化过程。

菜、果的呼吸作用分有氧呼吸和无氧呼吸两种类型。有氧呼吸是指鲜活食品在储运中,为了维持生命需要,在体内氧和酶的作用下,其体内葡萄糖和其他有机物与吸入的氧发生氧化反应,释放出二氧化碳、水,并放出大量热量的氧化过程。无氧呼吸是指有机体商品中葡萄糖在无氧或缺氧情况下,利用分子内的氧,在酶的作用下分解成酒精、二氧化碳,并放出大量热量的氧化过程。

从菜、果的储存来讲,不论哪种类型的呼吸作用都要消耗养分,呼吸热的产生和积累往往加速食品腐坏变质,尤其是缺氧呼吸产生的酒精还会引起活细胞中毒,造成生理病害,缩短储存期限,故应尽量防止缺氧呼吸。

但是,应该看到正常的呼吸作用是鲜活食品最基本生理活动,它是一种自卫反应,有利于抵抗微生物的侵害,所以在食品储存中应做到保持较弱的有氧呼吸,防止缺氧呼吸,这是鲜活食品进行储存需要掌握的基本原理。

【背景链接 7-1】

鲜活食品的呼吸强度的规律

鲜活食品的呼吸强度与其种类、品种、成熟度、不同器官和组织以及不同的发育时期等生物学特性有关,如蔬菜的呼吸强度以叶菜最高,果菜次之,块根菜和块茎菜最低。果实呼吸强度以浆果最大,仁果次之,核果再次之,柑橘类较小。影响鲜活食品呼吸强度的外界条件主要是温度和空气成分。一般外温升高时,呼吸强度也随之加强,但外温低于 0 ℃时,因酶的活性受阻碍而呼吸强度急速下降。鲜活食品进行呼吸最适宜的温度为 25 ℃～35 ℃。所以降低环境温度是储存菜、果的重要措施。空气中二氧化碳的比例对于呼吸强度有显著的影响。空气中含氧量增加则呼吸强度加强,相反适当增加二氧化碳(或氮气)的比例,则可减弱呼吸强度。目前采用的气调储存法,就是改变空气成分而达到抑制鲜活食品呼吸强度的一种较适宜的储存方法。

(二)萌发与抽薹

萌发与抽薹是两年生或多年生蔬菜打破休眠状态由营养生长期向生殖生长期过渡时发生的一种变化,主要发生在那些变态的根、茎、叶等作为食用的蔬菜,如马铃薯、洋葱、大蒜、萝卜、大白菜等。萌发与抽薹的蔬菜,其养分大量消耗,组织变得粗老,通常伴有发热、发霉等情况,食用品质大为降低。在储存中采取延长蔬菜的休眠状态,是防止萌发与抽薹的有效措施,低温可以延长蔬菜的休眠状态。此外,对这类商品必须控制它们的水分,并加强温、湿度管理,防止发芽现象的产生。

【背景链接 7-2】

植物中的天然毒素

土豆中含有一种叫作"茄碱"的物质,以抵抗病虫害。但土豆皮中茄碱的含量较高,其在体内积累到一定数量后就会引起中毒。尤其是表皮变绿、发芽的土豆含茄碱量更高,过量食用会引起恶心、呕吐等一系列胃肠道反应。

(三)胚胎发育

胚胎发育主要指鲜蛋的胚胎发育。在鲜蛋的保管过程中,当温度和供氧条件适宜时,胚胎会发育成血丝蛋、血环蛋。经过胚胎发育的禽蛋,其新鲜度和食用价值大大降低。为抑制鲜蛋的胚胎发育,应加强温、湿度管理,最好是低温储藏或节制供氧。

(四)后熟作用

后熟是果实、瓜类和以果实供食用的蔬菜类的一种生物学性质,它是果实、瓜类等鲜活食品脱离母株后成熟过程的继续。

后熟中酶会引起一系列生理生化变化,如淀粉水解为单糖而产生甜味;叶绿素分解消失,类胡萝卜素和花青素显露而呈现红、黄、紫等颜色;鞣质聚合而涩味降低;有机酸的数量相对减少,同时产生挥发油和芳香油而增加它们的芳香;原果胶质水解,降低它们的硬脆度等。总之,果实、瓜类的后熟能改进色、香、味及适口的硬脆度等方面的食用品质,达到食用成熟度。但是,果实、瓜类后熟是生理衰老的变化,当它完成后熟后,则很难继续储存,容易腐坏变质,因此作为储存的果实和瓜类应该在它成熟前采收,采取控制储存的条件来延长其后熟过程,以达到延长储存期的要求。

影响果实后熟作用的主要因素是高温、氧气和某些有刺激性的气体(如乙烯、酒精)等,因此,在储存中要采用适宜的低温、适量通风,以延缓后熟过程和延长储存期。有时为了及早上市,对某些菜果如番茄、香蕉、柿子、猕猴桃等,可利用人工催熟的方法加速其后熟过程,以适应市场消费需要。

【背景链接 7-3】

苹果的后熟作用

苹果组织中产生的乙烯,虽然数量极微,却能大大加快苹果的后熟和衰老的进程,故苹果在储运中,为延长或推迟后熟和衰老的过程,除采用适宜的低温和适量的通风条件外,还可采取放置活性炭、焦炭分子筛等吸收剂排除苹果库房中的乙烯成分。

(五) 蒸腾

蒸腾是指由于鲜活商品含水量大。造成储存期间水分蒸发而发生萎蔫(细胞膨压降低)的现象。果蔬的含水量很高,大多在 65%~96% 之间,某些瓜果类如黄瓜含水量高达 98%。蒸腾过多,会使商品重量减轻,自然损耗大,降低鲜嫩品质;蒸腾过高,水解酶的活性加强,使复杂有机物水解为简单物质(如淀粉、蔗糖)。

有些产品还有发汗现象,发汗是指由于空气湿度超过该温度下的饱和湿度,导致空气中的水分在商品表面凝结出现的"结露"现象。发汗对商品储存极为不利,会给微生物的侵蚀提供机会,特别是在商品的伤口部分很容易引起腐烂。

【背景链接 7-4】

蒸腾作用的影响因素

光照光对蒸腾作用的影响首先是引起气孔的开放,减少气孔阻力,从而增强蒸腾作用。其次,光可以提高温度,增加叶内外蒸汽压差,加快蒸腾速率。

温度对蒸腾速率的影响很大。当大气温度升高时,叶温比气温高出 2 ℃~10 ℃,因而气孔下腔蒸汽压的增加大于空气蒸汽压的增加,使叶内外蒸汽压差增大,蒸腾速率增大;当气温过高时,叶片过度失水,气孔关闭,蒸腾减弱。

湿度在温度相同时,大气的相对湿度越大,其蒸汽压就越大,叶内外蒸汽压差就变小,气孔下腔的水蒸气不易扩散出去,蒸腾减弱;反之,大气的相对湿度较低,则蒸腾速率加快。

风速较大,可将叶面气孔外水蒸气扩散层吹散,而代之以相对湿度较低的空气,既减少了扩散阻力,又增加了叶内外蒸汽压差,可以加速蒸腾。强风可能会引起气孔关闭,内部阻力增大,蒸腾减弱。

(六) 僵直和软化

僵直是畜、禽、鱼死后发生的生化变化,其特点是肌肉失去原有的柔软性和弹性,变得僵硬。畜、禽、鱼肉的僵直与肌肉中的肌糖原酵解产生乳酸和三磷酸腺苷、磷酸肌酸的分解等有密切关系。

畜、禽、鱼类死后的僵直,因动物种类、致死原因和温度等不同而异。一般鱼类的僵直先于畜禽类,带血致死的先于放血致死的,温度高的又先于温度低的。

软化是畜、禽、鱼肉僵直后进一步的变化,是由于肌肉中所含的自溶酶使蛋白质分解的结果,也叫蛋白质自溶现象,其特点是肌肉由硬变软,恢复弹性;由于蛋白质和三磷酸腺苷分解使肌肉多汁;产生芳香的气味和滋味。软化是畜肉形成食用品质所必需的肉类成熟作用。由于鱼类含水多、组织细嫩,属于冷血动物,带有水中的微生物等原因,经过软化后很快就会腐败变质,因此应防止其死后发生软化。

肉类的僵直和软化一般受温度的影响较大,高温能加速软化。因为处于僵直期的鱼仍是新鲜度高的鲜鱼,食用价值大;而僵直期的畜、禽肉因弹性差、难煮烂、缺乏香味、消化率低,不适于食用。但是从贮存而论,僵直期的肌肉 pH 值低,腐败微生物难于发展;肌肉组织致密,主要成分尚未分解变化,基本上保持了肉类和鱼类的原有营养价值,所以适合于冷冻储存。

二、食品储存中由微生物、虫、鼠引起的变化

任何食品,包括原料、中间产品和成品,都很容易遭受微生物的侵害,导致品质急速下降。食品在储存中往往由于微生物的污染而发生霉变、腐败和发酵等生物学变化。

(一) 霉变

霉变是食品在霉菌微生物的作用下所发生的变质现象。

(二) 腐败

腐败多发生在那些富含蛋白质的动物性食品中,如肉类、禽类、鱼类、蛋品等,在植物性食品中的豆制品也容易发生腐败。腐败使这类商品产品产生酸味、臭味、霉素、变色、发黏等。经腐败的食品失去原有的营养价值,组织状态及色、香、味均不符合卫生要求,故不能食用。

(三) 食品发酵

发酵在食品发酵工业中有广泛的应用,但是在食品储存中它却能引起食品的变质。发酵是在微生物的酶作用下,使食品中的单糖发生不完全氧化的过程。一旦发生发酵现象,不仅破坏食品的有益成分,失去原有风味,还会产生不良气味危害人体健康。食品储存中常见的发酵有酒精发酵、醋酸发酵、乳酸发酵和酪酸发酵等。

1. 酒精发酵

含糖分的食品(如水果、蔬菜、果汁、果酱、果蔬罐头等)在储存中发生酒精发酵后产生乙醇,散发出不正常的酒味。水果、蔬菜在严重缺氧的条件下由于无氧呼吸,也会产生酒味。酒味的产生表明食品的质量已发生变化。

2. 醋酸发酵

某些食品因发酵产生醋酸而导致食品完全失去食用价值,如果酒、啤酒、黄酒、果汁、果酱。果蔬罐头等,常会因醋酸发酵导致食品失去商品价值和食用价值。

3. 乳酸发酵

食品在储存中发酵产生乳酸而使食品风味变劣的过程。乳酸能改变食品的 pH 值,造成蛋白质凝固、沉淀等变化,使食品的品质下降。鲜奶凝固就是一例。

4. 酪酸发酵

酪酸发酵是食品的糖在酪酸菌的作用下产生酪酸的过程。食品储存中因酪酸发酵产生的酪酸,会使食品带有令人讨厌的气味,如鲜奶、奶酪、豌豆等食品变质时就有这种酪酸气味。

影响微生物引起变化的因素有水分、温度、pH值、氧和光线等,其中水分和温度是微生物繁殖最重要的因素。含水量大,水分活性高的食品处在高温之下便容易腐坏变质,或者原来含水量不大,水分活性较低的食品处在高温、高湿之下也容易腐坏变质。因此,控制食品水分和空气的温、湿度是防止微生物对食品造成危害的主要措施。对于含水量低或干燥的食品应在相对湿度低于70%的条件下存放,尽量保持其原有的安全水分含量。对于含水量较大的生鲜食品应控制在低温条件下储存,因为危害食品的微生物多属于嗜温性菌,一般在20℃~25℃条件下发育,所以储存温度一般应控制在10℃以下,若长期储存则应冷冻。

(四)虫蛀和鼠咬

食品在储存期间,常常会遭到仓库害虫或鼠类的咬蚀。经常危害商品的仓库害虫有40多种,仓库害虫和鼠类在危害商品过程中,不仅破坏商品的组织结构,使商品发生破碎和孔洞,而且其排泄各种代谢废物污染商品,影响商品质量和外观,降低商品使用价值。

三、食品储存中的颜色变化

食品的颜色是由各种色素构成的,其中有动植物体自有的天然色素,也有在加工中酶、热的作用而产生的色素,另外还有添加的某些食用色素等。这里着重阐述动植物体内的天然色素的变色和食品褐变。

(一)动物色素的变色

家畜肉、禽肉以及某些红色的鱼肉中都存在肌红素和残留血液中的血红素。肌红素与血红素的化学性质很相似,它们都呈紫红色,与氧结合能形成氧合肌红素,呈鲜红色。新鲜的肉类多呈现鲜红色或紫红色,但是当肉的新鲜度降低后因氧化形成羟基肌红蛋白或羟基血红蛋白呈暗红色或暗褐色,失去肉类原有的鲜艳颜色。所以,从家畜肉、禽肉的颜色变化,能反映它们的新鲜度。肌红素的氧化变色对于肉制品的质量影响较大,为了防止这种变色,一是在肉食加工过程中加入起色剂硝酸钠,利用硝酸钠生成的一氧化氮与肌红素结合生成稳定的鲜红色亚硝基肌红蛋白而保持肉制品的鲜艳颜色。但是这种起色剂用量过多也能产生亚硝胺,而亚硝胺是一种能诱发癌症的物质,因此,在肉食品加工中对硝酸钠的用量须按食品卫生标准规定执行。

(二)植物色素的变色

植物色素主要有叶绿素、类胡萝卜素和花青素等。这些色素在植物食品的加工、储存中都会发生变化而改变它们的天然色泽。

叶绿素有叶绿素a和叶绿素b两种,叶绿素a为蓝绿色,叶绿素b为黄绿色。叶绿素在碱性条件下比较稳定,在酸性条件下易分解。叶绿素耐热性差,加热分解生成黑褐色的植物黑质(脱镁叶绿素),绿色蔬菜经炒煮或腌制后会发生这种变色现象。如果在植物食品中,增加适量的碳酸氢钠,使pH在7.0~8.5之间,就可以生成比较稳定的叶绿酸钠盐,使产品长时间保持鲜绿色。另外,叶绿素在低温或干燥状态时性质也较稳定,所以低温储存的鲜菜和脱水蔬菜都能保持较好的鲜绿色。

类胡萝卜素可呈现黄色、橙色和红色等色泽,广泛分布在蔬菜、水果中,如胡萝卜、马铃薯、南瓜、柑橘、柿子、菠萝、西瓜等都含有这种色素。这类菜、果经过加热处理仍能保持其原有色泽,但是光线和氧却能引起类胡萝卜素的氧化褪色,因此在储存中应尽量避免光线照射。

花青素是一种水溶性色素,可以随着细胞液的 pH 改变颜色。细胞液呈酸性则偏红,细胞液呈碱性则偏蓝。在大多数应用中这些色素具有良好的光、热和 pH 稳定性。花青素是构成花瓣和果实颜色的主要色素之一,经由苯基丙酸类合成路径和类黄酮生合成途径生成。花青素为植物二级代谢产物,在生理上扮演重要的角色。

(三)褐变

食品在加工和储藏中,经常会引起着色(如黑褐色),这种现象称之为褐变。褐变不仅影响外观,风味和营养成分也往往因之发生变化。因此,研究食品褐变的机制,寻找抑制或控制食品变色的方法,在食品加工和储藏中有十分重要的意义。褐变作用可按其机制分为酶促褐变(生化褐变)和非酶褐变(非生化褐变)两大类。

酶促褐变发生在水果和蔬菜等新鲜植物组织中。水果和蔬菜在采收脱离母体以后,组织中仍在进行活跃的新陈代谢活动,在酶的作用下由这种正常代谢过程而形成类似头发或皮肤那样的色素,称为机能性褐变。若当发生机械和生理上的损伤(如削皮、切开、压伤、虫咬、磨浆、受热和冻伤等),便会影响氧化还原作用的平衡,迅速发生氧化产物的积累,造成变色。这类反应需要和氧气接触,由酶所催化,称为"酶促反应"。因此,如何避免这类反应,是植物性生鲜食品(如水果和蔬菜)在加工和储藏过程中一个十分重要的课题。

非酶褐变主要是食品中的还原糖和氨基化合物的化学反应(美拉德反应)引起的褐变作用、糖加热分解的重合反应(焦糖化反应)引起的褐变作用,以及抗坏血酸氧化引起的褐变作用。这种类型的褐变常由于热加工及长期的储藏而发生,在乳制品、蛋制品、脱水蔬菜及水果、肉干、鱼干、玉米糖浆、麦芽糖浆等食品中常有发生。

四、食品储存中的脂质酸败

粮食原料和食品加工品在储藏中的腐败变质的主要原因是霉菌和脂质的变质。其中脂质的酸败是方便面、饼干等谷物加工品,火腿、咸肉、乳粉等畜产品,以及冷冻食品、方便食品等在储藏中变质的决定因素。食品中即使脂肪含量很少,也足能导致品质变坏。例如,仅含 0.7% 脂肪的面粉,在储藏中由于脂肪的变质,就会导致品质劣变,从而影响食用、营养和经济价值。同样,大米在储藏中,随着储藏时间的延长会逐渐产生陈米臭味,其原因也是所含的脂肪变质。所以有效地防止脂质的变质是现代食品加工和储藏中的一个重大课题。

脂肪氧化酸败是游离脂肪酸氧化、分解的结果,生成醛、酮和低分子脂肪酸等,使食品带有哈喇气味。脂肪氧化酸败不仅使食品的风味变劣,而且营养价值也显著降低。长期用于饲料中会使动物体重降低,甚至死亡。当人摄取后,会引起腹痛、腹泻、呕吐等急性中毒,若人们在生活中经常微量摄取,则会引起肝硬化、动脉硬化等症状,严重威胁人体健康和影响寿命,所以,必须引起重视。

促使脂肪氧化酸败的主要因素有温度、光线、氧、水分、金属离子(铁、铜)以及食品中的酶等。因此,对于含脂肪较高的食品在储存时,应该采取低温、避光、隔绝空气、降低水分、减少与铁、铜等金属的接触等措施,以延缓脂肪的氧化酸败。另外,在食品中添加维生素 E、维生素 C 等天然抗氧化剂或者合成抗氧化剂,也可以延缓脂肪氧化酸败。

任务二 食品的储存方法

教学要点

(1) 掌握食品的冷冻保藏工艺；
(2) 了解食品的罐藏；
(3) 了解食品的辐照保藏；
(4) 了解食品的干藏与化学保藏；
(5) 掌握食品的气调保藏；
(6) 了解食品的减压保藏法；
(7) 了解食品的腌制与烟熏保藏技术；
(8) 了解食品的保藏中的高新技术。

教学内容

一、食品的冷冻保藏

食品的冷冻保藏就是利用低温保藏食品，即降低食品的温度，并维持低温或冻结状态，以便阻止或延缓食品的腐败变质，从而达到较长时期地保藏食品的目的。

（一）低温储藏食品的基本原理

食品的变质腐败主要是由于食品内酶所进行的生化过程（如新鲜果蔬的呼吸过程）和微生物生命活动所引起的破坏作用所致。在项目五中已经分析，酶的作用、微生物的繁殖以及食品内所进行的化学反应速度都受到温度的影响。总结起来有如下规律：0 ℃时微生物的繁殖速度与室温时相比已非常缓慢，故短期储藏食品的温度通常在 0 ℃左右。−10 ℃～−7 ℃时只有少数霉菌尚能生长，而所有细菌和酵母几乎都停止了生长，故−12 ℃～−10 ℃就作为冻制食品长期储藏的安全储温。酶的活动一般只有温度降到−30 ℃～−20 ℃时才有可能完全停止，工业生产实践证明−18 ℃以下的温度是冻制食品冻藏的最适安全储温。

（二）食品的冷藏工艺

食品的冷藏效果主要取决于储藏温度、空气相对湿度、空气流速和卫生条件。这些工艺条件随食品种类、储藏期的长短和有无包装而异。

1. 储藏温度

储藏温度是冷藏工艺中最重要的因素，它包括冷库内的空气温度和食品的品温。对温度的要求是适宜和稳定。

所谓适宜，是指温度应与食品的最佳储温一致，过高过低均将影响食品的储藏质量。例如，梨的最佳储藏温度为 1.1 ℃，若将储藏室温度提高到 4 ℃并持续 10 天，则其有效储藏期将缩短 7～10 天；若将储藏室温度降低到−2.2 ℃以下，梨就会冻结而不宜食用。

所谓稳定，是指储藏温度不宜有较大的波动，任何的温度变化都有可能对食品造成不良的影响。储藏温度的波动将使室内空气相对湿度发生波动,从而使食品表面出现来自空气的凝结水而导致食品发霉,或使食品表面的水分蒸发而引起干耗。此外,有些食品对储藏温度特别敏感,如果温度高于或低于其临界储藏温度,常出现冷藏病害。例如,柑橘的储藏温度较高时,会出现果皮斑点病;低于临界温度时,发生褐痂病和烂湿病。

2. 空气相对湿度

冷藏室内空气的相对湿度对食品的耐藏性有直接影响,其要求是适宜和稳定。当相对湿度过高时,低温的食品表面就会有水分凝结,若凝结水过多,不仅在通常储藏温度下食品会发霉,而且在温度变化时食品还会腐烂;当相对湿度过低时,食品中的水分就会迅速蒸发并出现萎缩。冷藏时大多数水果的适宜相对湿度为85%~90%;绿叶蔬菜、根类蔬菜以及脆质蔬菜的适宜湿度可高至90%~95%;其他植物性食品以85%~90%为宜;坚果类只有储藏在70%的湿度下才较安全。

3. 空气的流速

储藏室内空气的流速也十分重要。空气流速增大时,水分的损耗也增大,特别在低湿度时,其干缩更严重。只有在相对湿度较高而流速较低时,才会使水分的损耗最少。但过高的相对湿度对食品品质并不利,如冷藏的肉类会长霉或发黏。为了及时将食品所产生的热量如生化反应热或呼吸热和从外界传入的热量带走,并保证室内温度的均匀,冷藏室内应保持最低的空气循环。当冷藏食品覆有保护层或用不透气的包装材料包装时,室内的相对湿度和空气流速将不再成为影响因素。

(三) 食品冷冻保藏工艺

近年来,随着人民生活水平的提高以及生活节奏的加快,人们对冷冻保藏食品的认知度越来越高,肉制品、速冻食品、冰激凌乳制品等冷冻食品以"便利性"和"快捷性"备受消费者青睐,这迅速拉动了冷冻保藏食品的消费。冷冻与保藏的食品已成为人们现代饮食生活不可缺少的部分,并日益成为主流食品之一。同时,冷冻保藏食品产业已经成为我国经济发展的重要产业,并对促进农产品深加工、实现农业产业化、解决"三农"问题起到了重要的作用。

食品的冷冻保藏就是利用低温保藏食品,即降低食品的温度,并维持低温或冻结状态,以便阻止或延缓食品的腐败变质,从而达到较长时期地保藏食品的目的。冻结储藏的食品在大小、形状、质地、色泽和风味特征上一般不会发生明显的变化,而且还能保持原有的新鲜状态。

食品冷冻保藏能够保证食品质量和新鲜度,食品冷冻保藏的原理是:食品的变质腐败主要是由于食品内酶所进行的生化过程(如新鲜果蔬的呼吸过程)和微生物生命活动所引起的破坏作用所致。在0 ℃以下的低温,微生物的生命活动受到显著抑制,从而防止食品腐败。其次,在低温下影响食品品质的酶反应和氧化反应等所有反应速度显著下降。另外,在产品中形成冻晶,也是微生物的活动和变质反应的水的活度降低。

目前,冻藏是易腐食品长期储藏的主要方法。食品的冻结方法可分为缓冻与速冻两种。

所谓缓冻,是指将食品放于冻结室内(室温一般为-40 ℃~-18 ℃,通常为-29 ℃~-23 ℃),并在静态的空气中进行冻结的方法。常在缓冻室内冻结的食品有牛肉、猪肉、箱装家禽、盘装整条鱼、大容器或桶装水果、5 kg以上的包装蛋。

所谓速冻,是指在-30 ℃或更低的温度下冻结,在较短时间(一般为30 min)以内通过最大冰晶生成带的冻结方法。

速冻食品的品质总是高于缓冻食品。速冻的优点主要表现在以下3点:

(1) 形成的冰晶体颗粒小,对细胞的破坏性也比较小;
(2) 冻结时间愈短,允许盐分扩散和分离出水分以形成纯冰的时间也随之缩短;
(3) 将食品温度迅速降低到微生物生长活动的温度以下,能及时阻止冻结时食品的分解。

下面我们看看3种具有代表性的食品冷冻保藏工艺。

1. 果蔬的冷冻保藏工艺

(1) 工艺流程:

原料→预处理(挑选、清洗、分级、去皮、切分)→烫漂→冷却→沥干→速冻→包装→冷藏→运销。

(2) 操作的时候要注意以下要点:

原料要有出色的风味、颜色,理想的质地,均一的成熟度,抗病虫害,高产,适合机械采收;烫漂的关键是:热处理的温度和时间;热烫后应迅速冷却,冷却分为水冷和空气冷却;原料经烫漂、冷却后,表面有一定量的水,要去除掉,不然不利于快速解冻、动后包装;快速冷冻要求果蔬原料在很短时间内迅速通过最大冰晶形成带,冻品的中心温度应在-18 ℃以下才能保证质量;包装可以控制和防止食品在贮藏过程中的一些变质,可分为内、中、外包装;速冻食品一般采用冻藏保存,而且要求温度要稳定。温度越低,品质越好;运销过程中要维持好低温,运输时间长的要控制在-18 ℃以下,一般为-15 ℃。

2. 水产的冷冻保藏工艺

我们以虾仁、龙虾、鱿鱼的冷冻保藏技术为例。

(1) 速冻虾仁。

原料验收→原料贮存→剥虾→验收→清洗→浸泡→杀青→冷却→分规格→冻结→包冰衣→金属探测→装箱→冷藏运输。

首先进行原料的验收,应该选新鲜度高的虾,除去腐烂的虾,去除沙子等杂物;下一步进行短暂存储;开始用剪刀剥虾,接着用清水清洗,除去血渍和内脏,然后用漂白粉浸泡;下一步杀青,按照虾的尺寸大小进行分级;下一步-18 ℃进行快速冻结;下一步用冰衣进行包裹;下一步金属探测、装箱,进行冷藏运输。

(2) 速冻单体龙虾。

鲜虾→挑选→清洗→分级→高温蒸煮→低温冷却→去壳→单体速冻→计量→包装→冷藏。

首先,应该选新鲜度高的活虾,运输过程中快要死的或者已经死的要剔除掉,接着挑选→清洗→分级→高温蒸煮→低温冷却→去壳→单体速冻→计量→包装→冷藏。

(3) 速冻鱿鱼。

原料验收→剖腹去脏→洗涤→分级→沥水→称量→盐水固定→装盘→半成品检验→速冻→托盘→镀冰衣→包装→检验→冷藏。

3. 肉类的冷冻保藏工艺

(1) 两阶段冻结工艺。

将经加工整理后的肉胴体先送冷却间进行冷却,待肉体温度冷却至0 ℃~4 ℃时再送入冻结间冻结。经过冷却的肉在室温-25 ℃~-23 ℃,空气流速为2~3 m/s的冻结时间内,经过约20~24 h后腿中心肌肉温度可降至-15 ℃。目前,美国、德国、日本等国家对肉类的冻结大都采用两阶段冻结工艺方法。

(2) 直接冻结工艺。

即在牲畜屠宰加工整理后,先放入凉肉间进行分级暂存,在凉肉间内吹风除去体表水。待胴体肉累积到相当于一间冻结间的容量时,集中迅速推进库温在－15 ℃以下的冻结间进行冻结。

二、食品的罐藏

罐藏是将食品原料经预处理后密封在容器或包装中,通过杀菌工艺杀灭大部分微生物,在维持密封和真空的条件下,食品得以在室温下长期保存的食品保藏方法。凡用密封容器包装并经高温杀菌的食品称为罐头食品。罐头食品可直接食用,它的食味虽稍逊于新鲜食品,但基本能保持原有食品的风味和营养价值。

罐藏食品的生产过程由原料预处理(包括原料清洗、挑选、分级,非食用部分的清除、去皮、去核、切割、检剔、修整)、预煮、调味或直接装罐、加调味液或免加(干装),以及最后经排气密封和杀菌冷却等工序组成,具体工艺流程的选择视产品不同而定。其中排气、密封和杀菌冷却是罐头食品的基本生产环节。

按照包装容器划分,常见的罐藏食品有金属罐、玻璃罐和软包装三类。罐头食品能够长期保藏的两个主要因素:一是充分杀灭罐内的致病菌和腐败菌;二是使罐内食品与外界隔绝,不再受到外界空气和微生物的污染而腐败变质。然而,罐头食品常见质量问题有胀罐、平盖酸败、黑变和发霉等现象。

罐头食品储运时,主要工艺要求包含以下几个方面。

(一) 控制温度

罐头食品储藏时,温度每增加 10 ℃,化学变化的速率会提高一倍。而且温度过高也会造成厌氧性微生物的活动和产品的败坏。温度越低,储存时间越长。但是不可低于其冻结温度,以免产品组织结构崩解和容器的物理损坏。罐头食品入库时和仓库温度的差值一般以 5 ℃～9 ℃为宜,如差值超过 11 ℃,容器表面就会出汗(结露)。此外,仓库温度应尽量保持稳定,不能忽高忽低。

(二) 防止光照

玻璃等透明罐头要防止光照。

(三) 湿度控制

湿度大小与金属罐头容器的锈蚀有关。如果空气中湿度过高,与罐头冷表面接触时,就会结露而引起罐头锈蚀。在转库或装卸时易发生这一现象。罐头食品的仓库应通风良好,必要时应将湿空气及时排掉,遇潮湿空气应关闭门窗。库内空气湿度以 70%～75%最为适宜。堆放时亦应便于空气流通和检查作业。

(四) 防止盐分侵入

沿海地区的罐头仓库,空气中常会带有盐分,可促使罐头腐蚀,应采用密闭储藏法,以防海风盐分的侵入。

三、食品的辐照保藏

原子能辐射应用技术是近几十年才发展起来的一项新技术。食品辐射保藏就是利用射线的辐射能量,对新鲜肉类及其制品、水产品及其制品、蛋及其制品、粮食、水果、蔬菜、调味料,以及其他加工产品进行杀菌、杀虫、抑制发芽、延迟后熟等处理,从而可以最大限度地减少食品的损失,使其在一定期限内不发芽、不腐败变质,不发生品质和风味的变化,以增加食品的供应量,延长保藏期。

辐照保藏食品与其他保藏方法相比有其独特的优点。和化学药物保藏法相比,它无化学残留物质;和加热处理法相比,它能较好地保持食品的原有新鲜品质;和食品冷冻保藏法相比,能节约能源。所以辐射是一种较好的保藏食品的物理方法之一。但是辐射的方法不完全适用于所有的食品,要有选择地应用。

下面介绍几种食品的辐射保藏方法。

(一) 肉禽类

高剂量辐射处理:所用辐射剂量能破坏抗腐蚀性强的肉毒梭状芽孢菌菌株,对低盐、无酸的肉类需用 45 kGy 高剂量辐射处理。高剂量辐射处理会产生异味,目前控制异味的最好方法是在 $-80\ ℃\sim-30\ ℃$ 下进行。高剂量辐射处理后的食品不需冷藏。

低剂量辐射处理:这种处理方法只杀灭肉类中的腐败微生物,保持短期运输中的产品质量,同时可延长其市售期。若长期储藏则应在低温之下。

(二) 水产品

高剂量辐射处理时与肉类相同,但异味不明显。低剂量辐射处理的目的是延长新鲜品的储藏期,采用常温辐射与低温(3 ℃左右)储藏相结合的方法,在此温度下可防止带芽孢菌产生毒素,使用的最高剂量为 3 kGy 左右。

(三) 蛋类

蛋类的辐射主要是应用巴氏杀菌法以杀灭其中的沙门氏菌,一般对带壳鲜蛋可采用 β 射线辐射,剂量在 10 kGy 左右。

(四) 果蔬类

水果类辐射:辐射生命活动较短的水果,如草莓,可用较少的剂量即可停止其生理作用;耐藏期较长的水果,如柑橘,就需要完全控制霉菌的危害,其剂量一般为 0.3~0.5 kGy。

蔬菜类的辐射:主要是抑制发芽,也可延缓新陈代谢作用。最明显的是土豆、洋葱、大蒜、萝卜等,经处理后在常温下可储藏 1 年以上。

果蔬辐射的目的是:防止微生物的腐败作用;控制害虫感染及蔓延;延缓后熟期,防止老化。

四、食品的干藏

食品脱水干制,是为了能在室温条件下长期保藏,以便延长食品的供应季节,平衡产销高峰,交流各地特产,储备供救急、救灾和战备用的物资。食品脱水后,重量减轻,容积缩小。如橙汁的固形物含量为 12%,干制后其水分又几乎全部蒸发掉,则残留物重量将为原重的 1/8 左右,即 200 g 橙汁制成粉末,重量仅达 25 g 左右,食用时如 175 g 水即可复原。虽然,干制后容积缩减的程度没有重量缩减的程度大,但是粉末容积总是比原汁容积小。

食品的干藏原理是基于水分对于微生物和酶之间的关系。大多数新鲜食品的水分活度在 0.99 以上,而微生物的适宜水分活度在 0.75 以上,因此如将食品脱水,使其水分活度下降到 0.65 以下,能生长的微生物为数极少。酶为食品所固有,它同样需要水分才具有活性,水分减少,其活性也下降,但只有当干制品的水分降到 1% 以下时,酶的活性才会完全消失。

五、食品的化学保藏

食品的化学保藏就是在食品生产和储运过程中使用化学制品(化学添加剂或食品添加剂)来提高食品的耐藏性和尽量保持其原有品质的措施。其主要任务就是保持品质和延长保藏时间。食品的化学保藏法的优点是:只需在食品中添加化学制品,如化学防腐剂、生物代谢物或抗氧化剂等,就能在室温下延缓食品的腐败变质,与罐藏、冷冻保藏、干藏等相比具有简便而又经济的特点。食品采用化学保藏法时,需要有严格的卫生条件,而且所用的防腐剂或添加剂必须对人体无毒害。化学保藏法只能作为辅助性的措施,并需控制使用。

(一)化学防腐剂

化学防腐剂又分为抗菌剂和生物代谢产物。抗菌剂又分有机和无机两种。用于易腐食品处理的主要有以下几种:

(1)二氧化硫为强力的还原剂,可以减少植物组织中氧的含量,抑制氧化酶和微生物的活动,从而能阻止食品变质变色和维生素 C 的损耗。

(2)山梨酸能有效控制肉类中常见的霉菌,山梨酸作为防腐剂可用于鱼肉制品、鱼贝干燥品、果酱及甜酸脆制品,也可用于新鲜果蔬的储前处理。

(3)山梨酸钾主要是抑制霉菌,其用途与山梨酸类似。

(4)苯甲酸其本身是有效的杀菌防腐剂。苯甲酸及其盐类常用于保藏高酸性水果、浆果、果汁、果浆、饮料糖浆及其他酸性食品,并常和低温配合使用,以其处理后的食品如与冷藏相结合,则食品的储藏期大为延长。

(5)某些微生物在新陈代谢中能产生一种对其他微生物有杀害作用的物质,称为抗生素。例如,金霉素、氯霉素和土霉素、枯草杆菌、乳酸链球菌等,其抗菌效能为普通化学防腐剂的 100~1 000 倍,但其抗菌效能是有选择性的。抗生素可通过浸泡法、喷洒法、抗生素冰块保藏法,以及家畜饲养法或注射法应用于食品保藏。

(6)植物杀菌素是各种植物中所含有的抗菌物质。抗生素只能取自新鲜的植物,当它们从刚被破碎和磨碎的植物中取得时其杀菌作用最强。目前已经研究过芥菜籽(油)辣根及生姜汁等用于食品的防腐保鲜。

(二)食品抗氧化剂

食品抗氧化剂是为了阻止或延迟食品氧化而添加于食品中,以提高食品质量的稳定性和延长储存期的一类食品添加剂。主要应用于防止油脂及含脂食品的氧化酸败,防止食品褪色、褐变以及微生物被破坏等。

食品在储藏、运输过程中和空气中的氧气发生化学反应,出现褪色、变色、产生异味或异臭等现象,使食品质量下降,甚至不能食用。这种现象在含油多的食品中尤为严重,通常称为油脂的酸败。肉类食品的变色,蔬菜水果的褐变等均与氧化有关。防止和减缓食品氧化,可以采取避光、降温、干燥、排气、充氮、密封等物理性措施,但添加抗氧化剂则是一种既简单又经济的方法。

各种抗氧化剂的作用原理不尽相同,大致分为下述三种情况:清除自由基、螯合金属离子、清除食品中及食品保藏环境中的氧。

（三）食品保鲜剂

食品保鲜剂是能够防止新鲜食品脱水、氧化、变色、腐败的物质。它可通过喷涂、喷淋、浸泡或涂膜于食品的表面或利用其吸附食品保藏环境中的有害物质而对食品保鲜。食品保鲜剂按其作用和使用方法可分为乙烯脱除剂、防腐保鲜剂、涂被保鲜剂、气体发生剂、气体调节剂、生理活性调节剂、湿度调节剂和其他类保鲜剂共八类。

六、食品气调保藏法

（一）食品的气调保藏原理

在一定的封闭体系内,通过各种调节方式得到不同于正常大气组成(或浓度)的调节气体,以此来抑制引起食品品质劣变的生理生化过程或抑制食品中微生物的生长繁殖(新鲜果蔬的呼吸和蒸发、食品成分的氧化或褐变、微生物的生长繁殖等),从而达到延长食品保鲜或保藏期的目的。

（二）气调保藏的特点

(1) 能够对新鲜果蔬等进行保鲜,延缓果蔬产品的衰老过程。

(2) 降低呼吸强度。

(3) 降低产品对于乙烯作用的敏感性。

(4) 延缓叶绿素的寿命。

(5) 减慢果胶的变化。

（三）食品气调保藏做法

气调的方法较多,但总的来说,其原理都是基于降低含氧量,提高二氧化碳或氮气的浓度,并根据储藏物的不同要求,使气体成分保持在所希望的状况。

1. 自然气调法

对于果蔬等呼吸强度大的食品,一般采用自然降氧的方法进行气调。在密闭性好的储藏环境中,果蔬呼吸作用使氧气降低、二氧化碳增加,当其含量变化达到所希望的浓度后,便设法将过剩的二氧化碳排除,另外再通入部分新鲜空气以补充不足的氧气。

2. 置换气调法

利用燃烧液化丙烷等消除空气中的氧气和提高二氧化碳浓度,再经冷却后通入库内;利用空气直接置换的办法,将部分或全部空气置换成氮气或二氧化碳的过程。该法可在短时间内达到库内低氧或绝氧的状态。

3. 塑料薄膜气调法

利用塑料薄膜对氧气和二氧化碳渗透性不同及对水透过率低的原理来抑制果蔬在储藏过程中的呼吸作用和蒸发作用。塑料薄膜一般选用 0.12 mm 厚的无毒聚氯乙烯薄膜或 0.974～0.2 mm 厚的聚乙烯塑料薄膜。

4. 硅窗气调法

根据不同的果蔬及储藏的温湿条件选择面积不同的硅橡胶织物膜热合用于聚乙烯或聚氯乙烯制成的储藏帐上,作为气体交换的窗口,简称硅窗。

5. 涂膜气调法

食品涂膜是将成膜物质事先溶解后,以适当方式涂敷于食品表面,经干燥处理后,食品的表面便被覆一层极薄的涂层,故又称为液体包装。

6. 催化燃烧降氧气调法

用催化燃烧降氧机以汽油、石油液化气等与从储藏环境中(库内)抽出的高氧气体混合进行催化燃烧反应,反应后无氧气体再返回气调库内,如此循环,直到把库内气体含氧量降到要求值。

7. 充氮气降氧气调法

从气调库内用真空泵抽除富氧的空气,然后充入氮气,这两个抽气、充气过程交替进行,以使库内氧气含量降到要求值。

(四)气调保藏主要应用

气调保藏法目前主要应用在果蔬保鲜行业,如根菜类(萝卜、胡萝卜)、茎菜类(洋葱、大蒜、马铃薯)、叶菜类(大白菜、油菜、菠菜、芹菜、香菜、韭菜、葱)、花菜类(花椰菜、黄花菜)、果菜类(黄瓜、冬瓜、南北瓜、茄子、番茄、辣椒、青椒、豆角)等。

七、食品的减压保藏法

减压储藏是气调储藏的进一步发展,是一种特殊的气调方式,又叫"低压储藏(LPS)"和"真空储藏"。其关键是把产品储藏在密闭的空间内,抽出部分空气,使内部气压降到一定程度,并在储藏期间保持恒定。减压储藏期间一方面不断保持减压条件,稀释氧气浓度,抑制果实内乙烯的生成;另一方面把果实上已释放的乙烯从环境中排除,从而达到储藏保鲜的目的。

由于减压作用,降低了储藏环境中氧气浓度和乙烯的释放量,产品呼吸作用减慢,寿命延长。减压的程度依不同的产品有所不同,一般为正常大气压的 1/10 左右(10.132 5 kPa)。减压储藏还能加速果蔬组织内乙烯、乙醛、乙醇、芳香物质等代谢产物向外扩散,从而减少内源乙烯的量和诸如上述各种挥发性代谢产物,这对防止果蔬后熟衰老以及病害的发生都是极有利的。

减压储藏中的问题在于减压条件下食品组织中水分极易蒸腾而引起组织干萎,因此必须使储藏库保持较高的湿度,一般相对湿度在 95% 以上。而高湿度又会加重病害,所以减压储藏必须配合使用消毒防腐剂。另一个问题就是经减压储藏的产品风味不好,但放置一段时间又有所恢复。

八、食品的腌制与烟熏保藏技术

(一)食品腌制保藏

腌制是指用食盐或糖等腌制材料处理食品原料,使其渗入食品组织内,以提高其渗透压,降低其水分活度,并有选择性地抑制腐败微生物的活动,从而防止食品的腐败。食品腌制除能延长食品保藏期外,还可以起到增加食品风味、稳定食品颜色、改善食品结构的作用。

1. 对微生物的生理毒害作用

食盐溶液中含有钠离子、镁离子、钾离子和氯离子,这些离子在高浓度时能对微生物产生毒害作用。这主要是由于钠离子能和细胞原生质中的阴离子结合产生毒害作用。氯化钠对微生物的毒害作用也可能来自氯离子,因为氯离子也会与细胞原生质结合,从而促使细胞死亡。

2. 降低溶液中氧的浓度

食品腌制时使用的盐或糖形成的溶液的浓度很大,使氧气的溶解度下降,从而造成缺氧环境。缺氧环境不仅能防止维生素 C 的氧化,而且能抑制好气性微生物的活动。

（二）食品熏制保藏

食品的烟熏保藏就是在腌制的基础上,用燃烧产生的熏烟来处理食品,使熏烟成分沉积在食品表层,抑制微生物的生长,延长食品保藏期。经过烟熏的制品还会获得独特的烟熏味,改善制品风味。烟熏制品都是由于烟熏保藏往往伴随着发热的产生,食品表面的蛋白质与烟气成分之间互相作用发生凝固,形成一层蛋白质变性薄膜,这层薄膜既可以防止制品内部水分的蒸发和风味物质的逸散,又可以防止微生物对制品的二次污染。

烟熏过程中,食品表层产生脱水及水溶性成分的转移,使得食品表层食盐浓度大大增加,再加上烟熏过程中熏烟成分甲酸、醋酸等附着在食品表面上,使表层 pH 下降,很大程度上抑制或杀死了微生物。

熏烟成分中的羰基化合物与食品物料中的蛋白质、氨基化合物在有水的条件下发生美拉德褐变,可以起到上色作用。另外,因为食品在腌制过程中添加了发色剂亚硝酸盐,生成鲜红色的一氧化氮合肌红蛋白,不稳定的一氧化氮合肌红蛋白在加热和烟熏条件下变成稳定的呈粉红色的一氧化氮亚铁血色原,从而赋予烟熏制品特有的色泽。

九、食品保藏中的高新技术

（一）食品高压保藏技术

食品高压技术是当前备受重视和广泛研究的一项食品高新技术,它可简称为高压技术或高静水压技术。高压保藏技术就是将食品物料以某种形式包装后,在高压(100～1 000 MPa)下加压处理,高压导致食品中的微生物和酶的活性丧失,从而延长食品的保藏期。

高压杀菌的基本原理就是压力超过一定值后对微生物具有致死作用。高压导致微生物的形态、生物化学反应以及细胞膜、细胞壁等发生多方面的变化,从而影响微生物原有的生理活动机能,甚至使原有功能破坏或发生不可逆变化,导致微生物失活。

由于许多生物化学反应都会产生体积上的变化,所以加压将对生物学过程产生影响。同时高压能导致食品中酶或微生物中的酶失活,从而减少食品中生理生化反应的发生,影响微生物体内新陈代谢过程。

（二）高压脉冲电场杀菌

高压脉冲电场杀菌是一种全新的非热处理杀菌方法,它利用高强度脉冲电场瞬时杀灭食品中的微生物,具有杀菌时间短、效率高、能耗少等特点。

脉冲电场杀菌就是利用 LC 振荡电路原理,用高压电源对电容器放电,电容器与电感应圈和放电时的电极相连,电容器放电时产生的高频指数脉冲衰减波在两个电极上形成高压脉冲电场。将待杀菌食品置于一个带有两个电极的处理室中,然后给予高压电脉冲,形成脉冲电场作用于处理室中的食品,从而将微生物杀灭,使食品得以长期保藏。脉冲电场杀菌的电场强度一般为 15~100 kV/cm,脉冲频率为 1~100 Hz。

脉冲电场杀菌存在的不足是易产生电弧放电:一方面食品会被电解,产生气泡,影响杀菌效果和食品质量;另一方面电极会被腐蚀,影响设备的使用寿命。

(三)脉冲磁场杀菌

磁场杀菌,又称磁力杀菌,是将食品置于高强度脉冲磁场中处理,达到杀菌的目的。处理条件是在常温条件下,利用脉冲电磁场快速传播的特性,进行瞬时杀菌。

磁场分高频磁场和低频磁场。脉冲磁场强度在 2 T 范围以内的磁场为低频磁场;磁场强度大于 2 T 的磁场为高频磁场或振荡磁场,具有强杀菌作用。低频磁场对微生物的影响也非常大,它能有效地控制微生物的生长、繁殖,使细胞钝化,降低分裂速度,甚至使微生物失活。

脉冲磁场杀菌是利用高强度脉冲磁场发生器向螺旋线圈发出强脉冲磁场,待杀菌食品放置于螺旋线圈内部的磁场中,微生物受到强脉冲磁场的作用后导致死亡。

(四)食品的玻璃化保藏技术

玻璃化技术是近几十年来受到较高关注的一种新的食品保藏方法。20 世纪 80 年代初,美国食品科学家提出了以食品玻璃态和玻璃化转变温度为核心的"食品聚合物科学"理论。该理论认为,食品在玻璃态下,造成食品品质变化的一切受扩散控制的反应速率均十分缓慢,甚至不发生反应。因此,食品采用玻璃化保藏,可以最大限度地保存其原有的色、香、味、形及营养成分。

(五)食品的生物保藏技术

传统的物理保藏技术,如低温储藏、辐射储藏、罐藏等,因操作技术、成本或营养素损失等因素的限制,很难更广泛地推广应用;目前广泛使用的化学防腐剂(如亚硝酸钠、苯甲酸钠等)都具有一定的毒副作用,日益受到消费者的排斥。而生物保藏技术具有安全、简便等显著优点,其应用范围不断扩大,已成为人们关注的热点。

生物保藏技术是将某些具有抑菌或杀菌活性的天然物质配制成适当浓度的溶液,通过浸渍、喷淋或涂抹等方式应用于食品中,进而达到防腐保鲜的效果。

常用的生物保藏技术有涂膜保鲜法、生物保鲜剂保鲜技术、抗冻蛋白保鲜技术和冰核细菌保鲜技术。

任务三 果蔬产品保鲜技术

教学要点
(1)掌握果蔬产品呼吸作用控制方法;
(2)掌握果蔬产品蒸腾作用控制方法;
(3)掌握果蔬储藏方法。

 **教学内容**

果蔬采收以后,来自根部的养分供给完全中断了,但果蔬自身仍然是一个有生命的有机体,继续进行一系列生理生化变化,如果蔬软化、氧化等。我们了解和认识果蔬的这些变化规律和它们对外界环境的要求,以便有效地控制和调节环境条件,达到保鲜保质、延长供应期的目的,才能获得最好的经济效益。

一、呼吸作用控制方法

采后果蔬的代谢活动主要是呼吸作用。在储藏期间,果蔬的呼吸作用消耗了果蔬组织中的糖类、酸类及其他有机物质。这种呼吸作用越强,果蔬的衰老就越快。我们了解果蔬呼吸作用的目的,就是要想办法采取措施,控制果蔬呼吸作用的进程,减缓储藏的营养物质的消耗,达到保鲜保质、延长储藏期的目的。

影响果蔬呼吸作用的因素很多,有环境的温度、相对湿度和气体成分,有果蔬的种类和品种特性、栽培条件、成熟度、机械损伤和病虫害等。

(一) 温度控制

一般来说,在一定的温度范围内,每升高 10 ℃,呼吸强度就增加 1 倍;如果降低温度,呼吸强度就大大减弱。果蔬呼吸强度越小,物质消耗也就越慢,储藏寿命便延长。温度控制措施如下。

(1) 尽可能维持较低的温度,将果蔬的呼吸作用抑制到最低限度。降低果蔬储藏温度可以减弱呼吸作用,延长储藏时间。但是,不是温度越低越好,低温都有一定的限度。

(2) 一般来说,在热带、亚热带生长的果蔬或原产这些地区的果蔬其最低温度要求高一些,在北方生长的果蔬其最低温度就低一些。

(3) 在储藏中一定要选择最适宜的储藏温度。储藏温度要恒定,因为温度的起伏变化会促进呼吸作用,增加物质消耗。如果使用薄膜包装,则会增加袋内结露水,不利于果蔬的储藏保鲜。

(二) 湿度控制

与湿润相比,轻微的干燥更可抑制呼吸作用。果蔬种类不同,反应也不一样。例如,柑橘果实在相对湿度过高的情况下呼吸作用加强,从而使果皮组织的生命活动旺盛,造成水肿病(浮皮果),所以对这类果实在储藏前必须稍微进行风干。香蕉则不同,在相对湿度 80% 以下时,便不能进行正常的后熟作用。

(三) 环境气体成分控制

大气一般含氧气(21%)、氮气(78%)、二氧化碳(0.03%),以及其他一些微量气体。在环境气体成分中,二氧化碳和由果实释放出来的乙烯对果蔬的呼吸作用有重大的影响。适当降低储藏环境中的氧浓度和适当提高二氧化碳浓度,可以抑制果蔬的呼吸作用,从而延缓果蔬的后熟、衰老过程。另外,较低温度和低氧、高二氧化碳也会抑制果蔬乙烯的合成并抑制已有乙烯对果蔬的影响。

(四) 机械损伤程度控制

果蔬在采收、分级、包装、运输和储藏过程中会遇到挤压、碰撞、刺扎等损伤。在这种情况下,果蔬的呼吸强度会增强,因而会大大缩短储藏寿命,加速果蔬的后熟和衰老。受机械损伤的果蔬,还容易受病菌侵染而引起腐烂。因此,在采收、分级、包装、运输和储藏过程中要避免果蔬受到机械损伤,这是长期储藏果蔬的重要前提。

（五）化学调节物质

化学调节物质主要是指植物激素类物质,包括乙烯、2,4-D、萘乙酸、脱落酸、青鲜素、矮壮素、B9 等。植物激素、生长素和激动素对果蔬总的作用是抑制呼吸、延缓后熟。乙烯和脱落酸总的作用是促进呼吸、加速后熟。当然,由于浓度的不同和种类不同,各种植物激素的反应也是不同的。

二、蒸腾作用控制方法

生物体内所进行的一系列生理生化变化都是以水为介质,即在水存在的条件下进行的。采收后的果蔬切断了水源,但未中止水分蒸腾,新鲜的果蔬就会因此减少重量,造成直接的损失,而且还会使果蔬的光泽消失,出现皱缩,失去商品价值。

影响果蔬蒸腾作用的因素很多,有品种特性、成熟度、温度、相对湿度、风速和包装等。

（一）品种特性

不同品种的果皮组织的厚薄不一,果皮上所具有的角质层、果脂、皮孔的大小也都不同,因而具有不同的蒸腾特性。

（二）成熟度

总的来说,随着果蔬成熟度的提高,其蒸腾速度变小。这是因为随着果蔬的成熟,其果皮组织的生长发育逐渐完善,角质层、蜡层逐步形成,果蔬的蒸腾量就变小。但是,有些品种采收后,随着后熟的进展还有蒸腾速度快的趋势,如木瓜和香蕉等。

（三）温度

果蔬的蒸腾作用与温度的高低密切相关。高温促进蒸腾,低温抑制蒸腾,这是储藏运输各个环节强调低温的重要原因之一。

（四）相对湿度

储藏环境的相对湿度是影响果蔬蒸腾作用的直接原因。在储藏中,湿度的管理是一个十分重要的因素。储藏环境的相对湿度越大,果蔬中的水分越不容易蒸腾。因此,采用泼水、喷雾等方法保持库房较高的相对湿度可以抑制果蔬的蒸腾,以利保鲜。

（五）风速

蒸腾作用的水蒸气覆盖在果蔬表面形成蒸发面,可以降低蒸气压差,起到抑制蒸腾的作用。如果风吹散了水蒸气膜,就会促进蒸腾作用。

（六）包装

包装对于储藏、运输中果蔬的水分蒸发具有十分明显的影响。现在常用的瓦楞纸箱与木箱、筐相比,用纸箱包装的果实蒸发量小。若在纸箱内衬塑料薄膜,水分蒸发可以大大降低。果实包纸、装塑料薄膜袋、涂蜡、保鲜剂等都有防止或降低水分蒸发的作用。

三、果蔬储藏方法

(一) 简易储藏法

简易储藏包括堆藏、沟藏(埋藏)和窖藏3种基本形式,以及由此而衍生的假植储藏和冻藏。这些都是利用自然低温尽量维持储藏所要求的温度。简易储藏法结构设备简单,并且都有一定的自发保藏作用,属于物理保鲜技术。

1. 堆藏

堆藏是将果蔬直接堆放在田间和果园地面或空地上的临时性储藏方法。堆藏还可以作为一种预储方法。堆藏时,一般将果蔬直接堆放在地面上或浅沟(坑)中,根据气温变化,分次加厚覆盖,以进行遮阴或防寒保温。所用覆盖物多就地取材,常用覆盖材料有苇席、草帘、作物秸秆、土等。由于堆藏是在地面上堆积储藏,因此果实入储后受地温影响较小,而受气温影响较大,尤其在储藏初期,因气温较高,堆温难于下降。因此,堆藏不宜在气温高的地区应用,一般只在秋冬之际作短期储藏时采用。储藏堆的宽度和高度应根据当地气候特点和果蔬种类来决定。

堆藏在我们生活当中应用范围比较窄,主要应用在我国北方地区,主要应用于水果类、瓜果类的存放。

【背景链接7-5】

生姜堆藏储藏实例

目前,生姜采用堆藏的方式进行保存,主要有包装堆藏、封闭堆藏和散放堆藏3种方法。

包装堆藏:首先对生姜进行严格挑选,剔除受冻、受伤、小块和干瘪有病的姜块,然后将姜装筐(篓),采用骑马形分柱堆放。堆储高度以3只筐(篓)高即可。储藏期间,经过高温季节,姜块容易出芽(芽可供食用),一般可采用分批剥芽,陆续供应的办法。

封闭堆藏:一般在立冬前进行。堆藏前,要进行严格挑选,剔除病变、受伤、雨淋的姜块,留下质量好的散堆在仓库内,用草包或草帘遮盖好,以防冻坏。堆藏仓间不宜过大,一般每仓以散装堆放10吨左右为宜。姜堆高2米左右,堆内均匀地放入若干个用芦柴扎成的通气筒,以利通气。堆藏时,墙四角不要留空隙,中间可稍松些。窖温一般控制在18 ℃~20 ℃之间。当气温下降时,可增加覆盖物保温;如气温过高时,可减少覆盖物以散热降温。

2. 沟藏

沟藏是果蔬储藏方法中较为简便的一种,根菜、板栗、核桃、山楂等一般多用此法保藏,苹果等水果也有采用此法保藏的。沟藏应在地面挖沟或坑,埋藏地点应选择地势高、干燥,土质较黏重,排水良好,地下水位较低之处。沟的方向在比较寒冷的地区,以南北长为宜;在较为温暖地区,多采用东西长方向。沟的深度一般根据当地冻土层的厚度而定,在冻土层以下储藏。埋藏的效果除受土温影响外,还与其宽度有关。果蔬在沟内堆放的方法一般有以下几种:一是堆积法,即将果蔬散堆于沟内,再用土(沙)覆盖;二是层积法,即每放一层果蔬,撒一层沙,层积到一定高度后,再用土(沙)覆盖;三是混沙埋藏法,将果蔬与沙混置后,堆放于沟内,再进行覆盖;四是将果蔬装筐后入沟埋藏。

【背景链接7-6】

萝卜沟藏储藏实例

萝卜收获后最好当即入沟储藏,如外界气温较高,可将萝卜在田间堆成小堆,用叶子或土盖好,防止风吹日晒蒸发失水,待气温适宜时再入沟储藏。入沟时间最好是上午10时前,此时萝卜体温和沟内的温度较低,带入沟内的热量少。萝卜在沟内可以散堆,也可以一层萝卜一层土分层码放。不管采用哪种方式,沟中萝卜的堆积不可过厚,以40~50 cm厚为宜。如过厚,萝卜上下层温差过大,将造成上层受冻,而下层变热。萝卜入沟后,上面覆盖一层土。

萝卜沟藏必须掌握好每次覆盖土的时期和厚度,以防底层温度过高或表层受冻。萝卜刚埋入沟时气温、土温都比较高,加上萝卜堆积在一起的呼吸作用散发的热量,会使沟内温度急剧上升。如高温时间持续较长,便容易发生腐烂,故初入沟时,上面覆土不可过厚,使沟中尽可能地接受外界低气温影响,使温度尽快下降,以后随气温下降再覆土2~3次,最后约与地面齐平。为了保持沟内湿润环境,每次覆土时应浇些水,使土壤含水量保持在18%~20%为宜,切忌沟底积水,以免引起腐烂。

3. 窖藏

储藏窖的种类很多,其中以棚窖最为普遍。此外,在山西、陕西、河南等地还有窑洞,四川南充等地储藏柑橘采用井窖的形式等。这些窖多是根据当地自然、地理条件的特点建造的,既能利用稳定的土温,又可以利用简单的通风设备来调节和控制窖内的温度。果蔬可以随时入窖出窖,并能及时检查储藏情况。但是,棚窖以及其他窖型一般通过通风来降低温度。

(二)通风冷藏法

通风冷藏法是利用自然气温降低库内温度,利用绝热材料隔绝内外热交换,从而保证库内相对稳定的低温。同时,可设置电风扇鼓风机或采取加冰等措施,降低库内温度,提高储藏保鲜效果。

1. 通风库的特点

通风库的特点是利用自然冷热空气对流的原理,引入外界冷空气,换出库内热空气,使库内温度降低。通风库是永久性的固定建筑,具有良好的隔热材料和通风设施,所以它既属于自然降温范围,又具有一定的人工调节性质。它比其他自然降温方式更具有较好的保温性和降温性,储藏应用范围广,操作管理方便,储藏保鲜效果也比较好,是目前我国果蔬商品储藏中应用最广泛的一种方式。

2. 通风库的管理

(1)储前准备。果蔬入库前,要做好准备工作,如库房的清扫、消毒,设备的检修,工具的消毒等,以保证入库时和储藏期间运转正常。

库房消毒工作方法主要采用熏蒸法,可用硫黄熏蒸(10 g/m³),也可用1‰的甲醛溶液喷洒地面(30 mg/m³)。将库房密封一昼夜,通风换气使库内空气清新后,果实才能入库。

(2)库温控制。通风储藏库的温度控制,主要是根据库内外的温差,人为地控制通风量和通风时间。在储藏初期,一般是利用夜间或凌晨进行换气,白天关闭保温,以达到尽快降低库温的要求;严冬季节,外界气温过低,为防止果蔬出现冻害,换气时间应选择在白天中午进行,同时加强保温措施。

(3)湿度调节。湿度是保持果蔬新鲜状态的重要条件,当库内湿度过低时,果蔬会失水萎蔫,失去新鲜状态,还会导致果蔬抗病性和耐藏性下降。可以通过地面洒水、悬挂湿麻袋、覆盖湿草帘等方法增加湿度。通风库出现库内湿度过高时,可采取适当通风,或在库内放置生石灰等吸湿剂,吸潮降湿。

(三) 冷库冷藏法

冷库储藏指机械制冷储藏。因此,冷库储藏首先需要具备很好绝缘隔热设备的永久性建筑库房,以及机械制冷装置。这样的配套设备可以利用机械冷却装置制冷储藏。根据所储藏果蔬的种类和品种的不同,进行温度的调节和控制,以达到长期储藏的目的。机械冷藏可以满足不同果蔬对不同温度的需要,因此,可以全年进行储藏。

常见的冷藏库按其使用性质可分为3大类:生产性冷库、分配性冷库和零售性冷库。

(四) 气调冷藏保鲜法

气调冷藏是在冷藏的基础上对果蔬储藏环境的气体成分进行人工控制,从而取得果菜储藏的更佳效果的冷藏方法。气调冷藏已被公认为目前世界上最先进的果蔬保鲜储藏方法。与普通冷藏相比,其储存期延长1倍,果蔬出库后货架期可延长至21~28天,是普通冷藏的3~4倍,使果蔬保持鲜脆性,营养成分及硬度、色泽、重量等与新采摘状态相差无几,具有极佳的储存效果。

气调库储存的产品需采用整进整出的进出库方式,对大批量、长时间储存的果蔬(如反季节销售产品、用于淡季的产品)用专用气调冷藏库存,易于对储存环境进行气体成分检测和调控。但气调库房比普通冷库造价高,需增加价格昂贵的气调成套设备。

(五) 减压储藏保鲜冷藏法

减压储藏保鲜,也称低压储藏保鲜或真空储藏保鲜,为气调储藏的发展。采用此法时,是将果菜及其他鲜活食品置于密闭库房(容器)内,在降温的过程中将储藏库(容器)内的空气抽出,进行减压降氧,随着压力的不断降低,一些对储藏有害的气体(如乙烯)随之减少或基本消失,为果菜的长期储藏保鲜创造了有利的条件。与气调储藏不同的是,减压储藏只改变储藏环境中空气的总含量和密度,不改变空气成分和组合比例。

减压库在正常运行中可同时和连续完成真空预冷、减压冷藏过程,减少了储藏工艺环节;由于库内所储果菜无须气密包装,库内可很方便地采用臭氧连续消毒、灭菌、抑霉,满足了果菜储藏中低温、高湿、低氧、高效防腐的四大要素,储藏保鲜期比普通冷藏保鲜延长1~2倍。减压冷藏库不仅可储存保鲜果菜、肉类、水产、花卉,还可储藏高级生物制品和档案、胶卷、文物等不宜在常温常压下储藏的物品。目前减压库造价与气调库造价基本接近。

(六) 涂膜保鲜法

涂膜保鲜技术就是在果实表面涂上一层高分子的液态膜,干燥后成为一层很均匀的膜,可以隔离果实与空气进行的气体交换,从而减弱果实的呼吸作用,降低营养物质的消耗,改善果实的硬度和新鲜饱满程度,减少病原菌的侵染而造成的腐烂。

1. 涂膜保鲜技术的原理

涂膜是人为形成的一种有一定阻隔性的膜,可阻止果蔬失水。果蔬的呼吸作用使膜内氧气浓度下降,二氧化碳浓度上升。当膜内氧气和二氧化碳浓度符合果蔬储藏的适宜气体条件时,可起到自发气调作用,抑制果蔬呼吸,延缓衰老。

2. 涂膜保鲜的特点

(1) 发挥气调作用。

(2) 保水防蔫,改善食品的外观品质,提高食品的商品价值。

(3) 具有一定的抑菌性。

(4) 能够在一定程度上减轻表皮的机械损伤。
(5) 可发挥保鲜增效作用。

3. 涂膜保鲜时必须注意的问题

(1) 研制出不同特性的膜以适用于不同品种食品的需求。
(2) 准确测量膜的气体渗透特性。
(3) 准确测量目标果蔬的果皮与果肉的气体及水分扩散特性。
(4) 分析待储果蔬内部气体组分。
(5) 根据果蔬的品质变化,对涂膜的性质进行适当调整,以达到最佳保鲜效果。

4. 涂膜保鲜的方法

(1) 浸涂法。将涂料配成适当浓度的溶液,将果实浸入,蘸上一层薄薄的涂料后,取出晾干即成。
(2) 刷涂法。用软毛刷蘸上涂料液,在果实上辗转涂刷,使果皮上涂一层薄薄的涂膜料。
(3) 喷涂法。用机器在果实表面喷上一层均匀而极薄的涂料。

5. 常用的果蔬涂膜保鲜剂

(1) 果腊。它是最早使用的果蔬保鲜剂,是一种含蜡的水溶性乳液,喷涂在果实的表面。干燥后,在果皮表面固化形成薄膜。经过打蜡的水果,色泽鲜艳,外表光洁美观,且保鲜效果好。
(2) 可食用膜。它是采用天然高分子材料,经过一定的处理后在果皮表面形成的一层透明光洁的膜。它具有较好的选择透气性、阻水性,与果腊相比,具有无色、无味、无毒的优点。
(3) 纤维素膜。它具有良好的成膜性,但对气体的渗透阻隔性不佳。通常要加入脂肪酸、甘油、蛋白质以改善性能。

6. 涂膜保鲜技术的主要应用

涂膜保鲜方法目前主要应用在果蔬保鲜行业、鸡蛋行业,涂膜法保鲜果蔬的关键在于所用的涂膜剂。涂膜剂必须无毒、无异味,与果蔬、鸡蛋接触后不产生对人体有害的物质。果蔬涂膜后,表面被一层极薄的涂层包裹着,所以有人也把这种处理称为"液体包装"。

(七) 电磁处理法

果蔬经电磁场处理后,有抑制呼吸、减少腐烂、延迟成熟的作用,其作用机理是通过电磁场作用,在电场和磁场的作用下,使果蔬内部组织间的细胞液分子排列更加有序,从而增加果蔬抗病和抗衰老的能力,提高耐藏性。电磁场处理技术在果蔬储藏保鲜中的应用目前处于实验阶段,值得我们学习与参考。

1. 磁场处理

产品在一个电磁线圈内通过控制磁场强度和产品移动速度,使产品受到一定的磁力线影响。

2. 高压电场处理

高压电场处理即一个电极悬空,一个电极接地,两者间便形成不均匀的电场,将产品置电场内,接受间歇的或连续的生理活动。对植物的生理活动,正离子起促进作用,负离子是抑制作用,故在果蔬储藏上常用负离子空气处理。臭氧是极强的氧化剂,有灭菌消毒、破坏乙烯等作用。果蔬采用臭氧处理,可以抑制呼吸,延缓成熟,减少腐烂。目前,国内已有负离子空气发生器和臭氧发生器定型设备。

任务四　养护技术实例——粮食和油脂的储藏保鲜

教学要点
（1）掌握粮食的基本储藏方法；
（2）了解油脂的储藏保鲜。

教学内容

一、粮食的储藏方法概述

在粮食储藏中，粮食水分与周围环境的湿度，粮食温度及周围环境的温度以及粮堆中的气体成分这3个主要条件，都有规律地影响粮食本身的营养成分、生理生命活动及物理性质，影响储粮微生物、害虫、螨类及杂草种子的生命活动。因此，控制粮食的水分、粮食温度和粮堆中的气体成分，就可保证储粮安全。

（一）低温储藏

低温储藏是以粮堆全部活的成分对低温的感觉为基础的，粮粒、杂草种子、微生物、害虫和螨类等的生命活动，与温度有着密切的关系。一般储粮害虫生命活动的有效温度为 15 ℃～35 ℃，储粮微生物的生长适宜温度为 20 ℃～40 ℃。因此，在 15 ℃以下的低温下储藏粮食，不仅可以抑制粮食的呼吸作用，延缓粮食的陈化，保持粮食的营养成分和种用品质，还能有效地控制害虫、螨类和微生物对储粮的危害，减少储粮的损耗。另外，低温储藏可以不用或少用化学药剂处理粮食，因而有利于防止污染，保持储粮卫生。

（二）通风密闭储藏

通风密闭储藏是基本的粮食储藏方法，与干燥储藏相结合，被称为常规储藏。通风是开启库房门窗，或用机械通风，利用空气对流，使粮食降温降水，特别是对降温作用尤为显著，能获得与气温相近的低温，并有散发异味和消除结露的效果。而密闭仅是只要求一般的起到隔热防湿的作用，并不要求达到气密。储粮经冬、春季通风降至低温后，都应进行密闭储藏，以保持储粮低温干燥，这是高温高湿季节的主要储藏方式，一直延续到下一个通风季节的降临。常规密闭储藏的粮食，必须干燥、低温、纯净和基本无虫，库房具有良好的密闭性能和隔热、防潮性能。

（三）气调储藏

在密闭的粮堆或气密库中，应用生物降氧或人工气调的方法，改变粮堆中的氮气、二氧化碳和氧气的比例，使之产生一种能防治储粮害虫、抑制霉菌繁殖、降低储粮生理代谢的气体组成，这种以控制环境气体成分为依据，增加储藏稳定性的方法，就是气调储藏具有杀虫、抑菌和保持储粮品质的原理。当氧气浓度在 2% 左右，或二氧化碳浓度增高到 40%～50% 时，都能使绝大多数的储粮害虫致死。粮食微生物中危害最大的是霉菌，霉菌是造成粮食霉变的根源，而霉菌都是好氧菌，当氧气浓度在 2% 以下，对大多数好氧菌具有一定的抑制作用。0.2%～0.5% 的氧气浓度，抑菌作用显著。高浓度二氧化碳对微生物的生长也有明显的影响,当二氧化碳浓度增加到60%~90%时,能抑制小麦或玉米内的霉菌生长,同时还可以防止霉菌毒素的产生。在缺氧的环境中,粮食的呼吸强度显著降低,因而低氧储藏可以较好地保持品质和增加储藏稳定性。

(四)双低储藏

双低储藏是指低氧气、低剂量磷化氢的密封储藏,是从自然降氧基础上发展起来的,这种方法不但可以有效地消灭常见的储粮害虫,而且能防霉制热,一次处理就可收到较长时间的效果。粮食在密封条件下,氧气含量减少,二氧化碳含量增高,恶化害虫,霉菌的生态条件,提高药剂的功效。同时磷化铝片剂埋入粮堆,可减少药物的挥发空间,粮食在这种低氧气、低药的综合条件影响下,生命活动受到抑制,害虫死亡,微生物难以繁育,因而起到综合防治作用,使储粮处于稳定状态。

二、油脂的储藏保鲜

(一)主要油脂原料的储藏

1. 大豆的储藏

大豆含亲水胶体较多,故吸湿性强,因此,储藏大豆特别要做好防潮工作。当大豆水分超过13%时,随着温度的升高,首先豆粒发软,然后在两子叶靠胚部位的色泽变红,以后豆粒内部红色加深并逐渐扩大;严重时,子叶蜡状透明,有浸油脱皮现象,严重影响大豆的品质和出油率。因此,大豆的安全储藏,首先要抓好干燥降温,一般认为大豆的安全水分是12.5%。干燥的大豆应摊晾降温后再行入仓,入仓后应加强通风,这样就有利于促进大豆尽快到完成后熟。对冬季入库的大豆,用消毒过的旧麻袋进行粮面覆盖,对减轻豆堆上层返潮和升温都一定的作用。另外,采用低温密闭和气调储藏的方法,对抑制害虫和微生物的侵染,保持大豆的品质均有显著效果。

2. 油菜籽的储藏

油菜籽颗粒细小,皮薄质嫩,胚部比例大,空隙度小,氧化酶的活性高,需氧性强,呼吸强度大,无明显的后熟期。所以,高水分的油菜籽发热、霉变和生芽的速度极快,水分在13%以上的油菜籽往往无任何早期现象,一夜之间,料温能升高10℃以上,全部霉变。一般认为,油菜籽水分在9%以内是安全的;超过10%,在高温季节就开始结块;12%以上,会霉变成块。因此,对高水分油菜籽应抓紧时间干燥。如不能及时干燥,应采取应急措施,保持暂时稳定,从而赢得时间,待机干燥。这些应急措施有气调储藏和双低储藏。气调储藏是利用高水分油菜籽的旺盛呼吸,使料堆在密闭的情况下呈缺氧甚至绝氧的状态,以达到短期内不致生芽霉变的结果。如在此基础上,按每立方米投放磷化铝3~4片,效果更佳。

3. 花生的储藏

花生在储藏期间的劣变现象主要是生霉、变色、走油和变哈。花生果的水分超过10%,花生仁超过8%,进入高温季节即易生霉,霉变首先从花生米的尖端或两片子叶的内侧面以及破碎粒、未熟粒、冻伤粒开始,以后扩大影响籽粒。储藏花生应以干燥、低温密闭为主,有条件的仓库还可以进行气调储藏,花生储藏应以花生果为主,堆高不宜超高2 m,水分应控制在9%~10%,在冬季通风降温以后,趁冷密闭储藏。例如,储藏花生米,水分应降至8%,如料温能保持在24℃,则可安全度夏。

4. 棉籽的储藏

棉籽的耐储性与收获期有较大的关系,一般霜前收获的毛棉籽,质坚仁饱,水分低,植绒较长,容易保管。霜后采收的棉籽,壳软仁瘪,水分大,不适宜长期储藏。毛棉籽具有坚硬的外壳,壳外有短绒壳与仁之间具有空气层,所以有良好的抗潮抗压性能,且其散落性小,导热性低,所以有条件进行露天储藏。

5. 芝麻的储藏

芝麻颗粒小,皮薄肉嫩,容易吸湿,且含杂质量较高,其中细小尘土约占总杂质的80%左右,所以芝麻堆中的空晾度小,不易散发湿热。一般说来,散装芝麻的含水量在7.5%以下,杂质不超过1%,堆积高度2 m左右,可以安全度夏。芝麻一般采用密闭储藏。

6. 米糠的储藏

米糠含有较多的解脂酶。在它未脱离米粒时,解脂酶的活性很小;当脱离糙米几个小时内,解脂酶就显出很大的活性,迅速分解米糠中的脂肪,而游离出大量的脂肪酸,所以米糠不宜久藏。如因特殊原因,必须储藏米糠,则应预先破坏解脂酶的活性,控制酸度增加。即将新出机的米糠在2~4 h内进行烘炒,加热10~15 min,使温度达到95 ℃以上,水分降至4%~6%,才可短期储藏。

(二)食用油脂的储藏保鲜

1. 常规储藏

食用油脂在入库或装桶前,要认真检查水分、杂质含量和酸价高低。符合安全储藏要求,才能入库。长期储藏食用油脂的水分、杂质和酸价,不应超过规定标准。

2. 添加抗氧化剂储藏

在食用油中使用抗氧化剂,有明显的抗氧化效果。不同抗氧化剂对不同油脂、不同的储藏条件,其效能也不同,因此,应对具体食用油脂品种研究分析后再应用。常用的抗氧化剂品种有 BHA、BHT、PG、TBHQ 等,用量为 100~200 mg/kg,可以多种混合使用。

3. 气调储藏

气调储油就是依据控制空气氧化油脂的原理,采取适当措施,降低油脂中和容器空间内氧的分压或含氧量,断绝或减少油脂氧化所需的氧气,从而增强油脂储藏的稳定性。常用的方法有以下几种:

(1)隔离油品与容器外空气的接触;

(2)减少容器内留存空间;

(3)抽真空以降低密闭容器空间及溶于油中氧的分压;

(4)脱氧剂除氧;

(5)惰性气体(N_2、CO_2)置换容器内的空气。实践证明,空间残存氧降得愈低,抑制氧化效果愈高,采用充 N_2、CO_2 的效果都较好。

4. 民间储藏法

(1)熬好的猪油,趁油未冷凝时,加入猪油重量约10%的白糖,或加入少许食盐、花椒,拌匀后密封,可长时间保持醇香的鲜味,储藏期可达3~6个月。

(2)花生油、豆油加热,放入少许花椒、茴香,待油冷后存放,可久放不变味。

技能训练

技能训练一　冷冻产品调查

1. 技能训练资料

日本香烟产业(JT)近日表明,其冷冻食品品牌"JT"部分业务将停止,2月中旬将与其子公司、冷冻食品巨头"加 TO 吉"合并。2008 年 1 月的中国速冻饺子中毒事件的影响使得 JT 品牌冷冻食品销售持续低迷,品牌难以维系。因此此次将家用产品转到"加 TO 吉"旗下,就是希望借此挽救品牌声誉。

2008 年 1 月,JT 旗下的冷冻食品销售公司 JT FOODS 进口销售的速冻饺子发生中毒事件。家用速冻食品的销售额迅速跌至去年水平的 1 成。此后围绕接连发生的中国生产食品事件,业界持续低迷,2008 年 4 月至 9 月的家用冷冻食品销售额比上年同期减少了 6 成。

JT 于同年 4 月将"加 TO 吉"收购为子公司,并将 JT FOODS 移交到"加 TO 吉"旗下,希望以此加强食品安全管理,重树品牌形象。但是,食品和流通业"JT 品牌无法畅销"、大型生产企业管理层的严格质疑根深蒂固,也迫使其将原有品牌与"加 TO 吉"合二为一。这也预示着 JT 品牌的家用冷冻食品将从日常货架上消失。

讨论:

(1) 冷冻产品对身体有没有危害?

(2) 冷冻食品有没有保质期?过了保质期,应该怎么办?市民误吃过期食品,应该怎么办?

2. 技能训练步骤

(1) 组织准备。

将全班同学按 6~8 人进行分组;选出小组长,负责组织本小组成员参与活动。

(2) 布置任务。

① 下达任务书。在规定的时间范围内,各小组进行讨论,各小组组长负责整理各小组资料。

② 各小组安排一名代表上台讲解展示本小组的工作成果,并上交相关资料。

(3) 考核评价。

对各小组的考核主要从下面 3 个方面来进行:

① 各小组根据训练资料进行讨论后,讨论结果记录的正确性情况。评分比例占总成绩的 50% 左右。

② 各小组讨论过程中及交叉评审过程中,小组成员参与的积极性、团队合作、纪律性等情况。评分比例占总成绩的 30% 左右。

③ 小组代表陈述评审结果时的逻辑性、条理性等表达情况。评分比例占总成绩的 20% 左右。

技能训练二　水果保鲜调查

1. 技能训练资料

课前每一位同学准备一种水果,根据自己选用的保鲜技术准备所需保鲜用具。

2. 技能训练步骤

(1) 组织准备。

① 在教师的指导下,选 1 名学生担任组长,由组长担任管理工作。安排 1 名学生担任活动的记录员。

② 组长负责管理班上学生在水果保鲜活动过程中的所有工作,包括突发事件的处理。

(2) 布置任务。

① 课前各位学生分别根据自己准备的材料进行水果保鲜试验,并做好相应的书面记录。(时间为 3 天)

② 组长管理现场工作;记录员要做好登记记录。

③ 课堂上,教师抽查其中部分的学生上台讲解展示在保鲜活动中的工作成果,相互交流保鲜过程中的所见所得。上交个人资料。

(3) 考核评价。

对个人成绩的考核主要从以下 3 个方面来进行:

① 根据训练资料进行操作后,操作结果记录的正确性情况。评分比例占总成绩的 10% 左右。

② 水果在 3 天后的保鲜程度。评分比例占总成绩的 20% 左右。

③ 选用的保鲜技术的运用程度。评分比例占总成绩的 20% 左右。

④ 学生参与的积极性、团队合作、纪律性等情况。评分比例占总成绩的 30% 左右。

⑤ 陈述结果时的逻辑性、条理性等表达情况。评分比例占总成绩的 20% 左右。

课后习题

一、选择题(可多选)

1. 储运商品的物理变化不包括_____。
   A. 挥发　　　　B. 溶解　　　　C. 串味　　　　D. 水解

2. 易发生老化的商品是_____。
   A. 食品　　　　B. 塑料　　　　C. 五金　　　　D. 陶瓷

3. 鲜活易腐商品是指_____。
   A. 蔬菜　　　　B. 橡胶　　　　C. 白酒　　　　D. 发乳

4. 属于生理生化变化的有_____。
   A. 老化　　　　B. 呼吸　　　　C. 后熟　　　　D. 风化

5. 控制与调节仓库温度的方法有_____。
   A. 吸潮　　　　B. 通风　　　　C. 加湿　　　　D. 升温和降温

6. 控制果蔬蒸腾的措施有_____。
   A. 降低温度　　B. 提高湿度　　C. 控制空气流动　　D. 包装、打蜡或涂膜

7. 食品气调保藏的方法有_____。
   A. 置换气调法　B. 塑料薄膜气调法　C. 硅窗气调法　　D. 涂膜气调法

8. 影响果蔬呼吸作用的因素有_____。
   A. 温度　　　　B. 湿度　　　　C. 环境气体成分　　D. 化学调节物质

二、判断题

1. 有甜味的物质就是糖。（　　）
2. 人体能够合成必需的氨基酸。（　　）
3. 有酸味的食品就是酸性食品。（　　）
4. 含有不饱和脂肪酸较多的脂肪在常温下是液体状态。（　　）
5. 空气的绝对湿度与温度的变化呈正比关系。（　　）
6. 在绝对湿度一定的条件下，空气的相对湿度与温度成正比。（　　）
7. 呼吸作用不利于水果的储藏。（　　）

三、填空题

1. _____是指液体商品在没有达到沸点的情况下成为气体分子逸出液面的现象。
2. 呼吸作用可分为_____和_____两种。
3. _____可以加速金属商品锈蚀，也是助燃剂，不利于危险品的安全储存。
4. _____是利用挥发性缓蚀剂，在金属制品周围挥发出缓蚀气体，来阻隔腐蚀介质的腐蚀作用，以达到防锈的目的。
5. 商品入库验收要注意检查_____、包装和_____三个方面。

四、简答题

1. 食品的储存方法有哪几种？
2. 常见的果蔬产品保鲜方法有哪些？
3. 气调储藏的方法主要有哪些？
4. 果蔬产品运输中要注意哪些问题？

扫一扫，看答案

项目八 金属商品的锈蚀及防锈

内容简介

我国金属商品的锈蚀现象十分普遍而严重,已经造成了巨大的经济损失。因此,研究金属商品锈蚀的种类及机理、锈蚀的防治途径及各种防护方法,对我国经济建设的发展来说是至关重要的。本项目介绍了金属商品锈蚀的过程、种类,金属锈蚀的原理以及影响金属锈蚀的内外因素;并阐述了金属商品锈蚀的防止途径及各种防护方法。

教学目标

1. 知识目标:
(1) 掌握金属锈蚀的原理;
(2) 了解影响金属锈蚀的内外因素;
(3) 掌握常用的锈蚀控制技术。

2. 技能目标:
(1) 具有根据金属的锈蚀特征,分析影响金属锈蚀的因素的能力;
(2) 具有根据常见的金属制品的锈蚀,分析如何控制金属制品的锈蚀的能力;
(3) 具备分析在复杂多变的环境条件下,不同金属材料应该采取的防锈工艺和除锈方法的能力。

案例导入

金属锈蚀的危害

金属锈蚀给人类造成了极大的危害。每年因金属锈蚀而报废的钢铁设备和材料,相当于钢铁产量的30%左右,其中有2/3可以回收利用,也就是全世界现在的钢铁材料和设备有10%左右的报废。我国每年因金属锈蚀造成的损失可达千亿以上。金属锈蚀造成设备制造、维修与保护的费用增加,由于设备和管道的泄漏,引起产品污染,局部乃至全局性停产,发生燃烧与爆炸等事故,所造成的损失和危害更加惊人,有的无法预测。

不要以为金属材料的腐蚀与我们无关,我们生活中的衣、食、住、行离不开材料,而金属一旦腐蚀出现问题,小则造成经济损失,重则威胁生命。腐蚀问题无处不在,金属及其制品的腐蚀问题遍及我国工业的各个部门,也和人民生活有联系,下面我们列举部分案例,看看锈蚀带来的危害。

(1) 2010年7月22日上午,贵州某化工厂车间工作人员发现变换工段管道有泄漏现象,随后组织公司安全检修人员到现场查看,并制订处理方案。之后不久,变换系统副线管道泄漏气体处突然发生空间爆炸,造成现场5人死亡、6人受伤,预计经济损失500万元。

锈蚀带来的危害是多方面的,而大部分锈蚀是从渐变到突变,是"慢性病",不易引起人们的重视,等积累到一定程度成为破坏性突发事故,才引起人们的关注。以上少数案例提醒我们,锈蚀问题不容忽视。

(2) 2013年,山东省青岛市发生的"11·22"中石化东黄输油管道泄漏爆炸重大事故,直接原因正是输油管道与排水暗渠交汇处管道腐蚀减薄、管道破裂,引发爆炸。

(3) 2014年8月1日台湾高雄发生的燃气爆炸事故,原因是管道老旧造成的接缝泄漏,或是雨水造成的管道腐蚀,从而造成燃气的泄漏,引起爆炸。

案例分析

(1) 金属材料锈蚀,带来哪些危害?
(2) 在架桥修路以及企业生产过程中,如何解决金属材料的锈蚀?

任务一 金属商品的锈蚀

教学要点

(1) 认识金属锈蚀的危害;
(2) 掌握金属锈蚀的原理;
(3) 了解常见金属的锈蚀特征。

教学内容

一、金属锈蚀概述

金属商品在环境的作用下所引起的破坏或变质现象称为金属商品的锈蚀。金属商品在潮湿环境中容易生锈,铝制品使用一定时间后,表面会出现一层白色粉末;铜制品在潮湿环境中,会逐渐出现一层绿色的铜锈。这些现象都是金属商品锈蚀的结果。

金属商品发生锈蚀,会使其外观造型、色泽以及力学性能等方面受到破坏,降低商品的质量,严重者成为废品。例如,精度、灵敏度受损后,将会严重影响商品的使用价值。

金属锈蚀所造成的损失是巨大而惊人的。据专门统计,世界上每年由于锈蚀而报废的金属设备和材料,高达产量的20%~40%。在这些报废的金属中,又有1/3完全损失而无法回收利用。我国金属商品的锈蚀现象十分普遍而严重,已经造成了巨大的经济损失。因此,研究金属商品锈蚀的种类及机理、锈蚀的防治途径及各种防护方法,对我国经济建设的发展来说是至关重要的。

金属锈蚀根据锈蚀过程的不同,分为化学锈蚀和电化学锈蚀两大类。其中,化学锈蚀是金属与环境介质直接发生化学作用而产生的损坏,在锈蚀过程中没有电流产生。电化学锈蚀是金属在介质中由于发生电化学作用而引起的损坏,在锈蚀过程中有电流产生。

金属锈蚀也可按破坏的形态不同,分为全面锈蚀和局部锈蚀。全面锈蚀分布在整个金属表面上,它可以是各处锈蚀程度相同的均匀锈蚀,也可以是锈蚀程度不同的非均匀锈蚀。局部锈蚀主要集中在金属表面的某一区域。金属发生局部锈蚀时,局部快速破坏,使设备报废或爆炸,因此局部锈蚀比全面锈蚀危害更大。局部锈蚀有孔蚀、缝隙锈蚀、晶间锈蚀、应力锈蚀破裂等多种形态。另外，按锈蚀的环境不同，还可以把金属的锈蚀分为大气锈蚀、土壤锈蚀、海水锈蚀、酸碱盐锈蚀等。

二、金属的锈蚀原理

（一）金属的表面膜金属有活泼与不活泼之分

活泼金属在空气或在其他某些环境中容易受到锈蚀，即金属原子失去电子变成离子，生成各种"锈"。但是某些活泼金属（如铝、铬等）却可以在环境中稳定地存在，原因是这些活泼的金属在氧或某些氧化剂的作用下，会在表面生成表面膜。这一层由腐蚀产物所组成的，能把金属表面和锈蚀环境隔离开，从而降低金属的锈蚀速度的薄膜被称为金属表面保护膜。

（二）化学锈蚀原理

当金属与非电解质相接触时，介质中的分子被金属表面所吸附，并分解为原子，然后与金属原子化合，生成锈蚀产物，这个过程称为化学锈蚀。如果锈蚀产物是挥发性的，则在金属表面形成不了保护性膜，锈蚀反应将继续下去。如果锈蚀的产物可以附着在金属表面上，形成完整的保护膜时，则锈蚀反应被阻止。

（三）电化学锈蚀原理

电化学锈蚀要比化学锈蚀更普遍，危害性也更大。金属在潮湿空气中的大气锈蚀，在酸、碱、盐溶液中发生的锈蚀，在地下土壤中的锈蚀，以及在不同金属接触处的锈蚀等，均属于电化学锈蚀。

金属电化学锈蚀的原理和金属原电池的原理是相同的，即当两种金属材料在电解质溶液中构成原电池时，作为原电池负极的金属就会锈蚀。这种能导致金属锈蚀的原电池为腐蚀电池。只要形成腐蚀电池，阳极金属就会发生氧化反应而遭到电化学锈蚀。

根据原电池理论，形成腐蚀电池必须具备以下三个基本条件：

（1）有电位差存在，即不同金属或同种金属的不同区域之间存在着电位差。电位差越大，锈蚀反应越剧烈。

（2）有电解质溶液，即两极材料共处于相连通的电解质溶液中。

（3）接触，即具有不同电位的两部分金属之间必须有导线连接或直接接触。

腐蚀电池工作的结果是阳极金属发生锈蚀。若能避免、破坏或抑制上述三个条件中的任何一个条件，就可以抑制腐蚀电池的工作，从而起到防止金属发生电化学锈蚀的作用。许多防腐蚀措施就是基于这一基本原理的。

三、金属的大气锈蚀

金属及其制品在大气中的锈蚀现象是储运过程中最常见的锈蚀现象，它本质是属于电化学锈蚀，并且是电化学锈蚀中最为普遍和较为重要的一种形式。

（一）大气锈蚀原理

当金属暴露在潮湿的大气中时，由于其表面对大气中的水分有吸附作用，在金属表面便形成了一层很薄的湿气层——水膜。当这层水膜达到一定厚度时，就形成了电化学锈蚀所必需的一层电解质溶液，就有可能因为金属中含有杂质或水膜中含有氧气而形成腐蚀电池，导致金属的电化学锈蚀。

（二）大气锈蚀的分类

根据金属表面的潮湿程度，可以把大气锈蚀分为以下三类。

1. 干大气锈蚀

大气中基本上没有水汽，金属表面完全没有水膜时的大气锈蚀是干大气锈蚀。这类锈蚀发生的化学锈蚀，锈蚀速度较慢，只能使金属表面失去光泽，危险性亦较小。干大气锈蚀速度的大小取决于大气中的氧通过上述氧化物膜的速度。

2. 潮大气锈蚀

当大气的相对湿度在某一临界值与相对湿度为100%之间时，金属发生潮大气锈蚀。在潮大气中，金属表面有一层肉眼看不见的水膜。潮大气锈蚀有电化学腐蚀的特征，锈蚀速度较快。雨天大气中的湿度较大，室内金属的腐蚀即属于潮大气锈蚀。潮大气锈蚀的快慢取决于空气温度的大小和金属表面氧化物膜电阻的大小。

3. 湿大气锈蚀

金属在相对湿度接近100%的大气中，或遭受雨水直接喷淋时，发生湿大气腐蚀。在湿大气的情况下，金属表面上有较厚的肉眼可见的水膜，这时金属遭到电化学锈蚀。其锈蚀速度较快，速度的大小主要取决于大气中的氧通过水膜扩散速度的快慢。

四、金属锈蚀的特征

（一）钢铁制品的锈蚀特征

钢铁制品的锈蚀特征，表面开始发暗，锈蚀轻微时呈暗灰色，锈蚀进一步发展，初时呈深褐色或棕黄色，严重的呈棕色或褐色斑痕及锈坑，形成一层疏松的易于剥落的锈蚀物。

（二）铜及其合金的锈蚀特征

铜及其合金的锈蚀，一般呈绿色薄层或暗斑。铝青铜上的锈蚀呈白色、黑色、暗色或淡绿色的薄层。铜及其合金轻微且均匀的变化是在空气中自然氧化的结果，一般是允许的。

（三）铝合金和镁合金的锈蚀特征

铝合金和镁合金的锈蚀，起初呈白色或暗灰色，进一步发展则有白色或灰白色粉末状的锈蚀物充满锈坑。

（四）镀锡、镀锌金属制品的锈蚀特征

镀锡、镀锌金属制品的锈蚀，开始时镀层失去光泽，继续发展则呈现白色、灰色或生成白色粉末层。锈蚀严重者，可透过镀层，在基体为钢铁的镀层中生成与钢铁同样颜色的物质。

（五）银及镀银层的锈蚀特征

银及镀银层的锈蚀，银及镀银金属商品在空气中容易氧化而变色。初期会出现暗斑或黑色、浅黑色的锈点，严重时呈棕黄色或褐色，但这种现象较少见。

（六）镀锡、镀铅零件的锈蚀特征

镀锡、镀铅零件的锈蚀，一般呈黑色薄层或暗褐色斑点，有时出现基体腐蚀或喷、涂油漆制品的锈蚀特征开始锈蚀时，会引起漆层膨胀鼓泡，最后剥落。

(七) 喷、涂制品的锈蚀特征

喷、涂制品开始锈蚀时,会引起漆层膨胀鼓包,最后脱落。喷、镀涂油漆制品的锈蚀一般是腐蚀介质通过油漆膜层进入内部而造成的。

(八) 其他金属及其镀层的锈蚀特征

镀镍层在锈蚀开始时会形成淡灰绿色粉末状的疏松物,受高温影响后易产生氧化层;受潮湿大气的影响,就会产生绿色锈点。统一合金的锈蚀一般呈橘红色。

任务二 影响金属锈蚀的因素

教学要点

(1) 了解影响金属锈蚀的内因;
(2) 掌握影响金属锈蚀的外因。

教学内容

影响金属商品锈蚀的因素有很多,除了金属的性质、组织结构外,还有许多外界因素。正确掌握影响金属商品储存和使用中的锈蚀因素,对做好防锈工作具有非常重要的意义。

一、影响金属商品锈蚀的内因

影响金属商品锈蚀的内在因素主要有金属的耐蚀性与它们的成分、组织结构、表面状态、应力的存在以及分布情况等。

(一) 金属的性质

一般来说,金属越易失电子,它的化学性质就越活泼,电极电势就越负,也越容易受周围腐蚀介质的作用而发生锈蚀;反之,金属的化学性质越稳定,电极电势就越正,在电解质中越耐蚀。但是有些金属是例外的,如铝和锌的电势与铁比较,电势铁负,而它们在大气中的耐蚀性比铁好得多。这是因为铝和锌在大气中,表面虽然容易被氧化,但是所生成的氧化膜十分致密完整,能够保护金属内层不再被腐蚀。这种作用在化学上通常称为金属的钝化。金属的活性状态和钝性状态是相对的,在外界介质作用下,容易受腐蚀的金属,通常是活性的金属;而在腐蚀性介质的作用下,不发生腐蚀损坏的金属,是钝性的金属。但有时同一种金属,在一种腐蚀性介质里呈钝态,而在另一种腐蚀性介质里呈活态。例如,铬在硝酸或浓硫酸溶液里,很快就成为钝态,而铬在盐酸或稀硫酸的溶液里,就很容易溶解呈活态。完全钝态的金属是非常少的,通常金属在钝态下,仍然会逐渐地溶解。

(二) 金属的成分与杂质

工业生产的金属商品绝大多数是含有多种成分的合金,增加耐蚀性成分,对金属商品在大气条件下,保持一定的化学稳定性有良好的效果。但是耐蚀性并不随合金中耐蚀成分的逐步增加而连续地提高,而是合金含量增加到一定比例时,其耐蚀性才突然提高。例如,铁铬合金,当铬含量达到一定的原子百分数(如 12.5% 和 25%)时,其耐蚀性能才明显地提高。纯金属制品很少,同时工业用金属材料中都含有一定量的杂质,如工业锌中含有铁等。由于金属的合金组成或含杂质分布的不均匀性,加上各自的电极电势不同,就会形成腐蚀微电池的电极条件,当金属表面有水膜形成时,便会发生电化学腐蚀。

(三) 金属表面的加工方法与表面状态

金属表面的加工方法与表面状态对金属锈蚀过程和速度也有明显的影响。在大多数情况下,随着表面加工精度的提高,金属的耐蚀性能增加。但在强烈腐蚀性电解质的作用下,由于金属的腐蚀很快,其不同光洁度的表面,腐蚀速度的大小没有很大差别。

一般来说,表面光洁的制品耐蚀性较表面粗糙的高,粗车或喷砂的粗糙表面锈蚀速度较快。这是由于粗糙的表面上,进入刮伤、孔隙、结合缝等深洼部分的大气中的氧气较少,从而形成氧的浓差电池。金属表面与浓溶液接触的地方电极电势较高,与稀溶液接触的地方电极电势较低,从而形成微电池,使电极电势较低部分的金属被腐蚀。其次,由于光洁的金属表面比粗糙表面的氧化膜更紧密而且均匀,具有较强的保护作用。

(四) 金属各部位的应力状态

金属商品在生产制造过程中,形成的各种变形部件。如果没有经过最后一道工序的热处理(退火),那么在这些部件上形成很大的残余应力。经研究证明,集中应力和变形部位,能增加腐蚀速度。原因是这些部位的电极电势下降,从而出现电极电势差,形成微电池。拉应力对应力腐蚀有较大的影响。

因此,商品养护工作,还需要深入了解金属商品的生产情况、工艺流程等,针对不同产品,采取相应的养护措施,才能真正维护商品的质量完好。

二、影响金属商品锈蚀的外因

金属商品锈蚀,除了与金属的化学组成、结构、性质等内因有密切关系外,还与空气的相对湿度、温度、腐蚀性气体、尘埃及商品包装等作用有关。

(一) 空气的相对湿度

空气的相对湿度,通常认为是大气腐蚀的最重要的因素。它直接关系到金属表面上水膜的形成和保持时间的长短。

空气相对湿度越高,金属表面越容易形成电解液膜,金属就越容易引起腐蚀;反之,空气的相对湿度越低,金属就难以形成水膜,而不易引起腐蚀。储存金属商品的库房,如果能控制在某一相对湿度水平时,就会抑制和减缓金属锈蚀,这一相对湿度界限,通常称为某金属的临界相对湿度。

在干燥的空气中,金属不易腐蚀。库内的相对湿度超过某种金属的临界相对湿度,金属商品容易发生锈蚀。在正常情况下,一般金属的临界相对湿度在 60%～80% 之间。例如,钢铁制品在正常情况下的临界相对湿度为 75%。但在空气污染的情况下,各种金属受腐蚀的临界相对湿度也相应地下降。例如,工业区大气中含 SO_2(0.02%～0.04%)等有毒气体时,钢铁制品的临界相对湿度会下降为 50%～70%,铜制品为 60%。

空气的相对湿度是影响仓储金属商品锈蚀的重要因素,只要将库内相对湿度控制在金属商品锈蚀的临界相对湿度以下,就可有效地防止金属商品锈蚀的发生。在这种情况下,即使金属商品表面已经出现轻微锈蚀,也能延缓其继续发展。因此,掌握金属商品的临界相对湿度,对于确定它们的储存养护条件,防止金属商品锈蚀,具有十分重要的意义。

(二) 空气的温度

空气温度也是影响大气腐蚀的主要外界因素。它影响着大气中水汽在金属表面上形成水膜以及水膜中有害气体和盐类物质的溶解度。和一般化学反应一样,随着气温的升高,金属商品在大气中的锈蚀速度加快。气温的变化对金属锈蚀的影响很大。在大陆性气候地区,多是白天炎热,白天空气中的相对湿度虽然低,但绝对湿度却相当高。当晚间气温急剧下降时,空气中的相对湿度大大提高,这时水汽便容易在金属表面凝聚,形成水膜,为金属的锈蚀提供必要的条件。因此,在商品储存保管中,应特别注意库温的骤变。金属商品在储存、运输等流动中,往往会因温差而出现"水淞"现象。在气温日变化幅度较大的地区,晚上和清晨常会有露水出现,这对露天存放的五金商品安全储存是一种严重威胁,必须采取养护措施,以延缓或防止这些商品的锈蚀。

(三) 空气中腐蚀性气体

成分不同的大气,其腐蚀性有很大的差异,以受强烈污染的工业大气的腐蚀性最强。在受工业污染的混杂成分中,二氧化硫对金属商品的腐蚀危害最大。工业大气中的 SO_2 可被空气中的氧进一步氧化为 SO_3。当金属表面沉积的盐粒和尘土吸收了空气中的水汽后,SO_2 或 SO_3 可溶解在水汽中,成为 H_2SO_3 或 H_2SO_4,使金属商品表面受到强烈的锈蚀。除了二氧化硫外,还可能有硫化氢、氨、氯气、氯化氢等腐蚀性气体存在,这些气体都不同程度地促使金属商品加快锈蚀。

海洋大气中常含有氯化物,当它附着在金属表面时,由于 Cl^- 的存在,会破坏金属商品表面的钝化保护膜,加速金属商品的锈蚀。

(四) 尘埃和沾污

空气中含有大量尘埃,其中包括煤烟、煤灰、沙土、盐类等微小颗粒。当它们沾污到金属商品表面,溶解于水膜中时,就会起着电解质的作用,促进金属商品的锈蚀。尘埃中的盐类,如 $(NH_4)_2SO_2$、$NaCl$ 等微粒,本身就具有腐蚀活性,一旦溶解于水膜里就成为电解质溶液。尘埃中煤烟、煤灰等,本身虽不具腐蚀活性,但能从空中强烈地吸附腐蚀活性的气体,特别是 SO_2。因此,这些微粒也加速大气腐蚀。

在含有杂质的空气中,在相对湿度比饱和湿度还低很多时,锈蚀速度就已剧烈增长。因为这些杂质灰尘的吸水性很强,在金属表面上生成了一层相当厚的水膜,从而加快金属的锈蚀过程。

此外,包装条件对金属商品的锈蚀也有一定的影响。包装材料的不洁净或破损,沾污了油迹及酸、碱、盐化学物质,再用来包装金属商品,容易引起污染,从而加速金属商品的腐蚀。

总之,影响金属商品锈蚀的原因是多种多样的,应对具体情况进行具体分析,找出锈蚀的真正原因,并采取相应的有效的养护措施予以防止。

【背景链接 8-1】

金属锈蚀特征及锈蚀程度

1. 黑色金属的锈蚀特征

(1) 轻锈(浮锈):腐蚀产物为细粉末状,呈黄色或淡红色。用粗麻布、棕刷擦拭即可去掉。去锈后,仅轻微损伤氧化膜层。

(2) 中锈(透锈):腐蚀已使氧化膜脱落,腐蚀产物为粉末状,呈红褐色。用硬棕刷、钢丝刷才能去掉。去锈后,金属表面粗糙,留下锈痕。

(3) 重锈(层锈):锈层凸起呈片状,一般为褐色或红黄色,需用钢丝刷才能去掉,去锈后呈麻坑状。

(4) 水渍:由于受雨水、海水浸蚀,金属表面出现灰黑色或暗红色的水纹印迹,可用麻布擦拭去除。

2. 具有镀覆层的黑色金属的锈蚀特征

(1) 粉末锈:镀覆层表面被氧化后,形成白色或灰色粉末状锈痕,用麻布可除净,少数锈痕仍留下,表面较粗糙。

(2) 破锡(锌)锈:马口铁或镀锌板的镀覆层锡或锌,因锈蚀遇破坏后,使基体金属裸露,轻微者基体金属尚未发生锈蚀,严重者,用粗麻布擦净后,基体金属已留下锈痕。

3. 有色金属锈蚀的特征

(1) 铜材。

① 水纹锈:金属表现出现褐色水纹痕迹,表面仍平滑。

② 迹锈:金属表面出现凸起水纹黑锈,呈淡红色。

③ 绿锈:表面呈斑点状或层状深绿色凸起锈蚀,擦拭净后已有麻坑。

(2) 铝材和锌材。

① 白浮锈:在金属表面出现一层白色细粉末,用布擦净后,出现暗黑色锈印,表面仍平滑。

② 白迹锈:金属表面出现水纹或白点,用布擦净后,在金属表面仍留白色锈迹,表面显得粗糙。

③ 白重锈:金属表面出现凸起的白色锈蚀,擦净后留下一个个小坑。

金属材料锈蚀程度,由锈蚀的分布状况、深浅、色泽、部位、形状等来判定。

任务三　金属锈蚀的防治

 **教学要点**

(1) 掌握常用的锈蚀控制技术;
(2) 了解缓蚀剂保护的特点、使用方法;
(3) 了解电化学保护的基本原理;
(4) 了解金属表面的电化学处理防锈方法:氧化处理和磷化处理。

 **教学内容**

一、金属锈蚀防治概述

由于金属与非金属材料的品种成千上万,锈蚀环境也千差万别,因此在实际生产与生活中,各种构件与材料的锈蚀规律非常复杂,用单一的防锈蚀措施来解决所有的锈蚀问题是绝对不可能的。由于生产的需要和科学技术的发展,控制各种锈蚀的技术也在不断地丰富与完善,常用的锈蚀控制技术主要有以下几种。

（一）合理选材

选取在一定实际环境条件下耐锈蚀并符合生产需要和经济效果好的金属或非金属材料。

（二）正确设计

采用正确的结构设计与生产工艺设计，既满足生产的需要，又使制品的锈蚀减少到最小程度。

（三）改变环境介质状态

在生产环境许可的条件下，通过改变浓度、温度、流速和除去有害成分等方法以减轻制品的锈蚀。

（四）添加缓蚀剂

在锈蚀环境中，添加少量能阻止或减缓金属锈蚀速度的物质以控制金属制品的锈蚀。

（五）电化学保护

对被保护的金属通以电流使它进行极化，消除或减小与电解质溶液接触的金属表面各部分的电位差，从而减缓或阻止金属制品的锈蚀。

（六）钝化

用人为的方法促使可钝化的金属表面生成钝化膜，以减缓或阻止金属制品的锈蚀。

（七）使用覆盖层保护

在金属表面涂、喷、渗、衬、镀上一层耐锈蚀性较好的金属或非金属物质，以及将金属进行磷化、氧化处理，把金属制品与锈蚀环境介质隔离开。

（八）加强和改进生产管理

在许多情况下，可以采用两种或两种以上的联合防护措施，以取得更好的效果。在选择锈蚀控制措施时，还要考虑成本与经济效益等因素。

二、合理选择金属制品的材料

选材时所必须了解的环境条件，主要包括如下内容。

（一）介质的成分与浓度

工作介质的主要成分与浓度是选材时要首先查清的。

（二）杂质

在某些情况下，忽视介质中杂质的存在，会引起严重的锈蚀事故。

（三）pH 值

选材时必须重视溶液的 pH 值，pH 值的大小不但会影响到材料的锈蚀速度、锈蚀阴极过程的性质（是 H＋氧化金属，还是溶解氧及其他氧化剂），而且对金属表面膜或锈蚀产物的溶解度也有重要的影响。

（四）温度

温度对不同材料环境体系的锈蚀速度的影响是复杂的。一般而言，温度升高，大多数锈蚀的速度提高。许多材料在一定的环境中有许可使用的一定温度界限。

(五)介质的流动速度

介质的流动状态会改变金属的溶解速度,也会改变表面保护膜的稳定性以及锈蚀的形态和机理。

(六)压力

不同的环境压力对材料的强度、耐蚀性,甚至其施工方面都会提出不同的要求。

(七)自然环境条件

在选材时除了注意上述所列设备内的介质条件外,还不应忽视自然环境条件对设备的影响。

三、金属锈蚀环境的处理

锈蚀环境的处理旨在改变其对金属的锈蚀性,包括改变锈蚀环境的状态与添加缓蚀剂两方面。改变锈蚀环境的状态一般有以下几个途径。

(一)除去介质中的腐蚀性物质

在许多锈蚀体系中,氧是引起金属锈蚀的主要成分,因此,除氧是一种重要的锈蚀控制措施,如控制锅炉锈蚀的主要途径是脱氧。除去水中溶解氧的主要方法有以下几种:

(1)热力除氧法热力法除氧是在除氧器内进行的,即用蒸汽与水充分接触,把水加热到沸点,使水中的氧气迅速排走。

(2)采用化学药剂以除去水中氧的方法,称为化学除氧法。化学除氧法,包括亚硫酸钠法和联胺法。

① 亚硫酸钠法。用 Na_2SO_3 还原水中的氧,反应如下:

$$2Na_2SO_3 + O_2 = 2Na_2SO_4$$

此法会增加水的含盐量,而且亚硫酸钠在高温时会分解,生成腐蚀性物质,如 NaS、HS_2、SO_2。

② 联胺法。用联胺还原水中的氧,反应如下:

$$N_2H_4 + O_2 = N_2 + 2H_2O$$

联胺还可以把铁与铜的氧化物还原,以防止锅炉内生成铁锈与铜垢。联胺法的缺点是有毒、易燃、具有挥发性,使用时要注意安全。

(3)真空脱氧法,即用抽真空的方法除去体系内的氧。

(4)惰性气体喷射法。

除氧以外,Fe^{3+}、Cl^-、无机盐、硫、硫化氢、二氧化硫等常常会造成设备的锈蚀,要设法除去。

(二)改变介质浓度

通过提高或降低腐蚀介质的浓度,有时可以有效地控制锈蚀。例如,硝酸、硫酸和磷酸在高浓度时,对某些金属基本上不锈蚀;降低硫酸的浓度,又可大大降低它对铝的锈蚀速度。

(三) 改变温度

降低温度，在大多数情况下可以使金属的锈蚀速度降低。提高温度，有时也可以减轻金属的锈蚀。例如，加热到沸腾的水或某些盐溶液，由于溶解氧浓度的降低，其锈蚀性降低。沸腾的海水比不到沸点的热海水锈蚀性低。提高温度使气体中的水分蒸发而不冷凝，也可以减缓金属的锈蚀。

(四) 改变流速

某些情况下，降低流速可以减缓金属的锈蚀，也可以减小流体对金属设备的冲刷锈蚀。对于能钝化的金属，如不锈钢，适当提高流速，有利于钝化。

(五) 降低气体介质中的湿度

许多气体的腐蚀性是随其相对湿度增大而增加的，如湿大气、湿氯气、湿氯化氢的腐蚀就比其干气体严重。降低气体湿度的方法是使用干燥剂吸收气体中的水分，用升温法使水汽不致冷凝在金属表面形成液膜。

(六) 调整介质的 pH 值

在生产工艺许可的条件下，有时适当调整介质的 pH 值，可以降低设备的锈蚀速度。

四、缓蚀剂保护

缓蚀剂是一种在低浓度下能阻止或减缓金属在环境介质中的锈蚀的物质。缓蚀剂保护是在腐蚀环境中用缓蚀剂保护金属材料的方法。它也是一种改变腐蚀环境的保护方法。

(一) 缓蚀剂保护的特点

采用缓蚀剂保护金属设备与材料有许多明显的优点，也有一定的局限性。

1. 缓蚀剂保护的优点

(1) 保护效果好。采用合适的缓蚀剂及保护工艺，可以取得良好的保护效果，保护效率可达 99%～100%。不但对金属的均匀锈蚀可采用缓蚀剂保护，对应力腐蚀、孔蚀、缝隙锈蚀、晶间锈蚀和锈蚀疲劳等也可采用缓蚀剂保护。多种缓蚀剂的配合使用，还可以同时保护与锈蚀介质接触的多种金属材料。

(2) 使用方便，投资少。对于被保护的设备，即使其结构比较复杂，用其他保护方法难以奏效的，只要在介质中加入一定量的缓蚀剂，即可以起到良好的保护作用。凡是与介质接触的表面，缓蚀剂都可以发挥作用。使用缓蚀剂不必有复杂的附加设备，所使用的浓度很低，技术比较容易掌握。由于投资少，成本低，一般的中小企业较适宜使用。

(3) 用途广。缓蚀剂已用在各个工业部门，在工业水、海水、酸、石油、油脂、蒸汽冷凝管线、大气以及钢筋混凝土等环境中都已有应用成功的报道，可以保护各种与介质直接接触的材料、设备、管道、阀门、泵和仪表等。缓蚀剂还可以和涂料、电化学保护等联合使用。

2. 缓蚀剂保护的局限性

(1) 缓蚀剂对材料环境体系有极强的针对性，要针对不同的体系通过实验室及现场的试验选择缓蚀剂的配方和有关参数。

(2) 缓蚀剂一般只用在封闭和循环的体系中，对于非循环体系或敞开体系来说，缓蚀剂会大量流失，不但成本高，而且有可能污染环境。

(3) 缓蚀剂一般不适用于高温环境,通常在 150 ℃以下使用。
(4) 对于不允许污染产品及生产介质的场合不宜采用。
(5) 要考虑缓蚀剂对环境有无污染,要考虑必要的废液回收与处理问题。
(6) 在强腐蚀性的介质(如酸)中,不宜用缓蚀剂作长期保护。

(二) 常用的缓蚀剂

常用的仓储金属商品防锈的缓蚀剂主要有油溶性缓蚀剂与气相缓蚀剂。

(1) 涂油防锈是用于仓储金属商品防腐蚀较为普遍的方法。油溶性缓蚀剂都是极性有机化合物,是能溶于油脂的表面活性剂。

(2) 气相防锈是用气相缓蚀剂在密封的包装或容器中对金属商品进行防锈的方法。气相缓蚀剂在常温下具有一定的挥发性,在很短时间内它的气体就能充满包装或容器内的每个角落和缝隙,对形状和结构复杂或带有孔缝的商品以及仪器仪表等具有良好的防锈作用。由于气相防锈法不需在商品表面涂层,所以采用此法既不影响商品的外观也不影响使用,同时不污染包装,使用方便,不需特殊设备;防锈期长,一般库房有效防锈期可达 3~5 年,有的可达 10 年以上。

五、电化学保护

根据金属锈蚀的电化学理论,如果把处于电解质溶液中的某些金属的电位提高,使金属钝化,人为地使金属表面生成难溶而致密的氧化膜,就可以使金属的锈蚀速度降低。如果把某些金属的电位降低,也可以使金属难于失去电子,从而大大降低金属的锈蚀速度,甚至可以使金属的锈蚀完全停止。这种通过改变金属电解质溶液的电极电位从而控制金属锈蚀的方法称为电化学保护。

电化学保护法包括阴极保护法和阳极保护法。

(一) 阴极保护法

阴极保护法是通过外加电压使被保护的金属阴极极化以控制金属锈蚀的方法。

1. 阴极保护的分类

阴极保护按其阴极电流的来源可分为以下两种:

(1) 外加电流法。把被保护的金属与直流电源的负极相连接,通过外加阴极电流使金属阴极极化。

(2) 牺牲阳极法。在被保护的金属上连接上一块电位更负的金属作为牺牲阳极,二者在电解质溶液中构成大腐蚀电池。

2. 两种阴极保护法的比较

外加电流的阴极保护可以调节保护电压和电流,可用于要求电流量大的情况,适用范围广。不足之处是要有日常操作、维护与检修,要有直流电源设备。牺牲阳极保护的优点是不用外加电流,在电源不便的场合,比较适用,易于施工与安装,对附近的设备无干扰,适用于进行局部保护;缺点是它所能产生的两极有效电位差有限,输出的电流量也很有限,电流的可调性小,阳极的消耗量大,要定期更换,只适用于需要小电流进行保护的场合。阴极保护可以和涂料及缓蚀剂联合使用。

3. 阴极保护的应用范围

(1) 被保护的金属要处于电解质中。只有处在电解质溶液中的金属才能受到阴极保护,而且电解质溶液的量要足以建立起连续的电路。在土壤、中性盐溶液、河水、海水、碱、弱酸溶液中可以进行阴极保护。在大气、气体介质、不导电的溶液中不能应用阴极保护。

(2) 被保护的设备结构和形状应简单。被保护设备的结构和形状不能太复杂,否则远离阳极的金属表面的电流密度不足,近处又太大,即产生"遮蔽效应"。结果有的表面受不到充分保护,有的表面发生"过保护"。

(3) 被保护的金属易极化。被保护的金属材料在所处的介质中要容易发生阴极极化,即只要通以较小的阴极电流,就可以使其电位大幅度负移,否则实施阴极保护时耗电量太大。常用的金属材料,如碳钢、不锈钢、铝、铅、铜及其合金都可采用阴极保护。由于在阴极保护时,阴极附近的溶液的碱性会增加,因此,在对两性金属铝、铅进行保护时,电流密度不宜过大,否则由于碱的作用,反而会加速腐蚀。此外,原处于钝态的金属,如果外加阴极极化可能使其活化而加速腐蚀,则不宜用阴极保护。

(二) 阳极保护法

阳极保护法是把被保护的金属构件与外加直流电源的正极相连,在一定的电解质溶液中,把金属构件阳极极化到一定的电位,使其建立并维持稳定的钝态,从而降低金属的锈蚀速度,使设备受到保护的方法。

1. 阳极保护法的基本原理

阳极保护法的基本原理是对金属进行阳极极化,使其进入钝化区而得到保护。当然只有在某电解质液体中能建立和维持钝态的金属才可以用阳极保护法,否则,阳极极化会加速金属的阳极溶解。

2. 阳极保护法的应用条件

阳极保护法只要使用得当,不仅可以控制金属的全面锈蚀,而且能有效地防止孔蚀、应力锈蚀、晶间锈蚀等局部锈蚀。阳极保护的应用受到下述条件的限制:只保护液体中的金属设备;当溶液中的卤素离子,浓度超过某一临界值时不能使用;如果钝化电位范围小于 50 mV,致钝电流密度太大,应用阳极保护就不容易实现。

(三) 阴极保护法和阳极保护法的选用原则

(1) 从介质和被保护的材料性能考虑,当介质有强氧化性质时,金属可以钝化,则优先考虑用阳极保护法。

(2) 从被保护的设备服役条件考虑,对于加压设备,为了避免产生氢脆的危险,要采用阳极保护法。

(3) 优先采用阴极保护法,在两种保护技术均可用,保护效果相近的情况下,优先选用阴极保护法。

(4) 两种阴极保护法的选择,在确定选用哪一种阴极保护法时,凡是在电阻率高的环境中的大型金属结构体系,宜采用外加电流法;凡是在电阻率低的环境中的小型金属结构体系,则采用牺牲阳极法。

六、金属表面处理与覆盖层

用耐蚀性强的金属或非金属覆盖层把基体金属与腐蚀性介质隔离开,以控制锈蚀的保护法称为覆盖层保护。这样的覆盖层叫表面覆盖层。表面覆盖层的种类很多,可分为金属覆盖层与非金属覆盖层两大类。为了控制锈蚀,对表面覆盖层的基本要求是:耐蚀性好;对基体金属的附着力强;孔隙率小,完好;有良好的物理力学性能,有一定的厚度和均匀性。在选择表面覆盖层时,要从金属基体、锈蚀环境、覆盖层的性能以及保护要求等方面考虑。

(一) 金属表面的清理

在实施表面覆盖层保护以前,都要求把金属表面处理得平整清洁,以使覆盖层与基体金属间牢固结合。表面清理的目的是除去金属表面的氧化皮、毛刺、水分、油泥和灰尘等。金属表面的清理方法大致有机械法、化学法、电化学法、火焰清理法等。

1. 机械法

采用机械法清除金属表面的锈层等是较广泛采用的、较为有效的表面清理技术。这种方法主要是利用机械力去冲击、摩擦、敲打金属以除去表面的锈层与污物。常用的机械法清除锈层与污物的方法有干法喷砂除锈、湿法喷砂除锈法、抛丸除锈法、高压水除锈、手工工具除锈、抛光、滚光等。

2. 化学法

机械法是应用最广泛的金属表面清理技术,此外还要辅以化学法或电化学法,特别在有油脂污染的表面,采用化学法更有必要。

(1) 化学除油法。沾在金属表面的油脂不只影响覆盖层与金属表面的结合,而且使酸洗液不能浸润表面,影响酸洗除锈,因此有必要除油。金属表面上的油脂包括皂化油(即能与碱起化学作用生成肥皂的动、植物油)和非皂化油(即不能与碱反应生成肥皂的矿物油,如凡士林、润滑油、石蜡等)。这两类油都不溶于水。常用的化学除油法有溶剂法、碱液清洗法和乳化法。

(2) 化学除锈法。化学除锈法是采用各种酸溶液以清除金属表面的氧化物(或水垢)的方法。金属表面的酸洗可以采用浸泡法、淋洗法以及循环清洗法等。常用的浸泡式酸洗工艺过程为:酸洗除锈→冷水冲洗→热水冲洗→中和处理→冷水冲洗→钝化等。

3. 电化学法

电化学除锈分为阳极浸蚀法与阴极浸蚀法。此两法均通以直流电使锈皮剥落。目前用得较多的是阴极除锈法。阴极除锈法有使制品产生氢脆的可能,对形状复杂的制品不易除净。在电解液中加入铅与锡离子可以克服这些缺点。电化学除锈法比化学除锈法的生产效率高,效果好,酸耗少,但只适用于非合金钢制品。

4. 火焰清理法

利用火焰燃烧所产生的高温可以把金属表面的油脂等有机物燃烧而清除,锈层则由于受热而膨胀,其热膨胀系数与基体金属不同,从而开裂、拱起而剥落。此法所需设备简单,成本低,不造成污染,对金属制品也无不良影响,特别适用于生产厂房内的设备及管道。所用的火焰可以是氧乙炔焰,也可以是普通喷灯。

(二) 金属覆盖层

金属覆盖层按覆盖层金属与基体金属之间的电位关系,可分为阳极性覆盖层与阴极性覆盖层。电位比基体金属负者为阳极性覆盖层。在腐蚀介质中,这种覆盖层不但起隔离层的作用,而且起牺牲阳极的阴极保护作用。电位比基体金属正者为阴极性覆盖层。当阴极性覆盖

层有缺陷时,则构成大阴极小阳极的腐蚀电池,基体金属会遭到严重的局部锈蚀。这种覆盖层要完整,才能起保护层的作用。镀锡铁和镀镍、铜、银和金的铁都属于这一类。按金属覆盖层的施工方法可分为电镀、喷镀、化学镀、热浸镀(热敷)、渗镀(扩散渗透)、碾压(机械镀)、衬里等。

(三)非金属覆盖层

采用各种有机高分子材料,如塑料、玻璃钢(增强塑料)、橡胶、涂料,以及无机材料,如玻璃、陶瓷、铸石、石墨、搪瓷等,采用涂、衬、搪、砌等方法,在金属设备或零件表面上,建立一层耐蚀的非金属覆盖层的技术,是腐蚀控制技术的重要组成部分。

1. 涂层

各种有机涂料广泛地用于各种金属构件的保护上,据统计,采用涂层保护的金属构件比用其他保护方法的多。涂料可以在液体与气体介质条件下使用,它的品种多,适应性强,不受被保护设备的大小与形状的限制,使用方便,比较经济。但是,涂层薄,有孔隙,在运送安装与使用中难免碰伤,不能在强腐蚀性及高温、受冲击与摩擦的环境中使用。

2. 衬里

在工业生产中常常采用各种非金属材料贴衬在金属器壁内,通过隔离腐蚀介质与金属器壁以达到防护的目的。

3. 搪瓷

把瓷釉搪在金属底材上,经过高温烧制而成金属与瓷釉的复合物即为搪瓷,工业上的搪瓷设备兼有瓷釉的耐蚀性与金属设备的力学性能,除带氟离子的介质、强碱及高温磷酸以外,搪瓷设备可用于各种酸、盐、有机溶剂以及弱碱中,具有表面光滑易洗、不污染产品的优点。

4. 联合覆盖层

有机覆盖层与无机覆盖层各有优缺点。为了取长补短,有时把两者联合使用,制成联合覆盖层。联合覆盖层可由两种或两种以上的材料组成,可以把有机材料的高抗渗透性和塑性与硅酸盐材料的高机械强度、耐蚀性能结合起来。

七、金属表面的化学转化

对金属表面进行适当的化学或电化学处理,可以使其表面生成具有一定保护性的薄膜,这层薄膜是完整的,与基体金属有良好的附着能力,主要用以防止大气锈蚀和弱腐蚀性介质的锈蚀。

(一)氧化处理

用氧化剂氧化钢铁表面,可以生成黑色或深蓝色的氧化铁的薄膜,俗称"发蓝""烧蓝"或"煮黑"。在干燥大气与较弱的腐蚀性介质中,它对钢铁有一定的保护作用。钢铁的氧化处理方法主要有碱性氧化法、酸性氧化法、热氧化法。

(二)磷化处理

采用含磷酸盐的酸性溶液处理金属,使金属表面获得一层基本上是由磷酸盐构成的磷化膜。致密的磷化膜在大气中具有较好的耐蚀性,即使与酸、碱等强腐蚀介质接触,也有一定的耐蚀性。而且操作简便,成本低,广泛地用于保护黑色金属及锌、铝等的合金制品上,或作为涂漆前表面预处理工序,以改善漆层的结合力和防腐性能。

由于磷化膜多孔,能被润滑油或油漆浸润,可作为涂层的底层。又由于磷化膜的孔隙多,因此在磷化后还应用氧化剂(如重铬酸钾溶液)或油封闭。磷化膜厚度只有 $5\sim6~\mu m$,对工件尺寸影响小。缺点是膜脆、机械强度差,硬度不高,多孔。磷化膜耐大气锈蚀在 600 ℃以下耐热,抗冻性可达-750 ℃,不被熔融金属浸湿。

任务四　养护技术实例——机床的防锈工艺及防锈包装方法

教学要点

(1) 了解零件工序间防锈的方法;
(2) 掌握零件库存防锈方法;
(3) 了解零部件装配过程防锈;
(4) 了解机床产品封存防锈。

一、零件工序间防锈

工序间防锈是做好成品防锈的基础。在制品、半成品、备品、余品、返修品,经常分散周转于各加工车间、中间库及装配试车等部门;材质有钢、铸铁、铜、铝等多种金属;工序繁杂,有车铣、刨、磨、钻、热处理等各种加工,工序间零件停放周期长短不一,因此各种零件的防锈方法各不相同。

(一)工序间防锈原则

(1) 在生产过程中,做到文明生产,保持车间清洁。

(2) 精加工车间内,不得随地泼水。凡带有水分的物品,不得直接堆放在机床、零部件上面,以避免水分、脏物等黏附在机床和零部件表面上。

(3) 必须正确地选用机床用的切削液和切削油,并保持干净,定期更换。禁止使用不合格或变质的切削液和切削油。

(4) 为保证防锈液性能,我国每年 5~10 月份高温多雨季节,要配得浓一些(约 3%~5%);而每年的 11 月份至次年 4 月份寒冷季节,可配得稀一些(约 2%~3%)。

(5) 零部件在工序间停放 4~8 h 不进库,或不转入下道工序加工时,应进行防锈处理。

(二)工序间的防锈方法

(1) 采用水剂冷却液的机床加工的零件,可用防锈水防锈。大件可刷涂,中小件浸渍或在防锈水槽内浸泡 1~2 min 后取出,并码放整齐。夏季防锈期可达 1~2 天,冬季可达 3~5 天。黑色金属防锈水配方,如表 8-1 所示。

表 8-1　黑色金属防锈水配方表

配方 A		配方 B		配方 C	
亚硝酸钠	5%~10%	亚硝酸钠	3%~8%	苯甲酸钠	2%~3%
碳酸钠	0.3%~0.6%	三乙醇胺	0.5%~1%	三乙醇胺	3%~5%
水	余量	水	余量	水	余量

(2) 采用油冷却的机床加工的零件,可用稀释置换型防锈油防锈。其配方是:1~2份防锈油,加8~9份汽油(100♯或120♯、180♯、200♯均可)。常用的置换型防锈油,有201防锈油、902防锈油、501防锈油、901防锈油等。防锈工艺是:将加工好的零件擦干净后,放入防锈油槽里浸泡1~2 min,沥干后,即可转入下一工序。

(3) 经过热处理后的零件,应先进行除油、除盐清洗,然后再进行防锈处理。淬火件除油、除盐清洗液配方及工艺如下。

配方A:105洗净剂,1.5%;664洗净剂,1.5%;6503洗净剂,2%;水,余量;温度,85 ℃~90 ℃;时间,30~40 min。

配方B:32-1净洗剂,3%~5%;水,余量;温度,85 ℃~90 ℃;时间,30~40 min。

清洗工艺流程:淬火→热水洗净→洗剂洗→热水洗→回火→热水洗→净洗剂洗→热水洗→浸防锈水。

(4) 用酸洗去除氧化皮的零部件,必须进行清洗→中和→清洗→防锈处理。

清洗——用流动水冲洗。

中和——用2%~3%碳酸钠水溶液浸泡1~2 min。

清洗——用自来水清洗。

防锈——用5%~10%亚硝酸钠,0.3%~0.6%碳酸钠水溶液。

(5) 需要油漆的零部件(如床身、工作台等)的非涂漆面,可选用防锈脂或硬膜防锈油涂封。油漆后,除去涂封层即可。

二、零件库存防锈

机床生产过程中,新加工的零件中有相当一部分要进入中间库存放,然后按月装配机床的数量,分批发往装配。库存时间短的一星期,长的一年以上。对于外购件、外协件、机修备件等,库存时间往往更长些。因此,库存零件的防锈必须根据具体情况而定。

(一) 零件库的防锈原则

(1) 生锈零件不得入库:如已生锈,须经除锈处理,方可入库。库存零件应做到先入库者先出库。

(2) 定期抽检库存零件防锈情况,发现锈蚀应及时处理。

(3) 库房要保持清洁,防止雨水及腐蚀性气体侵入。要避免阳光直晒。不得将有腐蚀性物品带进库房。

(4) 库房管理人员接收和发放零部件时应戴手套,避免手汗锈蚀零部件。

(二) 零件的清洗

(1) 冲洗。在汽油(煤油)中加入少量置换型防锈油(3%~5%)清洗,或采用水剂清洗2次。

第一次水剂清洗液配方:32-1净洗剂,3%~5%;自来水,余量。

第二次水剂清洗液配方:32-1净洗剂,3%;三乙醇胺,1.5%;自来水,余量。

(2) 热洗。按第一次水剂清洗液配方,于85 ℃~90 ℃热洗。

(三) 零件的防锈按防锈期的要求,采用不同的防锈方法和材料

(1) 库存时间不超过半年的黑色金属零件,可采用防锈水或稀释置换型防锈油(按1∶9,

2∶8比例),进行防锈处理;对精密小型零件,可用气相防锈纸包装,外加聚乙烯塑料袋封存。

(2) 库存时间超过半年以上时,可按成品封存办法,用硬膜防锈油或气相防锈纸封存。

三、零部件装配过程防锈

机床装配主要分为两大步骤:一是先将零件装配成部件,如变速箱、齿轮箱、磨头箱等;二是将各个部件组装成机床。装配过程防锈注意事项如下:

(1) 装配前的零部件均应无锈,已锈零部件,除锈后,经检查合格,方可装配。

(2) 装配时,零件应清洗干净(清洗方法按库存零件清洗方法进行),然后涂上一薄层防锈油(置换型防锈油),尽量做到带油装配。对于精密零件,在去油检查后,必须再涂防锈油。这样既能起到润滑作用,又能起到隔离手汗作用。

(3) 装配好的部件,如齿轮箱、磨头箱,以及装配好的机床,应采用润滑防锈两用试车油,进行试车。试车油应根据不同要求选用。

(4) 进行部件涂漆及成品补漆时,所有非涂漆的外露金属表面,以及电镀件、发蓝件、铭牌、刻度盘等,均应涂抹黄油并贴纸防锈,或戴专用防护罩,以免污染。

四、机床产品封存防锈

机床产品封存防锈是机床生产过程中防锈工作的最后一道工序,而且是最重要的一道工序。这道工序的好坏,不但关系到能否保持以前各道工序的防锈效果,也是能否保证机床产品在封存出厂、运输、库存等过程中的最终防锈效果。因此,必须认真对待,切实做好。

成品机床的封存,要根据产品的特点、出厂运输环境(陆路或海运)、储存时间以及所选用的材料,通盘考虑。

(1) 防锈期限,根据原机械工业部部颁标准规定:出口机床及附件,从涂封之日起,防锈期不低于2年;国内产品及附件,从涂封之日起,防锈期不低于1年半。

(2) 产品油封前,应先清除机床内外表面脏物,再用无腐蚀性的工业汽油(无水溶性酸碱),将涂油部位刷洗干净。

(3) 认真检查金属裸露表面是否有锈,无锈即可涂油封存;有锈部位,应除锈,且不得影响精度和性能。除锈后,仍不合格者,则应更换合格件。

(4) 机床产品封存,可采用以下防锈油品:

① 所有外露金属可涂74-2硬膜防锈油、907防锈冷涂脂、201防锈脂等。

硬膜防锈油不宜用于相对运动及重叠部位(如丝杠、某些结合面等)。这些部位应用软膜油,或将硬膜油软化(以1∶1的试车油或机油兑稀)。涂油后,可在油封面贴一层苯甲酸钠纸或气相防锈纸。

② 内露面及润滑系统防锈,可用102防锈油或743试车油。

③ 附件及工具防锈,可用硬膜防锈油或气相防锈纸。

(5) 涂油方法,根据材料性能及封存对象选用。

① 刷涂,适用于各类产品外露面防锈。刷涂效率较低,但环境污染较少。

② 喷涂,适用于各类产品外露面防锈。喷涂效率较高,但环境污染较严重。

③ 浸涂,适用于附件和工具防锈。

(6) 为防止产品雨淋和落灰,涂油后,应用专用塑料罩罩上。

技能训练一　探究铁生锈的条件

【背景链接 8-2】

一个实验：准备四颗同样的铁钉，一颗铁钉一半放在水中，一颗全部浸入装满蒸馏水的试管中，一颗放在干燥空气的试管内，一颗放在稀盐酸中，一周后来观察四颗铁钉的变化。

 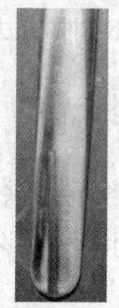 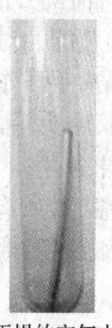 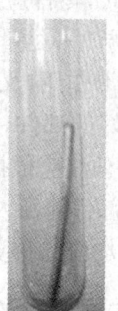

　　一半在水中　　　全部浸入蒸馏水中　　　干燥的空气中　　　稀盐酸

一周后我们发现：铁钉浸没一半在水中，铁在空气、水的界面处生锈；铁钉完全浸没在水中（上面还加植物油）：铁未生锈；铁钉放在干燥的空气中（加干燥剂等）：铁未生锈；铁钉沾了酸液：铁钉严重锈蚀。

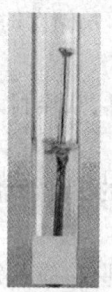  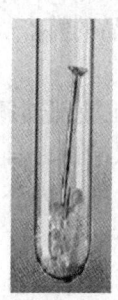 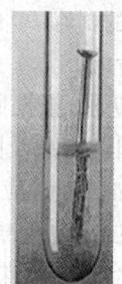

　　一半在水中　　　全部浸入蒸馏水中　　　干燥的空气中　　　稀盐酸

由此实验得出铁生锈的条件是：铁与氧气和水同时接触；在有酸性和盐溶液条件下会加快生锈速率。

铁锈的特点：疏松多孔，红棕色，难溶于水，易溶于酸。

想一想，如何防止铁生锈呢？家中自行车的构件，如支架、链条、钢圈等，为了防止生锈，分别采取了什么防锈措施？

1. 技能训练的目的

通过在不同环境下铁钉发生变化的实验,学会对金属及其制品产生锈蚀的原因进行分析,掌握锈蚀发生的影响因素,总结在经济建设过程中应该采取的防锈方法;并将其合理运用在日常工作中。

2. 技能训练的内容

根据提供的案例,分析如何控制金属生锈。

3. 技能训练的步骤

(1) 分析案例资料;
(2) 收集其他有关金属制品生锈的相关资料;
(3) 分析金属及其制品生锈的原因;
(4) 分析影响金属及其制品生锈的内外因素;
(5) 给出本案例中防治金属生锈的方法。

4. 技能训练的报告要求

(1) 技能训练的名称、学生姓名、班级和日期;
(2) 技能训练的目的和要求;
(3) 技能训练的原理;
(4) 技能训练的步骤;
(5) 技能训练的原始记录;
(6) 技能训练的结果分析,并写出技能训练报告。

技能训练二 钢铁的锈蚀与防护

【背景链接 8-3】

福建武夷山公馆大桥坍塌

2011 年 7 月 14 日上午 8 点 50 分左右,武夷山市公馆大桥北端发生垮塌事故,一辆旅游大巴坠入桥下,造成车上 1 名武夷山籍司机当场死亡、其余 22 人受伤,受伤人员全部送往武夷山市立医院救治。省交通运输厅在事故发生后也迅速派出专家赶往事故现场勘查。

公馆大桥由福建省交通规划设计院设计,福建省林业工程公司承建,为中承式钢架拱桥,全长 301 米,宽 18 米,是 20 世纪闽北此类桥型中最大的桥梁。该桥于 1996 年 11 月 8 日动工兴建,1999 年 11 月 20 日建成通车,总投资约 1 700 万元,是武夷山度假区、景区与外界相连的重要交通枢纽。

判断事故原因是长期超载造成吊杆"疲劳"断裂,事故车辆成为"压倒骆驼的最后一根稻草"。专家组已建议省政府对全省此类桥梁接近使用年限的吊杆进行全面检测或更换。公馆大桥理论上允许 100 吨车辆通行,但近年来由于动车和高铁线修建之需等原因,超过 55 吨的重车越来越多,为了省钱,均未报备有关部门,而是直接与其他车辆通行,甚至有时好几辆重车一起通行,长期超载导致公馆大桥这种中承式拱桥比较容易疲劳。"十几年前做的吊杆是这种桥梁最薄弱的环节,吊杆长期被超载'疲劳'了,最终肯定要损伤。"

1. 技能训练的目的

通过金属及其制品锈蚀带来的危害,学会对金属及其制品产生锈蚀的原因进行分析,掌握锈蚀发生的影响因素,总结在经济建设过程中应该采取的防锈方法;并将其合理运用在日常工作中。

2. 技能训练的内容

根据提供的案例,分析如何控制金属生锈。

3. 技能训练的步骤

(1) 分析案例资料;

(2) 收集其他有关金属制品生锈的相关资料;

(3) 根据金属及其制品生锈的原因,分析福建武夷山公馆大桥为什么会坍塌;

(4) 分析影响金属及其制品生锈的内外因素,并回答为什么沿海,尤其是南方沿海地区的钢铁制品比北方容易锈蚀?

(5) 给出本案例中防治金属生锈的方法。

4. 技能训练的报告要求

(1) 技能训练的名称、学生姓名、班级和日期;

(2) 技能训练的目的和要求;

(3) 技能训练的原理;

(4) 技能训练的步骤;

(5) 技能训练的原始记录;

(6) 技能训练的结果分析,并写出技能训练报告。

课后习题

一、选择题(可多选)

1. 按化学组成分类,铝属于_____。
    A. 黑色金属　　　　B. 有色金属　　　　C. 贵重金属　　　　D. 稀有金属

2. 金属商品按化学组成分铁和铁为主要成分的合金,还有铬、锰及它们的合金属于_____。
    A. 黑色金属　　　　B. 有色金属　　　　C. 贵重金属　　　　D. 稀有金属

3. 电化学腐蚀的特点是作用过程_____。
    A. 有电流,破坏严重　　　　　　　　B. 有电流产生,破坏较小
    C. 无电流产生,破坏较小　　　　　　D. 无电流产生,破坏严重

4. 表面光洁的金属制品与表面粗糙的金属制品相比耐腐蚀性_____。
    A. 差　　　　B. 好　　　　C. 一样　　　　D. 难以判断

5. 数量较多的小五金商品可采取_____方法除锈。
    A. 手工除锈　　　　B. 机械除锈　　　　C. 物理除锈　　　　D. 化学除锈

6. 仓库中常见适用于小五金防锈的防锈油是_____。
    A. 热浸型防锈油　　B. 溶剂型防锈油　　C. 硬膜防锈油　　　D. 油膜防锈油

7. 粗糙的大五金商品的除锈可以用_____。
    A. 钢丝刷除锈　　　　　　　　　　　B. 砂布擦锈
    C. 纱布沾去污粉擦锈　　　　　　　　D. 纱布蘸煤油洗擦

8. 生锈较轻的小五金工具或配件等的除锈可以用_____。
    A. 钢丝刷除锈　　　　　　　　　　　B. 砂布擦锈
    C. 纱布沾去污粉擦锈　　　　　　　　D. 纱布蘸煤油洗擦

9. 精密仪器轻锈可以用_____。
    A. 钢丝刷除锈　　　　　　　　　　　B. 砂布擦锈

C. 纱布沾去污粉擦锈　　　　　　　　D. 纱布蘸煤油洗擦
10. 化学除锈过程依次为_____几道工序。
   A. 清洗—除油—除锈—中和　　　　B. 除油—除锈—中和—清洗
   C. 除锈—除油—中和—清洗　　　　D. 中和—清洗—除油—除锈
11. 金属制品易腐蚀性的情况有_____。
   A. 电极电势越负　　　　　　　　　B. 金属的合金组成不均匀
   C. 金属表面光洁度好　　　　　　　D. 金属含杂质分布不均匀
12. 空气中含有_____以及各种烟尘等，都会促进金属的锈蚀。
   A. N_2　　　B. H_2S　　　C. SO_2　　　D. HCl
13. 在酸洗除锈之前，应先将金属制品表面的油污清除干净，常用的有机溶剂有_____。
   A. 汽油　　　B. 橡胶水　　　C. 四氯化碳　　　D. 硫酸
14. 仓库常见防锈油有_____。
   A. 热浸型防锈油　B. 溶剂型防锈油　C. 硬膜防锈油　D. 油膜防锈油
15. 常见气相防锈形式有_____。
   A. 气相防锈纸防锈　　　　　　　　B. 粉末法气相防锈
   C. 溶液法气相防锈　　　　　　　　D. 混合法气相防锈

二、判断题
1. 大五金指大型钢材及金属制品的原料。（　）
2. 析氢腐蚀是在酸性介质中发生的。（　）
3. 电极、电位越高的金属，在大气中越易锈蚀。（　）
4. 钢铁制品在酸、碱、盐等电解质溶液中的腐蚀，比在水中进行得更为剧烈。（　）
5. 氨和铵盐溶液，会使铜剧烈地腐蚀。（　）
6. 在稀硫酸溶液中，铜会剧烈地被腐蚀。（　）
7. 较粗糙的小五金工具或配件的除锈可以用砂布擦锈。（　）
8. 溶剂型可剥性塑料是一种稠黏液体，只可以浸涂于金属制品表面，形成 0.3～0.5 mm 厚的乳白色塑料膜，适用于一般五金零件的封存防锈。（　）
9. 除锈液中无机酸起着溶解锈迹的作用。（　）
10. 钢铁制品酸洗除锈后，经清水冲洗，可放入 3%～5% 碳酸钠稀溶液中进行中和。（　）

三、填空题
1. 金属商品与腐蚀介质直接作用而发生的腐蚀现象称为_____。
2. 影响金属商品锈蚀的有：_____、_____、_____、_____。
3. 影响金属商品储存环境的因素有：_____、_____、_____、_____。

四、简答题
1. 金属制品为什么会发生大气锈蚀？
2. 为什么铝制品不易"生锈"？
3. 影响金属锈蚀的因素有哪些？
4. 如何控制金属制品的锈蚀？
5. 如何除去金属制品上的"锈"？

扫一扫，看答案

项目九　轻纺类商品的养护

**内容简介**

纺织品是以纺织纤维为主要原料加工而成的一类织品。这类商品除供人们穿着外,在工业、农业、医疗和交通运输等方面也有广泛的应用。在此,我们只对纺织原料、织物,以及用于衣着的纺织物——服装的分类、质量特性、质量鉴别和养护进行介绍。

**教学目标**

1. 知识目标:

(1) 了解常见的轻纺类商品;

(2) 熟悉轻纺类商品在储存期间的质量变化;

(3) 掌握轻纺类商品的养护措施。

2. 技能目标:

(1) 具有识别轻纺类商品类型的能力;

(2) 具有选取正确方法控制轻纺类商品储运期间质变的能力;

(3) 具备轻纺类商品养护的基本能力。

**案例导入**

如何挑选服装

服装是我们日常生活中的必需品,挑选时应注意以下要点。

1. 要懂得面料

不同的面料,质地、性能、价格各不相同。懂得一些面料知识,既能使自己根据自己的需求选择相应面料的服装,又能避免因不法商贩以次充好、以假乱真的行为而上当。

2. 要查看做工

看看针脚是否细密;熨烫是否平整;领、袖、口袋是否对称;衣袖、裤脚长短与肥瘦是否一致等。

3. 要检查标签

正规的标签应有商标、规格、型号、厂名和厂址等内容。

4. 要核对规格

为自己买衣服最好试穿一下,替别人代买服装需按事先量好的尺寸规格挑选,单凭估计往往不合适。

5. 要问清价格

目前服装价格不统一,即使是同一面料、同一规格的服装在不同的商店也会出现不同的价格,选购时最好能多看几家店铺,货比三家,择优挑选。

6. 要有个人主见

选购服装应根据自己的体型、身材、气质、肤色和喜好等因素全面考虑。穿衣戴帽各有所好,没主见,人云亦云是最糟糕的。

案例分析

上述案例告诉我们,挑选合适的服装需要懂得很多知识。那么,纺织面料有哪些?具有哪些质量特性?

任务一　常见的轻纺类商品

教学要点

(1) 了解纺织纤维的类型与特点;
(2) 了解以纺织品和服装为代表的轻纺类商品的类型。

教学内容

一、纺织纤维

纺织纤维是指用来纺织布的纤维,纺织纤维分为天然和人工合成两类细丝状物质。纺织纤维的特点是具有一定的长度、细度,有较好的弹性、强力等物理性能,还具有较好的化学定性,如棉花、毛、丝、麻等天然纤维。纺织纤维包括天然纤维和化学纤维两大类。

(一) 天然纤维

天然纤维包括植物纤维(如棉花、麻、果实纤维)、动物纤维(如羊毛、兔毛、蚕丝)和矿物纤维(如石棉)。

(二) 化学纤维

化学纤维包括再生纤维(如黏胶纤维、醋酯纤维)、合成纤维(如锦纶、涤纶、腈纶、氨纶、丙纶等)和无机纤维(如玻璃纤维、金属纤维等)。

(三) 常见纺织纤维的纺织性能

纺织纤维的纺织性能与轻纺类商品在储运期间的养护有一定的关系。下面列举一些常见纺织纤维的纺织性能。

1. 棉花

棉花透气、吸湿、服用性能好、耐虫蛀,适用直接还原偶氮、碱性媒介、硫化活性染料。

2. 蚕丝

蚕丝吸湿、透气、光泽和服用性能好,适用酸性及直接染料。

3. 羊毛

羊毛吸湿、弹性、服用性能均好,不耐虫蛀,适用酸性和金属结合染料。

4. 涤纶

涤纶刚性较好、耐磨、尺寸稳定,有很好的保型性与挺括性,常与棉、毛等混纺,易洗快干,

适用分散染料、重氮分散染料、可溶性还原染料。

5. 黏胶纤维

黏胶纤维吸湿性、透气性好,颜色鲜艳,原料来源广、成本低,性质接近天然纤维,适用染料同棉花。

6. 锦纶

锦纶耐磨性特别好、透气性差,适用酸性染料、散染料。这是世界上出现的第一种合成纤维,最为耐磨,常用做服装的"三口",并在袜类产品中经常使用,最近常见锦纶与黏胶纤维交织,形成锦黏交织面料。

7. 腈纶

腈纶蓬松性好、有皮毛感,是保暖性最好的合成纤维,俗称合成羊毛,常用作毛衫材料。适用分散染料、阳离子染料。

8. 氯纶

氯纶不易燃烧,常用做针织内衣、毛线等民用产品,还用于工业滤布、工作服、绝缘布、安全帐篷等。

9. 再生纤维素

再生纤维素,又称人造纤维,是利用天然材料经制浆喷丝而成,有再生纤维素与再生蛋白质之分。其中,最常用的是黏胶纤维,它具有棉、麻的主要特性,但强力低于棉麻。

【背景链接 9-1】

莫代尔(Modal)与天丝(Tencel)

Modal 是奥地利兰精(Lenzing)公司开发的高湿模量的纤维素再生纤维,该纤维的原料采用欧洲的榉木,先将其制成木浆,再通过专门的纺丝工艺加工成纤维。该产品原料全部为天然材料,对人体无害,并能够自然分解,对环境无害。纤维的整个生产过程中也没有任何污染。

Tencel 是 lyocell 纤维的一个商品名(lyocell 即通过有机溶剂纺丝法制得的纤维素纤维,由国际人造及合成纤维标准局定其属名)。Tencel 由英国考陶尔兹(Courtaulds)公司生产并专利注册。因此只有考陶尔兹公司生产的 lyocell 纤维才可称作 Tencel。同样,只有经此公司认可的含 Tencel 的产品才可以使用 Tencel 这一名称或配挂 Tencel 吊牌。

二、纺织品

纺织纤维经过加工织造而成的产品称之为纺织品。中国是世界上最早生产纺织品的国家之一。

(一)按用途分类

1. 衣着用纺织品

制作服装的各种纺织面料、缝纫线、松紧带、领衬、里衬等,针织成衣、手套、袜子等。

2. 装饰用纺织品

装饰用纺织品又可分为室内用品、床上用品和户外用品,如地毯、沙发套、壁毯、贴布、窗帘、毛巾、茶巾、台布、手帕、床罩、床单、被面、被套、毛毯、毛巾被、枕套等。

3. 工业用纺织品

常见的有篷盖布、过滤布、筛网等。

(二) 按生产方式分类

按生产方式不同分为线类、带类、绳类、机织物、纺织布等。

(三) 按原料不同分类

按原料不同分为棉织物、毛织物、丝织物、麻织物和化纤织物共五类。常见织物的特性见表 9-1。

表 9-1 常见织物的特性（感官检验法）

纤维名称	纤维特性
棉织物	天然光泽、柔软不光滑、坯布有棉籽杂质
精纺毛织物	呢面光洁平整、织纹清晰、光泽柔和、弹性好、手感滑糯
粗纺毛织物	呢面丰厚、紧密柔软、弹性好
丝织物	绸面明亮、柔和，色泽鲜艳、细薄飘逸
麻织物	硬而爽，色略显暗淡
涤纶织物	挺爽，弹性较好、不易起皱，阳光下有闪光
腈纶织物	手感蓬松、伸缩性好、类似毛织物

三、服装

在国家标准中对服装的定义为：缝制，穿于人体起保护和装饰作用的产品，又称衣服。

服装作为人类生存的必需品，具有多方面的实用性：掩盖身体，在文明社会里，裸体在社会公共生活中被视为极不文明的行为，必须根据社会需要用服装将身体的某些部位遮掩起来；服装穿于人体身上还起到保护作用，必须借助于衣物形成"保暖层"，使人体散发的热量得以保留，维持人体的热平衡，以适应气候变化的影响；服装有装饰作用，能展现人的性格、情感、兴趣、精神面貌，服装的审美效果取决于穿着对象、服装造型与穿着环境三大方面的因素；此外，服装还具有职业性和民族性。

服装的种类很多，由于服装的基本形态、品种、用途、制作方法、原材料的不同，各类服装亦表现出不同的风格与特色，变化万千，十分丰富。目前，大致有以下几种分类方法。

(一) 按基本形态与造型结构分类

按基本形态与造型结构进行分类，可归纳为体形型、样式型和混合型三种。

(二) 按穿着组合分类

1. 整件装

上下两部分相连的服装，如连衣裙等。因上装与下装相连，服装整体形态感强。

2. 套装

上衣与下装分开的衣着形式，有两件套、三件套、四件套。

3. 外套

穿在衣服最外层，有大衣、风衣、雨衣、披风等。

4. 背心

穿至上半身的无袖服装,通常短至腰、臀之间,为略贴身的造型。

5. 裙

遮盖下半身用的服装,有一步裙、A字裙、圆台裙、裙裤等,变化较多。

6. 裤

从腰部向下至臀部后分为裤腿的衣着形式,穿着行动方便,有长裤、短裤、中裤。

(三)按用途分类

1. 内衣

内衣紧贴人体,起护体、保暖、整形的作用。

2. 外衣

由于穿着场所不同,用途各异,品种类别很多,外衣又可分为社交服、日常服、职业服、运动服、室内服、舞台服等。

(四)按服装面料与工艺制作分类

按服装面料与工艺制作分类,可分为中式服装、西式服装、刺绣服装、呢料服装、丝绸服装、棉布服装、毛皮服装、针织服装、羽绒服装等。

(五)其他分类方式

如按性别、年龄、民族、特殊功用、服装的厚薄和衬垫材料不同、服装洗水效果、HS编码等来分类。

【背景链接 9-2】

认识服装的号型和规格

近几年,市场上出售一些进口服装。一般情况下,在这些服装的衣领内侧、衣下摆里边或裙、裤腰内嵌有小标签,标有数字、英文字母或阿拉伯数字,以表示服装的大小和适合的体形,一般有以下几种。

1. 传统的 S、M、L、XL、XXL

一般在夹克衫、休闲衫类服装上常见。"S"(Small)表示小号、"M"(Middle)表示中号、"L"(Large)表示大号、"XL"表示加大号、"XXL"表示特大号。

2. 北美型号

北美型号常用 0~11 的数字表示。其中,"1"表示适合身高150厘米的人穿用,"2"表示适合身高155厘米的人穿用,以此类推,"3"代表160厘米,"4"代表165厘米,"5"代表170厘米,"6"代表175厘米,"7"代表180厘米,"8"代表185厘米。

3. 身高、胸围加体型

这种表示方法比较多见,人体的体形分类代号用字母 Y、A、B 或 C 表示,Y 型指肩宽、胸大、腰细的体型,A 型表示较标准的一般体型,B、C 型分别代表微胖和胖体型。

一般来说,身高163~167厘米的人就向165号靠档,胸围86~89厘米的人可向88型号靠档;再由胸围、腰围之差确定体型为 Y、A、B 或 C,消费者即可买到适体的服装。例如,身高167厘米、胸围86厘米的标准体型人适合的服装号码为165/88A。

任务二　轻纺类商品在储存期间的质量变化

教学要点
(1) 掌握影响纺织品在储存期间的质量变化；
(2) 了解服装在保管过程中的质量变化。

教学内容
轻纺类商品发生质量变化，是由一定因素引起的。为了更好地养护轻纺类商品，确保轻纺类商品的安全，必须找出各种变化因素，抓住主要因素，掌握轻纺类商品质量变化的规律。通常引起轻纺类商品变化的因素有内因和外因两种，内因是变化的根据，外因是变化的条件。

一、纺织品在储存期间的质量变化

（一）发霉

发霉是霉菌附着在纺织品上生长繁殖的结果，发霉的纺织品表面有稀疏点状霉丝，严重时有网状、块状霉菌菌落，颜色从白色到黄色、绿色甚至黑色，使纺织品的强力降低，继而腐烂变质、散发出霉味，玷污纺织品的外观，影响纺织品的使用价值。

（二）变形

化纤纺织品长期吊挂在柜内，会因悬垂而伸长。轻薄面料易变形，注意力量不要过大。

（三）脆损

脆损是纺织品在染色、漂泊、丝光等工艺过程中若处理不当，加之在存储期间保管不善，会发生脆损现象。其表现为强度降低，易被撕裂，光泽变暗，有异味，使织品的使用价值严重受损。

（四）泛黄

泛黄指纺织品中的精漂汗衫、毛巾、丝织品等在存储过程中，出现泛黄的现象，颜色呈浅黄色、土黄色、形状呈条状、严重影响了外观乃至销售。

（五）变色

变色指因发生化学变化，纺织品的原色泽变化成另一种不同的色泽。棉布中的士林蓝、凡拉明蓝布等在加工中处理不当，含酸性，外加保管不善受潮便会出现泛红现象。纺织品中的大红、红酱、紫酱、苯红等色泽的厚绒衫裤、棉毛衫裤，如储存时间过久或储存方法不当会出现蓝黑色点子，严重时面积扩大，影响外观。

（六）风印

风印指纺织品的外露部分出现褪色现象，针织品中的浅色品种和纺织品中丝绸棉布易出现褪色现象，一般不变色。

（七）褪色

化学纤维受紫外线损害，强力下降。锦纶面料的光照牢度不是很好，易发生光照褪色。

（八）虫蛀

羊毛织品和羊毛混纺织品，如呢料、毛绒、羊毛衫裤等，均采用羊毛纤维为原料。由于羊毛中主要成分是角质蛋白质、脂肪，它是害虫喜食的养料，所以会遭虫蛀。纯合成纤维制品本身无害虫养料，所以不会有虫蛀。

（九）怕火

纺织品、服装均怕火，遇火会燃烧。其中，涤纶混纺织物最怕火，一旦遇到火星，就会熔成一个小窟窿。

二、服装在保管过程中的质量变化

为了保证服装在储存过程中的质量，必须妥善进行保管。服装的保管过程中，发生的质量变化是服装发脆、变色。而服装发脆、变色的原因有以下几方面：
(1) 虫害和发霉。
(2) 整理剂和染料因日光及水分的作用，发生氧化和水解等现象，如硫化染料染色放出的硫酸，会使纤维发脆。
(3) 残留物对纤维的影响，如残留氯的氧化作用。
(4) 由于空气的氧化作用而使织物发黄，如丝绸织物和锦纶织物的变黄。
(5) 由于整理(剂如荧光增白剂)的变质而使织物发黄。
(6) 在保管环境下由于光或热的作用而使织物发黄。
(7) 由于染料的升华而导致染色织物褪色。
(8) 由于油剂的氧化和残留溶剂的蒸发而导致织物变色。

任务三　养护技术实例——各类轻纺类商品的养护

教学要点

(1) 掌握轻纺类商品的养护；
(2) 能够根据不同面料服装，学会不同的保养方法。

教学内容

服装是人类必不可少的生活用品，而不同面料的服装给人们带来了丰富多彩的物质文明生活。服装也就成为物流领域的重要商品之一，如何保养好这些服装，十分重要。面料不同的衣服保养方法是不同的。

一、轻纺类商品的在库保管要点

（一）入库验收

轻纺类商品保管养护的第一个环节是商品入库验收。验收的目的是为了防止入库的轻纺类商品数量、品种、规格不符，防止包装破损、潮湿、异状变质的商品入库。其次是验收中如果发现问题,可以采取养护措施,及时处理出现的问题。同时入库验收有利于商品的存储更安全稳定,并可划清工厂、运输、仓库的责任界限。入库验收包括数量、包装、质量等验收。

1. 数量验收

先将商品堆放在清洁干燥的场地,操作时依据商品的不同规格分别堆放,然后对照入库凭证所列的货号、品名、件数、规格、等级分别进行核对。

2. 包装验收

轻纺类商品的外部包装要求清洁干燥、标志清晰、牢固完整,不应有商品外露、水渍、疏散等现象。

3. 质量验收

检查的主要内容是否有受潮、生霉、脆损、泛黄、变色、褪色、虫蛀及其他异常情况,一般采取不验、抽验或全验的方式。

(二) 验收中发现问题的处理

(1) 验收时发现数量、规格不符,应及时联系送货单位、进货单位,进行调换。

(2) 发现包装破损,若轻微或量少时,应给予加固和缝补,不使商品外露。对于严重破损,不符要求者应调换或拒收。

(3) 当包装受潮,轻微或少量者,可采用摊晾、摊晒补救措施,严重的应调换。

(4) 质量有异状,轻微者可加强商品养护并将异状情况详细记载在入库凭证上,严重者应拒收。

(三) 存储场所的选择

对于存储场所的要求,应选择地面高、干燥、尘土较少的地方,最好选择楼层高的。煤屑地、泥土地的简易货棚,不宜存储轻纺类商品。

(四) 存储注意事项

轻纺类商品最好专库专存。在保管期间以密封为主,以减少精萘粉挥发。正确调节与控制库房温、湿度,做到以下几点。

1. 保持清洁

收藏存放轻纺类商品的库房和箱柜要保持干净,要求没有异物及灰尘,要防止异物及灰尘污染轻纺类商品,同时要定期进行消毒。

轻纺类商品在入库存放之前要保持干净。受到外界异物、灰尘及人体分泌物污染的轻纺类商品,如果不及时清洗污染物,而使其长时间黏附在轻纺类商品上,随着时间的推移就会慢慢地渗透到织物纤维的内部,最终难以清除。另外,这些轻纺类商品上的污染物也会污染其他轻纺类商品。

轻纺类商品上的污垢成分是极其复杂的,其中有一些化学活性较强的物质,在适当的温度和湿度下,会与织物纤维及染料进行缓慢的化学反应,使轻纺类商品污染处变质发硬或改变颜色,这不仅影响轻纺类商品的外观,同时也降低了织物牢度,从而丧失了轻纺类商品的穿用价值。因此,为了避免上述各种不良后果的产生,要认真做好入库检查,保证轻纺类商品干净再入库存放。

2. 控制湿度

控制湿度就是要保证轻纺类商品收藏存放过程中保持较低的相对湿度。轻纺类商品自身就是有机物质,除化纤是由高分子化合物组成外,棉、毛、丝、麻的化学成分是由葡萄糖的聚合物和蛋白质所组成。这些成分是霉菌微生物的良好养分。再者轻纺类商品都带有霉菌,当天然纤维织物在长期受潮下,也会发生酸败和霉变现象,而使织物发霉、发出异味、变色或出现色斑。轻纺类商品有污垢存在的情况下,表现就更为突出。因为污染轻纺类商品的有机物质污垢,在适当的温度和湿度下会发生酸败和霉变,所以,为防止上述现象的发生,仓库内一定要保持低温,温度应保持在 30℃ 以下,相对湿度控制在 60%～80% 之间。经常检查仓储的轻纺类商品质量变化情况,发现问题及时解决,具体采取的措施如下:

(1) 轻纺类商品在入库储存前要晾干。不可把没干透的轻纺类商品进行收藏存放,这不仅会影响轻纺类商品自身的收藏效果,同时也会提高整个轻纺类商品在库存放空间的湿度。

(2) 轻纺类商品要适当进行通风。尤其是在伏天和多雨的潮湿季节,更要经常通风。

(3) 防潮剂防潮。在湿度较大的库房存放高档轻纺类商品时,为了确保轻纺类商品不受潮发霉,可以使用防潮剂防潮。用干净的白纱布制成小袋,装入块状的氯化钙($CaCl_2$)封口。把制成的氯化钙防潮袋放在衣柜里,勿将防潮袋与轻纺类商品接触,这样就可以降低衣柜中的湿度,从而达到保干的目的。当防潮袋中的氯化钙由块状变成粉末时,就证明防潮袋中的氯化钙已经失效,要及时进行更换。在仓库日常检查时,要经常对防潮袋进行检查。

3. 防止虫蛀

在各类纤维织物轻纺类商品中,化纤轻纺类商品不易招虫蛀,天然纤维织物轻纺类商品易招虫蛀,尤其是丝、毛纤维织物轻纺类商品更甚。

棉、毛、丝、麻轻纺类商品的织物纤维是由葡萄糖的聚合物和蛋白质所构成,具有一定的营养性。而且天然纤维都具有亲水性的特点,有很强的吸湿回潮性能,能使自身保持一定的湿度。这就给蛀虫创造了较好的滋生条件,因此常招虫蛀。丝、毛织物纤维是由蛋白质构成的,营养更为丰富,所以丝、毛织物轻纺类商品更容易发生虫蛀现象。

轻纺类商品上的一些有机污垢也能为蛀虫增加营养,会使虫蛀现象更为严重。为了防止轻纺类商品虫蛀,除了要保持清洁和干度外,还要用一些防蛀剂或杀虫剂来加以防范。虽然一些农用杀虫剂可以驱杀蛀虫,但对轻纺类商品和人体有害,故一般不采用。

在轻纺类商品上一般都使用樟脑丸作防蛀剂。樟脑丸是由樟树的根、干、枝、叶蒸馏产物中分离制成的,卫生樟脑丸具有很强的挥发性,挥发出的气味就能防止虫蛀。樟脑丸之类的防蛀剂有一定的增塑性,用量过多,集中或直接与织物接触,时间久了,会渐渐地加快织物的老化,影响轻纺类商品的使用寿命。并且樟脑丸中常常含有一定数量的杂质,如直接与织物接触会造成污斑。尤其是白色、浅色丝绸织物接触樟脑丸发生泛黄,影响外观。因此在使用时,应把樟脑丸用白纸或浅色纱布包好,散放在货架四周,或装入小布袋中悬挂在货架内。

在使用防蛀剂时要注意它的用量,一般只要能嗅到樟脑丸的气味就可以了。

4. 适时做好防霉腐工作

在密闭条件良好的仓内或堆垛内,在高温季节(6～9月)施放多聚甲醛(每立方米用量17～24 g),可以长期保存不发生霉变。采用塑料薄膜密封的垛,每立方米用5～7 g,即能达到防霉的效果。

5. 有良好的堆垛形式

轻纺类商品特别是化纤类轻纺类商品,一般应存放在密封较好的仓库中。堆码宜用行列式或围垛式,堆成丁字形或井字形通风垛,垛高不宜过高,以12层高为宜。

(五)做好轻纺类商品在库、出库检查

根据在库轻纺类商品的特点、存储条件、气候的变化,对轻纺类商品采取定期检查。检查的商品包括汗衫背心、棉毛衫裤、绒衫裤、涤纶针织外衣、袜子、床单、毯子、丝绸等。轻纺类商品出库时,应根据提货方出示的提货凭证,做好查看数量、查包装、查质量等方面的工作,确保从仓库中发出的轻纺类商品正确。

二、各类常见轻纺类商品养护要点

(一)棉织品、棉布服装的养护

棉织品、棉布服装的特性:吸湿性好,手感柔软,穿着卫生舒适;湿态强度大于干态强度,但整体上坚牢耐用;染色性能好,光泽柔和,有自然美感,但是色牢度不高,容易褪色;耐碱,不耐酸,高温碱处理可制成丝光棉;抗皱性差,缩水率大;在潮湿的条件下容易发霉。依据棉织品、棉布服装的特性,对于这类商品的养护,应注意以下几方面:

(1) 不要用力拉扯,以免造成松弛、变形,影响美观和保暖性能。

(2) 由于棉类耐碱和高温,所以一般棉织品、棉布服装可以在碱性水溶液和热水中洗涤,如用肥皂手洗、中性洗衣粉均匀机洗。还可用酶洗涤剂清除顽渍,需漂洗彻底防止残留碱液使织物泛黄,但不宜氯漂。深色织物洗涤时,温度不能过高,以免褪色。

(3) 棉布容易吸潮,到了雨季,遇上好天气还应该拿出来晾晒或通风。

(4) 不要在阳光下长时间暴晒,避免由于暴晒而使得棉布氧化加快,从而降低坚牢度,影响衣服使用寿命并引起褪色泛黄,若在日光下晾晒时,建议将里面朝外进行晾晒。

(5) 棉织品、棉布服装容易发霉,所以在仓储中要注意通风,避免潮湿,以免发霉。

(6) 对于立绒、灯芯绒等服装,应防止长期受压避免使绒毛倒伏。

(7) 深色和浅色的服装要分开存放,要注意塑料包装材料的完好。

(8) 棉类服装存放处应干燥,里面可放樟脑丸(用纸包上,不要与衣料直接接触),以防衣服受蛀。

【背景链接9-3】

以下的几种错误护理,棉织物将遭遇"灾难"

人的正常体温是36 ℃,如把衣物浸泡进烫手的热水中,会导致蛋白质过热而凝固在织物上,因汗渍中有人体自然排泄的蛋白质,水过热蛋白质会逐渐变成顽固的暗黄色汗斑。

大太阳直接照射。阳光会使棉织物氧化变脆,这就是每次收取时棉织物会硬得像膨化饼的原因,蓝、紫、粉红等颜色因色素较敏感,阳光太强烈会导致衣物更快褪色。

果汁黏附做简单的擦干处理:大多数果汁都是带酸性的,一旦和棉亲密接触,如果不马上用清水清洗、稀释,那一块的污渍就会沉淀,导致难以清除。

注意以上关键点,并遵循"少量多次"的原则,少倒些洗衣粉,多多漂洗,阴凉通风处晾干,棉织物就最大限度地保持了鲜艳生动的颜色,得以"容颜"不老。

(二)亚麻服装的养护

亚麻属于天然纤维,亚麻面料特有的透气性、吸湿性、排汗性等特性,使它具有其他面料无法比拟的优点。亚麻独特的纤维结构,使亚麻服装具有清雅飘逸、高雅和随意的风格,而深受人们的喜爱。亚麻"天生"容易起皱,而且亚麻纤维刚硬,抱合力差,植物纤维耐碱性好,怕酸。所以,亚麻服装的养护主要有下面几个方面:

(1)亚麻服装不宜在强烈阳光下暴晒,以免褪色。

(2)不能用硬毛刷刷亚麻服装或用力揉搓,以免布料起毛。

(3)不要让亚麻服装接触到酸性的物质,因为亚麻是植物纤维,对酸很敏感,酸对植物纤维的破坏性极大,很容易烧坏衣服。

(4)洗涤和熨烫是保养亚麻服装的关键。洗涤亚麻服装时应该选用中性的洗涤剂,而不能用衣领净等高效的洗涤剂。洗涤时,一定要掌握好水温,一般控制在 35 ℃～40 ℃以下,可以用洗衣机来洗。洗涤后的熨烫是亚麻服装保养的重要手段,亚麻织物在熨烫之后,其特有的风格才能表现出来。熨烫时的主要技巧是温度,温度要控制在 200 ℃～230 ℃之间,并且在衣服半干的时候熨烫效果最理想。

(三)羊绒衫的保养

羊绒是一种非常珍贵的纺织原料,羊绒衫是由山羊绒绒线编织而成的。由于羊绒具有轻、暖、软、滑的特点,因而羊绒衫比一般羊毛衫轻,穿着舒适、手感滑爽、富丽华贵,是一种高档的穿着用品。但是羊绒的耐磨性较差,因此,在实际应用上常与少量锦纶混纺,以提高其耐用性能。对于羊绒衫的保养主要有以下几方面:

(1)羊绒衫服装的组织结构松散,所以不要用力拉扯,防止变形、破损。如果出现破洞,要及时修补,防止脱套使洞扩大,不仅影响美观也会造成损失。

(2)羊绒制品存放时,要折叠好,用塑料袋套装封,平放在衣柜内,切忌挂放,以免悬垂变形,也不要与其他类产品同袋混装。

(3)纯羊绒衫和纯兔绒衫吸湿性较强,加之组织结构松散,缩水率很高,因此不适宜水洗,适宜干洗,以避免产生缩绒的后果,而使衣服难以穿用,造成损失。

(4)存放的羊绒制品要注意遮光,以防褪色,应经常通风、阴凉、拍打灰尘,去潮湿,且不可暴晒。若晒过要凉透后再放入衣柜内。

(5)羊绒制品要注意保持清洁。羊绒内衣可以采用轻轻拍打的方法除掉灰尘,羊绒外套可用软毛静电刷顺着毛头方向轻轻刷一刷,即可去掉尘土,防止蛀虫的潜伏、破坏,可使毛绒顺伏。

(6)羊绒衫极易招虫蛀,因此在长期储存前,应保证干燥洁净,存入时注意防蛀,在衣柜或外包装箱内四周放入防霉、防蛀虫片剂,严禁防蛀剂与羊绒衫直接接触。同时在避光、通风、干燥处存放,以免羊绒制品受潮发霉生虫。

【背景链接 9-4】

羊绒衫掉绒起球

羊绒衫容易出现掉绒起球现象,是由羊绒纤维本身的形态结构决定的。如果所用加工机械和制作工艺不合理,则会促使其掉绒起球现象更加严重。

羊绒纤维是由鳞片层和皮质层组成,鳞片具有一定的高度和厚度,有的边缘呈锯齿形,形如倒刺,很容易在穿着过程中产生纤维相互勾结和黏缠,产生起球现象。并且羊绒纤维的细度小、长度短、卷曲数少,这样纤维在纱中抱合力小,外露毛羽多,再加上纤维滑糯,在外力的作用下易从织物中滑移而产生掉绒起球。

羊绒纤维与羊毛相比,其纤维的缩绒性和摩擦因数均小,纤维间的摩擦阻力减少,但因羊绒纤维的鳞片结构,使得羊绒纯纺或是与羊毛混纺的织物,羊绒易从织物中滑移出来,当纤维的集合体受到无定向性外力的作用,逆鳞片受力的纤维容易不断向根部移运,产生掉绒。

羊绒纤维的电阻力、导电能力差,衣服在穿着时,纤维间互相摩擦,造成电荷聚集,产生静电现象,不相同电荷的纤维之间相互吸引,易造成织物掉绒起球,当天气干燥时这种现象尤为严重。

另外,由于山羊绒加工设备和环境的不足,缺乏质量保证体系,在加工过程中大量损伤纤维,降低了纤维长度,产生对纱线质量和服用性能有害的短纤维,大大降低了制品的档次,造成羊绒衫穿着后产生严重掉绒起球现象。

(四)丝绸服装的保养

丝绸服装柔软润爽,富有弹性,蚕丝属高级纺织原料,强度高,纤维细长柔软,手感润滑,富有弹性;光泽柔和、色彩华丽,蚕丝的光泽自然柔和,经染色和印花后,织物表面更呈现五彩缤纷、豪华富丽的色泽;吸湿保暖,穿着舒适,蚕丝纤维是热的不良导体,具有一定的保暖性能,同时蚕丝吸湿性好,回潮率为7%~9%,能吸收人体排出的汗液,穿着凉爽舒适。但是也有明显的缺点,如丝的抗皱性比毛要差;丝的耐光性很差,不适合长时间晒在日光下;丝和毛一样,都属于蛋白质纤维,特别怕碱;在光、水、碱、高温、机械摩擦下都会出现褪色,不宜用机械洗涤,最好是干洗。所以,丝绸服装如果保养不当,就容易受到损坏。

(1) 不能暴晒。丝绸在紫外线作用下易脆化,加上丝绸牢度较差,因此,洗净之后应挂在通风背阴处晾干,避免在烈日下暴晒,失去光泽和弹性。

(2) 丝绸服装不要与除臭剂、花露水或香水接触,这些化学制品容易损坏丝绸,也勿在丝绸服装上扣别针,否则会留下针眼。

(3) 丝绸服装较轻薄,怕挤压,易出皱褶,应单独存放或放置在衣箱的上层。

(4) 丝绸服装在收藏时,白色的丝绸最好用蓝色纸包起来,以防止泛黄。花色鲜艳的丝绸服装要用深色纸包起来,可以保持色彩不褪。

(5) 真丝衣服色牢度极差,在太阳暴晒后,一经洗涤就褪色发白而出现白块,所以,丝绸服装不可暴晒,适合阴干,以免降低坚牢度及引起褪色泛黄,色泽变劣。

(6) 丝绸服装要与裘皮、毛料服装隔离收藏,同时还要分色存放,防止串色。

(7) 吊挂丝绸服装的衣架,切忌选用粗糙木质的衣架,宜用光滑衣架,最好是塑料衣架,以防衣架上的小毛刺钩伤丝纤维,造成丝绸服装的损伤。

(8) 丝绸服装也会因受潮而发霉,并易招虫蛀,所以在收藏时不仅要保持干燥,还要用一些防蛀剂来防虫蛀。

当丝绸服装因受潮而出现轻微霉点时,可用绒布或新毛巾轻轻揩去。霉点较严重时,可用氨水喷射于丝绸织物表面,再用熨斗烫平,霉点即可消除。白色绸缎上轻微霉点,可用酒精轻轻揩去。

(9) 丝绸服装在储存前应晾干并保持干净,最好叠放,用布包好,最好单独存放,不可挤压。丝绸不宜放置樟脑丸,否则白色衣物会泛黄。

(10) 丝绸服装的洗涤比较特别,因为丝绸忌碱性洗涤剂,所以应选用中性的洗衣粉、肥皂或丝绸专用洗涤剂(丝毛净)。洗涤时,先把丝绸服装放在水里浸泡 2~3 min,然后放上洗涤剂轻轻揉搓。深颜色的丝绸,特别是黑色、藏青色的丝绸服装,第一次洗涤时,绝对不能使用碱性肥皂,因为碱性肥皂会使丝绸服装颜色泛出白色。

(五)化纤类服装的保养

(1) 合成纤维类服装不怕虫蛀,但收藏前仍须洗净晾干,以免发生霉斑。

(2) 合成纤维类服装在收藏时,尽可能不用樟脑丸。因樟脑丸的主要成分是萘,而萘的挥化物具有溶解化纤的作用,会影响化纤织物的牢度。

(3) 化纤织物中的人造棉、人造丝等是以木材、芦苇、麦秆等为原料制成的,保管不妥会被虫蛀,故收藏时须放卫生球,且衣服要叠平收藏,不可久挂在衣钩上,以免变形。

(4) 涤纶、锦纶、腈纶、丙纶等合成纤维是从煤、石油、天然气中提炼而成,本身不怕虫蛀,故收藏时无须放卫生球。若是混纺织物,为防止毛、棉纤维遭虫蛀,可放些卫生球,但注意不宜过多,且不能直接与衣服接触,否则,不仅会沾染衣服,而且会引起化学变化,降低衣服的牢度。

(六)羽绒服装的养护

(1) 羽绒服装填充的是鸭或鹅的绒毛,生产中会注意密封效果,因此一般都是用的化纤类成分的布料。在日常使用中须注意不要用洗衣机搅动或用手揉搓,不可拧绞、明火烘烤,另外须注意不要与碱性物质接触。

(2) 羽绒服装在穿着时要防止因勾扯和摩擦而造成破洞,也不宜与强酸强碱物质接触,以避免操作布面导致漏绒。

(3) 收藏时要洗净晾干,避免重压。具体就是要做到以下几点:

① 防潮勤晒。冬天,羽绒制品应每隔 3~5 天在阳光下晒一次,晒时可用木棍轻轻拍打一番,以去潮增软,延长使用寿命。

② 谨防硬伤。羽绒制品面料一般都极怕钉子、小刀等利器刮伤,因为这样会造成其中的羽绒飞散,既有碍洗涤,也会使羽绒制品报废,使用时应格外细心。另外,也要防止烟头、明火将其烧坏。

③ 细心收藏。羽绒服的填充物是天然的动物绒毛,收藏前的羽绒服,一定要洗净晾干,以防止发霉生虫。羽绒制品的金属扣及拉锁上应涂一层薄蜡脂,以免生锈。收藏时可将其放入大容量塑料袋中再入箱,箱里不要放置樟脑丸。

(4) 洗涤方法如下。

① 如果羽绒服不太脏,可采用干洗法。用毛刷蘸汽油在领口、袖口、前襟等处轻轻擦拭。油污去除后,再用干毛巾擦拭沾有汽油处,待汽油挥发干净后即可。

② 如果羽绒服太脏,只有采用整体水洗法。先将羽绒服在冷水中浸泡 20 分钟。用 2 汤匙左右的洗衣粉倒入水温为 20 ℃~30 ℃的清水中搅匀,然后放入水中浸泡 5~10 分钟。将

羽绒服从洗涤液中取出,平铺在干净台板上,用软毛刷蘸洗涤液从里至外轻轻刷洗。刷洗干净后,将衣服放在洗涤液中拎刷几下,然后在 30 ℃的温水中漂洗 2 次后,再放入清水中漂洗 3 次,以彻底除去洗涤剂残液。将漂洗干净的羽绒服用干净布卷后轻轻挤出水分,然后放在阳光下或通风处晾干。干透后,用小棍轻轻拍打衣面,使羽绒服恢复原有的蓬松柔软。

技能训练　小服装大智慧

1. 技能训练目的

（1）检验学生对轻纺类商品知识的掌握情况。

（2）培养学生收集信息与整理材料的能力。

（3）激发学生的学习兴趣。

（4）培养学生了解、适应社会以及理论联系实际的能力。

2. 技能训练的要求

（1）学生单独（也可分组）进行调查整理。

（2）所整理资料需真实、全面,避免空泛。

（3）汇总成报告并上交。

3. 技能训练的内容

（1）每个学生选择一件标志齐全的服装,进行基本信息采集,主要包括服装的名称、所用面料及成分、号型、等级、洗涤标志、所用包装等。收集的信息,越详细越好。

（2）学生利用所学轻纺类商品基础知识,并根据实际经验对其进行分析,如服装所用面料由哪些纺织纤维织成？该纺织纤维有什么特性？如何鉴别？该面料属于哪种织物？该织物有哪些质量特性？购买时应注意检查哪些方面？该号型适合哪些人群穿着？洗涤是需要主要哪些事项？如何进行保管等。

（3）每名学生将所分析内容整理成报告,谈谈自己对服装的认识和学习体会,写成书面材料,并上交。

4. 技能训练的报告要求

（1）技能训练的名称、学生姓名、班级和日期；

（2）技能训练的目的和要求；

（3）技能训练的原理；

（4）技能训练的步骤；

（5）技能训练的结果分析与心得体会,并写出技能训练报告。

课后习题

一、选择题（可多选）

1. 下列不属于天然纤维的是_____。

　　A. 羊毛纤维　　　　B. 石棉　　　　C. 蚕丝纤维　　　　D. 大豆纤维

2. 下列纤维中,耐酸不耐碱的是_____。

　　A. 棉纤维　　　　B. 羊毛纤维　　　　C. 洗涤纤维　　　　D. 锦纶纤维

3. 天然纤维中,吸湿度最高的是_____。
   A. 棉纤维　　　B. 麻纤维　　　C. 羊毛纤维　　　D. 蚕丝纤维
4. 下列纤维中,最耐磨的是_____。
   A. 棉纤维　　　B. 洗涤纤维　　C. 富强纤维；　　D. 锦纶纤维
5. 下列纤维中弹性最好的是_____。
   A. 蚕丝纤维　　B. 醋酸纤维　　C. 黏胶纤维　　　D. 氨纶纤维
6. 下列选项中,不适宜做夏季衣料的是_____。
   A. 苎麻布　　　B. 亚麻布　　　C. 灯芯绒　　　　D. 洗涤布
7. 下列纤维燃烧不会产生毛发燃烧味的是_____。
   A. 棉　　　　　B. 罗布麻　　　C. 马海毛　　　　D. 柞蚕丝

二、判断题

1. 麻纤维的主要成分是纤维素,是具有许多天然捻曲、表面有沟痕、中间有空腔的扁平带状物。　　　　　　　　　　　　　　　　　　　　　　　　　　　　　(　　)
2. 羊毛纤维可进行丝光处理,棉纤维可进行缩绒处理,从而改变其性能。(　　)
3. 麻织物的吸湿性不好。　　　　　　　　　　　　　　　　　　　　(　　)
4. 棉织品手感细而平滑；真丝品手感凉爽；纯毛织物手感温暖。　　　(　　)
5. 在轻纺类商品上一般都使用樟脑丸作防蛀剂。　　　　　　　　　　(　　)
6. 合成纤维类服装不怕虫蛀,收藏前无须洗净晾干。　　　　　　　　(　　)

三、填空题

1. 天然纤维中强度最大的是_____。
2. 腈纶柔软、蓬松、弹性好、保暖性好,有_____之称。
3. 纺织原料的鉴别大多可通过_____来进行。
4. 服装型号为 165/88A 表示适合_____为 165,_____为 88,_____为 A 的人穿着。
5. 轻纺类商品最好专库专存,做到以下几点：_____、_____、_____、_____、_____、_____。

四、简答题

1. 常见的轻纺类商品有哪些?
2. 轻纺类商品如何养护?
3. 常见的轻纺类商品如何养护?
4. 请以一种轻纺类商品为例,写出其在储存期间主要的质量变化,以及应该采取的养护措施。

扫一扫,看答案

项目十 危险化学品的储运及仓库安全管理

内容简介

本项目系统阐述了危险化学品的分类、特性以及安全标志;详细列举了常见危险化学品的安全储存、安全运输措施;针对危险化学品的不同特性介绍了仓库火灾、爆炸的原因,以及预防仓库火灾、爆炸的安全管理措施。

教学目标

1. 知识目标:
(1) 了解危险化学品的分类、特性;
(2) 熟悉不同危险化学品的储运技术要求;
(3) 了解仓库防火、防爆安全知识。

2. 技能目标:
(1) 熟悉常见危险化学品的特性;
(2) 掌握常见危险化学品的储运管理和防护技术;
(3) 掌握仓库防火、防爆安全措施。

案例导入

8·12 天津滨海新区爆炸事故

"8·12 天津滨海新区爆炸事故"(Explosion accident in Tianjin Binhai New Area)是一起发生在天津市滨海新区的特别重大安全事故。

2015 年 8 月 12 日 22 时 51 分 46 秒,位于天津市滨海新区天津港的瑞海公司危险品仓库发生火灾爆炸事故。本次事故中爆炸总能量约为 450 吨 TNT 当量,事故中心区面积约为 54 万平方米,现场火光冲天,在强烈爆炸声,高数十米的灰白色蘑菇云瞬间腾起。随后爆炸点上空被火光染红,现场附近一片火海。

两次爆炸分别形成一个直径 15 米、深 1.1 米的月牙形小爆坑和一个直径 97 米、深 2.7 米的圆形大爆坑。以大爆坑为爆炸中心,150 米范围内的建筑被摧毁,东侧的瑞海公司综合楼和南侧的中联建通公司办公楼只剩下钢筋混凝土框架;堆场内大量普通集装箱和罐式集装箱被掀翻、解体、炸飞,形成由南至北的 3 座巨大堆垛,一个罐式集装箱被抛进中联建通公司办公楼 4 层房间内,多个集装箱被抛到该建筑楼顶;参与救援的消防车、警车和位于爆炸中心南侧的吉运一道和北侧吉运三道附近的顺安仓储有限公司、安邦国际贸易有限公司储存的 7 641 辆商品汽车和现场灭火的 30 辆消防车在事故中全部损毁,邻近中心区的贵龙实业、新东物流、港湾物流等公司的 4 787 辆汽车受损。截至 2015 年 12 月 10 日,事故造成直接经济损失 68.66 亿元人民币。

2016 年 11 月 7 日,法院经审理查明,本次事件造成 165 人遇难、8 人失踪、798 人受伤住院治疗,304 幢建筑物、12 428 辆商品汽车、7 533 个集装箱受损。

11 月 9 日,经过审理,法院对本案件涉及的被告单位及 24 名直接责任人员和 25 名相关职务犯罪被告人进行了公开宣判。天津交通运输委员会主任等 25 名国家机关工作人员分别被以玩忽职守罪或滥用职权罪判处三年到七年不等的有期徒刑。

调查组查明,最终认定事故直接原因是:瑞海公司危险品仓库运抵区南侧集装箱内的硝化棉由于湿润剂散失出现局部干燥,在高温(天气)等因素的作用下加速分解放热,积热自燃,引起相邻集装箱内的硝化棉和其他危险化学品长时间大面积燃烧,导致堆放于运抵区的硝酸铵等危险化学品发生爆炸。

（资料来源：根据百度百科整理）

案例分析

(1) 此次爆炸中涉及的危险化学品具有什么特性？
(2) 应如何储存管理此类危险化学品？

任务一　危险化学品的分类及特性

教学要点

(1) 了解危险化学品的分类；
(2) 熟悉常见危险化学品的特性；
(3) 熟悉常见危险化学品的安全标志。

教学内容

一、危险化学品的含义

根据《危险化学品安全管理条例》第三条规定,危险化学品是指具有毒害、腐蚀、爆炸、燃烧、助燃等性质,对人体、设施、环境具有危害的剧毒化学品和其他化学品。

在物流活动中,危险化学品在生产、储存、运输和使用四个环节中,发生事故的概率高达 90% 以上,而造成的人员伤亡人数高达 95% 以上,因此,必须在物流各环节中严格落实安全措施,完善安全操作规程。

二、危险化学品分类及特性

危险化学品目前有数千种,其性质各不相同,每一种危险化学品往往具有多种危险性,但是在多种危险性中,必有一种主要的对人类危害最大的危险性。因此,危险化学品的分类,主要是根据其物化特性、危险性原则进行分类的。

依据《危险货物分类和品名编号》(GB 6944—2005)和《危险货物品名表》(GB 12268—2005)将危险品货物分为以下 9 类:

第 1 类　爆炸品；

第 2 类　压缩气体和液化气体；

第 3 类　易燃液体；

第 4 类　易燃固体、自燃物品和遇湿易燃物品；

第 5 类　氧化剂和有机过氧化物；

第 6 类　毒害品和感染性物品；

第 7 类　放射性物品；

第 8 类　腐蚀品；

第 9 类　杂类。

第 9 类杂类危险物品是指在运输过程中呈现的危险性质不包括上述 8 项危险性质的物品，常见的有磁性物品以及另行规定的物品。

此外根据常用危险化学品的危险特性和类别，设主标志 16 种，副标志 11 种。主标志由表示危险特性的图案、文字说明、底色和危险品类别号四个部分组成的菱形标志，副标志图形中没有危险品类别号。

（一）爆炸品

在外界作用下（如受热、受压、撞击等），能发出剧烈的化学反应，瞬间产生大量的气体和热量，使周围压力急剧增大，发生爆炸，对周围环境造成破坏的物品；也包括无整体爆炸危险，但具有着火、抛射及较小爆炸危险，或仅产生热、光、声响或烟雾等一种或几种作用的烟火物品；不包括与空气混合才能形成爆炸性气体、蒸汽和粉尘的物质。

1. 爆炸品分类

爆炸品分类，如表 10-1 所示。

表 10-1　爆炸品分类

项　目	名　称	概　念
第 1 项	整体爆炸物品	具有整体爆炸危险的物质和物品，如高氯酸铵、地雷
第 2 项	抛射爆炸物品	具有抛射危险，但无整体爆炸危险的物质和物品，如子弹、点火管
第 3 项	燃烧爆炸物品	具有燃烧危险和较小爆炸或较小抛射危险，或两者兼有，但无整体爆炸危险的物质和物品，如二亚硝基苯
第 4 项	一般爆炸物品	无重大危险的爆炸物质和物品，万一被点燃或引爆，其危险作用大部分局限在包装件内部，而对包装件外部无重大危险，如烟花、爆竹
第 5 项	不敏感爆炸物品	非常不敏感的爆炸物质，比较稳定，在着火试验中不会爆炸，如铵油炸药

2. 爆炸品的特性

（1）爆炸性强。爆炸品都具有化学不稳定性，在一定外因作用下，能以极快的速度发生猛烈的化学反应，产生的大量热量，在短时间内无法逸散出去，致使周围的温度迅速升高并产生巨大的压力而引起爆炸。

（2）敏感度高。各种爆炸化学品的化学组成和结构，决定物质本身的爆炸性，而爆炸的难易程度则取决于物质本身的敏感度。敏感度越高的物质越容易爆炸。

3. 爆炸品的安全标志

爆炸品的安全标志,如图 10-1 所示。

图 10-1 爆炸品标志

底色:橙红色;图形:正在爆炸的炸弹(黑色);文字的颜色:黑色。

(二)压缩气体和液化气体

压缩气体和液化气体是指压缩、液化或加压溶解的气体,当受热、撞击或强烈震动时,容器内压力会急剧增大,致使容器破裂爆炸,或导致气瓶阀门松动漏气,酿成火灾或中毒事故。

1. 压缩气体和液化气体的分类

压缩气体和液化气体的分类,如表 10-2 所示。

表 10-2 压缩气体分类表

项 目	名 称	常见压缩气体
第 1 项	易燃气体	氢气、一氧化碳、甲烷
第 2 项	不燃气体(包括助燃气体)	氮气、氧气等
第 3 项	有毒气体	氯(液化的)、氨(液化的)等

2. 压缩气体和液化气体的特性

(1)易燃烧爆炸。易燃气体的危险特性就是易燃易爆。有些气体的爆炸范围比较大,如氢气、一氧化碳的爆炸的极限范围分别为 4.1%~74.2%、12.5%~74%。这类物品由于充装容器为压力容器,受热、受到撞击或剧烈震动时,容器内压力急剧增大,致使容器破裂,物质泄漏、爆炸等。

(2)易扩散。压缩气体和液化气体非常容易扩散。比空气轻的气体在空气中可以无限制地扩散,易与空气形成爆炸性混合物;比空气重的气体扩散后,往往聚集在地表、沟渠、隧道、厂房死角等处,长时间不散,遇火发生燃烧或爆炸。

(3)易膨胀。压缩气体一般是通过加压降温后储存在密闭的容器中,如钢瓶等。受到光照或受热后,气体易膨胀产生较大的压力,当压力超过容器的耐压强度时就会造成爆炸事故。

(4)有腐蚀毒害性。主要是一些含氢、硫元素的气体具有腐蚀作用。例如,氰化氢、二氧化硫等都能腐蚀设备,严重时可导致设备裂缝、漏气。对这类气体的容器,要采取一定的防腐措施,要定期检验其耐压强度,以防万一。

3. 压缩气体和液化气体的安全标志

压缩气体和液化气体的安全标志,如图10-2所示。

图10-2 压缩气体和液化气体标志

(1) 易燃气体,底色:正红色;图形:火焰(黑色或白色);文字:黑色或白色。
(2) 不燃气体,底色:绿色;图形:气瓶(黑色或白色);文字:黑色或白色。
(3) 有毒气体,底色:白色;图形:骷髅头和交叉骨形(黑色);文字:黑色。

【背景链接10-1】

常见的压缩气体和液化气体

一、氯气

黄绿色气体,强烈刺激性臭味,比空气重,易聚集在地势低洼处,有毒。空气中最高容许浓度为 1 mg/m³。超过 2.58 mg/m³ 时,人吸入后立即死亡。常用碱液来吸收处置具有毒害性的氯气。氯气泄漏时,进入事故区须穿全封闭防化服;实施侦检、堵漏的,穿内置式重型防化服;直接接触的应采取防冻措施;事故规模较大时,进入重危区人员一级防护,并有水枪掩护。

二、硫化氢(H_2S)

无色气体,臭鸡蛋气味,剧毒;易燃易爆,空气中淡蓝色火焰,爆炸极限为 4%~44%;密度比空气重;溶于水,水溶液为氢硫酸。常用的灭火剂为水、泡沫、CO_2 灭火剂、干粉灭火剂或碱性物质。

三、二氧化硫(SO_2)

无色刺激性气味气体;密度比空气重;易溶于水,生成亚硫酸;有毒;漂白性;污染环境,形成酸雨。常用的灭火剂为雾状水、泡沫等。

四、氨气

无色、刺激性气味的气体,比空气轻,易液化,液氨气化时吸收大量热可做制冷剂。易溶于水(1:700),易燃易爆(爆炸极限为 15.7%~27.4%),有毒(最高允许浓度为 30 mg/m³)。氨气泄漏时,进入事故区的,须穿全封闭防化服;实施侦检、堵漏的,穿内置式重型防化服;直接接触的应采取防冻措施;事故规模较大时,进入重危区人员一级防护并有水枪掩护。

五、液化石油气

液化石油气,又称原油气,无色或黄棕色油状液体。主要成分为丙烷、丙烯、丁烷、丁烯等。

无色无臭,商品液化石油气常添加有臭味的硫化物。泄漏后体积扩大250～300倍,吸热易冻伤,比空气重。易燃易爆闪点、燃点、自燃点低,爆炸极限为1.5%～33%有毒,有麻醉作用,灭火剂可用雾状水、泡沫、CO_2或干粉。

六、甲烷

天然气、沼气的主要成分。无色无味气体,极难溶于水,密度是比空气小,很容易燃烧,如瓦斯爆炸、瓦斯突出。

(三)易燃液体

易燃液体是指闭杯闪点等于或低于61℃的液体、液体混合物或含有固体物质的液体,但不包括由于其危险性已列入其他类别的液体。本类物质在常温下易挥发,其蒸气与空气混合能形成爆炸性混合物。

1. 易燃液体的分类

易燃液体的分类,如表10-3所示。

表10-3 易燃液体分类表

项目	名称	常见易燃液体
第1项	低闪点液体,即闪点低于-18℃的液体	乙醛、丙酮
第2项	中闪点液体,即闪点在-18℃～23℃的液体	苯、甲醇
第3项	高闪点液体,即闪点在23℃以上的液体	环辛烷、氯苯、苯甲醚

2. 易燃液体的特性

(1)易挥发。易燃液体的沸点一般都很低,很容易挥发出易燃蒸气,其挥发的蒸气在空气中达到一定的浓度后遇火燃烧爆炸。

(2)易流动。易燃液体的黏度一般都很小,流动扩散性都比较大,一旦燃烧,有蔓延和扩大火灾的危险。易燃液体在储存或运输过程中,若出现跑冒滴漏现象,挥发出的蒸气或流出的液体会很快向四周扩散,与空气形成爆炸混合物,增加了燃烧爆炸危险性。

(3)毒害性。易燃液体大多本身(或蒸气)具有毒害性。对人体有毒害性作用。

(4)带电性。大部分易燃液体为非极性物质,在管道、贮罐、槽车等的输送、灌装、搅拌、高速流动等过程中,由于摩擦容易产生静电,积聚到一定程度,会产生静电火花,有引燃和爆炸的危险。

3. 易燃液体的安全标志

易燃液体的安全标志,如图10-3所示。

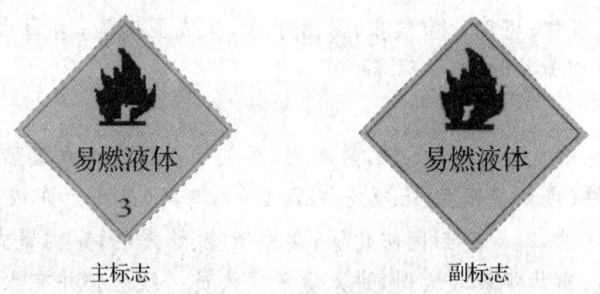

图10-3 易燃液体标志

底色:正红色;图形:火焰(黑色);文字:黑色。

【背景链接 10-2】

常见的易燃液体

一、汽油

无色或淡黄色透明液体,特殊气味,比水轻,不溶于水,挥发性强,极易燃烧,闪点低,爆炸极限为 1.3%~6.0%,麻醉性和毒害性、腐蚀性。灭火剂为泡沫、二氧化碳、干粉。注意防火防爆、使用无火花工具。

二、苯

无色透明液体,强烈芳香味,不溶于水,比水轻,挥发性强,蒸气比空气重,易燃,闪点低,爆炸极限为 1.3%~7.1%,有毒,空气中最大容许浓度 40 mg/m³,环境污染大,难以洗消。灭火剂为泡沫、二氧化碳、干粉,注意防火防爆、泡沫覆盖避免大量挥发蒸气。

三、乙醇

无色透明液体,特殊芳香气味,能溶于水,易挥发,闪点低,含水量增加,闪点升高,着火危险性下降,无毒。灭火剂为抗溶性泡沫、二氧化碳、干粉、砂土,注意防火防爆、泡沫覆盖避免大量挥发蒸气。

(四)易燃固体、自燃物品和遇湿易燃物品

1. 易燃固体、自燃物品和遇湿易燃物品的特性

本类物品易于引起和促成火灾,按其燃烧特性分为 3 项,如表 10-4 所示。

表 10-4 易燃固体、自燃物品和遇湿易燃物品分类表

项 目	名 称	概 念
第1项	易燃固体	燃点低,对热、撞击、摩擦敏感,易被外部火源点燃,迅速燃烧,能散发有毒烟雾或有毒气体的固体,如红磷、三硫化磷、五硫化磷、二硝基苯、硝化棉、闪光粉(镁粉与氧酸钾的混合物)、铝粉、镁粉等
第2项	自燃物品	自燃点低,在空气中易于发生氧化反应放出热量而自行燃烧的物品,如黄磷、三氯化钛等
第3项	遇湿易燃物品	遇水或受潮时,发生剧烈反应,放出大量易燃气体和热量的物品,有的不需明火,就能燃烧或爆炸,如金属钠、氰化钾等

【背景链接 10-3】

1. 常见易燃固体

(1)硫黄。

淡黄色固体,特殊臭味;不溶于水,比水重,易溶于 CS_2;受热易熔化成液态,易燃;低毒,蒸气毒害性大,易造成人员中毒。硫黄着火,佩戴空气呼吸器或防毒面具,小火可用砂土覆盖,大火用雾状水。

(2)红磷。

本身毒性不大,但是燃烧时易转化为熔融的黄磷,生成毒害性强、有刺激性的氧化磷烟雾。红磷着火,小火,黄沙、干粉、石粉等覆盖;大火水灭,但应收集流淌水。火熄灭后,湿沙覆盖防止复燃。

2. 常见自燃物品

(1) 黄磷(又称白磷)。

浸没水中隔绝空气,远离火种、热源。剧毒,误服 0.1 g 可能致死。黄磷处置注意:用喷雾水枪或开花水流注水淹没磷块或磷液,使之隔离空气,停止燃烧;对泄漏燃烧的黄磷不得用密集射流直接喷射磷块或磷液,防止黄磷飞溅形成新的火源,或溅到人员身上造成灼伤;对盛装黄磷的容器可使直流水进行冷却,以防爆炸。

(2) 三乙基铝。

无色透明液体,具有强烈刺激性气味,极易燃烧,热稳定性差,分解生成乙烯气体,遇湿反应燃烧爆炸,与酸类、卤素、醇类、胺类反应,强烈刺激和腐蚀作用。三乙基铝储存时,充氮密封,不与卤素、醇类、酸类、胺类氧化剂混储混运,远离火种、热源,相对湿度≤75%。发生事故时用干沙、干粉灭火,切不可用水、泡沫和四氯化碳灭火。

3. 常见遇湿易燃物品

钠:钠的化学性质非常活泼,能与许多非金属和一些化合物发生反应,由于钠极易与氧气和水反应,因此通常将它保存在煤油里。钠的泄漏事故特点:引起燃烧爆炸;腐蚀和灼伤皮肤;严重污染环境。灭火时用砂土或干粉灭火剂,严禁用水、泡沫等灭火剂。

2. 易燃固体、自燃物品和遇湿易燃物品的特性

(1) 易燃固体的特性。

易点燃:易燃固体常温下是固态,但着火点都比较低,一般都在 300 ℃ 以下;遇酸、氧化剂易燃易爆。绝大多数易燃固体与酸、氧化剂接触,尤其是与强氧化剂接触时,能够立即引起着火或爆炸;本身或燃烧产物有毒。很多易燃固体本身具有毒害性,或燃烧后产生有毒的物质。

自燃性:一些易燃固体的自燃点也较低,当温度达到自燃点,在积热不散时,即使没有火源也能引起燃烧。

(2) 自燃物品的特性。

根据自燃物品发生自燃的难易程度,自燃物品可分为两类:一级自燃物品、二级自燃物品,遇空气自燃。自燃物品大部分非常活泼,有极强的还原性,接触空气中的氧时产生大量的热,达到自燃点而着火、爆炸。

(3) 遇湿易燃物品的特性。

遇湿易燃物品可分为两个危险级别:一级遇湿易燃物品、二级遇湿易燃物品,遇水易燃。遇氧化剂、酸着火易爆炸。

3. 易燃固体、自燃物品和遇湿易燃物品的安全标志

易燃固体、自燃物品和遇湿易燃物品的安全标志,如图 10-4 所示。

主标志

图 10-4 易燃固体、自燃物品和遇湿易燃物品标志

(1) 易燃固体,底色,红白相间的垂直宽条(红 7、白 6);图形:火焰(黑色或白色);文字:黑色。

(2) 自燃物品,底色,上半部白色,下半部红色;图形:火焰(黑色或白色);文字:黑色或白色。

(3) 遇湿易燃物品,底色,蓝色;图形:火焰(黑色);文字:黑色。

(五)氧化剂和有机过氧化物

1. 氧化剂和有机过氧化物的分类

本类物品具有强氧化性,易引起燃烧、爆炸,如表 10-5 所示。

表 10-5 氧化剂和有机过氧化物分类表

项目	名称	概念
第 1 项	氧化剂	指具有强氧化性,易分解放出氧和热量的物质,对热、震动和摩擦比较敏感,如氯酸铵、高锰酸钾等
第 2 项	有机过氧化物	指分子结构中含有过氧键的有机物,其本身易燃、易爆、易分解,对热、震动和摩擦极为敏感,如过氧化苯甲酰、过氧化甲乙酮等

【背景链接 10-4】

常见有机过氧化物——过氧乙酸

过氧乙酸,又名过乙酸、过醋酸。无色透明液体,强烈刺激性气味;易溶于水、乙醇、乙醚等,呈弱酸性;易挥发,密度比空气大;易燃烧,闪点低;强刺激性、强腐蚀性、强氧化性。泄漏事故特点:引发燃烧爆炸,性质不稳定,遇明火、受热、摩擦、震动、撞击等可引起爆炸燃烧;对人体产生伤害,刺激作用、灼伤;腐蚀设备,污染环境,强氧化性、强腐蚀性,通过与金属和金属氧化物作用改变物品原有性能。发生事故时,处理注意事项:禁绝火源;泡沫覆盖液体,防止其蒸气与空气形成爆炸混合物;喷雾水或开花水稀释,防止静电。

2. 氧化剂和有机过氧化物的特性

氧化剂和有机过氧化物的主要特性为分解易爆炸、易燃、伤害性大。

3. 氧化剂和有机过氧化物的安全标志

氧化剂和有机过氧化物的安全标志,如图 10-5 所示。

图 10-5 氧化剂和有机过氧化物的安全标志

底色:黄色;图形:火焰(黑色);文字:黑色。

(六) 毒害品

【背景链接 10-5】

常见毒害品

1. 氰化钠

氰化钠,又称山奈钠、山奈。赤血盐和黄血盐染料的原料,金、银等贵重金属的提纯筛选、电镀,农药制造等。白色粉末状结晶,有潮解性,易溶于水,水溶液呈碱性。与氯酸盐、硝酸盐接触发生强烈反应。氰化钠泄漏事故特点:极易造成人员中毒,通过呼吸系统、消化系统和皮肤进入人体,对呼吸酶有强烈抑制作用;引发燃烧爆炸,本身不自燃,但遇潮湿空气或与酸类接触能产生剧毒、易燃的氰化氢气体;严重污染环境。

2. 苯酚

苯酚,俗称石炭酸,白色针状晶体,空气中易氧化呈红色,特殊气味,与溴水、浓硝酸、浓硫酸反应,遇三氯化铁显示蓝紫色。一级有机毒性物质,属高度类细胞原浆毒物,可经皮肤、呼吸道、消化道侵入人体。强烈腐蚀作用,剧毒,易燃易爆。

1. 毒害品的特性

(1) 溶解性。毒害品在水中溶解性越大,毒害性越大。因为易于在水中溶解的物品,更容易被人吸收而引起中毒。

(2) 挥发性和分散性。毒物易挥发,在空气中的浓度就越大,其毒性就越大,易发生中毒,颗粒越小,分散性越好,悬浮在空气中,更易被吸入人体而中毒。

(3) 火灾危险性。主要表现在遇湿易燃、氧化性、易燃易爆。

2. 毒害品的安全标志

毒害品的安全标志,如图 10-6 所示。

图 10-6 毒害品的安全标志

底色:白色;图形:骷髅头和交叉骨形(黑色);文字:黑色。

（七）放射性物品

物质能从原子内部自行不断放出具有穿透力、为人们不可见的射线的物质就是放射性物品。

1. 放射性物品分类

放射性物品分类，如表10-6、表10-7所示。

表10-6 放射性物品依据物理形态分项

项 目	名 称	常见放射性物品
第1项	固体放射性物品	钴60、独居石等
第2项	粉末状放射性物品	夜光粉、铈钠复盐等
第3项	液体放射性物品	发光剂、医用同位素制剂磷酸二氢钠-P32等
第4项	晶粒状放射性物品	硝酸钍等
第5项	气体放射性物品	氪85、氩41等

表10-7 放射性物品依据放出的射线类型分项

项 目	特 点	常见放射性物品
第1项	放出 α、β、γ 射线的放射性物品	镭226
第2项	放出 α、β 射线的放射性物品	天然铀
第3项	放出 β、γ 射线的放射性物品	钴60
第4项	放出中子流（同时也放出 α、β 或 γ 射线中的一种或两种）的放射性物品	镭-铍中子流、钋-铍中子流等

按放射性大小分为一级放射性物品、二级放射性物品和三级放射性物品。

2. 放射性物品的特性

（1）放射性。放射性物质放出的射线可分为四种：α 射线、β 射线、γ 射线、中子流。各种射线对人体的危害都很大。

（2）毒性。许多放射性物品毒性很大，如镭、钴、锶、钍等均为有毒放射性物品。对于这些有毒放射性物品，不能用化学方法中和使其不放出射线，只能设法把放射性物质清除，或者用适当的材料予以吸收屏蔽。

【背景链接10-6】

各种射线常用的吸收材料，如表10-8所示。

表10-8 各种射线常用的吸收屏蔽材料

射线种类	α 射线	β 射线	γ 射线	中子流
材料名称	空气、铝箔	铝板、铁片、有机玻璃、木材、塑料板	铝层、铁层、铅橡皮、铅玻璃、混凝土、岩石、砖、土壤、水	水、石蜡、硼酸

（3）易燃性。放射性物品具有易燃性，且有的燃烧性十分强烈，甚至引起爆炸，如粉状铀等。

3. 放射性物品的安全标志

放射性物品的安全标志,如图10-7所示。

图10-7　放射性物品的安全标志

底色:上半部黄色,下半部白色;图形:三叶形(黑色);文字:黑色(级别为垂直红色线条)。

（八）腐蚀品

腐蚀品是指能灼伤人体组织并对金属等物品造成损坏的固体或液体。

1. 腐蚀品分类

腐蚀品分类,如表10-9所示。

表10-9　腐蚀品分类表

项　　目	名　　称	常见腐蚀品
第1项	酸性腐蚀品	硫酸、硝酸、盐酸等
第2项	碱性腐蚀品	氢氧化钠、硫氢化钙等
第3项	其他腐蚀品	二氯乙醛、苯酚钠等

2. 腐蚀品的特性

(1) 腐蚀性。与人体、设备、建筑物、金属等发生化学反应,使之腐蚀。

(2) 毒害性。在腐蚀性物质中,有一部分能发挥出有强烈腐蚀和毒害性的气体。

(3) 放热性。有些腐蚀品,氧化性很强,在化学反应过程中会放出大量的热,容易引起燃烧。大多数腐蚀品遇水会放出大量的热,在操作中易使液体四溅灼伤人体。

3. 腐蚀品的安全标志

腐蚀品的安全标志,如图10-8所示。

主标志　　　　　　　　　副标志

图10-8　腐蚀品的安全标志

底色:上半部白色 下半部黑色;图形:上半部两个试管中液体分别向金属板和手上滴落(黑色);文字:(下半部)白色。

项目十 危险化学品的储运及仓库安全管理

【背景链接10-7】

1. 危险化学品安全标签

《化学品安全标签编写规定》(GB 15258—1999)规定生产危险化学品的,应附有与危险化学品安全一致的化学品安全技术说明,并在包装(包括外包装件)上加贴或者拴挂与包装内危险化学品完全一致的化学品安全标签。危险化学品的标签是用文字、图形符号和编码的组合形成表示危险化学品具有的危险性和安全注意事项。

(1) 化学品和其主要有害组分标识,如图10-9所示。

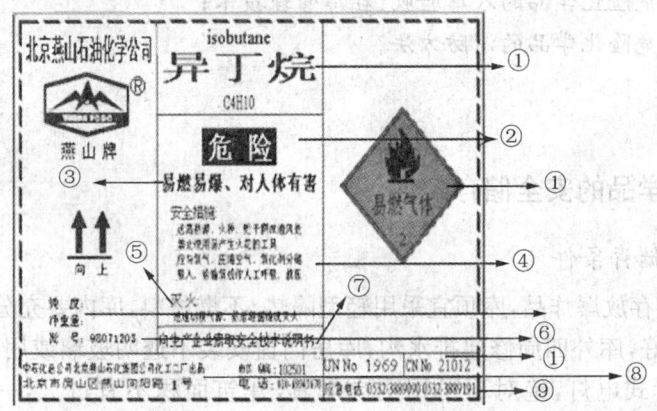

图10-9 危险化学品安全标签样例

① 名称,主要用中文和英文分别标明化学品的通用名称。名称要求醒目清晰,位于标签的正下方。

② 化学式用元素符号和数字表示分子中各原子数,居名称的下方,若有混合物此项可略。

③ 化学成分及组成,标出化学品的主要成分和含有的有害组分含量或浓度。

④ 编号,标明联合国危险货物编号和中国危险货物编号,分别用 UN No. 和 CN No. 表示。

⑤ 标志,采用联合国《关于危险货物运输的建议书》和 GB 13690—92 规定的符号,每种化学品最多可选用两个标志,标志符号居标签右边。

(2) 警示词。根据化学品的危险程度和类别,用"危险""警告""注意"三个词分别进行危害程度的警示。警示词位于化学品名称的下方,要求醒目、清晰。

(3) 危险性概述,简要概述化学品燃烧爆炸危险性、健康危害和环境危害,居警示词下方。

(4) 安全措施,表述化学品在处置、搬运、存储和使用作业中所必须注意的事项和发生意外时简单有效的救护措施等。要求内容简明扼要、重点突出。

(5) 火灾。化学品为易(可)燃或助燃物质,应提示有效的灭火剂和禁用的灭火剂以及灭火注意事项。

(6) 批号,注明生产日期及生产班次。

(7) 提示向生产销售企业索取安全技术说明书。

(8) 生产企业名称、地址、邮编、电话。

(9) 应急咨询电话,填写化学品安全企业的应急咨询电话和国家化学事故应急咨询电话。

任务二　危险化学品的安全储存

教学要点

(1) 掌握常见危险化学品的安全储存条件；
(2) 掌握常见危险化学品的入库验收、在库管理技术；
(3) 掌握常见危险化学品的消防方法。

教学内容

一、危险化学品的安全储存条件

(一) 爆炸品储存条件

半地下库适宜存放爆炸品，库顶宜采用轻型隔热、不燃材料，库内要充分做好防水层，地面平整，通风条件良好，库外四周修建排水沟，库房门窗安装不透明玻璃或用白色涂料涂刷，库内照明可安装防爆式电灯，绝对不可用明火灯具，建筑面积不宜过大，一般每幢以不超过 100 m² 为宜。

【背景链接 10-8】

炸药和雷管为什么要分别存放

炸药和雷管分属于两个不同品种、不同性能的爆炸物品。在正常条件下，炸药在不受外界能量（热能和功能）激发时只分解而并无爆炸的危险性。但雷管和炸药不同，雷管内装有一定量的起爆药，其灵敏度较高，当受到外界因素使其摩擦或撞击时，便可在瞬间发生爆炸。所产生的热能和冲击波，当波及炸药并足以引爆时，炸药就有引爆的危险性。所以炸药和雷管不能同室存放，必须采取分存措施。

(二) 压缩气体和液化气体储存条件

压缩气体或液化气体宜专库专存。库房建筑宜采用耐火材料或半耐火材料，库内高度应不低于 3.25 m，门窗应向外开，以防万一发生爆炸时减小波及面。库房要保持干燥，窗户应使用磨砂玻璃或涂成白色。地坪应光滑不易摩擦发生火花。库内照明禁用明火灯具，应采用防爆照明或干电池灯。

储存易燃易爆气体的库房，应有避雷装置。库与库之间的距离应不少于 20 m，库与生活区距离应不少于 50 m，在储存气体的库房周围不能堆放任何可燃材料。压缩气体和液化气体必须与爆炸物品、氧化剂、易燃物、自燃物及腐蚀性物品隔离。各类气体应根据其性质分别储存。

【背景链接 10-9】

有毒气体氨储存注意事项

储存于阴凉、通风的库房。远离火种、热源。库温不宜超过 30 ℃。应与氧化剂、酸类、卤素、食用化学品分开存放，切忌混储。采用防爆型照明、通风设施。禁止使用易产生火花的机械设备和工具。储区应备有泄漏应急处理设备。

(三) 易燃液体储存条件

易燃液体应贮存于通风阴凉处,并与明火保持一定的距离,在一定区域内严禁烟火。沸点低于或接近夏季气温的易燃液体,应贮存于有降温设施的库房或贮罐内,盛装易燃液体的容器应保留不少于5%容积的空隙,夏季不可曝晒。闪点较低的易燃液体,应注意控制库温。气温较低时容易凝结成块的易燃液体受冻后易使容器胀裂,故应注意防冻。易燃、可燃液体贮罐分地上、半地上和地下三种类型。地上贮罐不应与地下或半地下贮罐布置在同一贮罐组内。且不宜与液化石油气贮罐布置在同一贮罐组内,贮罐组内贮罐的布置不应超过两排,在地上和半地下的易燃、可燃液体贮罐的四周应设置防火堤。

【背景链接 10-10】

汽油的安全储存条件

汽油储存于阴凉、通风库房。远离火种、热源。库温不宜超过30 ℃。防止阳光直射。保持容器密封。应与氧化剂、其他化学品分开存放,切忌混储。采用防爆型照明、通风设施,开关应设在库房外。储存时要有防火防爆技术措施。禁止使用易产生火花的机械设备和工具。灌装时应注意流速(不超过3 m/s),且有接地装置,防止静电积聚。储区应备有泄漏应急处理设备和合适的收容材料。搬运时要轻装轻卸,防止包装和容器损坏。

(四) 易燃固体、自燃物品和遇湿易燃物品储存条件

储存一级易燃固体物品的库房,要阴凉、干燥,有隔热、防热措施,门窗应便于通风和密封,窗玻璃要涂成白色。夏天挂门帘、窗帘,防日光和辐射热。库房照明应使用防爆式封闭式的电灯,严禁用煤油灯之类的明火照明。硝化棉、赛璐珞和赤磷的储存量如大,并且条件允许,应专库储存。二级易燃固体物品须储存在阴凉、干燥及便于通风、密封的库房,有一定的防热措施。火柴须专库储存。

一级自燃物品(不包括黄磷)和桐油配料制品,温湿度要求比较严格,须储存在阴凉、干燥、通风的库房,库房条件要求有防热隔热措施,如双墙双层顶或库内墙壁屋顶加隔热层,不宜存放在平顶单层或石棉瓦屋顶的库房,更不宜存在铁皮屋顶的库房。存放黄磷的库房结构要求冬天能防冻。这些物品都须专库存放。消防方法不同的三乙基铝、铝铁熔剂需要和其他自燃物品分库存放。库房都不宜过大,和邻库须有一定的安全距离。

遇湿易燃物品严禁露天存放,库房必须干燥,严防漏水或雨雪浸入,注意下水道畅通,暴雨或潮汛期间必须保证不进水。库房必须远离火种、热源。附近不得存放盐酸、硝酸等散发酸雾的物品。

【背景链接 10-11】

黄磷的安全储存条件

黄磷应保存于水中,且必须浸没在水下以隔绝空气。远离火种、热源。禁止与氧化剂、强酸、卤素、硫黄等混储运。库温应保持在28 ℃以下,同时经常检查库温及包装情况,防止水漏失。搬运时轻拿轻放,防止包装破损。

(五) 氧化剂和有机过氧化物储存条件

一级无机氧化剂与有机氧化剂不能混放贮存;不能与其他弱氧化剂混放贮存;不能与压缩气体、液化气体混放贮存;氧化剂与有毒物质不得混放贮存。

贮存氧化剂应严格控制温度、湿度。可以采取整库密封、分垛密封与自然通风相结合的方法。

【背景链接 10－12】

硝酸的安全储存条件

氧化性物质硝酸应储存于阴凉、通风的库房。远离火种、热源。库温不宜超过30℃。保持容器密封。应与还原剂、碱类、醇类、碱金属等分开存放，切忌混储。储区应备有泄漏应急处理设备和合适的收容材料。用耐酸坛或陶瓷瓶外普通木箱或半花格木箱包装。

（六）毒害品和感染性物品储存条件

这类物品应选择干燥的通风条件良好的库房。有条件的库房可安装机械通风排毒设备，以保持库内空气清洁。门窗玻璃宜涂成白色，以防日光直接照射。库房建筑可采取一般砖木结构，但应有顶棚，以保持低温。

【背景链接 10－13】

氰化钠的安全储存条件

容器必须密封，宜专仓专储，并保持干燥。远离火种热源。严禁露天堆放，不得与禁忌物酸类、强氧化剂混合储存，宜在通风干燥地点贮藏，实行专库或专柜，双人双锁保管。贮存时要进行检验，定期养护，控制贮存场所的温湿度，并进行相应的通风或降潮湿措施，储存场所配备应急措施及解毒剂。

（七）放射性物品储存条件

放射性物品储存应建特型库，不应在一般库房或简易货棚内储存。库房建筑宜用混凝土结构，墙壁厚度应不少于50 cm，内壁和天花板应用拌有重晶石粉的混凝土抹平，地面光滑无缝隙，便于清扫和冲洗。库内应有下水道和专用渗井，防止放射性物品扩散。门窗应有铅板覆盖。库房要远离生活区。放射性物品应专库储存，并应根据放射剂量、成品、半成品、原料分别储存，以便于操作和防护。

（八）腐蚀品储存条件

库顶最好是水泥的平顶结构，里面涂耐酸漆，以防腐蚀。地坪可以用一般的水泥地面。对于木结构的屋架、门窗和各个结构部位的铁附件，都应涂上耐酸漆或比较耐酸的油漆，以防酸性物品挥发出来的气体或蒸气腐蚀库房建筑结构。库内不宜安装电灯，在建筑上必须考虑库房的采光，也可以采取在库外向库内照明的方法。

对易燃、易挥发的甲酸、丙酰氯等，受冻结冰的冰醋酸，受冻聚合沉淀的甲醛、三氯乙醛等以及低沸点的溴素、乙酰氮、四氯化硅等，均须存于冬暖夏凉的库房。遇水分解发烟的卤化物（多卤化物）的库房，必须干燥和通风良好。碱性腐蚀物品，如硫化碱、氢氧化钠（钾）等，只要包装和封口严密，可以存放在地势较高的一般库房。工业用品可以存放在露天货场，但须注意包装完整严密，注意苫垫周密，不受雨淋水浸。氨水库房既要阴凉又要便于通风。其他如硝酸、硫酸、盐酸，可储存在一般库房或货棚里，工业用坛装硫酸、盐酸可露天存放，但须在坛盖上加盖瓦钵，防止雨水浸入。冬天过于寒冷、夏天过于炎热的地区，在冬夏两季，最好移入库内存放。化学试剂的硫酸、盐酸不宜露天存放，以防分解变质。

酸性腐蚀物品和碱性腐蚀物品，性质互相抵触，所以须注意分库存放。氧化性强的硝酸、高氯酸等也不宜和其他酸性物品混存。

二、危险化学品的入库验收

(一)爆炸品入库验收

爆炸性物品入库时,除核对品名外,还应仔细核对规格、数量是否与入库证相符,包装有无异状,仔细查验爆炸品有无受潮、结块、变色、变质等异状。如有稳定剂的爆炸品,要检查其稳定剂是否漏失。验收炸药一般不宜开箱(桶)检查,如必须开箱验明细数或质量变化情况,均应分批移送验收室或安全地点进行。开启包装要严格遵守安全操作规程,要用铜工具,拆箱用力不要过猛,严防撞击、振动,验收人员应佩戴适当防护用具。

(二)压缩气体和液化气体入库验收

压缩气体和液化气体入库验收时,首先检查气瓶上的涂色、品名是否与入库单相符,安全帽是否完整,瓶壁(腐蚀程度)有无凹陷及损坏现象;感官检查有无漏气、有无异味,注意有毒气体不能用鼻嗅,检查有无漏气时可以在瓶口接缝处涂肥皂水,如有气泡发生,则说明有漏气现象。但必须注意,对氧气瓶严格禁止使用肥皂水检漏,以防因肥皂水含油脂而发生爆炸,也可用软胶管套在气瓶的出气嘴上,另一端连接气球;如气球膨胀,则说明有漏气现象。检查液氯气瓶,可用棉花蘸氨水接近气瓶出气嘴;如发生氯化铵白雾,则证明气瓶漏气。检查液氨,可用水湿润后的红色石蕊试纸接近气瓶的出气嘴;如试纸由红色变成蓝色,则说明气瓶漏气,或者直接用压力表测量气瓶内气压;如气压不足,说明有漏气的可能,应再做其他方面检查。

(三)易燃液体入库验收

首先易燃液体验收现场不能有氧化剂、酸类等与易燃液体能发生强烈反应的物品。入库验收应首先验收物品外包装,看有无膨胀、破裂、渗漏现象,封口是否严密;如发生漏气,应及时修补、串倒或封口。其次必要时应配合仪器验收,做闪点、沸点和受热膨胀等试验,最后还应检验液体颜色有无变化,查看沉淀杂质情况。

(四)易燃固体、自燃物品和遇湿易燃物品入库验收

1. 易燃固体入库验收

易燃固体因燃点低,性质不稳定,易受外因影响而引起燃烧。所以,入库时必须认真对包装及商品进行验收,防止把隐患带入库内。首先要查外包装是否完整无破损,或沾染与物品性质互相抵触的其他杂物。还应检查有无受潮、水湿等现象。对外包装不合要求的,须经过加工整理或换装后才能入库。对标志不清、性质不明的物品,须查清楚后再分类入库或加工改装。其次应查商品,以感官为主,观察有无溶解、结块、风化、变色、异味等现象。对硝酸纤维素(硝化棉、火棉胶)应注意检查稳定剂酒精是否充足,发现问题及时补救,如需检查操作,应在库外指定地点进行,以防止发生不安全事故。

2. 自燃物品入库验收

自燃物品本身质量和包装不符合安全要求时,容易发生自燃,所以在入库时,要认真细致地检查,防止将不安全因素带入库内。首先应检查外包装有无异状,如包装破损、渗漏、不严密、外包装水湿等。其次检查商品情况,主要是检查安全隐患。在检查时,应根据物品的性质和包装条件等不同情况,采取不同的检查方法。一级自燃物品,须逐件检查。二级自燃物品,须结合当时气候特点和包装好坏,适当抽查。此外,一级自燃物品,须在库外适当地点检查。

二级自燃物品,原则要求在库外找适当地点检查。如库外条件差(太阳曝晒)或进仓数量大,也可进仓库抽查。入库验收过程中如发现有包装破损,须立即换包装;稳定剂减少,也应立即添加(化学试剂级的黄磷,须加干净的蒸馏水)。

3. 遇湿易燃物品入库验收

遇湿易燃物品入库包装必须严密,不得破损;如有破损,应立即采取措施。钾、钠等活泼金属绝对不允许露置空气中,必须浸没在煤油中保存,容器不得渗漏。另外不得与其他类危险化学品,特别是酸类、氧化剂、含水物质、潮解性物质混储混运。亦不得与消防方法相抵触的物品同库存放,同车、船运输。电石桶入库时,要检查容器是否完好,对未充氮的铁桶应放气,发现发热或温度较高则更应放气。

(五)氧化剂和有机过氧化物入库验收

根据不同的物品特性,按比例或全部验收,主要检验商品包装的密封程度,包装和衬垫物料是否适合商品性质,商品的形态、结晶形状、颜色、气味、杂质沉淀等。有稳定剂的商品,特别注意稳定剂的含量,发现问题应及时采取有效的措施处理,做好详细的验收记录。

(六)毒害品和感染性物品入库验收

毒害品入库前首先检查是否和性质相抵触的物品混装混运,途中有无雨淋、水湿、污染,包装是否完整并符合规定要求,同时注意验收数量。验收采取感官检验其形态、颜色、异杂物、沉淀、潮解等现象,必要时可进行理化检验,如含水量、酸碱度、熔点、沸点等测定。验收人员必须戴好必要的防护用具,在验收室或安全地点进行验收,操作完毕时,更换工作服,必须洗净手脸和漱口后,才能饮食、吸烟,以防中毒。

(七)放射性物品入库验收

验收放射性物品,主要检验包装,发现破漏及时提出整修。放射剂较强的物品(如夜光粉),箱内应有适当厚度的铅皮防护罩。用木箱内加玻璃瓶包装的物品,应有柔软材料衬垫妥实,瓶口必须密封。有条件的单位在入库时,应用放射性探测仪(乙丙种)测试放射剂量,以便于安排储存、进行人身防护。

(八)腐蚀品入库验收

腐蚀性物品的内包装,绝大多数是陶瓷和玻璃容器,外包装为木箱或花格木箱,内有衬垫物。入库时,须认真检查外包装是否牢固,有无腐蚀、松脱,内包装容器有无破损渗漏,衬垫物是否符合要求等。玻璃瓶装的液体物品,可轻轻摇动,看有无沉淀物和杂物,静置后再看颜色是否正常。固体物品可开启包装或在瓶外观察形态颜色是否正常,有无异物。对坛装或桶装的液体物品,可用玻璃管吸取底层液体,查看有无沉淀及其他杂物,颜色是否正常。对固体物品,查看外包装有无破损或吸潮、渗漏现象。冬天应特别注意检查冰醋酸是否结冰、甲醛是否沉淀。

三、危险化学品在库管理

(一)爆炸品在库管理

爆炸物品储存须按其性质严格分区分类管理,一切爆炸物品绝对禁止与氧化剂、酸类、碱类、盐类以及易燃物、金属粉末等物质同库储存,更不能摆放在办公室、宿舍、俱乐部、商店货架等处。储存爆炸物品的库房,应垫有 10 cm 以上高度的方形枕木,堆垛要整齐,堆垛高度不宜超过 1.5 m,宜堆行列式,墙、柱距不应少于 0.5 m,垛与垛的间隔不少于 1 m,留有适当的间距,以利通风。

由于爆炸性物品大多数品种都具有吸湿性,因此应加强库房的温湿度控制与调节。应在库房内设置干湿计,每日定时(2~3次)观测并记录清楚,根据需要做好通风、密封或吸潮工作。一般情况下,夏季库温应保持不高于 30 ℃。库房相对湿度最好能经常保持在 75% 以下,最高也不宜超过 80%。冬季储存胶质炸药的库房,库温不得低于 −10 ℃,以防药体变脆,发生危险。

爆炸物品在保管期间一般不开启包装检查,必要时应严格遵守各项安全操作规程,以防发生意外。要经常保持库内外环境卫生,对垃圾、杂草、废旧包装应随时清除。对检查发现的失效变质、失去使用价值的爆炸物品,经有关部门鉴定后,按公安机关规定,慎重进行处理。

(二) 压缩气体和液化气体在库管理

压缩气体和液化气体库温最高不宜超过 32 ℃,相对湿度控制在 80% 以下,以防气瓶生锈。存放时应用专用木架堆码气瓶,必须保持气瓶放置稳固。气瓶要直放,切勿倒置。每个气瓶外套两个橡胶圈,木架可设三层,但不宜过高,瓶口向同一方向排列。应随时查看有无漏气和堆垛不稳等情况,如发现钢瓶漏气,首先要了解是什么气体,并根据气体性质做好相应的人身防护。人站在上风头向气瓶倾泼冷水,使之降低温度,然后再将阀门旋紧。如气阀失控,最好浸入石灰水中,不仅可以冷却降压,而且可以使大量毒气溶解在石灰水中。特别注意氨气钢瓶漏气时,切勿浸在石灰水中,最好浸在清水中。

(三) 易燃液体在库管理

库内温度过高,是造成易燃液体挥发损耗的主要原因之一,也往往是造成火灾事故的原因。通常库房门窗可挂棉门帘,库门加一层避风阁,做成双道门,或者把库房内外墙壁喷刷成白色,利用白色的反射作用,减少墙壁吸收日光的辐射热。如储存量不大时,可在密封库内用砂土埋藏的方法降温,也可在原库房的墙壁四周粘贴一层不燃性聚苯乙烯泡沫塑料板,在库房顶上再加一层石棉瓦顶。

一般沸点在 50 ℃ 以下、闪点在 0 ℃ 以下的易燃液体,库内温度宜控制在 25 ℃~26 ℃ 以下;沸点在 51 ℃ 以上、闪点在 1 ℃ 以上的,宜保持在 30 ℃ 以下。二级易燃液体的库房,温度宜保持在 32 ℃ 上下,最高不宜超过 35 ℃。有的易燃液体受冻后,容易造成变质或容器爆破,冬季应注意防冻。湿度一般对多数易燃液体影响不大。但如湿度过大,会影响金属包装生锈,氯或氟硅烷类物品吸潮后,能分解并产生有腐蚀刺激性的气体,所以必须注意防潮。

(四) 易燃固体、自燃物品和遇湿易燃物品在库管理

易燃固体的堆码,须根据该物品的性质而定,如容易挥发的樟脑、萘等宜堆密封跺。火柴堆垛不宜过于高大(一般高不宜超过 2.5 m),并须整齐稳固,防止倾斜倒垛。多数易燃固体受潮后容易变质,所以,须根据商品性质和包装情况注意下垫方法。一般可用枕木垫板,如要求防潮严格的火柴、赛璐珞、硫黄及各种磷的化合物等,可在垫板上加一层油毡,再铺一层芦席(不适宜垫铁桶装的物品,因油毡和芦席容易被损坏),有防潮地坪更好(三油两毡上面是水泥地坪)。商品在库期间,加强温湿度管理是很重要的养护措施。因此,一级易燃固体物品和二级易燃固体物品中的樟脑、赛璐珞制品、火柴、精萘等怕热商品,库房温度宜保持在 30 ℃ 以下,相对湿度宜在 80% 以下。二级易燃固体物品,库房温度不要超过 35 ℃,相对湿度在 80% 以下为宜。

自燃物品堆码苫垫应根据不同的要求,采取隔绝地潮措施和不同堆码形式。例如,桐油配料制品须堆通风垛形,堆垛也不能高大,有条件可用货架排列存放,更利于散热。其他自然物品宜堆行列式垛,以便于检查。一级自燃物品(不包括黄磷),库温不宜超过 28 ℃,相对湿度不宜超过 80%。二级自燃物品,库温不宜超过 32 ℃,相对湿度不宜超过 85%。黄磷库房温度,冬天不低于 3 ℃。要达到上述温湿度要求,应严格加强库房湿度管理,采取一定的措施,及时做好密封、通风、吸潮等工作。

遇湿易燃物品应储存在地势高、干燥、便于控制温湿度的库房内,不能在露天储存,不能和含水物、氧化剂、酸、易燃物以及灭火方法不同的物品同库存放,雨雪天气不能出入库和运输。库房的温湿度管理可根据这类物品的特性,采取通风散潮、密封防潮或库内用氯化钙、吸潮机吸潮等方法,库内相对湿度一般应保持在 75% 以下,最高不宜超过 80%。

(五)氧化剂和有机过氧化物在库管理

此类物品在操作过程中,不能使用能够产生火花的铁制工具(如锤子、螺丝刀等),而应使用铜制工具,要防止摩擦、振动。使用机器操作时,特别要防止摔、撞。桶装商品不得在地上滚动,应使用专用车或机器搬运。开启包装检查、串倒、整理时,一律不得在库内进行。对于有毒和有腐蚀性的氧化剂,操作人员应佩戴相应的防护用具,如防护眼镜、防毒口罩等,以保证人身安全。

这类物品不论是箱装、桶装或袋装,都应码成行列式货垛。桶装应层层垫木板或橡皮垫,以防止摩擦。堆垛不宜过高过大,要求安全牢固,便于操作和检查,同时便于机器操作。各种苫垫物料最好专用,若无条件时,也必须保持清洁,注意不能沾有有机物、易燃物、酸类和还原剂等。

根据商品性质和消防扑救方法的不同,选择适当的库房分类存放。例如,有机氧化剂不能和无机氧化剂混存,氯酸盐、硝酸盐、高锰酸盐和亚硝酸盐都不能混存,过氧化物则宜专库存放。库房不宜过大,并和爆炸物、易燃物、可燃物、酸类、还原剂、火种、热源以及生活区隔离,储存怕潮易溶化物品的库房要密封或设置双层门,以便掌握和控制温湿度。

(六)毒害品和感染性物品在库管理

这类物品虽没有严格的温湿度要求,但一些有机易挥发液体剧毒品,在库温过高时能加速挥发,不仅使库内有毒气体浓度加大,影响人身健康,而且加大了商品损耗。因此库内温度以不超过 32 ℃ 为宜,相对湿度应控制在 80% 以下。有些毒品受潮后易结块,甚至降低质量,如氰化钙等,受潮后分解,放出剧毒气体,所以库内应经常保持干燥。剧毒品可按性质专库储存,包装必须严密,如氰化钾、钠等要与酸类及酸性物质隔离存放。在储运过程中,除经常性检查外,还应按商品性质、季节变化制订定期检查制度,对受温湿度影响易发生变化的物品,可采取抽查办法。对有挥发性毒物仓库,根据不同季节,对空气内所含气体浓度进行测定。这类物品的苫垫物料宜专用,不能和其他物品,特别是不能和食品所用的苫垫物料混合使用。这类物品一般可堆成大垛,挥发性液体毒害品则不宜堆大垛,可堆成行列式,大铁桶、大木桶一般不宜超过两个高,箱装和袋装,堆码高度以不超过 3 m 为宜。

毒害物品的包装应保持完整密封,有破漏时,必须修好或串倒、改装后才能出库。无论整修、倒装、改装、分装均应在包装室进行,操作时认真执行操作规程和人身防护措施。木箱或铁桶装固体毒品可用水玻璃涂抹后,再粘牛皮纸条等,撒在地面的毒物,可用潮湿锯末清扫干净,必要时用水冲刷。对替换下来的仍有使用价值的废旧包装,必须洗净后方能使用,不能修复的应集中存放,统一处理或销毁。

(七) 放射性物品在库管理

装卸搬运放射性物品时,宜用机械操作,要求技术熟练,操作迅速,以减少与人体的接触机会。对玻璃瓶包装,注意轻拿轻放。放射性物品对库内温湿度无特殊要求,只需防止湿度过大损坏包装。

(八) 腐蚀品在库管理

用花格木箱或木箱套装的瓶装液体物品,宜堆直立式垛,垛形大小,可根据进库数量多少具体掌握,但垛高不宜超过 2 m。桶装的腐蚀物品可堆行列式垛,行列之间稍留点距离,便于检查物品,垛高不宜超过 2~2.5 m,固体物品可堆至 3 m。各种形式的容器包装的液体物品,严禁倒放,堆码时要注意轻拿轻放。在堆码时,垛底必须有防潮设备,如枕木、垫板等,以防由于地潮造成外包装腐烂脱落,在搬运时发生事故。

腐蚀性物品品种较多,性质各异,对温湿度要求也不尽相同,必须掌握它们的性质以及受温湿度等外界因素影响的规律性,以便采取相应的控制和调节方法。对沸点低和易燃的腐蚀性物品,库房温度宜保持在 30 ℃以下,相对湿度不宜超过 85%;对怕冻的腐蚀性物品,冬天须做好防冻工作,库房温度须保持 10 ℃~15 ℃以上,可采用谷糠围垛或装箱,也可搬入窑洞、地窖保管。这些都是比较有效的保暖措施;对吸湿后分解、发热、发烟的腐蚀性物品,除须经常保持包装完整,封口严密外,还须尽力保持库房干燥,相对湿度不宜超过 70%。

腐蚀性物品的化学性质都比较活泼,容易受外界因素影响发生变化。所以,须根据物品性质,结合季节特点,有重点地加强在库期间的检查工作,防止发生安全和质量事故。腐蚀性物品具有易分解挥发出有腐蚀性的气体或蒸气的特性,对库房的建筑物和人身安全影响较大,因此,除检查商品外,还须检查库内有害气体的浓度,库房空气中的酸度或碱度较强时,都须进行通风排毒。有条件的还可用排风机进行排毒。

四、危险化学品消防措施

(一) 爆炸品消防措施

储存爆炸物品的仓库必须建立严格的消防安全管理制度。仓库范围内绝对禁止吸烟和使用明火。入库人员禁止携带火柴、点火用具和武器,也不准穿带铁钉的鞋进入库房,并应建立入库登记制度,万一发生火灾,可用水和各式灭火器材扑救,消防人员应戴防毒面具,并站在上风头,以防中毒。

【背景链接 10-14】

部分爆炸品消防措施

1. 黑火药消防措施

黑火药也称黑药或黑色药,成分是硝石、硫黄、木炭。自身含有氧化剂(KNO_3)和可燃剂(C),不需外界供养即可持续燃烧;大量堆积或密闭条件下可爆轰甚至爆炸。发生事故时,应使用大量水进行处置,禁用砂土盖压。

2. 梯恩梯(TNT)

梯恩梯(TNT)学名 2,4,6—三硝基甲苯。工业产品为黄色至暗棕色晶体,纯品则为淡黄色针状晶体,无臭有毒,难溶于水,易溶于有机溶剂;通常不与金属发生作用,可长期储存不变质。剧毒,苦味。发生事故时,应使用大量水进行处置,禁用砂土盖压。

3. 硝化甘油

硝化甘油学名丙三醇三硝酸酯。常温为液体,不溶于水,低温易冻结,机械感度更高,故存放时应严防冻结。遇酸碱等杂质常温下分解爆炸,有毒。发生事故时,应使用大量水进行处置,禁用砂土盖压。

(二) 压缩气体和液化气体消防措施

压缩气体和液化气体最主要的消防方法为雾状水。遇到火灾应迅速扑救,如来不及扑灭时,将未着火部位的气瓶迅速移至库外安全地带,无法移出库外时,可用雾力水浇在气瓶上,使其冷却。在火势尚未扩大时,可用二氧化碳灭火机扑救。消防人员应有防护用具,以防中毒,并且注意不要在气瓶头尾部站立,防止爆炸伤害人体。

【背景链接 10 - 15】

氧气(压缩的)灭火方法

用水保持容器冷却,以防受热爆炸,急剧助长火势。迅速切断气源,用水喷淋保护切断气源的人员,然后根据着火原因选择适当灭火剂灭火。

(三) 易燃液体消防措施

易燃液体的火灾发展迅速而猛烈,有时甚至发生爆炸,且不易扑救。所以在消防工作中主要根据它们的密度大小、能否溶于水以及哪一种消防方法对灭火有利来确定。具体扑救方法,一般来说,对密度比水小又不溶于水的烃基化合物,如乙酸、石油醚、苯等的火灾,可用泡沫或固体干粉灭火机扑救。当火势初燃、面积不大或着火物不多时,可用二氧化碳扑救。能溶于水或部分溶于水的物品,如甲醇、乙醇等醇类,乙酸乙酯、乙酸戊酯等酯类,丙酮、丁酮等酮类发生火灾时,可用雾状水、化学泡沫、干粉等灭火机扑救。使用化学泡沫灭火时,泡沫强度必须比扑救不溶于水的易燃液体大3～5倍。火势不大,着火物数量不多时,可用二氧化碳扑救。不溶于水、密度大于水的,如二硫化碳等着火时,可用水扑救,因为水能覆盖在商品的液面上,但水层必须有一定厚度,方能压住火焰。易燃液体多具有麻酸性和毒性,消防人员灭火时应站在上风头,穿戴必要的防护用具。

【背景链接 10 - 16】

天那水灭火方法

天那水是由甲苯、醋酸丁酯、醋酸乙酯、酒精等组成的中闪易燃混合物,其蒸气与空气可形成爆炸性混合物,遇明火、高热均能引起燃烧、爆炸。密闭容器遇高温有爆裂或爆炸的危险。天那水紧急情况应喷水冷却容器,可能的话将容器从火场移至空旷处。灭火剂有泡沫、干粉、二氧化碳,用水灭火无效。

(四) 易燃固体、自燃物品和遇湿易燃物品消防措施

易燃固体发生火灾时,可以用水、砂土、石棉毯、泡沫、二氧化碳、干粉等消防用品扑灭。但金属粉末着火时,须先用砂土、石棉毯覆盖,再用水扑救。磷的化合物和硝基化合物(包括硝化棉、赛璐珞)、硫黄等物品,燃烧时产生有毒和刺激性气体,消防人员须注意戴好防毒口罩或防毒面具,一旦发生中毒现象,必须离开现场,到空气流通的地方,呼吸新鲜空气,并服用浓茶、食

糖水、水果、汽水之类的食品解毒。

自燃物品起火时,除三乙基铝和铝铁熔剂不能用水扑救外,其他物品均可用大量的水灭火,也可用砂土和二氧化碳、干粉等器材灭火。

遇湿易燃物品在灭火时绝对不能用水,也不能使用酸、碱灭火机和泡沫灭火机,只能用干砂、干粉扑救。在存放这类物品的库房内或适当地点备好干砂土,并在库外做出明显的灭火方法标志"严禁用水",以防扑救方法错误,扩大灾害。此外,碳化物、磷化物、保险粉等燃烧时能放出大量剧毒性气体,扑救时,人应站在上风头,戴防毒面具,以防中毒。

【背景链接 10-17】

发泡剂灭火方法

发泡剂遇明火、高热易燃。受高热分解放出有毒的气体。若遇高热可发生剧烈分解,引起容器破裂或爆炸事故。遇紧急情况尽可能将容器从火场移至空旷处。灭火剂有雾状水、泡沫、干粉、二氧化碳、砂土。

(五)氧化剂和有机过氧化物消防措施

对过氧化物和不溶于水的有机液体氧化剂等,不能用水和泡沫扑救,只能用干砂、二氧化碳、干粉灭火机扑救;其余大部分氧化剂都可用水扑救。粉状物品应用雾状水扑救。在扑救时,要配备适当的防毒面具的情况下进行;如无也可将一般口罩用5%的小苏打水浸泡后使用,但有效时间短,必须随时更换。

【背景链接 10-18】

次氯酸钙灭火方法

次氯酸钙属于强氧化剂,遇水或潮湿空气会引起燃烧爆炸,与碱性物质混合能引起爆炸,接触有机物有引起燃烧的危险,受热、遇酸或日光照射会分解放出剧毒的氯气。遇紧急情况消防人员须佩戴防毒面具,穿全身消防服,在上风向灭火。灭火剂有直流水、雾状水、砂土。

(六)毒害品和感染性物品消防措施

大部分有机毒品都能燃烧,应根据毒物的性质采取不同的消防方法。例如,氰化物、硒化物、磷化物等着火时,就不能用酸碱式灭火机,只能用雾状水、二氧化碳等灭火。

【背景链接 10-19】

氰化钾灭火方法

氰化钾不燃。发生火灾时应尽量抢救商品,防止包装破损,引起环境污染。消防人员须佩戴防毒面具,穿全身消防服,在上风向灭火。灭火剂有干粉、砂土。禁止用二氧化碳和酸碱灭火剂灭火。

(七)放射性物品消防措施

放射性物品沾染人体时,应迅速用肥皂水洗刷,最好洗刷三次。发生火灾时,可用雾状水扑救。消防人员须穿戴防护用具,并站在上风处。注意不要使消防用水流散面积过大,以免造成大面积污染。

(八)腐蚀品消防措施

腐蚀性物品着火时,可用雾状水和干砂、泡沫、干粉扑救,不宜用高压水,以防酸液四溅,伤害扑救人员。硫酸、卤化物、强碱等物品遇水发热,卤化物遇水产生酸性烟雾,所以不能用水扑救,可用干砂、泡沫、干粉扑救。消防人员须注意防腐蚀、防毒气,应戴防毒口罩、防护眼镜或防毒面具,穿橡胶雨衣和长筒胶鞋,戴防腐蚀手套等。

【背景链接 10-20】

硫酸灭火方法

硫酸遇水大量放热,可发生沸溅。与易燃物(如苯)和可燃物(如糖、纤维素等)接触会发生剧烈反应,甚至引起燃烧。遇电石、高氯酸盐、雷酸盐、硝酸盐、苦味酸盐、金属粉末等猛烈反应,发生爆炸或燃烧。有强烈的腐蚀性和吸水性。遇到紧急情况消防人员必须穿全身耐酸碱消防服。灭火剂有干粉、二氧化碳、砂土。避免水流冲击物品,以免遇水会放出大量热量发生喷溅而灼伤皮肤。

任务三　危险化学品的安全运输

教学要点

(1) 掌握危险化学品安全运输的一般要求;
(2) 掌握常见危险化学品安全运输要求;
(3) 了解危险化学品运输单位资质认定。

教学内容

一、危险化学品运输一般要求

(一) 托运要求

通过公路、水路运输危险化学品的,托运人员只能委托有危险化学品运输资质的运输企业承运。托运人托运危险化学品,应当向承运人说明运输的危险化学品的品名、数量、危害、应急措施等情况。运输危险化学品需要添加抑制剂或者稳定剂的,托运人交付托运时应当添加抑制剂或者稳定剂,并告知承运人。托运人不得在托运的普通货物中夹带危险化学品,不得将危险化学品匿报或者谎报为普通货物托运。任何单位和个人不得邮寄或者在邮件中夹带危险化学品,不得将危险化学品匿报或者谎报为普通物品邮寄。

(二) 托运人申报《资质证书》应具备的条件

办理铁路危险货物运输的托运人,应是国家有关部门审批认定的具有企业法人资格的危险货物生产、储存、使用、经营单位。危险货物生产单位应出具国务院质检部门颁发的《危险化学品生产许可证》。剧毒品和其他危险品生产、经营、储存单位,应出具省级人民政府经济贸易主管部门或设区的市级人民政府负责危险化学品安全监督管理综合工作部门颁发的经营许可证,以及同级人民政府工商管理部门核发的营业执照。托运人应有相应数量的技术管理人员和相对固定的铁路运输经办人员,应熟悉铁路危险货物运输业务和规定要求,并通过铁路危险货物运输知识考核认证。经办人必须执有危险货物运输业务培训合格证书。

(三) 运输工具的要求

1. 车辆运输

运输危险化学品的车辆应专车专用,并有明显标志,要符合交通管理部门对车辆和设备的规定。装运集装箱、大型气瓶、可移动槽罐等车辆,必须设置有效的紧固装置。三轮机动车、全挂汽车、人力三轮车、自行车和摩托车不得装运爆炸品、一级氧化品、有机过氧化品、一级易燃品。自卸汽车除二级固体危险货物外,不得装运其他危险货物。易燃易爆品不能装在铁帮、铁底车、船内运输。运输危险化学品的车辆、船舶,应有防火安全措施。

2. 槽罐及其他容器

运输压缩气体、液化气体和易燃液体的槽、罐车的颜色,必须符合国家色标要求,并安装静电接地装置和阻火设备。用于化学品运输工具的槽罐以及其他容器,必须依照《危险化学品安全管理条例》的规定,由专业生产企业定点生产,并经检测、检验合格,方可使用。质检部门应当对前款规定的专业生产企业定点生产的槽罐以及其他容器的产品质量进行定期或不定期的检查。运输危险化学品的槽罐以及其他容器必须密封口严密,能够承受正常运输条件下产生的内部压力和外部压力,保证危险化学品运输中不因温度、湿度或者压力的变化而发生任何渗(洒)漏。装运危险货物的槽罐应适合所装货物的性能,具有足够的强度,并应根据不同货物的需要配备泄压阀、防爆板、遮阳物、压力表、液位计、导除静电及相应的安全装置。槽罐外部的附件应有可靠的防护设施,必须保证所装货物不发生"跑、冒、滴、漏",并在阀门口装置积漏器。

(四) 行车路线

通过公路运输危险化学品,必须配备押运人员,行车随时处于押运人员的监督下,不得超装、超载,不得进入危险化学品运输车辆禁止通行的区域。确需进入禁止通行区域的,应当事先向当地公安部门报告,由公安部门为其指定行车时间和路线,运输车辆必须遵守公安部门规定的行车时间和路线。危险化学品运输车辆禁止通行区域,由设区的市级人民政府公安部门规定,并设置明显的标志。运输危险化学品途中需要停车住宿或者遇有无法正常运输的情况时,应向当地公安部门报告。

二、常见危险化学品安全运输要求

(一) 爆炸品安全运输要求

(1) 装卸和搬运爆炸品时,必须轻装轻卸,严禁摔、滚、翻、抛以及拖、拉、摩擦、撞击,以防引起爆炸。对散落的粉状或粒状爆炸品,应先用水润湿后,再用锯末或棉絮等柔软的材料轻轻收集,转到安全地带处置。

(2) 操作人员不准穿带铁钉的鞋和携带火柴、打火机等进入装卸现场,禁止吸烟。

(3) 运输时须经公安部门批准,按规定的行车时间和路线凭准运证方可起运。起运包装要完整,装载应稳妥,装车高度不可超过栏板,不得与酸、碱、氧化剂、易燃物等其他险物品混装,车速应加以控制,避免颠簸、震荡。铁路运输时,要禁止溜放。

【背景链接 10-21】

硝化棉的安全运输注意事项

(1) 运输时运输车辆应配备相应品种和数量的消防器材及泄漏应急处理设备。装运本品的车辆排气管须有阻火装置。

(2) 运输过程中要确保容器不泄漏、不倒塌、不坠落、不损坏。严禁与氧化剂等混装混运。运输途中应防曝晒、雨淋,防高温。

(3) 中途停留时应远离火种、热源。车辆运输完毕应进行彻底清扫。铁路运输时要禁止溜放。

(二) 压缩气体和液化气体

(1) 装卸时必须轻装轻卸,严禁碰撞、抛掷、溜坡或横倒在地上滚动等,不可把钢瓶阀对准人身,注意防止钢瓶安全帽脱落。装卸氧气钢瓶时,工作服和装卸工具不得沾有油污。易燃气体严禁接触火种。

(2) 运输时必须戴好钢瓶上的安全帽。钢瓶一般应平放,并应将瓶口朝向同一方向,不可交叉。高度不得超过车辆的防护栏板,并用三角木垫卡牢,防止滚动。各种钢瓶必须严格按照国家规定,进行定期技术检验。

(3) 钢瓶在使用过程中,如发现有严重腐蚀或其他严重损伤,应提前进行检验,仔细检查钢瓶上的漆色及标志与各种单据上的品名是否相符,包装、标志、防震胶圈是否齐备,钢瓶上的钢印是否在有效期内。安全帽是否完整、拧紧,瓶壁是否有腐蚀、损坏、结疤、凹陷、鼓泡和伤痕等。耳听钢瓶是否有"丝丝"漏气声。凭嗅觉检测现场是否有强烈刺激性臭味或异味。

【背景链接 10-22】

压缩气体的运输注意事项

1. 不燃气体——氧气(压缩的)运输注意事项

(1) 氧气钢瓶不得沾污油脂。采用钢瓶运输时必须戴好钢瓶上的安全帽。

(2) 钢瓶一般平放,并应将瓶口同一方向,不可交叉;高度不得超过车辆的防护栏板,并用三角木垫卡牢,防止滚动。

(3) 严禁与易燃物或可燃物、活性金属粉末等混装混运。夏季应早晚运输,防止日光曝晒。

2. 氩气、氮气、二氧化碳运输注意事项

采用钢瓶运输时必须戴好钢瓶上的安全帽。钢瓶一般平放,并应将瓶口同一方向,不可交叉。高度不得超过车辆的防护栏板,并用三角木垫卡牢,防止滚动。严禁与易燃物或可燃物等混装混运。夏季应早晚运输,防止日光曝晒。铁路运输时,要禁止溜放。

(三) 易燃液体

(1) 装卸和搬运中,要轻拿轻放,严禁滚动、摩擦、拖拉等危及安全操作。作业时禁止使用易发生火花的铁制工具及穿带铁钉的鞋。

(2) 热天最好在早晚进出库和运输。在运输、泵送、灌装时要有良好的接地装置,防止静电积聚,槽内可设有孔隔板以减少震荡产生的静电。

(3) 船运时,配装位置应远离船员室、机舱、电源、热源、火源等部位,舱内电器设备应防爆,通风筒应有防火星装置。装卸时应安排在最后装、最先卸。严禁用木船、水泥船散装易燃液体。

【背景链接 10-23】

汽油运输注意事项

铁路运输时限使用钢制企业自备罐车装运,装运前需报有关部门批准。运输时运输车辆应配备相应品种和数量的消防器材及泄漏应急处理设备。夏季最好早晚运输。运输时所用的槽(罐)车应有接地链,槽内可设孔隔板以减少震荡产生静电。严禁与氧化剂等混装混运。运输途中应防曝晒、雨淋,防高温。中途停留时应远离火种、热源、高温区。装运该物品的车辆排气管必须配备阻火装置,禁止使用易产生火花的机械设备和工具装卸。公路运输时要按规定路线行驶,勿在居民区和人口稠密区停留。铁路运输时,要禁止溜放。严禁用木船、水泥船散装运输。

(四)易燃固体、自燃物品和遇湿易燃物品

(1)船运易燃固体时,配装位置应远离船员室、机舱、电源、火源、热源等部位,通风筒应有防火星的装置。

(2)搬运自燃物品时应轻装轻卸,不得撞击、翻滚、倾倒,防止包装容器损坏。

(3)黄磷在储运时应始终浸没在水中。忌水的三乙基铝等包装必须严密,不得受潮。三乙基铝、铝铁熔剂严禁配装在甲板上。铁桶包装的自燃物品(黄磷除外)与铁器部位及每层之间应用木板等衬垫牢固,防止摩擦、移动。

(4)遇湿易燃物品装卸搬运时应轻装轻卸,不得翻滚、撞击、摩擦、倾倒。

【背景链接10-24】

铝粉运输注意事项

铝粉运输时,运输车辆应配备相应品种和数量的消防器材及泄漏应急处理设备。装运本品的车辆排气管须有阻火装置。运输过程中要确保容器不泄漏、不倒塌、不坠落、不损坏。严禁与氧化剂、酸类、卤素、食用化学品等混装混运。运输途中应防曝晒、雨淋,防高温。中途停留时应远离火种、热源。运输用车、船必须干燥,并有良好的防雨设施。车辆运输完毕应进行彻底清扫。铁路运输时,要禁止溜放。

(五)氧化剂

(1)储运过程中,装卸和搬运应轻拿轻放,不得摔掷、滚动,力求避免摩擦、撞击,防止引起爆炸。

(2)对氯酸盐、有机过氧化物等更应特别注意,运输时应单独装运,不得与酸类、易燃物品、自燃物品、遇湿易燃物品、有机物、还原剂等同车混装。

【背景链接10-25】

过氧化甲乙酮运输注意事项

装入马口铁听,再装入坚固木箱,箱内用不燃材料填妥实,每箱净重不超过20公斤;螺纹口玻璃瓶、塑料瓶或塑料袋外普通木箱。运输时单独装运,运输过程中要确保容器不泄漏、不倒塌、不坠落、不损坏。运输时运输车辆应配备相应品种和数量的消防器材。严禁与酸类、易燃物、有机物、还原剂、自燃物品、遇湿易燃物品等并车混运。

(六)有毒物品

(1)有毒物品一般不得和其他种类的物品(包括非危险品)共同储运,特别是与酸类及氧化剂应严格分开。

(2)储存和运输有毒物品,应先检查包装容器是否完整、密封。凡包装破损的,不予运输。

(3)搬运有毒物品应轻装轻卸,严禁摔碰、翻滚,防止包装容器破损,并应禁止肩扛、背负。作业人员应穿戴防护服、口罩、手套(禁止徒手接触有毒物品),必要时戴防毒面具。操作中严禁饮食、吸烟,作业后应洗澡、更衣。

(4)装运过有毒物品的车、船必须彻底清洗、消毒,否则不得装运其他物品。船运时,配装位置应远离卧室、厨房,易燃性的有毒品还应与机舱、电源、火源等部位隔离。

(5)卸货时,船边应挂安全网加帆布,防止货物落水污染水源。

(6)有关农药的储存运输要求,参见国务院第326号令(2001年11月29日)《农药管理条例》、国家标准《农药贮运、销售和使用的防毒规程》(GB 12475—1990)和其他相关资料。

【背景链接 10-26】

氰化钾运输注意事项

装入塑料袋,袋口密封,再装入厚度不小于 0.75 毫米的坚固钢桶中,桶盖严密卡紧,每桶净重 50 公斤;螺纹口玻璃瓶、铁盖压口玻璃瓶、塑料瓶或金属桶(罐)外普通木箱;但玻璃瓶外须加塑料袋。运输前应先检查包装容器是否完整、密封,运输过程中要确保容器不泄漏、不倒塌、不坠落、不损坏。严禁与酸类、氧化剂、食品及食品添加剂混运。

(七)放射性物品的运输

应由检查单位检查剂量后,开具"放射性物品剂量检查证书",根据放射剂量率决定运输办法。

(八)腐蚀性物品

(1)易燃、易挥发的甲酸、溴乙酸等应储存于阴凉、通风的库房。

(2)受冻易结冰的冰醋酸、低温易聚合变质的甲醛则应储存于冬暖夏凉的库房。

(3)在储运中应特别注意防止酸类与氰化物、遇湿易燃物品、氧化剂等混储混运。

【背景链接 10-27】

氢氧化钠(烧碱)运输注意事项

铁路运输时,钢桶包装的可用敞车运输。起运时包装要完整,装载应稳妥。运输过程中要确保容器不泄漏、不倒塌、不坠落、不损坏。严禁与易燃物或可燃物、酸类、食用化学品等混装混运。运输时,运输车辆应配备泄漏应急处理设备。

三、危险化学品运输单位资质要求

(一)资质认定

公路运输企业的资格审查,主要依据交通部《道路危险货物运输管理规定》的要求,主要内容如下:

(1)有能保证安全运输危险货物的相应设施设备。

(2)具有 10 辆以上专用车辆的经营规模,5 年以上从事运输经营的管理经验,配有相应的专业技术管理人员。

(3)具有较为完善的安全操作规程、岗位责任制、车辆设备保养维修和安全质量教育等规章制度。

(4)从事道路危险货物运输、装卸、维修作业和业务管理人员,应具有经当地市级以上道路运政管理机关考核并颁发的"道路危险货物运输操作证"。

(5)运输危险货物的车辆、容器、装卸机械及工具应符合交通部《汽车危险货物运输规则》规定的条件,并具有经道路运政管理机关审验、颁发的符合一级车辆标准的合格证。

(二)申请与审批程序

(1)从事道路危险货物运输单位提出书面申请。

(2)交通运政管理机关审验,根据审验结果,由交通运政管理机关核发危险化学品"道路运输经营许可证"和"道路运输营运证"。

(3)对于非营业性运输单位从事道路危险货物运输,需事先向当地交通运政管理机关提出申请,经审查合格,由交通运政管理机关核准,发给"道路危险货物非营业运输证"。

(4) 对于从事一次性道路危险货物的运输,须报经县级以上道路运政管理机关审查核准,发给"道路危险货物临时运输证"方可进行运输作业。

(5) 水上运输危险化学品(剧毒化学品除外)单位运营资格,由国务院交通部门按规定办理。

【背景链接 10－28】

剧毒化学品运输特别要求

1. 托运要求

通过公路运输剧毒化学品的,托运人应当向目的地县级人民政府公安部门申请办理"剧毒化学品公路运输通行证",办理"剧毒化学品公路运输通行证"时,托运人应当向公安部门提交有关危险化学品的品名、数量、运输始发地和目的地、运输路线、运输单位、驾驶人员、押运人员、经营单位和购买单位资质情况的材料。

2. 注意事项

(1) 剧毒化学品在公路运输途中发生被盗、丢失、流散、泄漏等情况时,承运人及押运人必须立即向当地公安部门报告,并采取一切可能的警示措施。公安部门接到报告后,应当立即向其他有关部门通报情况,有关部门应当采取必要的安全措施。

(2) 禁止利用内河以及其他封闭水域等航运渠道运输剧毒化学品以及国务院交通部门规定禁止运输的其他危险化学品。

(3) 铁路发送剧毒化学品时必须按照《铁路剧毒品运输跟踪管理暂行规定》执行。

(4) 对装有剧毒物品的车、船卸货后必须清刷干净。

任务四　养护技术实例——毒害性商品储藏养护技术条件

教学要点

(1) 正确理解毒害性商品的特性;
(2) 掌握毒害性商品的储存养护技术。

教学内容

毒性物质是指进入人体后累积达到一定的量,能与体液组织发生生物化学作用或生物物理变化,扰乱或破坏机体的正常生理功能,引起暂时性或持久性的病理状态,甚至危及生命安全的物质和物品。针对毒害性物质,安全法规有 GB 17916—2013《毒害性商品储存养护技术条件》。

一、毒性物质危险性

(一) 毒害性(按中毒途径分)

1. 呼吸中毒

挥发性液体的蒸气和固体粉尘通过呼吸道进入人体,尤其在工作场所、火场和抢救疏散毒害品过程中,接触毒害品时间较长,消防人员呼吸量大,很容易引起呼吸道中毒。例如,氢氰酸、溴甲烷、苯胺、西力生(有机汞)、三氧化二砷等的蒸气和粉尘,都能经呼吸道进入肺部,被肺泡表面吸收,随着血液循环引起中毒。此外,鼻、喉、气管的黏膜,也具有相当大的吸收能力。呼吸比较快,中毒严重。因此,扑救毒害品火灾的人员,应佩戴必要的防毒器具,以免引起中毒。

2. 消化中毒

消化中毒是指毒害品侵入人体消化器官引起的中毒。通常是进行毒品作业后未经漱口、洗手、沐浴、更换工作服后就喝水、饮食、吸烟,或在操作中误将毒害品吸入消化器官,进入肠胃引起中毒。由于人的肝脏对某些毒物有解毒功能,所以消化中毒较呼吸中毒缓慢。有些毒品,如砷及砷的化合物、碳酸钡,在水中不溶或溶解度很低,但通过胃液后会变成可溶物被人体吸收而引起人身中毒。

3. 皮肤中毒

一些能溶解于水或脂肪的毒物接触皮肤后侵入体内引起中毒,尤其是皮肤有破损的地方更容易侵入人体,并随着血液循环而迅速扩散,引起中毒。例如,芳香族的衍生物,硝基苯、苯胺等;农药中的有机磷、有机汞、西力生、赛力散等毒物。特别是氰化物的血液中毒,能迅速导致死亡。此外,苯乙酮等对眼角膜等人体黏膜有较大的危害。

(二) 易燃性

列入的毒害品中,约有89%都具有火灾的危险性。无机毒害品中的金属氰化物和硒化物大多本身不燃,但都有遇水、遇湿放出极毒的易燃气体。锑、汞、铅等金属氧化物,硝酸铊、硝酸汞、五氧化二钒等大都本身不燃,但都有氧化性,在500 ℃时分解,与可燃物接触时易引起着火或爆炸。此外,毒害品中许多有机物都为透明油状液体,闪点在23 ℃以下,具有易燃性,如溴乙的闪点为－20 ℃。

(三) 易爆性

叠氮化钠和含硝基的芳香族化合物,遇热撞击等都可能引起爆炸,并分解放出有毒气体。例如,二硝基氯化苯,毒性大,遇明火或受热至150 ℃以上即可燃烧或爆炸。

二、毒性物质毒性大小的影响因素

(1) 毒物在水中的溶解度越大,毒性也越大。例如,氯化钡毒性大而硫酸钡基本无毒、三氧化二砷比三硫化二砷毒性大。

(2) 毒物的颗粒愈小,愈易引起中毒。颗粒越小,越容易进入呼吸道而被吸收。因此,氰化钠要制成颗粒状进行运输与储存。

(3) 毒物易溶于脂肪,则易渗过皮肤引起中毒。例如,苯胺、硝基苯一类的毒物很容易渗过皮肤,进入血液循环引起中毒。

(4) 毒物的沸点越低,越易引起中毒。沸点低,挥发性好,蒸气浓度高,而引起吸入中毒。

三、常见毒害品

(一) 四乙基铅

无色油状液体,有苹果香味,不溶于水,易溶于有机溶剂和脂肪,主要作汽油抗爆剂。因高度挥发易经呼吸道和皮肤吸收中毒,毒性大,主要侵害中枢神经系统。

(二) 氢氰酸及其盐

氰化物为剧毒物质,最毒的是氰化氢,有苦杏仁味,极易扩散。但是易被分解,遇双氧水分解很快,故小剂量的含氰毒物可用双氧水解毒。

（三）苯胺

无色透明油状液体,室温下强烈挥发,有特殊气味,不溶于水,极易溶于有机溶剂,污染性强,冲洗不易彻底清除,中毒事件时有发生。

（四）生漆

生漆是一种漆树分泌的白色黏稠液体,接触空气后颜色逐渐变深,成分复杂,对皮肤有刺激性,容易引起漆疮。操作后应用乙醇擦去,再用肥皂水洗净,不可用热水洗浴,防止皮肤过敏。

四、毒害性物质储存养护措施

（一）储存条件

1. 库房

库房干燥、通风,机械通风排毒应有安全防护和处理措施,库房耐火等级不低于二级。

2. 安全

仓库应远离居民区和水源。商品避免阳光直射、曝晒,远离热源、电源、火源,在库内（区）固定和方便的位置配备与毒害性商品性质相匹配的消防器材、报警装置和急救药箱。不同种类的毒害性商品,视其危险程度和灭火方法的不同应分开存放,性质相抵的毒害性商品不应同库混存。剧毒性商品应专库储存或存放在彼此间隔的单间内,并安装防盗报警器和监控系统,库门装双锁,实行双人收发、双人保管制度。

3. 环境

库区和库房内保持整洁。对散落的毒害性商品应按照其安全技术说明书提供的方法妥善收集处理,库区的杂草及时清除。用过的工作服、手套等用品应放在库外安全地点,妥善保管并及时处理。更换储存毒害性商品品种时,要将库房清扫干净。

4. 温度和湿度

库房温度不宜超过 35 ℃。易挥发的毒害性商品,库房温度应控制在 32 ℃以下,相对湿度应在 85%以下。对于易潮解的毒害性商品,库房相对湿度应控制在 80%以下。

（二）入库验收

1. 原则

入库商品应附有产品检验合格证和安全技术说明书。进口商品还应有中文安全技术说明书或者其他说明。入库商品应根据毒害性商品类别分别入库,采取隔离、隔开、分离储存。商品质量应符合相关产品标准,由存货方负责检验。保管方对商品外观、内外标志、容器包装、衬垫等进行感官检验。每种商品应打开外包装进行验收,发现问题扩大检查比例,验后将商品包装复原,并做标记。验收应在库房外安全地点进行。

2. 验收项目

包装标签应符合《化学品安全标签编写规定》GB 15258—2009 的规定,包装应完整无损,无水湿、污染。质量、商品性状、颜色等应符合相关产品标准。液体商品颜色无变化、无沉淀、无杂质。固体商品无变色、无结块、无潮解、无溶化现象。

3. 验收

应执行双人复核制。不符合规定的商品不应入库,应暂存安全地点,通知存货方,另行处理。合格商品签收入库,填写验收记录,转存货方。包装破漏时,应更换包装方可入库,整修包装需在专门场所进行。洒在地上的毒害性商品要清扫干净,集中存放,统一处理。

(三) 堆垛

商品堆垛要符合安全、方便的原则,便于堆码、检查和消防扑救,苫垫物料应专用。货垛下应有防潮设施,垛底距地面距离不小 15 cm。货垛应牢固、整齐、通风,垛高不超过 3 m。间距应保持:主通道≥180 cm,支通道≥80 cm,墙距≥30 cm,柱距≥10 cm,垛距≥10 cm,顶距≥10 cm。

(四) 养护技术

库房内设置温湿度表,按时观测、记录,严格控制库内温湿度,保持在要求范围之内。每天对库区进行检查,检查易燃物等是否清理,货垛是否牢固,有无异常。遇特殊天气应及时检查商品有无受损。定期检查库内设施、消防器材、防护用具是否齐全有效。根据商品性质,定期进行质量检查,每种商品抽查 1~2 件。检查商品包装、封口、衬垫有无破损,商品外观和质量有无变化。检查结果逐项记录,并做标记。对发现的问题做好记录,通知存货方,采取措施进行防治。对有问题商品应填写催调单,报存货方,督促解决。

(五) 安全操作

作业人员应持有毒害性商品养护上岗作业资格证书。作业人员应佩戴手套和相应的防毒口罩或面具,穿防护服。作业中不应饮食,不应用手擦嘴、脸、眼睛。每次作业完毕,应及时用肥皂(或专用洗涤剂)洗净面部、手部,用清水漱口,防护用具应及时清洗,集中存放。操作时轻拿轻放,不应碰撞、倒置,防止包装破损、商品散漏。

(六) 出库

应坚持先进先出的原则。

【背景链接 10-29】

毒害性物品、感染性物质的储存养护

一、毒害性物品储存养护注意事项

1. 包装

依据人类中毒事故的经验及物质具有的特殊性质,缺乏经验时,采用动物毒性试验划定包装类别。对易挥发的液态物质容器应气密封口,其他的应液密封口,固态应严密封口。

2. 装卸与搬运

装卸车前应先通风。装卸搬运时严禁肩扛、背负,要轻拿轻放,不得撞击、摔碰、翻滚,防止包装破损。装卸易燃毒害品时,机具应有防止发生火花的措施,作业时必须穿戴防护用品。严防皮肤破损处接触毒物,作业完毕及时清洁身体后方可进食和吸烟。

3. 存放与保管

应存放在阴凉、通风、干燥的库内,不得露天存放。与酸类应隔离存放,严禁与食品同库存放。必须加强管理,和严防丢失,严防发生误交付。

4. 撒漏处理和消防

(1) 固态毒品撒漏时,应谨慎收集处理,如氰化钠可用漂白粉或次氯酸钠处理。液态毒品渗漏时,可先用砂土、锯末等物吸收,妥善处理。被毒物污染的机具、车辆及仓库地面,应及时

进行洗刷除污。

(2) 发生火灾时,对遇水能发生危险反应的毒性物质(金属铊、锑粉、磷化锌、磷化铝、氟化铝等)不得用水灭火。

(3) 处理撒漏毒性物质和扑救毒性物质火灾时,必须穿戴防护服、口罩、手套或防护面具,施救人员要站在上风处。发现头晕、恶心、呕吐等现象,要立即转移到空气新鲜处。

二、感染性物质储存养护技术

1. 感染性物质

感染性物质指凡有能使人或动物感染得病的活的微生物或毒素的物品,与毒害品一样,同样可能使人受到毒害。本类物质无法给出衡量参数,也无法用化学实验确定,而由卫生防疫部门认定。

2. 常见感染性物质

基因突变的微生物和生物、生物制品、诊断标本和临床及医疗废物。

3. 感染性物质医疗废物处理

(1) 医疗废弃物装入容器内后不得再取出,容量达到 3/4 时应紧实、严密封口,不渗漏遗撒。

(2) 每个包装容器外表面应有警示标识和中文标签。内容包括生产单位、日期、废物类别及需要的特别说明。

(3) 承担医疗废物运输的单位要符合危险货物运输的资质要求。采用专用车辆运输,不得采用邮寄、铁路和航空运输。有陆路通道的,禁止通过水路运输。

(4) 禁止与旅客在同一运输工具上载运。

(5) 禁止在饮用水源保护区的水体上运输。

技能训练

技能训练一 危险化学品特性描述

1. 技能训练的目的

掌握常见危险化学品的基本特性。

2. 技能训练的内容

(1) 以小组为单位搜集相关危险品事故案例或相关危险品安全测试视频,每组至少完成一个案例。

(2) 认真分析案例,罗列案例中危险品的分类、特性。

3. 技能训练的步骤

(1) 根据学生人数分组完成,每组选定一名学生担任小组长。

(2) 小组成员搜集经典案例,认真分析、总结,最后以课件的形式,完整论述案例中涉及的危险品的分类、特性以及本次事故的原因。

4. 技能训练的报告要求

以小组为单位提交案例分析课件,包括案例概述、危险化学品分类、危险化学品特性、事故原因简单分析、小组总结等。危险化学品特性描述能力训练考核表,如表 10-10 所示。

表 10-10　危险化学品特性描述能力训练考核表

	考评内容	分　值	实际得分
考评 标准	案例选取符合要求,具有代表性	30	
	案例分析到位,全面	20	
	危险化学品特性描述准确,全面	30	
	课件恰当选择各种媒体形式,制作精美	20	
	合　计	100	

技能训练二　危险化学品事故分析

【背景链接 10-30】

脱氧剂遇水燃烧事故

2011 年 7 月 4 日,位于钢厂附近的原料仓库突然一声闷响,随后黑烟滚滚,瞬间火焰冲天。原料仓库是为生产储备原料的主要库房,在着火地点堆放着复合脱氧剂约 50 t。由于反应生成的大量气体,热量积聚在堆放的脱氧剂中,不能及时排除,同时,分解放出的热量已大于乙炔的燃点 305 ℃,从而导致脱氧剂燃烧,进而导致库房的燃烧。消防部门接到报告后及时赶到现场,组织进行补救,但由于不明着火原因,用水扑救,反而火势愈来愈大。消防部门在搞清着火原因后,停止用水扑救,采取其他办法,经 24 小时,火势方才扑灭。

经现场勘查,脱氧剂的包装十分混乱,包装上既无产品名称,又无防潮设施,且无产品使用、保管说明书。脱氧剂是易潮品,受潮后将失效,不但起不到脱氧效果,而且还将污染钢水,使钢水质量下降,钢中气泡增多,严重的可造成废品。仓库保管员在保管过程中,由于不了解脱氧剂的功能,随意将其堆放在潮湿的半露天库内,难以保证其性能不受损害,还导致了火灾事故的发生。

1. 技能训练的目的

通过本次实训,学生掌握危险化学品安全储存技术,学会运用所学的理论知识和技能,解决实际工作中发现的问题,提高分析问题和解决问题的能力。

2. 技能训练的内容

根据提供的危险化学品事故,讨论分析事故产生的原因,撰写事故分析报告。

3. 技能训练的步骤

(1) 以小组为单位,分析讨论给出案例;

(2) 小组成员在讨论的基础上,共同完成事故分析报告。

4. 技能训练的报告要求

(1) 分析事故中涉及的危险化学品属于哪一类,具有什么特性。

(2) 详细分析事故原因。

(3) 阐述该类危险化学品的安全储存技术以及事故防范措施。

技能训练三　消防安全演示

1. 技能训练的目的

通过本次实训,使学生熟悉常见的灭火器材的种类以及使用方法。

2. 技能训练的内容

准备一批消防设备（如沙子、干粉灭火器、水枪、棉被、麻袋等），学生分组完成相关消防器材灭火演示。

3. 技能训练的步骤

（1）学生以小组为单位分组进行演示；

（2）以抽签方式准确完成不同消防器材的灭火任务；

（3）在规定的时间内，各小组完成演示并上交相关资料；

（4）演示结束后撰写实训报告。

4. 技能训练的报告要求

（1）技能训练的目的和要求；

（2）技能训练的步骤；

（3）技能训练的结果分析，并写出实训报告。

课后习题

一、选择题

1. 危险化学品存在的主要危险是_____。
   A. 火灾、爆炸、中毒、灼伤及污染环境　　B. 火灾、爆炸、中毒、腐蚀及污染环境
   C. 火灾、爆炸、感染、腐蚀及污染环境　　D. 火灾、失效、中毒、腐蚀及污染环境

2. 浓硫酸属于_____化学品。
   A. 爆炸品　　　　B. 腐蚀品　　　　C. 易燃液体　　　　D. 液化气体

3. 工业上使用的氧化剂要与具有_____性质的化学品远远分离。
   A. 还原性物品　　B. 惰性气体　　　C. 腐蚀性液体　　　D. 易燃性液体

4. _____是化学品标签中的警示词。
   A. 危险、警告、注意　　　　　　　　B. 火灾、爆炸、自燃
   C. 毒性、还原性、氧化性　　　　　　D. 以上都不是

5. 储存危险化学品的仓库管理员必须配备_____。
   A. 劳动保护用品　B. 安全检测仪器　C. 手提消防器材　　D. 专用车辆

6. 装卸危险化学试剂时，应轻拿轻放，严防_____。
   A. 震动　　　　　B. 摩擦　　　　　C. 重压　　　　　　D. 撞击
   E. 倾倒

7. 运输危险化学品的车辆放置于驾驶室顶部的灯是_____。
   A. 黄色三角形　　B. 黄色长方形　　C. 红色三角形　　　D. 红色长方形

8. 运输危险化学品的车辆的车顶灯和车尾部必须悬挂的标志是_____。
   A. 注意安全　　　B. 危险品　　　　C. 保持车距　　　　D. 易燃、易爆

9. 发生危险化学品事故后，应该向_____方向疏散。
   A. 下风　　　　　B. 上风　　　　　C. 顺风　　　　　　D. 以上都不是

10. 储存危险化学品的仓库可以使用_____采暖。
    A. 蒸汽　　　　　B. 热水　　　　　C. 机械　　　　　　D. 灯光

11. 化学品泄漏事故发生时，_____是错误的。
    A. 报警　　　　　　　　　　　　　　B. 进行交通管制

C. 所有人员参加事故救援　　　　　　D. 应成立事故指挥领导小组
12. 用灭火器灭火时,灭火器的喷射口应该对准火焰的_____。
　　A. 上部　　　　B. 中部　　　　C. 根部　　　　D. 外部
13. 扑救爆炸物品火灾时,_____用砂土盖压,以防造成更大伤害。
　　A. 必须　　　　B. 禁止　　　　C. 可以　　　　D. 最好
14. 处理固态的酸、碱时,必须_____。
　　A. 徒手操作　　　　　　　　　　B. 把固态变成液态,以便操作
　　C. 使用工具辅助操作,不得用手　　D. 以上都不是
15. 工业中使用的甲苯具有_____危害。
　　A. 易燃、有毒　　B. 助燃　　　　C. 刺激性　　　D. 易爆
16. 急性毒性是指一定量的毒物一次对动物所产生的毒害作用。急性毒性的大小,常用_____来表示。
　　A. 最高允许浓度　B. 半数致死量　C. 毒物的性质　D. 毒物颗粒
17.《危险货物分类和品名编号》标准将第 6 类危险货物分为毒性物质和_____。
　　A. 高毒品　　　B. 低毒品　　　C. 感染性物质　D. 腐蚀品
18. 毒害性危险化学品库房的耐火等级不得低于_____标准。　　　　　　(　　)
　　A. 一级　　　　B. 二级　　　　C. 三级　　　　D. 四级

二、判断题
1. 剧毒物品的仓库应使用密闭措施。　　　　　　　　　　　　　　　　　(　　)
2. 有毒品在水中的溶解度越大,其危险性也越大。　　　　　　　　　　　(　　)
3. 有毒品经过皮肤破裂的地方侵入人体,会随血液蔓延全身,加快中毒速度。因此,在皮肤破裂时,应停止或避免有毒品的作业。　　　　　　　　　　　　　　　(　　)

三、简答题
1. 常用危险化学品按其主要危险特性分为八类,请问是哪八大类?
2. 如何防止易燃液体的燃烧?一旦燃烧如何救治?
3. 自燃物品为什么会自燃?如何对其进行安全储存?
4. 运输危险化学品要重点注意哪些事项?
5. 对各类危险品的出入库和在库期间检查工作中,工作人员应注意哪些方面的问题?

四、案例分析
某公司经营危险化学品,拥有一个危险化学品库区和一个零售门市部。危险化学品库区分为东、西两个区,东区储存甲、乙、丙类危险化学品,西库区为普通商品仓库和配套的辅助用房。库区总占地面积 11 000 m²,总建筑面积 3 400 m²,建筑物均为石混结构。请问在丙酮库房可以采取哪些措施预防火灾爆炸事故的发生?

扫一扫,看答案

项目十一　仓库鼠害、虫害、蚁害防治

**内容简介**

本任务系统阐述了仓库鼠害、虫害、蚁害的种类；影响仓库鼠害、虫害、蚁害的因素以及仓库鼠害、虫害、蚁害的治理方法。

教学目标

1. 知识目标：

（1）区分仓库害虫的种类；

（2）了解仓库虫害发生的影响因素；

（3）掌握预防和消灭仓库虫害的各种方法。

2. 技能目标：

（1）运用科学方法对仓库鼠害进行防治与处理；

（2）运用科学方法对仓库虫害进行防治与处理；

（3）运用科学方法对仓库蚁害进行防治与处理。

**案例导入**

GKL连锁超市集团仓库案例

GKL连锁超市集团租用了XY公司的库房存放方便面、饼干等纸箱装干货，货物存储现状描述如下：货物外包装箱上有灰尘；温度控制表记录的温度最高为45 ℃，最低为－7 ℃；湿度计显示记录为75%左右；仓库日常检查中发现一些小虫子，并发现老鼠痕迹；仓库的窗户很多，阳光能够直接照射到存储的货物上面。

**案例分析**

请根据以上描述，说出该仓库中影响产品质量的因素有哪些，并针对这些现象提出解决方法。

任务一　仓库鼠害及其防治

**教学要点**

（1）正确仓库鼠害的种类；

（2）掌握仓库鼠害的防治措施。

 **教学内容**

仓库鼠类是威胁仓库储存商品极为严重的一种生物,也是引起储粮损失的一大灾害。仓库鼠类,简称仓鼠,是食性杂、食量大、繁殖快和适应性强的啮齿动物。鼠类对仓库货物的危害极其严重,据联合国粮农组织统计,世界上收获的粮食总共有3%左右因鼠害而损失。鼠类有咬啮物品的特性,对包装食品及其他包装物品均有危害。鼠类还能传播多种疾病,此外,鼠类粪便、咬食物品的残渣也能污染食品和储藏环境,使之产生异味,影响食品卫生,危害人类健康。总之,仓鼠是仓储管理上应该积极防治的大敌。

一、仓库鼠害

老鼠种类多,数量大,繁殖速度很快,生命力很强,几乎什么都吃,在什么地方都能生存。世界约有1 700多种鼠类,我国鼠类约有170多种,常见的仓库鼠害有如下几种。

（一）小家鼠

小家鼠为鼠科中的小型鼠,体长60～90毫米,体重7～20克,尾与体长相当或略短于体长。头较小,吻短,耳圆形,明显地露出毛被外。上门齿后缘有一极显著的月形缺刻,为其主要特征。毛色随季节与栖息环境而异。体背呈现棕灰色、灰褐色或暗褐色,毛基部黑色。腹面毛白色、灰白色或灰黄色。尾两色,背面为黑褐色,腹面为沙黄色。四足的背面呈暗色或污白色。

小家鼠属于世界性鼠类,分布遍及全国,以植物性食物为主,主要危害面粉、大米、饼干等。

（二）黄胸鼠

黄胸鼠是鼠科中体型较大的家栖鼠,比褐家鼠略瘦小。体长130～190毫米,体重75～200克。尾长大于或等于体长。口鼻较尖,耳大而薄,前翻可遮眼。体毛稍粗,体背毛棕褐色或黄褐色。毛基深灰色,毛尖为棕褐色或黄褐色。背部杂有较多的黑色长毛,故较暗。腹面毛污黄色或灰白色,喉部和胸部中间具棕黄色,有时略带褐色,比腹面其他部分毛色深,故名黄胸鼠。前足背面有1块深暗色斑。雌鼠乳头5对,胸部2对,鼠鼷部3对,偶尔有白化（全身白色）和黑化（全身黑色）个体。黄胸鼠食性很杂,较喜食植物性食物和含水较多的食物,人类的各种食品都能吃,有时也捕杀小鸡、小鸭等小动物。在野外主要盗食谷物、花生和瓜果。在苹果贮藏库中,对苹果的破坏性较强,是贮藏库中的主要害鼠之一。

（三）褐家鼠

褐家鼠为中型鼠类,体粗壮,大者可重达0.5斤。耳壳较短圆,向前拉不能遮住眼部,尾较粗短,成体尾长短于体长,后足较粗长,成体后足长大于28毫米。乳头6对,胸部2对,腹部1对,鼠鼷部3对。背毛棕褐色或灰褐色,年龄愈老的个体,背毛棕色色调愈深。背部白头顶至尾端中央有一些黑色长毛,故中央颜色较暗。

褐家鼠属于世界性鼠种,分布遍及全国。食性复杂,嗜肉类和含脂肪多的食物,也喜食含水量多的果实。

二、影响鼠害发生的环境因素

鼠害的发生与环境中多种因素有关,如气候、土壤和地形、食物、天敌及人类经济活动等,栖息在仓库的鼠类主要受温度、水分、人类经济活动等影响。

(一) 温度

鼠类属于恒温动物,对外界温度的适应有一定的限度,有适宜生存的最低温度、最高温度和最适温度。当外界温度低于最低温度或高于最高温度范围时,则鼠类发育缓慢、停止甚至死亡。

一般适应温度范围越广的鼠种,活动能力和危害性也越大。例如,褐家鼠在热带、寒带甚至零下 10 ℃~20 ℃ 的冷库中都能生存、生育,因而即使在冷库的食品都能被褐家鼠所害。

(二) 水分

水分是决定鼠类生存的重要因素之一,鼠类通过饮食和皮肤吸收作用而获得所需要的水分,鼠体严重缺水达到一定的限度时,则生理衰竭,昏迷,随之死亡。在储藏干燥食品的仓库中往往由于缺水影响鼠类活动,同时在仓库中设置毒水使鼠饮后致死。

(三) 人类经济活动

人类经济活动影响鼠类发生和数量变动,在防鼠设备完善的仓库中,鼠害的发生受到限制;反之,设备简陋的仓库则为鼠害发生提供了便利条件,随着人类经济活动的开展,货物运输及国际频繁经济交往都能给鼠类的迁徙创造一定的条件。

三、仓库鼠害的防治

(一) 仓库鼠害的预防

(1) 整治环境,清理卫生死角,仓库货物当日及时清理,不给老鼠留下食物源,以此来提高诱饵对老鼠的引诱力,提高捕鼠的成功率。

(2) 在主要防治场所外围四周,使用鼠药布成防线,并定时检查鼠药消耗情况,定期补足鼠药。

(3) 定期对下水道、通风口、空调电线电缆等出入口进行及时堵塞,设置防鼠铁丝网。

(二) 仓库鼠害的治理

1. 仓库防鼠

防鼠的基本原理是采取各种措施以破坏鼠类生存的基本条件,不能直接杀灭鼠害,但能使其数量不断下降,从而为彻底灭鼠创造条件。

(1) 建筑防鼠。建筑防鼠是指利用建筑本身与外界的隔绝性能,防止鼠类进入仓库以使仓内物品免受鼠害的防鼠方法。这种方法对食品仓库的防鼠起着重要作用。常见的方法有:封好建筑物地基或外墙的裂缝和洞,防止老鼠从外部进入;塞住水管或下水管道、电线、电话线等入口,许多老鼠进入室内都是从这些地方;地下室和第一层楼的窗户以及通气孔应安装铁丝网,网眼为 13 mm×13 mm,网眼合适才能有效防止老鼠进入;确保门安装合适,门和地板之间的缝隙应小于 6 mm。门下边要镶铁皮踢板,踢板高度为 60 cm,尤其是一楼的用户,要注意防止老鼠进入;确保窗户和纱窗结合紧密,阻止老鼠跳入;填住或者关闭天花板和屋顶开口;修补地平面以下的破裂地基,做好环境卫生,才能从根本上防治老鼠危害。

(2) 食物防鼠。食物是决定鼠类生存的最基本的条件。食物防鼠方法是通过加强货物包装和储存货物容器的密封性等,以断绝鼠类食物来源,从而达到防鼠目的。

(3) 药物及仪器防鼠。这种方法主要是利用某些化学药物产生的气味或电子仪器产生的声波。通过刺激鼠类黏膜或皮肤,进而作用于触觉、嗅觉和味觉使之难以忍受异样感觉而忌讳逃走。

2. 仓库灭鼠

(1) 化学药剂灭鼠。根据药剂的理化性质和灭鼠方式的不同,可分为灭鼠剂、化学绝育剂和熏蒸剂等。在使用时应慎重选用药剂的种类,严格控制剂量,以防使用不当污染食物,进而危害人体安全。

① 灭鼠剂,指配置灭鼠毒饵的毒剂。在应用毒饵时,为了克服老鼠忌讳反应通常配合使用无毒诱饵和其他附加件。分为急性或单剂量的灭鼠剂和抗凝血灭鼠剂两类,前者毒性剧烈,是一次性剂量毒杀鼠类的药剂;后者毒性缓慢,是多剂量积累毒杀鼠类的药剂,其药理是降低血液凝固能力,损害毛细血管,使鼠类因外出血或内充血致死,常配制成毒水毒杀鼠类。

② 化学绝育剂,是通过鼠类绝育降低鼠仔的出生率以达到灭鼠的目的,目前适用的化学绝育剂有雌性绝育化合物和雄性绝育化合物两大类。

③ 熏蒸法,通过呼吸道使鼠体吸入毒气中毒致死的化合物,一般分为化学熏蒸剂和烟剂熏蒸灭鼠,如磷化铝、氯化苦可用于仓库、轮船熏蒸灭鼠。熏蒸法具有强制性、见效快、无须诱饵对仓库内物品不会造成伤害干净卫生,是仓库防鼠的好方法。

(2) 器械捕鼠。器械捕鼠是民间流传的方法,现在常用的有木板夹、铁板夹、弓形夹和捕鼠笼等捕鼠器。捕鼠器的优点是使用安全,鼠尸容易清除,适用于不能使用灭鼠剂、中毒鼠类死于难以清除的角落而引起尸臭的场所,以及需要捕鼠做流行病学调查的场所。为了使灭鼠效果良好,应保持以下条件:断绝鼠粮;诱饵须适合鼠种食性;捕鼠器的引发装置须灵敏;在鼠类经常活动场所布放,并于鼠类活动高峰前放好;捕鼠器保持清洁,无恶臭。

任务二　仓库虫害及其防治

教学要点

(1) 正确仓库虫害的种类;
(2) 掌握仓库虫害的防治措施。

教学内容

一、仓库虫害

仓库虫害是指在仓库内危害储藏商品和仓库建筑设施的许多害虫,这些害虫一般又以危害储藏货物为主,所以也叫储藏害虫。仓库虫害蛀食污染各种仓库商品,传播疾病,给人们造成巨大的经济损失,必须引起人们的高度重视。仓库虫害绝大多数是体小色暗,不易被人发现,它们多可抵抗高温或严寒,有的常潜藏于阴湿的场所,有的又喜在干燥环境中栖息。

仓库虫害有数百种,繁殖力与适应力强,且分布广泛。一般来说,仓库害虫包括所有一切对仓库储存有害的类别,常见的仓库虫害有蟑螂、粉啮虫(别名:书虱)、玉米象、药材甲等,如图11-1所示。

蟑螂　　　　　粉啮虫　　　　玉米象　　　药材甲

图 11-1　常见的仓库害虫

仓库虫害的活动场所十分广阔；各种含动、植物及其产品的仓库，如粮仓、货栈；各种加工厂，如面粉厂、粮站；火车、汽车、轮船等运输工具；各种动物巢穴，如木蜂巢、鸟巢等；各种动物体上、杂草堆内、粪便尸体上等；一些特殊的场所，如图书馆、博物馆、厨房等。

二、仓库虫害防治

(一)物理防治

1. 入出库前严格检查、彻底清洁

入出仓库物料，应彻底清扫、消毒和封严，严禁外界虫源侵入，还应注意将虫蛀或带虫卵的物品挑出处理，严禁将虫源带入仓库和从仓库发出。车间也应对物料再次严格检查，再次彻底清洁，杜绝虫源带入生产车间，并建立相应的防治措施。

2. 高温曝晒法

对于一些不需避光保存的原料、辅料和包装材料，可以用太阳曝晒的方法防虫。在空气温度低的情况下，利用太阳光的高热和紫外线，不但可以使药品干燥，而且能将害虫晒死。例如，药谷盗曝晒至 46 ℃～47 ℃，只能生存 8～9 h；晒至 50 ℃，3～5 h 即死亡。有些害虫虽不能晒死，也会因难耐高温而逃走。太阳曝晒法简单易行，易于操作，节约成本。此外，还可以利用烘箱、烘房或烘干机，将已生虫的物料放入其中，使温度升高到 50 ℃～60 ℃，经过 1～2 h，即可将害虫杀死。

3. 低温冷冻法

对于一些量少的贵重药品，可以利用低温将害虫或虫卵杀死，温度越低，所需时间越短。在冬季，如果库房的通风设备良好，亦可不必将药品搬出库外，选干燥天气，将库房的所有门窗打开，使空气对流，以达到冷冻目的。

4. 气调杀虫法

通过充氮降氧的气调法，使容器内氧的浓度降到 0.4%，则可杀死所有的害虫。另外也可充二氧化碳气体，同样可达到杀虫效果。

5. 远红外线辐射杀虫法

利用远红外线辐射，不仅能使药品干燥，而且还能有效地杀死干燥药品上的微生物、虫卵，达到杀虫的目的。

6. 微波干燥杀虫法

微波不仅能干燥药品，还能杀菌杀虫。

7. γ射线照射杀虫法

利用 ^{60}Co 放射出的 γ 射线能有效地杀死药品的害虫，而药品的有效成分基本没有变化。

8. 扑蝇灯诱杀虫法

利用磷翅目仓储害虫成虫（蛾类）的趋光习性，在库内或临近的地方装置扑蝇灯，夜间开灯引诱害虫，使其扑灯处死。该法简单、成本低廉。

（二）化学防治

1. 除虫菊杀虫法

除虫菊为多年生草本植物，90%的有效成分含于白色花中。除虫菊杀虫的优点是能直接将药液喷洒于药品或其包装上，害虫中毒快。此法操作安全，无残毒污染，但不持久，以密封效果为好。

2. 毒饵诱杀虫法

选择害虫喜爱的麦麸、米糠、油饼等做诱料，加入适量的杀虫药剂制成毒饵，用以诱杀害虫。将诱料加热炒香，或加入少量的香葱共炒，再加入浓度为 0.1% 的除虫菊酯或 0.5%～1% 的敌百虫水溶液，使诱料吸附后晾干即成。将毒饵用纸摊开，放在药品堆空隙之间，过几天清除虫体一次。此法持续时间长，杀虫效果较好。

3. 化学药品熏蒸杀虫法

利用化学药品处理药品必须首先考虑到药剂对害虫有效，而不影响药品质量，且对人体安全。常用的杀虫剂主要有以下几种。

氯化苦（CCl_3NO_2）：化学名为三氯硝基甲烷，是一种无色或略带黄色的液体，有强烈的气味，几乎不溶于水。当室温在 20 ℃ 以上时能逐渐挥发，其气体比空气重，渗透力强，无爆炸燃烧的危险，为有效的杀虫剂。通常采用喷雾法或蒸发法密闭熏蒸 2～3 昼夜，用量为 25 g/m³。本品对人体有剧毒，对上呼吸道有刺激性，有强烈的催泪性，使用者应戴防护面具。

磷化铝（ALP）：纯品为黄色结晶，工业品为浅黄色或灰绿色固体，在干燥条件下很稳定，但易吸潮分解，产生有毒气体 H_3P，故应干燥防潮保存。利用本品吸潮后产生磷化氢的性质，可进行仓库密闭熏蒸杀虫。

（三）生物防治

采用化学药剂防治害虫，有的药剂会带来残毒，甚至失去药效，故有些情况下采用生物防治法较为理想。例如，可将农田以虫治虫的技术应用到仓储害虫防治中，药品仓储害虫的天敌主要有姬蜂、米象小蜂、拟蝎、食虫蜻象等。

任务三　仓库蚁害及其防治

教学要点

（1）正确仓库蚁害的种类；
（2）掌握仓库蚁害的防治措施。

教学内容

白蚁被称为"无牙老虎"，是商品在仓库储存过程中重要的害虫之一，主要危害仓库建筑、货架、垫土、各种纤维质商品及商品包装材料,蛀蚀塑料、橡胶等高分子材料及制品,严重时会引起货架、库房倒塌,造成巨大的经济损失,因此,在商品养护中要做好仓库蚁害的防治。

一、仓库白蚁

白蚁亦称螱,体软弱而扁,白色、淡黄色、赤褐色或黑褐色等。白蚁出现在中生代后期(距今已有两亿五千万年),是最古老的社会性昆虫之一,在世界上分布极为广泛,危害性非常严重。因其具有奇妙而独特的生物学特性和对人类造成严重的危害,曾被称为"当代生物学的七大奇迹"之一。

白蚁的种类有很多,常见的有铲头堆砂白蚁、黑翅土白蚁、台湾乳白蚁、黄翅大白蚁等。

二、白蚁的传播途径

白蚁入侵仓库主要有3种途径,即分飞、蔓延和携带。

(一)分飞

各种成熟的白蚁群体每年都能产生一定数量的繁殖蚁,在外界环境条件适宜时,白蚁就进行分飞、扩散,这是白蚁危害传播的主要途径。在白蚁纷飞高峰季节,繁殖蚁飞入仓库中,在木质的货架中筑巢滋生危害。

(二)蔓延

白蚁为了取食,以蚁巢为中心,从地下或建筑孔隙、管道筑路向四周蔓延,进入仓库内部进行危害活动。

(三)携带

运输人员在装卸或搬运等各种操作活动中,不经意地把原有白蚁危害的各种装饰材料、包装材料、旧货架等人为带至新的地方,产生新的危害。

三、仓库蚁害的防治

若仓库管理人员对白蚁危害认识不足,没有采取积极防范措施,白蚁一旦侵入仓库,就会对库存物资和仓库建筑造成巨大损失。因此,防治仓库的白蚁要做到"预防为主,综合治理"。

(一)仓库蚁害预防

首先,在建筑物或水利工程开工前、施工中、竣工交付使用的长时间内和一系列的种植业的工作中,采取各种预防措施创造不利于白蚁滋生的环境,使建筑物、土质堤坝和农林作物免遭白蚁危害。

其次,杜绝传播繁殖的措施,在每年的3~6月份长翅繁殖蚁分飞的季节,采取定点灯光诱集,分飞期用控制管理灯光等方法,杀灭长翅繁殖蚁,阻止白蚁纷飞扩散,同时,在巢或巢附近施药,勤检查,对入库商品严格检查。

最后,改善环境条件,保持室内外清洁和通风,勤翻跺,勤打扫,近水源的地方保持畅通。

(二)仓库蚁害防治

不同的白蚁采取的灭治方法有所不同,危害仓库的主要是散白蚁和家白蚁,采取的方法主要是药杀、诱杀和挖穴清除等方法。

1. 药杀法

药杀法是指利用白蚁爱清洁、互相舔吮和呕吐喂食的生物特性,将触杀剂、胃毒剂的粉末喷洒在公蚁身上,不断传播扩大受毒白蚁的数量,从而达到灭治效果。为了达到高效杀虫效果,最好在白蚁活动的季节进行,对危害点多施药。常用的药用粉剂有灭蚁灵、亚砷酸灭蚁粉等。

2. 挖巢法

挖巢法是根据白蚁群栖性的特点,在白蚁群体高度集中活动的地方找出蚁巢,就能将大量或全巢的白蚁歼灭。其方法是根据白蚁的外露迹象和生活习性,判断蚁巢的所在点,然后挖掘焚烧。

3. 诱集法

诱集法分食物诱集和灯光诱集两种。食物诱集法是选择白蚁喜食的食物,如新鲜松木、甘蔗渣等为诱饵,将白蚁集中起来,然后喷药集中灭杀。灯光诱集法是在白蚁纷飞的季节,利用白蚁有翅虫的趋光性,应用灯光诱集长翅繁殖蚁的方法,该法效果甚好。

技能训练

技能训练一　企业仓库害虫调查

1. 技能训练的目的

通过本次实训,使学生进一步了解仓库、鼠害、虫害、蚁害的种类、生活习性,深入学习企业防鼠、防虫、防蚁的物理、化学方法。

2. 技能训练的内容

以小组为单位,调查不同类型企业仓库防鼠、防虫、防蚁方法,理解防鼠、防虫、防蚁原理,撰写调研报告。

3. 技能训练的步骤

（1）选择目标企业,做好调查收集某企业的详细资料的准备工作;

（2）各小组根据有关项目内容进行实地调查;

（3）在小组调研的基础上,撰写调研报告。

4. 技能训练的报告要求

（1）技能训练的名称、学生姓名、班级和日期;

（2）技能训练的目的和要求;

（3）技能训练的结果分析,并写出调研报告（包括发现的鼠害、虫害、蚁害种类、企业运用的防鼠、防虫、防蚁方法）。

技能训练二　实训中心仓库害虫排查

1. 技能训练的目的

熟练掌握仓库鼠害、虫害、蚁害预防与灭鼠、灭虫、灭蚁措施。

2. 技能训练的内容

以小组为单位,抽查我院实训中心虫害防治情况。

3. 技能训练的步骤

（1）以小组为单位,对我院实训中心进行排查;

(2) 各小组成员认真检查各实训中心,并做好记录;

(3) 对有可能存在害虫的实训中心展开灭鼠、灭虫、灭蚁行动。

4. 完成仓库害虫灭除检查记录表

仓库害虫灭除检查记录表,如表 11-1 所示

表 11-1 仓库害虫灭除检查记录表

序号:　　　地点:　　　日期:

序　号	害虫种类	消灭工具	投放位置	记　录

课后习题

简答题:

1. 白蚁和蚂蚁有什么区别?

2. 可以用一般卫生杀虫剂防治白蚁吗?

3. 调查企业主要虫害种类,并设计综合治理方案?

扫一扫,看答案

参考文献

[1] 张晓焱,梁冰.商品学概论[M].北京:航空工业出版社,2010.
[2] 李燕东.物流商品养护技术[M].北京:北京大学出版社,2013.
[3] 窦志铭.物流商品养护技术[M].北京:人民交通出版社,2007.
[4] 杨登想.商品养护技术[M].北京:化学工业出版社,2009.
[5] 郭艳杰,张春红,尹风.饲料防霉的技术措施[J].兽药与饲料添加剂,2007,12(04).
[6] 白杉.我国食品和饲料防霉防腐剂市场和技术点评[J].饲料研究,2004,4.
[7] 苏庆勇.卷烟仓库的温湿度管理及设备选用[J].桂林航天工业高等专科学校学报,2006(04).